재일디아스포라와 글로컬리즘 5

교육

동국대학교 일본학연구소 연구총서

재일디아스포라와 글로컬리즘 5

교육

동국대학교 일본학연구소 편

보고사
BOGOSA

머리말

연구팀의 아젠다인 '재일디아스포라의 생태학적 문화지형과 글로컬리티'는 재일코리안 관련 자료를 총체적으로 조사·발굴·수집하고 이를 생태학적 관점에서 분석해 체계화된 문화지형을 구축하고, 이를 통해 '탈경계적이면서도 다중심적인' 글로컬리티의 관점에서 재일디아스포라의 삶과 사회적 기반활동을 규명하고자 한 학제 간 연구이다. 재일디아스포라에 관한 통합적인 연구는 오늘날 빠르게 다민족·다문화 사회로 재편되고 있는 한국과 일본 사회에 문화적 소수자와의 공존에 필요한 실천적 이론 모델을 제시했다는 점에서 의의가 있다.

연구총서『재일디아스포라와 글로컬리즘 5 교육』은 재일디아스포라 교육과 관련된 연구들로 구성하였다. 본서에서는 재일디아스포라 민족교육의 연구의 틀을 확장하고자 다양한 영역에서의 전개된 논의를 수록했다.

제1장 '해방공간의 재일디아스포라 사회와 민족학교'에서는 전후 혼란기에 민족교육을 통하여 재일디아스포라의 아이덴티티를 정립·구축 문제를 고찰한 논의를 담았다.「기념비로서의 '조선학교'」(박광현)는 재일디아스포라에게는 조선학교가 재현 매체로서 어떤 역할을 해왔는지를 고찰한 글이다.「재일조선인의 자기정체성 재구축과 민족교육」(신승모)은 민족교육과의 연계 속에 재일디아스포라가 '해방 민족'으로

서의 자기정체성을 재구축한 과정과 함께 민족교육의 형성과 분화과정을 재평가한 글이다. 「재일조선인 중등교육의 중심은 도쿄조선중학교이다」(김인덕)는 도쿄조선중학교를 중심으로 재일조선인 중등교육의 역할, 조련 해산과 민족교육 탄압, 자금부족의 현실에서도 지속해온 민족교육의 열정에 주목한 글이다. 「전환기의 1970년대 재일조선인 민족교육 연구–『계간 마당(季刊まだん)』의 기사를 중심으로–」(이영호)는 1973년 출간된 『마당』의 기사를 통해 전후 재일디아스포라 민족교육을 검토한 글이다. 「『보쿠라노하타(僕らの旗)』에 나타난 재일조선인 민족교육의 역사와 탈식민적 실천」(윤송아)은 재일2세인 작가 박기석의 장편에서 재현한 재일디아스포라 민족교육의 초창기 역사를 교육투쟁과 탈식민적 실천이라는 맥락에서 검토한 글이다.

제2장 '재일디아스포라 민족교육의 사회문화적 변동'에서는 일본 사회의 정책과 추세 변화에 따른 재일디아스포라의 민족교육의 변동상에 주목한 글들을 수록하였다. 「재일동포 민족학교: 분단과 (탈)식민의 역사」(정진성)는 민족학교의 변천을 개괄하며 남북한계 집단 간의 갈등과 대립, 융합 등을 추적한 글이다. 「재일조선인 민족교육의 변천과 정착」(이영호)은 재일조선인 민족교육의 의미와 역할을 논의한 글이다. 「재일코리안사회의 자생적 '통일' 공간으로서의 민족교육운동–1980~90년대 민족교육촉진협의회를 중심으로–」(김웅기)는 1980년대부터 2000년대 사이에 재일디아스포라 전반으로 확대 전개된 오사카 민족교육운동을 다룬 글이다. 「1980년대 재일조선인 사회의 민족교육과 변화」(신재민)는 재일조선인 사회의 변화와 함께 민족교육의 새로운 모색에 주목한 글이다. 「조선학교 선택에 있어 보이지 않는 경계선–가고 싶어도 가지 못한 조선학교–」(이토 히로코)는 학생 수 감소로 통폐합 위기에 직면한 조선학교의 현실에 주목하여 그 원인과 대안을 제시한 글이다.

제3장 '다문화공생과 재일디아스포라 민족교육의 진로'에서는 다문화공생 사회로 진입한 현재, 일본 사회와의 교류 협력, 그리고 차별의 현실에도 이어져온 재일디아스포라의 민족교육의 진로를 모색한 글들을 모았다. 「재일동포의 「민족교육」과 「공생」 추구의 주체적 선택」(이수경·권오정)은 재일디아스포라의 '민족교육'이 변천해온 과정과 함께 재일디아스포라의 주체적 개인으로의 성숙에 주목한 글이다. 또한, 「정체성의 정치에서 정체성의 관리로-조선학교의 민족교육과 재일코리안의 정체성-」(송기찬)은 조선학교의 인류학적 관점에서 조선학교의 교육실천과 문화를 새롭게 해석한 글이다. 이 글은 조선학교에서 배양되는 재일 다이스포라의 정체성 관리 능력이 결과적으로는 배타적이고 식민주의의 기억과 일상적으로 마주치는 일본 사회에서 생존하는 데 필요한 실질적인 동력이 된다는 흥미로운 관점을 제시하고 있다. 「'정치'로 바라보는 일본 공립학교 내 재일코리안 민족교육-1970년대 민족학급 재흥(再興) 시기를 중심으로-」(김웅기)는 민족학급을 둘러싼 정치성 내지는 정치적 함의를 검토한 글이다. 「재일코리안 집중거주 지역의 민족학급-A초등학교를 중심으로-」(정성희)는 이쿠노구에 있는 A초등학교의 민족학급 형성과 실천에 주목하여, 민족학급이 부모-교사-학생의 연결고리 역할을 해온 점을 검토한 글이다. 「민족교육에 있어서 집단교육과 개인 교육-오사카 다문화 교육의 실천으로부터-」(야마모토 고스케)는 민족교육의 한계를 살피고 다문화 교육의 전개와 실천을 대안으로 제시한 글이다.

이번 연구총서의 발간은 동국대학교 일본학연구소의 그간의 연구활동의 결실이자 재일디아스포라의 총체를 이해하기 위한 초석이 될 것이다. 이번 연구총서 발간에 도움을 주신 故이시가미 젠노(石上善応) 교수님, 故이희건 회장님, 김종태 사장님, 왕청일 이사장님께 감사의 말씀을 드린다. 그리고 이번 연구총서 발간에 함께 해주신 모든 선생님들께 깊은 감사를 드린다.

2023년 겨울
재일디아스포라의 생태학적 문화지형과 글로컬리티
연구팀을 대표하여
김환기 씀

차례

제2장 _ 재일디아스포라 민족교육의 사회문화적 변동

제1장

해방공간의 재일디아스포라 사회와 민족학교

기념비로서의 '조선학교'

박광현

1. 해방 민족의 기념비 – '조선학교'

1945년 8월에 독립한 이후 2년간에 걸쳐 140만 명에 가까운 재일조선인이 조국으로 귀환하였다.[1] 그러니 전후 재일조선인은 기본적으로 그때 귀환하지 않았거나 어렵사리 귀국했다가 다시금 일본으로 내몰릴 수밖에 없었던 사람들로 형성된 집단이라 할 수 있다. 대략 60만 명에 가까운 그들은 빈곤과 불안정한 정세, 그리고 분단으로 치닫는 조국에서의 삶에 대한 불안 때문에, 귀환을 보류하고 '일시적 거류'를 선택하였다. 해방 직후인 10월에 결성된 조련(朝連, 재일본조선인연맹)뿐만 아니라, 이에 대항하여 건청(建青, 조선건국촉진청년동맹)과 건동(建同, 신조선건설동맹)을 전신으로 1946년 10월 3일에 히비야(日比谷)에서 결성식을 가진 민단(재일한국인거류민단)도 선언서에서 '우리 교포가 귀국하는 날까지'라고 밝혔듯이 '일시적 거류'에 기초한 운동방향을 채택했다.[2]

'해방 조선'이라는 신생국가의 독립서사는 어쩌면 '돌아오는 것'으로

1) 조사통계에 따르면, 1944년 1,936,843명의 재일조선인이 1947년에는 598,507명으로 감소한다.(http://mindan.org/toukei.php)

2) 박광현, 「재일문학의 2세대론을 넘어서–'역사화와 영역화'에 대한 비판을 중심으로–」, 『日語日文学研究』 53, 2005.5, p.307 참조.

부터 시작되었는지 모른다. 그 귀환자들은 민족 혹은 민족사, 그리고 민족어에 대한 동일화의 서사 속 등장인물로 쉽게 재현되곤 한다. 하지만 '돌아오지 않은 이들'은 민족 혹은 민족사의 서사에서 배제되기 마련이다. 해방 후 얼마 지나지 않아 창간(1946년 1월)된 잡지 『신천지』에는 그 점에서 흥미로운 작품이 수록된다. 안회남의 단편소설 「섬」이다. 작가의 '내지(內地)' 탄광의 실제 경험을 바탕으로 씌어졌다는 이 소설은 일본 여자와 결혼해 젖먹이와 다섯 살배기 딸을 둔 인물로 "데아챠꾸(定着)"해 살아가던 광부 박서방이라는 인물의 '조선인되기'를 그린다. 일본의 패전 직후, 규슈(九州)의 어느 한 탄광에서 일하던 박서방은 조국으로 건너가고 싶으나 처자를 두고 떠나지 못해 갈등하다가 결국 그들 몰래 혼자서 현해탄을 건넌다는 소략한 줄거리로 되어 있다. 일종의 귀환 서사물이라 할 수 있다.[3)]

박서방이 곱게 감춰둔 한복을 차려입고 행하는 귀환의 의식(儀式)에는 일본인 처나 그녀와의 사이에서 태어난 자식들 즉 혼혈을 동참시키지 않는다. 작가는 부부나 혈육 관계보다 우선하는 민족이라는 본질성에 기초해 자기동일화를 구상하고, 더 나아가 민족 주체의 균질성을 가시화하려 한다. 그렇다면 과연 박서방에게 버림받은 그의 처자는 어떻게 되었을까. 이 소설은 그런 의문에 답을 주지 않는다. 아니, 오히려 지나치게 무관심하기까지 하다. 그(녀)들은 "절대로 조선엘 못"간다는 것이 기정사실화되어 있다. 박서방이 조선으로 돌아가는 과정을

3) 귀환 서사에 관한 연구는 정종현, 「해방기 소설에 나타난 '귀환'의 민족서사: 지리적 귀환을 중심으로」(『비교문학』 40, 2006); 정재석, 「해방기 귀환 서사 연구」(연세대 석사학위논문, 2006); 오태영, 「민족적 제의로서의 '귀환': 해방기 귀환 서사 연구」(『한국문학연구』 32, 2007); 최정아, 「해방기 귀환소설 연구: '귀환의례'의 매터니즘과 귀환자의 윤리를 중심으로」(『우리어문연구』 33, 우리어문학회, 2009.1.) 등을 참조.

조선인이 되는 과정으로 등치시키는 화자의 의식은 결코 혼혈이나 혼혈사회에 관심을 기울이지 않는다. 몰래 도망치듯 떠난 박서방의 소식을 그저 기다리고 있어야만 하는 일본인 처나 자식들은 사실 이름조차 없다. 흡사 그것은 일본 제국 시대의 문화 구성의 흔적 지우기와 같다. 그때 '제자리로 돌아간다 혹은 돌아가야 한다'는 사실과 당위는 '제자리'라는 불확실한 신화에 의해 구성되는 집단적 기억에 근거한다.[4] 일시적이라지만 '제자리'로 돌아가지 않은 자, 즉 남은 자들은 그 불확실한 신화에도 동참하지 못한다. 그러면서 피식민자로서의 각인된 기억의 지배로부터 자유롭지 못하다.

결국 재일조선인은 현재의 거주지인 일본과의 식민지주의적 관계에서 자유롭지 못한 위치에서 '해방' 조국의 국민, 공민으로서의 자기동일성(Identity)을 만들어가야 하는 모순적 존재였던 것이다. 1932년생인 재일조선인 작가 고사명은 이렇게 묻는다. "나는 바로 탄생의 순간부터 분열되어 있었다. 나는 태어났을 때 일본의 조선 지배에 의해서 만들어진 '일본인'이었다. 그리고 이 '일본인'은 일본인으로서의 자아가 형성되는 바로 그때, 이번엔 일본의 패전으로 인해 일본으로부터 추방되어 '조선인'이 되었다. 이 '조선인'은 과연 무엇일까"[5] 이때 조선인은 무엇인가라는 물음은 법적 지위나 인종적 존재로서보다 더 환원적이고 근본적이며 정신적이고 감정적인 것이다. 그래서 일본의 조선대학에서 교수로 재직한 바 있는 김덕룡은 조선인학교의 역사를 기술하면서 그 첫 장을 "민족으로의 회귀"[6]로 설정했던 것이다. 그것은 조

4) 박광현, 「식민지/제국의 경계와 혼혈의 기억」, 『日語日文学研究』 70집 2권, 2009.8. pp.345~346 참조.
5) 高史明, 『生きることの意味 青春篇1』, 筑摩書房, 1997, p.211.
6) 金徳龍, 『朝鮮学校の戦後史 1945-1972』(증보개정판), 社会評論社, 2004, p.16.

국이라는 장소로의 이동 즉 신체의 귀환의 의미에 한정된 것이 아니다. 당시 '일시적 거류'를 선택할 수밖에 없던 이들에게 그것을 상상할 수 있었던 것은 바로 '우리말' 교육을 비롯한 민족교육이었다. 그 명칭은 '조선어강습소'나 '한글학원' 등 다양했지만 실업 상태의 생활고에 시달리면서도 개인적, 지역적 차원에서 다양한 형태의 강습소가 "우후죽순격"[7]으로 만들어졌다. 민가의 일실(一室)이나 작은 판잣집, 교회, 구(舊)일본군 병사(兵舍)의 일부, 타고남은 창고 등 온갖 장소에 개설되다, 조련 결성 후는 그 사무실의 한 구석이 교실로 이용되기도 했다.

그리고 "재일조선인에게 민족교육기관은 단순한 교육 일반으로서의 기관이 아니라 그 자체가 민족이며 그 상징이며 계속 학대받아온 이국의 땅, 이민족 사회·일본에서의 변변하지 못하지만 결정적인 존재감을 주장하는 '작은 조선의 공간'"[8]으로 만들어져갔던 것이다. 조선인학교는 구(舊)식민본국에 존재하는 '해방 민족의 기념비(monument)'였다고 해도 과언이 아니다.

일본의 패전은 그때까지 '국민' 혹은 '일본인'의 통합에 균열과 분열을 낳기 시작했다. 특히 전쟁 시기에는 강제적으로 '국민'의 틀에 갇혀 있었지만 그 틀이 깨짐으로써 제국/식민지의 관계, 성별, 계층, 체험의 차이, 지역, 세대, 심정·사상 등 전중(戰中)과 전후의 상황 차이가 모든 관계에서 '국민'에 균열과 분열을 만들어냈던 것이다.[9] 과거 일본 국민

---

7) 金德龍, 위의 책, p.21.

8) 金德龍, 위의 책, p.19.

9) 이런 차이들이 분명해졌다. 가령 구종주국/구식민지의 차이로부터 남성/여성, 이재민/비이재민, 본토 거주자/복원(復員)자, 전사자의 집/비전사자의 집, 구식민지인/일본인, 성인/아동 등과 같은 것들이다(小森陽一 外, 『岩波講座近代日本の文化史8: 感情·記憶·戦争』, 岩波講座, 2002, p.36 참조).

으로 살았던 조선인도 이런 '국민'의 파열에 대해서 '해방 민족'으로서의 자기동일성을 구축하려는 방식으로 대응했다. 당시 약 20만 명에 이르는 재일조선인 취학 아동의 대다수가 일본 학교를 그만두었고, 조련은 그들에게 조선어를 비롯해 조선의 역사와 지리 등 민족교육의 장을 만들어갔다. 1946년 초에 이미 600~700개교를 웃도는 민족교육의 장이 형성되었다고 한다.[10] 그곳은 대개 일본 사회와 분리되었던 조선인 집주촌에 존재했다.

최근 출간된 조선학교[11]에 대해 다룬 논문들의 엔솔로지 『재일조선인과 조선학교』[12]의 부재가 '투쟁의 시간, 삶의 공간'이듯 그것은 연속된 투쟁의 현장이기도 했다. 이 책 속 저자 중 한 명인 오영호는 탈식민화 과정으로서의 조선학교의 상(像)을 만들어내기 위해 해방부터 1960년대까지의 조선인학교의 역사적 변천을 서술하고 있다. 이때 그 시기를 3기로 나눠 제1기를 독자기(1945~1954), 제2기를 '이식'형 국민교육기(1955~1962), 제3기를 '자이니치(在日)'형 국민교육기(1963~1969)로 시대 구분하였다.[13] 오자와 유사쿠(小沢有作) 등은 일본 정부의 조선인학교에

10) 오영호, 「탈식민화 과정으로서의 조선학교 역사」, 배지원·조경희 편, 『재일조선인과 조선학교』, 도서출판 선인, 2017, p.21. 하지만 그 숫자는 불명확하며 민족교육과 민족성 회복을 위한 욕망으로 저항의 양과 질을 수치화한 것이라고 판단된다. 김태기는 1946년부터 1954년까지의 조선학교의 수와 학생수, 교원수를 표로 제시했는데 가장 많을 때는 1948년 4월로 605개를 제시하고 있다(金太基, 『戦後日本政治と在日朝鮮人問題』, 勁草書房, 1997, p.608). 李殷直의 소설에서도 일본의 현(縣) 단위로 조선학교의 설치 현황을 자료로 제시하였다. 거기에 따르면 1948년 기준 550교에 5만 5천명의 교원이 재직했다(『在日民族教育の夜明け一九四五年一〇月~四八年一〇月』, 高文研, 2002, pp.737~746).

11) 조선학교는 조선인학교, 민족학교, 그리고 '우리학교' 등으로 불린다. 어떤 용어든 그 나름의 정치성을 함의하고 있기 마련이다. 하지만 이 글에서는 기본적으로 조선학교로 칭하고, 인용인 경우에는 인용문 그대로 사용하기로 한다.

12) 배지원·조경희 편, 『재일조선인과 조선학교』, 2017.

대한 대응책의 하나로 1966년에 입안된 '외국인학교제도창설' 법안에 대해서 "외국인인 조선인 청소년에 대한 이와 같은 처사는 무엇보다도 조선민족의 독립을 짓밟고 그 인간의 존엄성을 멸시하는 교육침략의 행위"[14](강조점, 인용자)라고 비판한 바 있다. 오영호처럼 탈식민화라는 조선인 주체의 관점으로 보든, 또 오자와 등처럼 교육침략의 관점으로 조선학교의 역사를 보던지 간에 그런 해석들의 근저에는 당연히 그것이 투쟁과 피해(탄압)의 역사였다는 인식이 존재하기 마련이다.

제프리 K. 올릭의 지적처럼, 기억은 곧 모방이다. 기억의 풍경에는 다양한 사건과 장소가 있다. 정치적 축제, 기념일과 폐허, 기념비, 기념관, 자서전, 사진, 동상, 영화, 역사서, 구술사, 사료보관소, 법률, 사면, 보상협정과 조약 등 다양하다. 이를 재현 매체(medium)의 관점에서 보자면, 그것은 1) 정치적 축제와 공식 기념일 등과 같은 정서적 매체, 2) 폐허와 기념비, 기념관, 사진, 자서전, 그림 등과 같은 미학적-표현적 매체, 3) 역사서, 기록, 분석지식과 설명 등과 같은 도구적-인지적 매체, 4) 처벌과 사면, 보상 등과 같은 정치적-도덕적 매체로 나눌 수 있다.[15] 이때 조선학교라는 기억=역사는 이 네 가지의 모든 매체를 통해 여전히 재현되고 있다고 할 수 있다.

특히 재일조선인의 자주적인 노력으로 시작된 조선학교는 국민국가

13) 오영호, 「탈식민화 과정으로서의 조선학교 역사」, p.21. 한편, 小沢有作는 (1) 미국 점령하에서의 재일조선인 교육정책(1945~1952), (2) '강화'에서 '한일조약' 성립까지의 시기(1952~1965), (3) '한일조약' 성립 이후의 시기(1965~현재)로 시기 구분하였다(小沢有作, 이충호 옮김, 『재일조선인 교육의 역사』, 혜안, 1999, pp.201~202). 오영호가 조선학교의 주체적 관점을 취하고 있다면, 小沢의 경우는 한일관계사를 중심으로 시기구분하고 있음을 알 수 있다.

14) 福島宇内·小沢有作, 『民族教育-日韓条約と在日朝鮮人の教育問題』, 青木新書, 1966, p.3.

15) 제프리 K. 올릭, 강경이 옮김, 『기억의 지도』, 옥당, 2011, p.170.

가 그 구성 요소인 국민을 만들어내기 위해 구축하는 학교교육제도와는 달랐다. 교육 공간의 확보, 교재의 작성과 인쇄, 교원의 확보와 양성과 같은 학교 교육을 위한 모든 조건도 당연히 자신들의 힘으로 해결하지 않으면 안 되었다.[16] 그뿐 아니라, 조련의 문교행정에 관여했던 작가 이은직의 자전적 소설에서 알 수 있듯이,[17] 귀국 생활에 필요한 교육에서 점차 일본에서의 동포 생활을 지키기 위한 활동으로, 그리고 민족교육을 담당하는 전국적인 단위의 일원적인 학교체제로 변모하는 양상처럼 그 성격이 변하고 있었다. 그 과정이 어떠했는가는 분명 재일조선인 교육사의, 아니 조선학교 역사의 시작일 수밖에 없다. 따라서 그와 관련해서는 이미 기존 연구 성과에서 잘 다뤄져 왔다. 이 글에서는 조선학교가 그러기까지 재현 매체(medium)로서 어떤 역할을 해왔는지, 그리고 기념비(monument)로서 어떤 상(像)을 하고 있었는지에 대해서 앞서 오영호가 시기구분 중 제1기의 독자기로 지칭한 시기를 고찰의 대상으로 삼고자 한다. 특히 일본의 간사이(関西) 지역을 중심으로 1948년에 펼쳐진 '한신(阪神)교육투쟁'을 전후로 한 시기에 주목해 살필 것이다.

2. '한신교육투쟁' - 전후 재일조선인 투쟁사의 기원

1) '한신교육투쟁'의 전야

일본의 패전 직후 점령당국 즉 연합국군최고사령부(General Head-

16) 오영호, 「탈식민화 과정으로서의 조선학교 역사」, 배지원·조경희 편, 『재일조선인과 조선학교』, p.23.

17) 李殷直, 『在日民族教育の夜明け一九四五年一〇月~四八年一〇月』, 高文研, 2002, p.441.

quarters, Supreme Commander for the Allied Power)[18] 측은 조선인을 '해방인민'이라고 규정하면서도 한편으로는 간접적으로 일본 정부가 조선인을 '일본 신민'으로 취급하는 것을 용인하는 입장을 보였다.[19] 재일조선인 문제가 군정당국의 판단 여부에 따라 실질적으로 정책 방향이 설정되는 점을 볼 때 이런 잘못된 인식은 조선인 교육정책에도 반영될 수밖에 없었다. 심지어 조선인의 귀국이 정체되면서는 귀국하지 않은 재일조선인을 '일본 국적을 그대로 보유하는 것'으로 간주하고 일본 법령을 따르는 자로 규정하기에 이르렀다. 군정당국의 민간정보교육국은 "일본의 학교제도와 기구를 근본적으로 변혁하고자 계획하고 있었고, 이 기회에 조선인학교도 일본 법률의 범주 안에 넣고자" 했던 것이다.[20] 따라서 패전 직후의 조선인의 교육정책은 일본 정부에 의한 정책이라기보다 군정당국과 그 산하의 민간정보교육국의 정책이었다. 이 숨겨진 지배정책의 구도가 더욱 여실히 드러난 것은 한신교육투쟁의 발발 이후라 할 수 있다.

일본이 주권을 상실하고 모든 권한이 군정당국에 종속되었다고 하지만, 일본은 그들의 지령을 받아 통치하는 권리는 여전히 가지고 있었기 때문에 일본 정부도 조선인은 어떤 경우라도 일본의 주권하에 입각하여 그 법권의 지배를 받아야 하며 취급도 일본인과 똑같다는 점을 내세

18) 당시의 교육 행정과 관련해 민간정보교육국(Civil information and Education Section) 등이 직접 행정 조치를 취한 예가 흔치 않으나, 이 글에서는 세세한 구분 없이 연합국군최고사령부(이하, 군정당국)가 대표하여 취해진 조치로 처리하겠다. 김태기는 그의 저서와 논문에서 민족교육 투쟁과 관련해 군정당국의 행정 담당을 자세하게 적시하고 있다.(金太基, 『戦後日本政治と在日朝鮮人問題』, 勁草書房, 1997.; 김태기, 「GHQ의 재일조선정책과 민족교육투쟁」, 배지원·조경희 편, 『재일조선인과 조선학교』 참조.)

19) 鄭栄桓, 『朝鮮独立への隘路』, 法政大学出版局, 2013, pp.26~28.

20) 小沢有作, 『재일조선인 교육의 역사』, p.209.

웠다. 이는 식민지 지배의 연장이라 해도 무방한 조선인에 대한 인식에서 교육정책이 시행될 수밖에 없는 환경을 제공했다. 패전 이후 일본에서는 일반적으로 재일조선인을 비난의 대상으로 보는 경향이 지배적이었다. 오무라 세이치(大村清一) 내무대신이 재일조선인이 "마치 전승국민이나 된 듯 우월감을 갖고 예를 들면 부당요구, 집단 폭행, 각종 범죄의 감행, 경제통제의 교란, 무임승차 등 불법·월권행위를 그것도 자기들 패거리를 믿고 저지르며 민심을 불안케 한"다는 식의 말을 쏟아놓으며,[21] 단속 강화의 필요성을 주장했다. 이처럼 일본의 지배층은 재일조선인을 해방으로 우쭐해진 포악한 불법자로 규정했다. 이런 가운데 일본 사회는 재일조선인에 대해 '제3국인'이라는 새로운 차별 용어와 의식을 갖고 대응하기 시작했다.[22] 외국인도 아니고 일본인도 아니라는 이 '제3국인'이라는 말이 함축하는 것 속에는 전후 일본인들이 품고 있던 재일조선인에 대한 차별관이 집약되어 있었다.[23]

---

21) 植松正, 「戦後における朝鮮人の犯罪」, 『警察学論集』, 1949.7.(小沢有作, 『재일조선인 교육의 역사』, p.213 재인용.)

22) '제3국인'이라는 용어는 원래 연합국의 입장에서 본 재일조선인의 국제법상의 지위를 표명한 용어였다. 즉 일본인과 지위가 같지 않은 종래 일본의 지배하에 있었던 '여러 나라의 국민'을 지칭한 것이다.

23) 2000년 4월 당시 도쿄(東京)도지사였던 이시하라 신타로가 육상 자위대의 한 기념식장에서 "오늘의 도쿄를 보면, 불법입국한 많은 제3국인, 외국인이 대단히 흉악한 범죄를 반복하고 있다"고 언급한 바 있을 정도로 여전히 차별 용어로 사용되고 있다. 당시 조선인을 '제3국인'으로 지칭하는 노골적인 차별 의식 이외에도 민족과 언어, 민족과 교육의 문제를 논하며 과거의 동화정책을 고발하는 입장에서도 미점령군의 억압정책에 대해서는 언급을 회피하거나 재일조선인을 일본 내 '소수민족'으로 간주하는 시대적 한계를 드러낸 上杉保之助의 글(「民族と教育」, 『明るい教育』 6, 茨城県教職員協議会, 1959.6.)도 적지 않았다고 한다(小沢有作, 『재일조선인 교육의 역사』, p.229). 이렇듯 미군정뿐만 아니라 일본공산당 모두 소수민족으로 간주했다고 지적할 수 있다(가지무라 히데키, 김인덕 역, 『해방 후 재일조선인운동 1945~1965』, 도서출판 선인, 2014, p.54).

오자와 유사쿠가 "재일조선인이 그 자제를 조선인으로서 교육하기 위해 학교를 세우고 이것을 각종학교로서 운영하는 것을 공인"한 문부성 학교교육국장 통달(1947.3.)에 대해서 "40년에 걸친 역사 중 처음으로 조선인으로서 생활하고 교육할 권리를 일본 정부에게 인정받았던 것"[24]이라는 평가에도 불구하고, 그 다음 달의 통달(1947.4.)에서는 "현재 일본에 재류해 있는 조선인은 일본 법령에 복종해야 한다. 따라서 일단 조선 아동에 대해서도 일본인 아동과 마찬가지로 취학시킬 의무가 있고, 또 실제로도 일본인과 다르게 불이익을 받는 취급을 해서는 안 된다"며 전전(戰前)의 동화교육제도로 되돌린 조치[25]는 일본 정부의 재일조선인에 대한 모호한 입장이라고 충분히 해석할 수 있다. 이는 외국인도 아니고 일본인도 아닌 모호한 차별의 대상인 재일조선인에 대해서 배제와 동화의 원리가 동시에 작동하는 교육정책의 단면을 보여주는 것이며, 결국 재일조선인이 일본학교로 취학하더라도 이미 차별의 감정과 인식 속에 처우받지 않을 수 없는 시스템 속에 놓이게 되는 것이다.

오자와 유사쿠는 재일조선인 교육정책이 1947년 10월을 전기로 해서야 군정당국의 정책이 방치에서 억압으로 변경되었다고 했다.[26] 군정당국은 일본의 민주화를 적극 추진하면서 천황 중심의 군국주의 교육을 일소하고 민주교육 체계를 수립해갔다. 1947년 3월 새로운 일본의 교육기본법과 학교교육법의 공포는 그 결과물이었다. 그 이후 군정당국은 한편으로는 일본 정부에 명령을 내리고, 다른 한편으로는 직접

24) 藤島宇内·小沢有作, 『民族教育-日韓条約と在日朝鮮人の教育問題』, 青木新書, 1966, p.50.

25) 小沢有作, 『재일조선인 교육의 역사』, p.215.

26) 小沢有作, 위의 책, p.205.

자신들이 나서서 재일조선인 민족교육을 간섭하고 억압하였다. 이는 군정당국에 의해 제정된 교육기본법과 학교교육법과 같은 새로운 민주주의 교육을 전유(appropriation)해 재일조선인의 민족교육을 탄압하는 방식에 다름 아니었다. 그 정책 방향은 앞서 지적했지만 조선인 교육에 대해서 배제와 동화의 원리를 동시에 작동시키며 한반도의 정세 변화와 연동시키는 것이었다.

급기야 군정당국과 문부성 학교교육청은 1948년 1월 24일에 「조선인 설립학교의 취급에 대해서」라는 통달을 작성하여 각 지방에 발송하였다. 그것을 요약하면, 일본에 재류하는 재일조선인은 일본의 법령에 복종해야 하며, 모든 학교는 학교교육법이 정하는 바에 따라 인가를 받아야 하고 각종학교의 설치는 인정하지 않는다는 것이었다. 조선학교는 이를 거부하면서 전국적으로 갈등이 촉발되었던 것이다.

2) '조련' 폐쇄령 이후

조련의 주도하에 통합 정비된 조선학교는 전국 단위의 일원적인 학교체제로 변모하면서 민족교육의 자주성 사수를 위한 투쟁이 가열 차게 전개되기 시작했다. 이는 조련의 활동뿐만 아니라 그들의 일본 공산당과의 연대가 부각되는 계기가 되었다. 일본 정부는 당시 재일조선인의 활동을 공산주의자의 선동으로 선전하며 탄압의 빌미를 찾았다. 실제 공산당은 조선인의 교육은 일본 교육제도에 따라서 행해야 하지만, 용어·교과서·교원 등에 관해서 조선민족의 특수성을 인정할 것을 주장하며 조선인 측을 적극적으로 지원했다.

그럼 여기서 한신교육투쟁의 전말을 간단히 보자. 1948년 4월 10일 효고(兵庫)현은 조선학교의 폐쇄를 명하고 이 명을 받아 고베(神戸)시는 다음 날에 폐쇄 결정에 따라 조선인의 교실 사용을 금지했다. 이에 분노한 재일조선인 수천 명이 4월 24일에 효고현의 현청을 에워싸고 지사와 집단 교섭을 벌여 학교 폐쇄 명령을 취소시키기에 이르렀던 것이다.[27] 이에 군정당국은 기시다 사치오(岸田幸雄) 현지사와의 교섭 결과로 얻어낸 폐쇄 철회는 무효라며 "조선인집단 불법행위 분명히 점령 정책에 반하는" 것으로 규정하고, 로버트. L. 아이켈버거(Robert Lawrence Eichelberger) 제8군사령관이 고베로 직접 내려간 후 성명을 발표하고 비상사태를 선포했다. 조선인의 배후에 일본공산당이 있다고 판단하고 조선인을 비롯한 공산당원, 노동조합 간부 등을 마구 체포하기에 이르렀다. 이것은 군정당국이 일본 점령 기간 중 유일하게 선포한 비상사태였으며, 조선인의 탄압에 군정당국이 전면에 나선 첫 사례였다. 한편 이 같은 상황은 오사카에서도 마찬가지였다. 4월 23일 대표단의 교섭과 병행하여 1만 명의 폐쇄반대 집회가 부청 앞의 오테마에(大手前)공원에서 개최되었다. 하지만 효고현의 경험과 고베의 비상사태라는 조건이 맞물려 오사카시의 태도는 강경했다. 집회 참가자들을 향해 소방호스로 물을 뿌리고 권총을 난사하기까지 했다. 그 진압 과정에서 수천 명이 체포된 것을 비롯해 26일 16세의 김태일이라는 소년이 사살당하는 사태가 벌어지기도 했다.[28] 물론 이 또한 그 배후에는 군정

27) 4월 24일의 효고현 지사와의 교섭에서 "학교 폐쇄 명령을 철회할 것, 조선인학교를 특수학교로서 인정할 것, 위원을 보내 협의 결정이 이뤄질 때까지는 현재의 학교를 인정할 것"이라는 요구가 수용되었다.

28) 이 민족교육을 지키는 투쟁 중에 전국적으로 당국에 의해 검거된 사람 총수는 2,900명, 그 중 기소된 사람은 213명이었다. 그 수습과정에서 모든 지역에서의 검거자가 석방되었지만, 효고현만이 재판에 넘겨져 투옥되었다. 그 수는 A급재판(군사위원회) 9명, B급재판(군사재판소) 30명, C급재판(고베지방재판소) 95명이었다(金德龍, 위의 책, p.86). 한편 사건 직후 한 단체의 조사 결과에 따르면, 총검거자는 약 3,070명(효고, 오사카뿐 아니라 도쿄, 후쿠이(福井) 등 각지의 검거자도 포함)이며, 기소된 자는 207

당국의 강력한 지령이 있었다.

2008년 6월에 '조선인 강제연행진상조사단'의 정보공개 청구로 문부성의 공문서(1947년 8월 29일부)가 하나 공개되는데 그 내용을 보면 흥미로운 점이 있다. 이 문서에도 군정당국이 히가시오사카(東大阪, 당시 布施市)에 설치된 조련의 청년간부 양성기관 '8.15정치학원'의 폐쇄 명령을 내린 지령이 담겨 있다. 하지만 오사카부 교육부는 그 지령을 받아 조선인이 "설립한 학교에 있어서 학교교육법의 적용에 의의(疑義)가 있고, '8.15정치학원'에 대해서만이 아니라 다른 동종(同種)의 학교에 관계가 있으며 또한 전국적으로 영향을 끼치기 때문에" 조선인청년들에 대한 정치 교육과 아동들에 기초교육 모두를 일괄적으로 폐쇄 조치를 취했던 것이다.[29] 이는 군정당국의 지령 하에 일본 정부가 폐쇄를 단행한 것이기도 하지만, 오사카부 교육부처럼 각 지방 정부가 군정당국의 지령을 자의적으로 확대 해석하여 실행되었음을 보여주는 것이기도 하다.

오자와 유사쿠는 전후 일본 정부의 민족 교육을 억압하는 정책의 원형이 이 조선인학교의 폐쇄 시도에 있다고 주목하고, 그 이유는 첫째 민족교육 문제를 치안문제로 파악한 점, 둘째 (반미)반일이라는 명목하에 조선인학교를 억압하고 폐쇄한 점, 셋째 일본인학교에 취학시키고 동화교육을 실시하여 민족 자각을 박탈한 점 등이라고 주장한다.[30]

그렇다면 조선인학교 탄압의 기원이자 원점이라 할 수 있는 이 투쟁이 과연 재일조선인에게 어떻게 기억되었을까. 우선 이 사태의 수습

명으로 기록되어 있다(小沢有作 編, 『近代民衆の紀録10 在日朝鮮人』, 新人物往来社, 1978, p.386).

29) 「毎日新聞」(14판), 2008.6.28, p.29.

30) 小沢有作, 『재일조선인 교육의 역사』, p.233.

과정에서 모리토 다쓰오(森戸辰男) 문부대신이 유감스러운 점이 있었다는 점을 표명하며 1) 조선인의 교육은 교육기본법 및 학교교육법에 따를 것, 2) 조선인학교는 사립학교로서 자주성이 인정되는 범위에서 조선인의 독자적인 교육 시행을 전제로 사립학교의 신청을 할 것이라는 합의에 이르렀다. 이를 두고 김덕룡은 이 민족학교의 자주성을 존중한다는 취지의 합의라는 점에서 '승리'를 의미한다고 밝혔다.[31] 그러면서 '4.24의 노래' 보급, '박주범(朴柱範)상'[32], '김태일상' 및 '4.24월간'과 '4.24주간'의 제정 등을 다양한 형태의 이벤트를 통한 1948년 4월의 교육투쟁 정신의, '승리'의 역사의 계승을 언급하고 있다.

한편, 일본의 패전 직후부터 주로 도쿄에서 민족교육운동에 가담했던 이은직은 '송영철'이라는 분신을 주인공으로 한 소설 『'재일'민족교육의 여명』에서 이렇게 밝히고 있다. "우리들의 승리는 누가 뭐래도 고베에서 효고현의 수뇌부로부터 각서를 쟁취한 점에 있다. 미군의 만행으로 희생은 컸지만 기념할만한 승리다. 그것을 강조하는 의미에서 이번 우리들의 투쟁을 4.24교육투쟁이라고 명명하면 어떨까?"(방점-인용자)[33] 이 말에 누군가는 "역사에 남을 대승리"[34]라 대꾸한다. 이은직은 1954년 4월까지의 자전적 기록을 앞서 소설의 후속편을 『'재일'민족교육·고난의 길』이라는 타이틀로 발표할 정도로 초기 민족교육운동은 그의 삶 자체였다. 그런 그가 큰 희생과 동시에 승리를 말할 수 있던 것은 바로 재일조선인으로서 민족적 자기동일성을 구축하는 방식

31) 金德龍, 『朝鮮学校の戦後史 1945-1972』(증보개정판), p.87.

32) 한신교육투쟁 당시의 지도자로 군사위원회 재판에서 중노동 4년 9개월을 선고받고 그 이듬해 11월에 투병 중 가석방되었으나 곧 서거한 박주범을 기리는 상이었다.

33) 李殷直, 『在日民族教育の夜明け一九四五年一〇月~四八年一〇月』, p.587.

34) 李殷直, 위의 책, p.587.

과도 깊은 관련이 있다. 저항(투쟁)과 희생, 그리고 거기에 뒤따르는 (민족적) 승리라는 내러티브가 바로 재일조선인 즉 민족의 이야기가 되어 있는 것이다. 이 '자위(自衛)를 위한 투쟁'이 "일본의 국가와 사회를 향해 재일조선인이 보낸 독립선언"[35]이라고 비유한 오자와의 말처럼, 이은직도 한신교육투쟁에 대해서 "3.1운동과 같이" 식민지기의 역사를 상기시킬만한 해방 후 재일조선인 투쟁사의 기원으로서 독립운동기념일로 상상한다.

그럼 여기서 재일조선인의 교육사에서도 자주 인용되는 김달수의 소설 「전야의 장(前夜の章)」(1952)을 마지막으로 그들의 기억(역사) 속 교육투쟁의 형상을 살펴보도록 하자. 사실 이 소설은 1949년 4월 「단체 등 규정령(団体及規定令)」이 제정되고 그에 따라 조련이 9월에 해산된 이후 Y시(요코스카; 横須賀)의 한 조선인학교 폐쇄에 저항하는 모습을 그린 단편이다. 1955년에 도쿄(東京)서림에서 펴낸 단편집의 표제작품이 되었던 소설이기도 하다. 단편집에 수록된 작품은 시기적으로는 전쟁 중의 작품과 전후 작품으로 나눌 수 있으며, 창작방법적으로는 대개 자전적 체험을 바탕으로 한 "기록문학적 소품"[36]에 가까운 사소설이다. 김달수는 이 단편집에 대해서 "이것은 나의 가난했던 청춘의 이야기이자 그런 책이라고도 할 수 있을 것 같다. 그것은 앞서 말했던 검열(받았던 사실-인용자)이 한편에서 말해주듯이 가난하고 어두운 암흑 속에서 눈만이 반짝이는 듯이 보이지만 나에게는 역시 잊을 수 없는

35) 小沢有作, 『재일조선인 교육의 역사』, pp.227~228.

36) 宋惠媛, 『「在日朝鮮人文学史」のために-声なきのポリフォニー』, 岩波書店, 2014, p.33. 이 단편집에는 「탁주의 건배(濁酒の乾杯)」, 「부대장과 법무중위(副隊長と法務中尉)」, 「전야의 장」, 「울상(泣き面相)」, 「위치」, 「잡초처럼(雑草の如く)」, 「조모에 대한 추억」, 「어머니와 두 자식(母と二人の息子)」이 수록되어 있다.

기록이다. 이 단행본의 표제를 『전야의 장』이라고 한 것은 이런 연유 때문"[37]이라고 밝혔다. 이 소설은 다시 1975년에 발간한 단편집 『소설 재일조선인사 상·하』(創樹社)[38]에도 수록된다. 자신의 작품을 재일조선인의 역사로 지칭할 수 있었던 것은 김달수가 자신의 문학이 체험세계 중에서 차별 속에 살아온 (재일)조선인의 삶과 역사를 그려냄으로써 일본 사회에 그것을 '알리고 호소하는' 역할을 하고자 했기 때문에 가능했던 것이다. 여기서 창작이고 허구이지만 기록문학적인 방법을 취한 그의 문학에서 '재일조선인사'의 현장은 민족지(民族誌)적 기술 대상일 수 있다. 그런데 거기에는 어쩔 수 없이 자신과 조선인/그들 사이, 즉 화자(혹은 서술자)로서의 자신과 대상으로서의 조선인/그들 사이에 간극이 존재하게 마련이다. 그 간극을 메우는 방법은 조선인/그들의 이야기를 대신(agency)하는 자신의 이야기로 대표하는(represent) 것이다. 그것이 바로 그의 문학 중에 존재하는 대표(representation)의 정치학이라 할 수 있다.

이상의 맥락 속에서 「전야의 장」을 읽어보자. 이 소설은 "40일 정도 전 조련이 해산"된 시점을 배경으로 한다. 즉 1949년 9월 8일에 조련이 해산되었으니 그해 10월 중순에서 11월에 걸쳐 벌어진 조선인학교의 2차 폐쇄 때의 이야기인 것이다. 거의 모든 지역에서 1차 폐쇄 이후의 타협의 결과로 도립이나 시립에 소학교의 분교 형태로 제각각 바뀌어 가고 있었던 때, 가나가와(神奈川)현의 요코스카시(市)에 아직 남아있던 조선인학교에 대한 폐쇄령에 저항하는 내용이다.

37) 金達壽, 「あとがき」, 『前夜の章』, 東京書林, 1955.

38) 金達壽, 『小説 在日朝鮮人史 上·下』(創樹社, 1975)는 이하 『조선인사』 상·하로 표기한다.

2차 폐쇄령은 이 소설에서처럼 조련 해산의 연장에서 진행된 것이었다.[39] 강제 폐쇄에 맞서 대책을 세우기 위한 10월 19일의 모임, "그곳으로 요란한 사이렌 소리와 함께 트럭이 속속 몰려와 시커먼 산과 같은, 파도와 같은 무장경관대가 몰아닥쳤다. 〈…중략…〉 어둠에 뒤덮힌 학교 안팎에서 격렬히 밀고 밀리는 난투극이 벌어졌다. 하지만 이는 한순간의 일이었다. 끝내는 무아몽중이 된 사람들은 제각기 항의와 증오의 말을 쏟아내면서 머리를 모로하고 달려들었지만, 시커먼 소용돌이와 같은 경관대의 곤봉으로 머리를 두들겨 맞고 배를 찔리고 발길질에 밀려날 수밖에 없었"[40]던 상황으로부터 소설은 시작한다. 이는 소설 속에서 말하는 '19일 사건'이 된다. 판자가 열십자로 못질 된 채 폐쇄된 학교 교실문 앞에서 "절망과 같은 감정"[41]을 느끼면서도 재일조선인들은 "놈들이 발포해오면 거기서 죽어도 상관없다고 생각"[42]으로 목숨 건 저항을 결심한다.

그들은 시청을 습격하고 연좌농성을 하며 "원수와 더불어 싸워서 죽은 우리의 죽음을 슬퍼 말아라"하는 '인민항쟁가'를 비롯해 '독립의 아침', '해방의 노래' 등을 소리 높여 부르며 저항했다. 이 가열찬 투쟁에 호리구치(堀口)시장은 교섭에 응한다. 이를 "대승리"로 받아들이며

39) 이은직은 자신의 자전 소설에서 이와 관련한 흥미로운 진술을 한 바 있다. 한신교육투쟁의 결과로 '5.5각서'를 받아낸 후 새롭게 사립학교의 인가를 받고 조련의 조직 전체가 활기를 띄었다고 했다. 그러면서 일본 전국 각지의 조선학교는 조련소학교, 조련중학교로 인가를 받은 것이다. 이는 조련 조직과 조선학교 사이의 연계가 분명해지는 국면을 만들었으며, 한편으로는 조련해산과 연동해 2차 해산에 내몰리는 결과를 낳기도 했던 것이다(李殷直, 『在日民族教育の夜明け—一九四五年一〇月~四八年一〇月』, p.600).

40) 『조선인사』 상, p.333.

41) 위의 책, p.334.

42) 위의 책, p.332.

감격한다. 여기에서 김달수는 당시 투쟁 상황에 대해 동물적인 감각을 발휘하여 불길함을 감지한다. 시청의 관계자가 "바로 책임자 두 명은 군정부(軍政部)로 출두하도록. 지금 전화로 연락이 왔다"며 그들에게 말을 전하는데, 이처럼 그들이 싸우는 눈앞의 대상 너머의 그 어떤 존재를 떠올리게 하는 것이다. 바로 군정당국이다. 교섭에 나설 사람을 선정하는 소설의 마지막의 배꼽을 잡아가며 웃는 장면에서 오히려 불안을 느끼게 만드는 것이 그런 이유인 것이다. 이 "대승리"로 끝난 투쟁 서사가 왜 불길함으로 맺어질 수밖에 없는가는 향후 그 역사의 진전을 통해 확인 가능하다. 하지만 그 절망이나 불길함마저도 재일조선인사에서 희망이 되도록 읽히는 것은 바로 모든 투쟁의 서사가 '4.24교육투쟁'을 기점으로 하고 있기 때문일 것이다.

1947년 봄 이후 정책으로서 추구되어온 재일조선인 아동의 취학 의무제는 1949년 10월의 조선인학교 폐쇄와 그 일부 학교의 공립화, 학생의 일본인학교로의 전학 조치를 통해서 제도로서 완결을 보기에 이르렀다. 법으로만이 아니라 제도상으로도 재일조선인의 민족교육 권리는 박탈되었던 것이다.[43] 이 소설의 대단원의 불안처럼, 결국 2차 조선인학교 폐쇄 조치로 재일조선인 아동들은 이른바 조선인학교에서 일본인학교로 강제 편입되어 일본인 교육을 받게 된 것이다.

3) 남한(남조선) 언론의 '조선학교의 폐쇄령' 보도

일본에서의 군정당국은 조련운동을 일본공산당이 배후인 좌익적 정치활동으로서 파악하고 그들의 민족교육운동도 미국의 대(對)동북아정

43) 小沢有作, 『재일조선인 교육의 역사』, p.265.

책에 대적하는 것으로 인식했다. 특히 미군정하에 놓여 있던 남한에서는 군정의 쌀 배급 실패에 저항한 1946년 10월 항쟁, 1948년의 '단독선거' 강행에 따른 4.3항쟁과 전국적 저항, 반면 북쪽에서의 일련의 '민주개혁'과 함께 사회주의 세력에 대한 지지 확장 등은 미군정으로 하여금 한반도에서뿐만 아니라 재일조선인에 대한 정책에도 변화를 꾀할 수밖에 없게 만들었다. 이런 가운데 한반도의 정세에 대한 정보에 반응하면서 조련을 중심으로 대다수의 재일조선인은 '해방 민족'으로서 군정당국과 일본 정부의 탄압에 저항했다. 이는 조국으로 돌아가지 못하고 구(舊)제국에 남아 '조선인되기'라는 시련을 겪는 과정이었다. 이 과정에서 전국적 범위의 조선인학교는 무엇보다 중요한 존재였다. 따라서 군정당국과 일본 정부의 탄압은 전국적인 범위의 것이었다고 할 수 있다.

남한의 언론에서도 1948년 이후 일본에서 벌어지고 있는 동포들의 교육투쟁에 대해서 즉각적으로 반응하기 시작했다. "재일동포학교에 폐쇄령 한교절치액완(韓僑切齒扼腕)·맥 사령관에 등장(等狀) 이것도 패전의 보복발악인가"[44]라는 제목의 도쿄발 기사가 1948년 4월 14일에 실렸다. 한신교육투쟁 이전 상황의 보도이기도 한 이 기사는 시모노세키(下関)의 조선인학교 폐쇄령에 관한 내용이다. 기사 본문은 사실 건조한 내용인 데 비해 '한교절치액완' 즉 교포들이 이를 갈고 소매를 걷어붙이며 몹시 분해한다는 감정적인 제목을 달고 있다. 그뿐 아니라 '패전에 대한 보복 발악'이라는 표제를 뽑고 본문에서는 조선인학교 폐쇄

44) 『경향신문』, 1948.4.14. 이하 신문 지면의 인용은 아래의 네이버 뉴스라이브러리에서 검색한 결과이며, 여기서 면수 표시는 생략한다. http://newslibrary.naver.com/search/searchByDate.nhn(검색일: 2018.4.30.)

가 "한일공학(共學)의 강요"라고 해석하고 있다. 이것은 식민지시기의 '일선(日鮮)공학'을 연상시키며 식민지 피해의 연장에서 민족주의적으로 대응하고 있음을 보여주는 것이다.

그래서 당시 언론의 보도에 한정해 보자면 먼저 반응한 것이 우파단체들이었던 것은 우연이 아니다. 미군정에 우호적이던 우익단체인 '국민회'의 반응이 먼저 보도되었는데 "일본이 조선을 재차 침략을 하려는 야만적인 행동이며" "폭거"로 규탄하고 "맥아더 사령부와 일본정부에 대한 거족적 항쟁을 준비할 것"을 담화를 내보냈다.[45] '국민회'의 반응에서 주목할 점은 그 항쟁의 대상이 군정당국과 일본 정부라는 사실이다. 이런 반응은 일본의 패전과 함께 만들어진 국경을 초월한 통치자인 군정당국에 대한 것이었다. 그들의 동북아 정책에 대한 저항이자 국경을 초월한 민족적 동일성에 대한 확집에서 비롯된 것이었다. 또한 과거 식민지배자인 일본 정부에 대해서는 식민지주의를 지탄하는 탈식민의 저항이었다.

이런 국내 여론은 점차 비등하여 조선어학회 등 10개의 단체가 투쟁위원회를 결성하기도 했다.[46] 이렇게 반미군정(반미)과 반일 감정이 거세지면서 신문도 연일 조선인학교 폐쇄와 관련해 보도하였다. 이에 남한의 미군정청 윌리암 F. 딘(William F. Dean) 소장은 4월 22일 기자회견에서 조선인학교의 "정치적 선전" 때문에 폐쇄조치된 것이라는 점을 강조하였다.[47] 딘 소장의 회견 내용은 국경을 초월한 통치자의 입장을 보여주는 것인데, 그런 점에서 조선에서의 민족주의적인 반응에

45) 『경향신문』, 1948.4.15.
46) 『경향신문』, 1948.4.17.
47) 『동아일보』, 1948.4.23.

대한 분리 대응의 전략이 엿보이는 것이었다.

같은 날 또 다른 보도에는 박열의 비서 박성진이 인터뷰한 기사도 보인다. 그 기사에서 그는 "문교부 제정 교과서 사용한 재일동포학교에는 간섭이 없다"면서 조선인학교에 대한 탄압은 "오래 전부터 내포되어 오던" 문제로 이번에 "폭발"한 것일 뿐이며, 조선인학교가 탄압을 받고 있는 이유는 "좌익선전기관"이기 때문이라는 말로 딘 소장의 회견 내용을 보족하고 있다.[48] 이 즈음부터 보도의 형태가 조금 변화를 보인다. 조선인학교의 탄압을 비난하는 보도가 이어지기는 하지만 그 폐쇄의 원인이 "적색(赤色)교재가 시비 발단"[49]에 있다는 식의 이념적인 측면에서 사태를 바라보는 보도가 나오기 시작하면서 단순히 민족 문제가 아닌 좌우 대립의 문제로 접근하는 보도가 이어졌다.

그럼에도 한신교육투쟁에 대한 탄압이 본격화하면서 남한의 미군정청하에서 행정을 담당하던 과도정부의 안재홍 민정장관은 딘 소장에게 재일조선인의 민족교육을 보장해 달라고 제안을 하기에 이르렀다. 하지만 남한의 미군정청은 군정당국에 영향력을 미칠 수 있는 위치에 있지 않았고, 조선학교 탄압에 대한 입장은 일본을 점령하는 군정당국의 입장을 그대로 따랐다.[50] 하지만 우익단체인 대한독촉국민회처럼 이 사태를 5.10선거와 연관시켜 선거 보이콧도 불사하겠다고 천명하는 등[51]의 입장을 보이자, 미군정과 언론의 대응은 더욱 적극적으로 바뀌었다. 미8군사령관 아이켈버거의 성명을 실어 공산주의자의 소행이라는 주장을 그대로 소개하거나 공산주의자가 5.10총선거를 교란하기

48) 『동아일보』, 1948.4.23.

49) 『경향신문』, 1948.4.22.

50) 김태기, 「GHQ의 재일조선 정책과 민족교육투쟁」, pp.83~84.

51) 『경향신문』, 1948.4.30.

위해 발생시킨 것이라고 하는 미국의 신문기사를 그대로 소개하기도 했다. 이런 상황에서 총선거 직전의 이승만의 담화는 흥미롭다. 그는 지금 남한이 총선거로 "정부 수립의 날짜가 가까운 것을 보고 그 전(에-인용자) 한인들을 다 축출하려는 악독한 심리"[52]로 분쟁을 일으키려는 의도라며 이번 사태가 군정당국 쪽으로 확산되는 것을 차단하고 일본 정부만에 대한 비난으로 여론을 형성시키려 하였다. 이는 어쩌면 정부 수립 이후 재일조선인에 대해서 고수했던 '기민(棄民)' 정책의 전조를 보여주는 것이라고 할 수 있겠다.

1948년 5월에 조선학교를 둘러싼 갈등이 일본 내에서 일단락되자, 국내 언론에서는 재일조선인과 조선학교에 관한 보도는 잦아들었다. 그리고 다시금 언론에 보도되기 시작한 것은 1949년의 2차 폐쇄령 이후이다. 1948년 9월 조선민주주의인민공화국의 창건된 이래 조련이 공화국와의 관계 아래 활동했던 사실을 고려할 때 그 보도의 형태는 달라질 수밖에 없었다. 특히 군정당국에 의해 「단체 등 규정령」의 적용을 받아 조련이 해산을 당하면서 조선학교도 그 산하 단체로 취급을 받아 폐쇄에 내몰리게 되었다.

2차 폐쇄령에 처한 조선학교에 대한 보도는 대개 도쿄발로 사실 보도에 치중되어 있는 점이 특징 중 하나이다. 9월 8일에 조련의 해산 명령에 대한 보도부터가 그렇다. 그 이튿날 보도에서는 해산의 이유를 기본적으로 "폭력주의적 태도" 때문이며, 그 세부적으로는 "조선인민공화국기 게양"(1948년 10월), 조선인학교 소동 사건(1948년 4월), 경찰서를 습격한 '다이라(平) 사건'(1949년 6월) 등 일련의 점령당국에 대한 반항이 해산의 빌미가 되었다며 군정당국의 주장을 옮겨 보도하였다.[53] 심지어 요미우

52) 『동아일보』, 1948.5.1.

리(読売)신문을 인용하여 일본 정부의 진상 발표문의 전문을 소개하기도 했다. 이 일본 정부의 발표문에 대한 정부 입장을 기사의 말미에 싣고 있다.[54] 그것을 보면 "단체 등 규정령이 처음 적용되는 마당에 한국민이 포함된 데 대해서 유감이나" 이 같은 "'테러리스트'적 기관에 대한 오늘의 비상수단은 정당한 것으로 볼 수밖에 없다"며 항의문을 제출할 의도가 없음을 밝히고 "현재 우익진영으로 한국거류민단과 한국민주청년동맹이 있는데 사절단에서는 이를 하나로 통합하여 일본에 있어서의 유일한 조선인 단체로 만들 의향"이라고 보도했다.

이후 보도는 주로 주일한국사절단장인 정항범의 사태 인식과 사후 처리의 방향을 중심으로 이뤄졌다. "일본 정부가 몰수한 데 항의하고 재일조선인연맹의 재산을 한인학교 교회 및 거류민단이 사용하기를 희망"[55]한다거나, "재일교포학교 273개교 폐쇄령"에 따라 "몰수되는 좌익경영학교의 재산을 대한민국을 지지하는 민단에 인도하고 민단 관리하에 재차 개교케 하도록 요청"[56]하겠다는 등의 내용이었다.

그런데 조련 해산과 달리 조선학교에 대한 폐쇄령이 있고 나서는 정부나 국회 차원의 대응이 불가피했던 듯하다. 우선 국회가 1949년 10월 29일 제27차 본회의에서 재일교포학교문제 외무부에 조사보고를 요청하였다. "일본 정부에서 재일교포학교 364교를 폐쇄하고 개편을 명한 것은 그들 말에 의하면 조선인연맹이 해산된 까닭에 그 소속 교육기관을 폐쇄한 것이며 지난 5월 한국대표와 일본 정부 사이에 한인 교육은 일본법령에 의한다는 각서를 교환한 데 기인한 것이라 하나" 정부의

53) 『경향신문』, 1949.9.9.
54) 『동아일보』, 1949.9.14.
55) 『동아일보』, 1949.10.2.
56) 『동아일보』, 1949.10.20.

대책이 불필요하다는 것이었다. 이 기사는 기본적으로 일본 정부의 입장에 대한 국회의 입장과 정부의 바람직한 대응 요구를 담고 있다. 일본 정부는 조선학교를 조련과의 동일체 혹은 그 하부조직으로 여기고 폐쇄한 조치라는 데 대해서 국회는 조선학교의 문제와 조련의 문제를 분리해 사태를 파악하고 있는 점이 눈에 띈다. 또한 한국대표(부)가 민족교육을 포기하는 식의 각서를 일본 정부와 교환했지만, 그런 정부의 입장에 국회가 동의하지 않은 점도 엿보인다. 국회는 "대한민국이 독립된 오늘 일본교육법에 복종할 이유도 없"다며 "재일교포교육상황을 조사하여 그 대책을 수립하기" 위하여 조사위원을 일본에 파견할 것을 결정하였다. 하지만 갑론을박 끝에 재일한국사절단으로 하여금 정부(외무부)에 조사·보고하도록 하자고 결론을 내렸다.[57] 인공기를 게양하는 등 친북적 정치활동을 전개하는 조련과 마찬가지로 조선학교도 그러했는데도, 민족교육이라는 기호가 함의하는 탈식민적 정치성이 조선학교를 대표하면서 국회가 그런 입장을 취했던 것으로 판단된다.

하지만 조선학교 폐쇄라는 사태로 인한 갈등이 첨예한 상황에서 한국 정부는 전혀 다른 쪽에 관심을 두고 있음이 보도로 나타났다. 11월에 들어 임병직 외무부장관이 정환범 재일특사로부터 전화로 보고를 받아 그 내용을 이승만 대통령에게 직접 보고 했다는 내용이 보도되었다. 거기에는 이번 사태의 해결을 위해 한국 측의 네 가지 조건이 제시되어 있다.

그 첫 번째는 "조선인연맹 재산 전부의 반환 요구"로 조련의 재산에 대한 인수를 주장한 것이다. 그 이유를 들면서 그 재산이 조련의 것이 아니라 귀국한 한국인의 재산을 보관하고 있었던 것에 불과한 것이기 때문이라 했다. 두 번째와 세 번째 조건도 각각 "교원은 대한민국 지지

57) 『동아일보』, 1949.10.30.

자로서의 경질", "주일대표부 책임하에 거류민단에서 감독 경영"을 제시했다. 이처럼 재원의 인수, 한국의 경영 등을 조건으로 삼았던 것이다.[58] 이은직의 자전소설에서는 이 점에 대해 흥미롭게 서술하고 있다. 주인공 '송영철'은 조련 해산 후 재일조선인의 생활문제나 교육문제 등에 대해서 민단의 분기를 바란다는 아사히(朝日)신문의 사설 「대한민국거류민단에 바란다」를 읽고 일본 정부와 민단 사이의 교섭을 의심한다.[59] 그러면서 어떤 상황에서도 도쿄군정부는 조선학교의 폐쇄를 실행할 것이며 일본의 문부성의 말로는 존속 가능한 유일한 방법으로 모든 학교를 민단에 양도하는 것이라는 식의 언급을 들었다는 것이다. 그러니 자진 폐쇄 신고를 하고 도쿄도립으로 이관할 필요가 있다고 '송영철'의 주장이었다.[60] 실제 결과도 소설 속 '송영철'의 주장처럼 이뤄졌다. 한국 측이 제시한 조건에 대해서 조련 측의 대응 결과가 소설에서 그대로 나와 있는 것이다.

이처럼 조선학교는 이제 민단과 조련 사이의 재산 싸움과 운영권 쟁탈의 대상이 되었던 것이다. 하지만 그 국면은 점차 남과 북의 분단 체제하에서 재일조선인에 대한 영향권의 확대를 위한 쟁탈의 장으로 변화해 갔던 것이다.

이상 조선학교에 관한 한국 언론의 보도 양상에서 알 수 있는 것은 우선 1차 폐쇄 때와 2차 폐쇄 때의 보도 양상이 상이했던 점이다. 이는

---

58) 그 외 네 번째 조건으로는 "일본 문교성 교육방침을 준수하되 한국 역사, 한국어를 교수과목으로서 실시"를 제시했다.

59) 김태기는 군정당국이 합법성을 인정하는 한국 정부의 그 한국대표부를 통해 사전에 폐쇄조치에 대한 정보를 전달하였다고 주장했다(金太基, 『戦後日本政治と在日朝鮮人問題』, pp.601~602).

60) 李殷直, 『在日民族教育·苦難の道一九四八年一〇月~五四年四月』, 高文研, 2002, pp.259~267.

남북의 정부 수립과 관련한 것이라 판단된다.[61] 또 재일조선인에 대한 군정당국의 통치는 한반도 남쪽의 정치적 상황에 민감하게 반응하며 이뤄졌던 것이라는 사실이다. 마치 미군정청과 1948년 이후의 한국 정부가 한반도 남쪽의 반공 국가화 전략을 수행하는 과정에서 그들은 배제하고 타자화했던 존재들로 취급되었던 것이다.[62] 2차 폐쇄령 이후 남한의 의도와 달리 결과적으로 영향력이 미치지 못했던 바, 조선학교는 북한 공민의 교육장으로 변모해가는 역사를 만들어냈던 까닭도 거기에 기인하는 것이 아닐까. 1세대 재일조선인들의 기억처럼 북한의 지원으로 지켜져온 '민족학교'의 기념비가 될 수밖에 없었던 것도 그 탓일 터이다.

3. 마치며 - '4.24교육투쟁'이라는 기억

'4.24한신교육투쟁기념일'은 2023년 올해로 제75주년을 맞이한다. 이런 기념의 주기성은 기념이 단지 일회성 사건에 그치지 않고 처음부터 지속적 특징을 내포함을 의미한다.[63] 앞서 언급했지만, 이은직의

61) 김태기는 1차 폐쇄 때와 2차 폐쇄 때가 상이한 점은 1차 때는 재일조선인을 일본의 법률에 복종토록 한 점령당국의 의도가 깊게 반영된 것이라면, 2차 때는 조선학교의 공산주의 교육을 저지한다는 정치적인 색채를 가지고 사실상 일본 정부의 주권 회복을 중시하는 분위기가 있었기에 일본 정부의 독자적인 힘으로 억압했던 것이라고 지적했다(金太基, 『戦後日本政治と在日朝鮮人問題』, p.574). 이에 따른 것인지는 불분명하지만, 남한의 언론도 2차 때는 일본 정부를 비난하는 쪽으로 비중이 기울었던 것을 확인할 수 있다.

62) 이승만 대통령이 일본 정부가 조련 등을 반공을 목적으로 탄압한 것에는 전면적으로 지지하지만 그렇다면 일본공산당도 마찬가지로 취급해야 한다고 주장하고, 일본 정부의 조치는 재일조선인에 대한 차별이라며 비판했다(金太基, 『戦後日本政治と在日朝鮮人問題』, p.574). 이런 아이러니는 바로 남한 내에서 당시 조선학교 문제를 대하는 딜레마이기도 했던 것이다.

소설에서 등장인물들이 한신 지역을 중심으로 일어난 투쟁을 기념일로 정하는 것과 같은 명명(命名) 행위는 투쟁의 서사를 통해 이뤄진 것이지만, 그것은 또다시 새로운 이야기를 만들어간다.

국민국가는 기억과 역사가 통합된 최후의 형태이자 기억이 더는 책임질 수 없는 사회통합을 역사를 통해 제공하는 제도라고 지적하지만, 국민국가의 바깥에 존재하며 끊임없이 사회통합의 역사에 균열을 내온 집단이 재일조선인이다. 민족의 구성은 국가의 구성과 나란히 진행되었으며 공적인 기념의식과 박물관, 기념비, 공휴일, 축제, 건축 등으로 이루어져 왔다. 하지만 재일조선인처럼 한 사회의 소수자들의 경우는 비공식적 차원에서 토착(vernacular)적인 기억을 구성해 그것들에 대항해 왔던 것이다. 그것이 바로 '4.24한신교육투쟁'을 기원으로 하는 조선학교의 역사=기억이자 지금의 모습인 것이다.

'뇨뇨의 혼잣말(ニョニョのひとりごと)'이라는 블로그를 운영하는 한 재일조선인은 '4.24한신교육투쟁기념일'의 67주년을 맞이하며 칼럼 「'4.24의 노래'를 들을 때마다」를 쓴다. 거기에서 「4.24의 노래」를 떠올리며 천진난만했던 초급부 시절의 기억을 더듬는다. '마음의 고향' 운운하며 자신을 지켜준 것은 '우리학교'이란다. '4.24' 그날의 충격은 나이가 들어도(그는 1955년 오사카의 園田소학교에 입학) 김태일이라는 소년의 이름과 함께 가슴에 새겨져 있다. 또 다시 '4.24', 그날을 맞이하며 지금의 시대가 67년 전 그때와 닮아 있다고 한다. 2010년부터 재일조선인 사회의 최대 이슈 중 하나가 된 고교무상화 문제 때문이다. 그는 매주 오사카부청 앞에서 "민족교육의 권리를 지키고 무상화 실현을 위한 조성금 교부 재개를 위한" 운동에 참가하노라 한다. 그러면서

63) 제프리 K. 올릭, 『기억의 지도』, p.104.

민족(교육) 차별이 진전 없이 계속되어 있음을 개탄한다.[64)]

지금 조선학교(재일조선인)은 민족교육 차별에 맞서 다시금 싸워야 한다. 그 '고교무상화' 제도란 2009년 9월 치러진 중의원 선거 때 민주당이 공약으로 내세운 교육정책 중 하나이다. 당시 민주당은 국제인권규약의 사회권 규약 13조가 중등교육에 무상화제도를 도입할 것을 요구함에 따라 고교까지 무상화해 각 가정의 교육비 부담을 줄이겠다고 공약했다. 특히 사회권 규약에는 그 대상으로 '자국민'뿐 아니라 '모든 사람'이라고 규정하고 민주당도 무상화 시책에 조선학교를 비롯한 외국인학교까지 포함하는 것을 전제로 설계했다. '사회 전체가 당신의 배움을 지원합니다'라는 캐치프레이즈로 실제 이 제도는 2010년 4월부터 시행되기 시작했다. 하지만 조선학교의 지원은 아직 배제된 상태이다.[65)]

조선학교의 지원을 반대하는 편에서 구체적인 이유를 내세우는 내용을 들여다보면, 과거 조선학교의 폐쇄령을 옹호하는 측의 논리 근거와 유사한 면을 드러내고 있다. 예를 들어 '납치피해자 가족회의'는 조선학교에서 사용하는 교과서에 "일본은 납치문제를 극대화하여 반조선인 소동을 대대적으로 전개하였다"고 기술되어 있는 것과 관련해 "인정할 수 없는 모욕"이라고 주장했던 것이다. 문부과학성 쪽에서도 예를 들어 일본 정치·경제 교과서를 교재로 사용할 것을 비롯해 학교 시설과 연간 수업시간, 교과서 등의 자체 개선을 요구하기도 했다. 이 제안은 교육과정에 대한 간섭일 뿐 아니라 민족학교라는 조선학교의 특성

64) https://blog.goo.ne.jp/okuyeo/e/6b64ceecae27ca90115ff7835f28ce30(검색일: 2018.4.10.)

65) 2010년 11월 11일에 다카기 요시아키(高木義明) 문부과학대신은 조선학교의 지원에 반대하는 '납치피해자 가족회'를 따로 불러 그 심사 기준을 설명하는 등, 납치 사건을 둘러싼 국민적인 반북 정서에 제도 시행이 좌지우지되는 모습을 보였다.

을 무시한 제안이라며 거부당했다.

아베(安部) 정권이 들어서서는 정부의 입장이 더욱 단호해졌다. 물론 앞서 살펴온 바 1948년 이후 강제 폐쇄 때와는 시대적 상황이 달라진 만큼 그 탄압의 물리적인 정도는 전혀 차원이 다르다. 하지만 그 차별과 배제의 논리나 구도는 그 때 상황과의 데자뷰 그 자체라 할만하다. 심지어 민단의 기관지 「민단신문」은 "조총련 지배로부터의 일탈을 서둘러야 한다"는 제목의 기사를 게재하고, "조선학교는 조총련 조직의 지배, 즉 북한 독재로부터 이탈해야 한다"며 조선학교에 자녀를 보내고 있는 '동포'들의 이탈을 종용했다.[66] 이렇듯 1948·9년 당시 군정당국과 일본 정부가 조선인에 대한 분단 상태를 이용한 분리 통치(divide and rule)의 방식 또한 여전하다.

거기에는 조선학교의 민족교육은 없고 오로지 당시는 조련의, 그리고 지금 총련의 정치 선전의 장(場)이었다는 역선전에 의한 차별과 배제만이 존재한다. 그러니 올해 75주년을 맞이하는 '4.24교육투쟁'의 기념일에 또 다시 '4.24의 노래'로 시작하며 조선학교의 역사=기억, 즉 투쟁사를 되뇔 것이다. 그것은 '조선인되기'의 몸부림처럼 들릴 것이다.

> 또 다시 온다/4.24의 날/피에 물드린/원한의 날이/4천년 긴긴/민족의 말을/배우는 자유/빼앗던 날이//그러나 들어라/그러나 보아라/우리의 머리 위/새기발 날고/우렁찬 어린이/소리 들린다/모든 억압을/박차고 나가는/우리 어린이/구두소리 들린다/4.24를 잊지 말자[67]

66) 「조총련 지배로부터의 일탈을 서둘러야 한다」, 2010.12.1, 「民団新聞」 http://www.mindan.org/newspdf.php.

67) 「4.24의 노래」(작사 허남기·작곡 김경재, 1949). 일부 인터넷 사이트에 올라온 악보 위에는 "원쑤놈들을 생각하여"라고 부기되어 있기도 하다. 「4.24의 노래」의 파트2 정도로 일컬어질 만한 「4.24교육투쟁의 노래」가 발굴되었다. "피로써 지킨 424/ 원한의

이은직은 1945년 10월 조련 결성과 함께 일본 전국에서 전개되었던 민족교육운동은 "세계 역사에 유례없는 기적적인 사건"[68]이라고 했던 것은 "4.24를 잊지 말자"는 노랫말처럼 올해 70주년을 맞이하는 '4.24 교육투쟁' 기념일에도 그것이 이어지고 있기 때문이 아닐까.[69]

이 글은 동국대학교 일본학연구소의 『일본학』 제46집에 실린 논문 「기념비로서의 '조선학교'」를 수정·보완한 것임.

참고문헌

가지무라 히데키, 김인덕 역, 『해방 후 재일조선인운동 1945~1965』, 도서출판 선인,

날 424/태일동무의 불은 피/주범선생님의 피/오각별 하늘에 비쳐/우리학교 지킨 날/야수들의 억압 헤쳐/우리 교육 지킨 날"(작사·작곡 불명) 이 노래는 "오각별 하늘에 비쳐"라는 가사가 들어 있는 것으로 보아, 조선민주주의인민공화국의 창건 이후에 만들어진 것으로 판단된다. 그 외에도 "우리 공부 우리나라 글 우리 배우는 것을/막을자가 누구냐 막을 자가 누구냐 나서 보아라" 하는 「우리학교 지키자」(허남기 작사·김경재 작곡)와, "우리들은 일본학교 가지 않겠어요" 하는 「선생님 울지 마세요」 등의 노래가 함께 불리고 있다고 한다.

68) 李殷直, 『在日民族教育の夜明け一九四五年一〇月~四八年一〇月』, p.761.

69) 2018년에도 집회 포스터 '한신교육투쟁 70주년기념 화요일 행동(제291회)'에서처럼 오사카를 비롯해 간사이(関西)지역을 중심으로 집회가 펼쳐졌다. 그 포스터의 첫 문장은 "지금으로부터 정확히 70년 전인 1948년 4월 24일, 재일코리언의 역사에 깊게 새겨진 차별과 탄압, 단결과 투쟁의 날"이다. 그리고 뒤에 이어지는 문장 중에는 "역사의 교훈도, 국제사회 안에서 고양되는 비판도 되돌아보려 하지 않고 민족적 마이너리티의 교육권을 부정하고 정치적 이유로 아이들의 '배울 권리'를 지금도 계속 침해하고 있습니다"는 표현이 나온다. 이 집회가 '조선교급학교무상화를 요구하는 연락회'가 이미 291회나 펼쳐온 집회의 연장선에 있는 것임을 알 수 있다. (https://search.yahoo.co.jp/image/search;_ylt=A2RimV65vAhbmyIA3EWU3uV7?p=48%E5%B9%B4%E3%81%AE%E6%9C%9D%E9%AE%AE%E5%AD%A6%E6%A0%A1%E9%97%98%E4%BA%89&aq=-1&oq=&ei=UTF-8#mode%3Ddetail%26index%3D101%26st%3D3776.(검색일: 2018.4.30.)

2014.
박광현, 「식민지/제국의 경계와 혼혈의 기억」, 『日語日文學研究』 70집 2권, 2009.8.
______, 「일본의 대(對)한반도 정책과 '재일' 사회:'재일' 사회의 갈등 국면을 중심으로」, 최관·서승원 엮음, 『저팬리뷰2011』, 도서출판문, 2011.
______, 「재일문학의 2세대론을 넘어서-'역사화와 영역화'에 대한 비판을 중심으로-」, 『日語日文學研究』 53, 2005.
배지원·조경희 편, 『재일조선인과 조선학교』, 도서출판 선인, 2017.
小沢有作, 이충호 옮김, 『재일조선인 교육의 역사』, 혜안, 1999.
오태영, 「민족적 제의로서의 '귀환': 해방기 귀환 서사 연구」, 『한국문학연구』 32, 2007.
정재석, 「해방기 귀환 서사 연구」, 연세대 석사학위논문, 2006.
정종현, 「해방기 소설에 나타난 '귀환'의 민족서사:지리적 귀환을 중심으로」, 『비교문학』 40, 2006.
제프리 K. 올릭, 강경이 옮김, 『기억의 지도』, 옥당, 2011.
최정아, 「해방기 귀환소설 연구: '귀환의례'의 매터니즘과 귀환자의 윤리를 중심으로」, 『우리어문연구』 33. 우리어문학회, 2009.
金達壽, 『前夜の章』, 東京書林, 1955.
福島宇内·小沢有作, 『民族教育-日韓条約と在日朝鮮人の教育問題』, 青木新書, 1966.
金達壽, 『小説 在日朝鮮人史 上·下』, 創樹社, 1975.
小沢有作 編, 『近代民衆の紀録10 在日朝鮮人』, 新人物往来社, 1978.
高史明, 『生きることの意味 青春篇1』, 筑摩書房, 1997.
金太基, 『戦後日本政治と在日朝鮮人問題』, 勁草書房, 1997.
李殷直, 『在日民族教育の夜明け一九四五年一〇月~四八年一〇月』, 高文研, 2002.
李殷直, 『在日民族教育·苦難の道一九四八年一〇月~五四年四月』, 高文研, 2002.
小森陽一 외, 『岩波講座近代日本の文化史8感情·記憶·戦争』, 岩波講座, 2002.
金德龍, 『朝鮮学校の戦後史 1945-1972』(증보개정판), 社会評論社, 2004.
鄭榮桓, 『朝鮮独立への隘路』, 法政大学出版局, 2013.
宋惠媛, 『「在日朝鮮人文学史」のために-声なきのポリフォニー』, 岩波書店, 2014.

http://mindan.org/toukei.php
http://www.mindan.org/newspdf.php
https://blog.goo.ne.jp/okuyeo/e/6b64ceecae27ca90115ff7835f28ce30
http://newslibrary.naver.com/search/searchByDate.nhn

재일조선인의 자기정체성 재구축과 민족교육

신승모

1. 시작하며 - 조선학교를 둘러싼 최근의 상황과 선행연구

해방 후 재일조선인 1세대들은 자녀들에게 조선어와 문화를 가르칠 수 있는 조선학교[1)]를 자주적인 노력으로 일본 내에 설립하기 시작했다. '민족학교'로 불린 조선학교는 초기에 '조선어강습소'나 '한글학원' 등으로 불린 민족교육의 장(場)으로 시작하여, 해방 후 1년이 지나기 전에 525개의 초급학교, 4개의 중급학교, 12개의 청년학교가 세워지고 학생 수는 4만 4000명, 교사는 1100명에 달하는 급성장을 이루었다.[2)] 오영호가 논의한 바 있듯이, 조선학교의 역사는 지배받는 입장에 있던 사람들이 어떻게 식민주의를 극복하고 식민지 지배로부터 진정한 해방을 획득하려 했는가 하는 피지배자들의 탈식민화의 과정으로서 그 보편적 의의를 찾아낼 수 있을 것이다.[3)] 물론 현재의 사후적인 관점에서

1) 조선학교는 조선인학교, 민족학교, 그리고 '우리학교' 등으로 불리기도 한다. 이 글에서는 기본적으로 조선학교로 칭하고, 문맥과 인용에 따라 다른 용어도 사용하기로 한다.

2) 尹健次, 『日本国民論―近代日本のアイデンティティ』, 筑摩書房, 1997, p.296.

3) 오영호, 「탈식민화 과정으로서의 조선학교 역사-해방이후 1960년대까지를 중심으로-」, 『재일조선인과 조선학교 투쟁의 시간, 삶의 공간』, 선인, 2017, p.20.

조선학교가 수행한 민족교육과 그 영향에는 긍정적인 측면과 부정적인 측면 양면이 존재하고, 그 공과에 대한 평가는 대상 시기, 혹은 논자의 정치적 입장에 따라 갈릴 수 있겠다. 다만 조선학교가 민족교육을 매개로 하여 재일사회 및 커뮤니티 형성에 중심적인 역할을 맡아왔다는 사실에는 대체로 이견이 없을 것이다.

조선학교가 수행한 민족교육의 성격과 변화과정을 2000년대 이후까지의 상황도 포함하여 거시적인 관점에서 논의한 김상호의 논문은 초기 민족교육이 '귀국지향형', '해외공민교육'적인 성격에서 일본 영주지향 강화를 거쳐 최근에는 '영주·범민족교육'과 '다민족·공생교육'으로 변화해가는 모습을 소략하게 보여준다.[4] 한반도와 일본을 둘러싼 정치적 환경의 변용, 나아가 동서 냉전 이데올로기의 해체와 글로컬(Glocal) 시대라는 세계사의 큰 변화 속에서 조선학교도 나름 현실적인 대응과 다양한 변화를 모색해왔고 이 같은 노력은 현재진행형으로 계속되고 있다.

조선학교와 민족교육에 대한 연구는 일본 내 재일조선인이나 소수의 일본학자에 의해 시작되었다. 1970년대에 일차사료를 사용하여 교육학적 관점에서 재일조선인 교육의 역사를 살핀 오자와 유사쿠와 김경해의 연구가 선구적이고[5], 이후 박상득이나 박삼석과 같이 조선학교에서 교편을 잡았던 당사자들에 의해 조선학교가 소개되거나[6], 일본 조

4) 김상호, 「재일본조선인총연합회의 '민족교육' 연구-'영주·범민족교육', '다민족·공생교육'으로의 변화를 중심으로-」, 북한대학원대학교 석사학위논문, 2008.

5) 小沢有作, 『在日朝鮮人教育論 歴史篇』, 亜紀書房, 1973.; 金慶海, 『在日朝鮮人民族教育の原点』, 田畑書店, 1979.

6) 朴尚得, 『在日朝鮮人の民族教育』, ありえす書房, 1980.; 朴三石, 『日本のなかの朝鮮学校-21世紀にはばたく』, 朝鮮青年社, 1997.

선대학교 교원을 역임한 김덕룡의 민족교육사 정리와 자료 제공[7] 등을 대표적인 연구 성과로 들 수 있을 것이다. 2010년대에 들어서는 송기찬의 저작[8]을 비롯하여 인류학이나 교육사회학의 영역에서 직접 조선학교에 들어가 참여 관찰이나 인터뷰 방법을 통해 조선학교의 교육 현장을 심층적으로 고찰하는 연구가 이어지고 있다.[9] 덧붙여 소냐 량(Sonia Ryang)과 같이 조선학교 출신자라는 자신의 출자를 바탕으로 서구권 학계에서 인류학적으로 연구한 사례도 주목할 만하다.[10]

한국에서는 1990년대 이후 재일조선인·한국인에 대한 학계의 관심이 높아지면서 그 연구는 주로 사회학, 정치학, 역사학, 문학 부문을 중심으로 한 인문사회 분야에서 이루어졌다. 조선학교 및 민족교육에 관해서도 일본에서의 연구 성과와 더불어 2000년대 이후 관련 일차자료의 입수가 다소 개선됨에 따라 정병호, 최영호, 정희선, 김인덕을 비롯한 여러 연구자들이 인류학, 역사학, 사회학 각 분야에서 연구의 토대를 마련하였다.[11] 최근에는 교육사의 관점에서 민족교육의 구체적

7) 金德龍, 『朝鮮学校の戦後史1945-1972』(増補改訂版), 社会評論社, 2004.

8) 宋基燦, 『「語られないもの」としての朝鮮学校—在日民族教育とアイデンティティ・ポリティクス』, 岩波書店, 2012. 송기찬은 2001년부터 3년간에 걸쳐 오사카의 조선학교에서 실시한 관찰과 필드워크를 중심으로 조선학교에서의 민족교육의 실태와 학생들의 아이덴티티를 이 책에서 정치하게 논의하고 있다.

9) 山本かほり, 「朝鮮学校における「民族」の形成—A朝鮮中高級学校での参与観察から」, 『愛知県立大学教育福祉学部論集』 第61号, 2013 등.

10) Ryang, Sonia, *North Koreans in Japan: Language, Ideology, and Identity*, Westview Press, 1997.; Ryang, Sonia, *Koreans in Japan-Critical voices form the Margin*, Routledge, 2001.

11) 정병호, 「문화적 저항과 교육적 대안-재일 조선학교의 민족 정체성 재생산」, 『비교문화연구』 제9집2호, 서울대학교 비교문화연구소, 2003.; 최영호, 「조총련에 의한 민족교육의 어제와 오늘」, 『황해문화』 2005년 여름호.; 정희선, 『재일조선인의 민족교육 운동』, 선인, 2014.; 김인덕, 『재일조선인 민족교육 연구』, 국학자료원, 2016.; 정진성, 「재일동포 민족학교 : 분단과 탈식민의 역사」, 『일본비평』 제16호, 서울대학교

인 내역을 검토하는 학위논문이 다수 발표되었고[12], 조선학교를 집중적으로 고찰한 논문집이 단행본으로 출간되기도 했다.[13] 또한 학술적 연구는 아니지만 김명준 감독의 다큐멘터리 영화 〈우리학교〉(2006)와 같이 조선학교(홋카이도 조선초중고급학교)의 일상을 영상매체를 통해 한국에 소개한 작품도 있고, '몽당연필'이나 지구촌동포연대(KIN)와 같이 조선학교를 지원하는 국내 시민단체의 사회활동도 지속되고 있다.[14] 두 단체는 현재 재일조선인 사회에서 최대 이슈 중 하나가 된 조선학교 '고교무상화' 적용을 위한 지원활동을 펼치고 있기도 하다.

'고교무상화' 제도란 2009년 9월 치러진 중의원 선거 때 민주당이 공약으로 내세운 교육정책 중 하나로, 당시 민주당은 국제인권규약의 사회권 규약 13조가 중등교육에 무상화제도를 도입할 것을 요구함에 따라 고교까지 무상화해 각 가정의 교육비 부담을 줄이겠다고 공약했다. 특히 사회권 규약에는 그 대상으로 '자국민'뿐 아니라 '모든 사람'이라고 규정하고 민주당도 무상화 시책에 조선학교를 비롯한 외국인학교까지 포함하는 것을 전제로 설계했다. 하지만 2018년 5월 현재 42개교의 외국인학교 학생들이 제한적이나마 지원금을 지급받고 있지만[15],

일본연구소, 2017 등.

12) 홍효정, 「재일동포 청소년 민족교육에 관한 연구」, 한양대학교 교육대학원 석사학위논문, 2006.; 송융미, 「재일동포 민족교육의 역사적 변천과정 연구」, 연세대학교 교육대학원 석사학위논문, 2007.; 김은숙, 「재일본 조선대학교 연구(1956~1968)」, 성균관대학교 대학원 사학과 석사학위논문, 2008.; 김상호, 「재일본조선인총연합회의 '민족교육' 연구－'영주·범민족교육', '다민족·공생교육'으로의 변화를 중심으로－」, 2008.; 표선실, 「북한의 재일조선학교 정책에 관한 연구」, 동국대학교 대학원 북한학과, 2010 등.

13) 배지원·조경희 엮음, 『재일조선인과 조선학교 투쟁의 시간, 삶의 공간』, 선인, 2017.

14) '조선학교와 함께하는 사람들 몽당연필'은 2011년 동일본지진과 원전사고 피해 지역 조선학교에 대한 모금을 시작한 이래 현재까지도 각지 조선학교 현장과의 교류 활동을 계속하고 있다. 지구촌동포연대는 2005년 이후 학교 토지를 둘러싸고 도쿄도와 재판 중이던 도쿄조선제2초급학교를 지원하는 모금 캠페인을 펼쳤다.

그 중 조선학교에 대한 지원은 아직 배제된 상태이다.[16] 2000년대 이후 조선학교는 핵실험, 미사일 발사, 납치문제 등 북일 간에 마찰이 격화될 때마다 협박과 집단적 폭력의 대상이 되어 왔고, 고교수업료의 무상화에서도 배제되고 있는 등 일본 정부·사회의 차별과 탄압은 격세유전적으로 오늘날에도 되풀이되고 있다.[17]

이 같은 현재의 상황에서 이 글에서는 재일조선인이 '해방 민족'으로서의 자기정체성을 민족교육과의 연계 속에서 어떻게 재구축해갔는지를 살피고자 한다. 해방 전후부터 '귀국사업'이 시작된 1960년을 전후한 시기를 고찰의 대상으로 삼아 '제국 신민'에서 '외국인'으로, 그리고 다시 '공민'으로 변용해가는 자기정체성과 민족교육의 함수관계를 논의하면서 이 시기 민족교육의 '공과'를 다시금 조명해볼 것이다. 이 글은 재일조선인 민족교육의 형성과 분화 과정을 현시점에서 되짚으면서 재평가하고, 이후의 민족교육의 사회문화적 변동을 이해하기 위한 아이덴티티론적 맥락을 제시하는 것을 목적으로 한다.

---

15) 문부과학성 홈페이지 중 〈高等学校等就学支援金制度の対象として指定した外国人学校等の一覧〉, http://www.mext.go.jp/a_menu/shotou/mushouka/1307345.htm (검색일: 2018.5.15.).

16) 고교무상화 제도와 관련된 사항은 후지나가 다케시, 「고교무상화 제도와 조선학교 배제」, 배지원·조경희 엮음, 『재일조선인과 조선학교 투쟁의 시간, 삶의 공간』, pp.251~295를 참조.

17) 가령 2012년 1월 도쿄도는 조선학교에 대한 보조금을 예산으로 산정하지 않기로 결정했고, 이시하라 신타로 일본도지사(당시)는 회견에서 "조선학교는 반일 교육을 하고 있으며, 북한이 우리 국민을 납치하는 것을 도왔다. 그런 조직이 앞으로도 그와 관련된 교육을 한다면 원조할 필요가 없다"는 취지의 발언을 했는데, 이 같은 발언을 통해 조선학교와 민족교육에 대한 일본 사회의 곡해와 반감의 일단을 볼 수 있다. 기사 내용은 〈「日도쿄도, 조선학교에 보조금 중단 공식 결정」, 『연합뉴스』, 2013년 2월 7일자〉.

2. '제국 신민'에서 '외국인'으로, 그리고 다시 신생 '조선인'으로 - 자기정체성의 변용과 민족교육

일제강점기 내내 정책적, 교육적 차원을 비롯하여 여러 경로로 조선인에게 주입되어 만들어진 '제국 신민(臣民)'이라는 자기상은 의외로 강고하게 내면화되어서, 패전으로 제국이 해체된 직후에도 금방 불식되지 않는 경우가 많았다. 특히 아시아-태평양전쟁 말기에 '황국신민'으로 주조된 자기정체성은 재일조선인 '황국소년'들에게 의심할 바 없는 자명성으로 뿌리박혀 있었고, 이들에게 갑자기 찾아온 패전이라는 현실은 그리 쉽게 받아들이기도, 납득하기도 어려운 청천벽력과 같은 거대한 충격이었다.[18] 가령 전쟁 말기에 특공대원이 되려고 했던 고사명은 자신이 전쟁터에서 죽는 일은 있어도 "일본이 진다는 생각은 단 한 번도 한 적이 없었고"[19], "전쟁에서 죽을 터였던 자신이 텅 빈 현실 속에 놓여서 지금 갑자기 살아 있는 자신의 의미를 찾기 시작했다"[20]고 패전/해방 직후의 정신적 공백(spiritual vacuum) 상태를 인상적으로 말한다. 이처럼 제국적 질서의 붕괴와 해방은 조선인들에게 제국 신민으로서의 자신을 청산하고, '민족적인 것'으로 '돌아가서' 새로운 자신의 존재론적 의미를 찾아야 하는 일대 사건이었다. 그리고 해방된 민족으로서 '민족적인 것'을 되찾는 작업은 사상, 제도, 역사, 언어 등 전 분야에서 이루어져야 할 영위였지만, 재일조선인들에게 일차적으로 가시

18) 김시종을 비롯해 천황에게로 귀의하고자 했던 재일조선인 소년들의 심상과 패전 직후의 혼란에 대해서는 오자와 유사쿠, 이충호 옮김, 『재일조선인 교육의 역사』, 혜안, 1999, pp.143~146을 참조.

19) 高史明, 『生きることの意味 - ある少年のおいたち』, ちくま文庫, 1986, p.227.

20) 위의 책, p.228.

화된 것은 아이들에게 조선민족의 언어와 문화, 역사를 가르치기 위한 민족교육이었다. 요컨대 재일조선인에게 있어 민족교육은 '제국 신민'에서 '해방 민족'으로 새롭게 신생(新生)하기 위한 제의(祭儀)적 영위이기도 했고, 그 교육적 실천은 언젠가 '조국'으로 돌아가기 위해 준비해야 할 '조선인-되기'에 다름 아니었다.

해방 후 여러 가지 사정으로 '일시적 거류'를 선택할 수밖에 없었던 재일조선인의 수는 약 65만 명이라고 한다.[21] 재일조선인 1세들은 해방 전에는 일본학교에 다녔고 조선어와 문화를 배운 적이 없는 자신들의 자녀를 위해서 민족교육을 실천할 수 있는 조선학교를 설립하기 시작했다. 그 명칭은 '조선어강습소'나 '한글학원' 등 다양했지만 실업 상태의 생활고에 시달리면서도 개인적 또는 지역적 차원에서 다양한 형태의 강습소가 만들어졌다. 민가의 한 방이나 작은 판잣집, 교회, 구(舊) 일본군 병사(兵舍)의 일부, 타다 남은 창고 등 온갖 장소에 개설되다, 조련(朝連, 재일본조선인연맹) 결성(1945.10.15) 이후에는 그 사무실의 한 구석을 교실로 사용한 경우가 많았다고 한다.[22] 김덕룡이 표현한 바 있듯이, 재일조선인에게 민족교육기관은 단순한 교육 일반으로서의 기관이 아니라 그 자체가 민족이자 그 상징이며 학대받아 왔던 이국의 땅, 이민족 사회 일본에서의 작지만 결정적인 존재감을 주장하는 '작은 조선의 공간'이었던 것이다.[23] 하지만 조선학교와 민족교육에 대한 연

21) 해방 당시 약 200만 명이었던 재일조선인들 대부분이 한반도로 귀국을 희망했지만, 본국으로 가져갈 수 있는 재산과 수화물에 대한 제한, 이미 한반도에 연고가 끊기고 생활터전이 없어진 사람, 한반도 분단과 군정, 제주4.3사건과 한국전쟁의 발발 등 불안정한 정세가 이어지면서 귀환을 보류하고 '일시적 거류'를 선택할 수밖에 없었던 사람들이 해방 후 재일조선인 사회를 이루었다.

22) 김덕룡, 『바람의 추억-재일조선인1세가 창조한 민족교육의 역사(1945~1972)-』, 선인, 2009, p.21.

합국군총사령부(GHQ)와 일본 정부의 정책은 '배제와 동화'의 원리를 동시에 작동시키며 불관용과 탄압으로 일관하는 것이었다. 이 정책의 근원적인 속성을 이해하기 위해서는 우선 조선인의 국적을 둘러싼 일본 정부의 이중적인 태도를 파악할 필요가 있다.

제국 일본은 조선인을 제국 신민으로 규정하면서도, 내지(内地)호적과 외지(外地)호적을 별도의 체계로 두어 민족적 위계(Hierarchie) 하에 '국민'의 경계를 구분해두었다. 제국 일본이 마지막까지 견지한 '국민' 경계의 구분은 일본의 패전 후, 재일조선인을 '외국인'으로 배제해가는 근거로 작용한다. 패전 직후 일본 정부는 1945년 12월에 중의원 의원 선거법 개정 때에 「부칙」으로서 "호적법의 적용을 받지 않는 자의 선거권 및 피선거권은 당분간 이를 정지한다"[24]고 규정했다. 이 규정에 의해 1925년 보통선거법이 실시된 이래 참정권을 지니고 있던 재일조선인은 내지호적법과는 다른 외지호적의 적용을 받고 있었기 때문에 참정권이 정지된다. 이어서 일본 정부는 1947년 5월에 「외국인등록령」(칙령207)을 공포, 시행해서 "대만인 및 조선인은 이 칙령의 적용에 대해서는 당분간 이를 외국인으로 간주한다"[25]고 규정하고, 외국인 등록과 '외국인등록증명서'의 휴대와 제시를 의무화하였다. 하지만 패전 후 내무대신이었던 호리키리 젠지로(掘切善次郎)는 "포츠담 선언의 수락에 의해 조선인, 대만인은 원칙으로서 일본의 국적을 상실하게 되기 때문에 선거에 참여하는 것은 적당치 않다. 단, 강화조약의 체결까지는 여전히 일본의 국적을 보유하고 있기 때문에 바로 그것을 금지하는

23) 위의 책, p.18.

24) 田中宏, 『在日外国人－法の壁、心の溝－』, 岩波新書, 1995, p.63 인용.

25) 위의 책, p.64 인용.

것이 아니라 당분간 이를 정지하는 취급으로 했다"[26]고 설명하고 있는데, 이 "원칙으로서 일본의 국적을 상실"해도 "강화조약의 체결까지는 여전히 일본의 국적을 보유한다"는 애매한 이중 기준은, 재일조선인은 '외국인'이니까 참정권을 정지시켜도 당연하다고 하면서도 한편으로 1948년 당시의 문부성은 통달을 통해 재일조선인도 일본의 학교에 취학할 '의무'가 있다면서 조선학교의 존재를 부인하는 방침을 통고했다. 1948년 1월 24일에 발표된 문부성 통달 「조선인 설립 학교의 취급에 대해서」의 주된 내용은 다음과 같다.

> 현재 일본에 재류하는 조선인은 1946년 11월 20일 총사령부 발표에 의해 일본의 법령에 복종해야 한다. 따라서 조선인의 자제라도 학령에 해당하는 사람은 일본인과 같이 시정촌립(市政村立) 또는 사립의 소학교 또는 중학교에 취학시켜야 한다. 또한 사립의 소학교 또는 중학교의 설치는 학교교육법이 정하는 바에 따라서 도도부현(都道府県) 감독청의 허가를 받아야 한다. 학령아동 및 학령 학생의 교육에 대해서는 각종학교의 설치는 인정하지 않는다.[27]

이처럼 재일조선인 학생들에게 일본의 교육을 받는 것을 의무화했을 뿐만 아니라, "각종학교의 설치는 인정하지 않는다"고 하여 그때까지 설립된 조선학교를 법적으로 완전히 부정했다.[28] 그리고 이 같은 일본

---

26) 衆議院参議院 編, 『議会制度七十年史資料編』, 大蔵省印刷局, 1960.; 위의 책, pp.63~64 인용.

27) 文部省 学校教育局長通達(1948.1.24.), 「朝鮮人設立学校の取扱について」, 中山秀雄 編, 『在日朝鮮人教育関係資料集』, 明石書店, 1995, p.24.

28) 각종학교란 일본의 법제도상 학교교육법 제1조가 정한 '학교'(유치원, 소학교, 중학교, 고등학교, 중등교육학교, 특별지원학교, 대학 및 고등전문학교로 종종 이들을 '1조교'라고 칭한다) 외에 "학교 교육과 유사한 교육을 행하는 것"을 가리킨다(학교교육법

정부 측의 자의적인 해석과 정책의 시행이 가능할 수 있었던 데에는 당초 점령당국 즉 연합국군총사령부의 조선인 문제에 대한 애매한 인식과 처리방식에 기인하는 바도 컸다. 일본의 패전 직후 점령당국은 조선인을 '해방 인민'이라고 규정하면서도 한편으로는 간접적으로 일본 정부가 조선인을 '일본 신민'으로 취급하는 것을 용인하는 입장을 보였다.[29] 재일조선인 문제가 점령당국의 판단 여부에 따라 실질적으로 정책 방향이 설정되는 점을 볼 때 이런 잘못된 인식은 조선인 교육정책에도 반영될 수밖에 없었다. 위에서 인용한 문부성 통달에도 이 같은 점령당국과 일본 정부의 잘못된 인식이 반영되어 있는데 이에 학부형들은 격렬하게 반발했지만, 1948년 4월 한신(阪神)지역의 조선학교를 강제적으로 폐쇄하기 위해 연합군 점령 하에서 유일무이한 '비상사태 선언'마저 내려졌다.[30]

그 후 샌프란시스코 강화조약이 발효된 1952년 4월 28일 이후에 일본 정부는 자의적인 판단으로 재일조선인의 일본국적을 완전히 박탈한다. 강화조약에는 국적이 바뀌는 것을 직접적으로 정한 규정이 없었음에도 일본 정부는 내지호적과 외지호적의 차이를 이용해 호적조항을 그대로 국적조항으로 삼은 것이다.[31] '외국인'으로 규정되고 난 다음부터 재일조선인은 일본 사회의 일원으로서 인정받지 못하고 진학, 취업,

---

제134조). 조선학교를 비롯하여 외국인학교 대부분은 이 각종학교로 분류된다.

29) 鄭栄桓, 『朝鮮独立への隘路』, 法政大学出版局, 2013, pp.26~28 참조.

30) 한신교육투쟁을 전후한 점령당국의 재일조선인 정책과 민족교육의 투쟁에 관한 최근의 연구로는 김태기, 「GHQ의 재일조선인 정책과 민족교육 투쟁」, 배지원·조경희 엮음, 『재일조선인과 조선학교 투쟁의 시간, 삶의 공간』이 있다.

31) 이 같은 처리방식은 제2차 대전 후 영국이 구식민지 출신자에게 이중국적을 보장했던 것이나, 구서독이 국내에 거주하는 오스트리아인에게 국적 선택권을 인정한 것과는 명백히 다른 처사였다.

사회보장 등 모든 제도적 자격에서 배제되는 존재가 되었다. 또한 일본인들은 전전의 식민주의의 연장선상에서 조선인을 열등한 존재인 것처럼 간주하고, "왜 조선인이 일본에 있는가", "조선인은 조선으로 돌아가라"는 식의 배외주의로 치달았다. 이러한 와중에 일본 사회로의 귀속을 전제로 조선인으로서의 의식을 가지는 것은 불가능하였을 것이다. 재일조선인의 대부분이 "우리는 좋아서 일본에 있는 것이 아니다"라고 자기를 규정함과 동시에 "우리들은 해방되었고, 건설되고 있는 조국을 가진 민족"이라고 하여 조국에 대한 긍지를 보이며, 이 긍지를 살아가는 데에 있어서 버팀목으로 삼았던 것은 인간으로서 자연스러운 행위라고도 할 수 있겠다.[32)]

동시에 재일조선인은 '제국 신민'에서 '외국인'으로 배제되어 가는 과정에서 스스로를 조선민족의 신생 주체로서 재-구축해야만 했다. 그리고 조선학교와 민족교육은 이 기획에 핵심적인 역할을 수행하는 일본 내 '작은 조선의 공간'이었던 것이다. 교사는 교사대로, 학생은 학생대로 조선인으로서의 자각과 신념을 재발견하고 키워나가는 시공간으로서 조선학교는 기능했고, 학부형을 포함하여 학교를 지원하는 사람들이 이 조선학교를 중심으로 재일커뮤니티를 형성했다. 가령 1950년대에 오사카조선중학교에서 교사로 근무한 박종명은 "민족성을 지킨다는 것, 역사적인 민족의 정통성을 다음 세대에게 전수시킨다는 것, 그 관점이 교육의 마당에서는 무엇보다 중요하다"[33)]고 하면서 민족교육의 역사성과 계승을 강조했고, 도쿄조선고급학교고급부 3학년 권

32) 도노무라 마사루 지음, 신유원·김인덕 옮김, 『재일조선인 사회의 역사학적 연구』, 논형, 2010, p.485 참조.

33) 김덕룡, 『바람의 추억 - 재일조선인1세가 창조한 민족교육의 역사(1945~1972) - 』, 선인, 2009, p.330.

재선 학생은 학생작품집에 실은 「회상」(1956.10.5)이란 글에서 일본소학교를 졸업하고 조선학교에 입학할 당시의 자신의 기분을 다음과 같이 말한다.

> 나는 조선사람만이 모여 있는 학교를 상상하면서 또 누구에게도 설움을 받지 않고 자유로운 나의 모습을 그려 보았을 때 역시 나는 조선사람인 만큼 조선사람 속에 들어가는 것이 옳으며 나의 길이라고 생각하게 되었다. 이로부터 나는 조선사람에 대한 애착심이 싹트기 시작했다. 그리고 나는 이날부터 우리 학교에 들어가기 위해서 아버지에게 '가갸거겨'를 배우기 시작하였다. 이렇게 해서 나는 한 가랑이에 두 다리 넣듯이 우리 학교 교문을 들어서게 되었다. 그 후 나는 자랑스러운 우리의 역사를 알았고 우수한 민족의 유구한 전통들도 뼈저리게 머리빡에 박혔다.[34]

즉, 조선학교에 들어가서 민족교육을 받는 것을 계기로 조선민족으로서의 정체성을 새로이 획득하고 있음을 볼 수 있다. '교육'(Erziehung, education)이란 용어는 라틴어의 educere, educare를 그 어원으로 한다. educere는 '끄집어내다', '끌어내다'라는 의미로 사람이 내면에 지니고 있는 능력을 끌어내도록 돕는 일이라고 이해할 수 있다. educare는 '어머니가 아이에게 젖을 먹이다'는 뜻이므로 '양육하다'는 의미가 된다.[35] 한편, '敎育'이란 한자어는 주지하다시피 『孟子』의 「君子三樂」(盡心章 上)에 나오는 군자의 세 번째 즐거움 「得天下英材而教育之」("천하에 뛰어난 인물을 얻어 교육하는 것")[36]에서 유래한 것으로, 맹자의 인생

34) 위의 책, p.352.

35) 라틴어 어원의 의미에 대해서는 모리스 드비스, 성옥련 옮김, 『교육의 단계』, 배영사, 1994.; 민영주· 전인교육연구소, 『전인교육의 실천』, 쓰리라이프, 2005, p.22를 참조.

관은 세속적인 권세를 추구하는 데 있지 않고(「而王天下不與存焉」) 인간의 교육적 이상 실현성에 가치를 두고 있었음을 알 수 있다. 흥미로운 점은 이처럼 '교육'의 어원을 보자면 라틴어와 한자는 상통하는 의미를 담고 있음을 알 수 있다. 즉, '敎'는 가르쳐 인간의 내부적인 능력을 끌어낸다는 educere와 유사하고, '育'은 갓 태어난 아이를 살찌게 한다는 뜻이므로 '어머니가 아이에게 젖을 먹이다'는 educare와 뜻이 서로 통한다. 이처럼 '교육'의 어원적 의미를 생각건대 교육이란 인간을 보다 성숙된 인간으로 이끌어 올리기 위한 인간의 영위라고 하는 데 큰 이견은 없을 것 같다. 민족교육의 경우, '어머니'=조국, '아이'=조선아동, '젖'=조선어, 문화 등으로 등치시켜서 '성숙된 인간'=조선인으로 '양육하다'=정체성을 정립하다로 풀어볼 수 있을 것 같다. 요컨대 민족교육은 '제국 신민'에서 '외국인'으로, 그리고 다시 신생 '조선인'으로 자기정체성을 재정립하기 위한 영위였다고 할 수 있겠다.

하지만 앞서 언급했듯이 점령당국과 일본 정부는 민족교육에 대해 동화와 배제의 원리를 동시에 작동시키면서 탄압으로 일관했다. 동서 냉전의 심화와 동북아시아 지역에서의 공산주의 세력의 신장으로 점령당국은 반공정책을 강화했고, 조련 및 조련계 민족교육은 곧 공산주의계라는 인식이 점령당국과 일본 정부 사이에서 심화되어 갔다. 1949년 9월에는 단체 등 규제령에 의해서 조련이 해산당하는 조치가 취해졌고, 1949년 10월 13일에 내려진 문부성 통달 「조선인학교에 대한 조치에 관해서」는 조련이 설치한 학교의 폐쇄, 기타 무인가 조선인학교에 대한 해산, 인가된 학교에 대해서는 조련과의 관계를 끊는 형태로의 개조를 지시했다.[37] 그리고 폐쇄된 조선학교의 조선인 아동을 일본 공립학교

36) 출전과 해석은 김동휘 역해, 『맹자』, 신원문화사, 2006, p.453에서 인용.

로 취학시키는 등의 방침을 하달했는데, 이에 반발하여 조선인 학부형 및 학생은 조선학교를 유지하기 위한 운동을 전개했다. 그 후 재일조선인 측은 자주학교[38]인 조선인학교와 함께 조선인만으로 편성된 공립분교와 학급을 통해 민족교육을 유지하려는 노력을 계속하였다.

그런데 1952년 4월 샌프란시스코 강화조약의 발효로 일본이 독립을 회복하면서 행정당국은 '외국인'인 조선인이 일본의 공립학교에서 수학하는 것에 대해서 냉담한 태도를 취하게 되었다. 조선·한국 국적을 갖는 의무교육 해당 연령의 아동에 대한 취학 의무는 없다고 하게 된 것이다. 그리고 민족교육에 대해서도 이를 행하지 않는 것을 승인한다는 서약서를 조선인 부모에게 제출하게 하거나, 조선어 등 이른바 민족교과를 과외로 하는 각 학교를 지도하는 등의 조치를 취하기 시작했다.[39] 이러한 가운데 1954년 10월, 도쿄도는 도립 조선인학교를 1955년 3월 31일부로 폐교한다는 결정을 내렸고, 도립 조선인학교는 다시 자주학교로 바뀌었다. 이 같은 어려운 상황 속에서 1950년대 전반기 민족교육은 자주학교, 공립학교 및 공립분교, 민족학급[40], 야간학교라는 5가지 형태를 통해 진행되었다. 하지만 1955년 5월, 재일조선인총연합회(총련)가 창립되면서 민족교육도 새로운 전기와 단계를 맞이하게 된다.

---

37) 文部省管理局長通達(1949.10.13.),「朝鮮人学校に対する措置について」, 中山秀雄 編,『在日朝鮮人教育関係資料集』, 明石書店, 1995, pp.30~32.

38) 당시 재일조선인이 독자적으로 자주적인 민족교육을 진행한 교육기관이 자주학교이다. 자주학교는 법률적으로는 무인가였기 때문에 일본 당국으로부터 운영상의 원조는 물론 없고, 자력으로 해결해야만 했다.

39) 도노무라 마사루,『재일조선인 사회의 역사학적 연구』, pp.445~447 참조.

40) 민족학급은 다수가 일본인인 일본학교 내에서 소수의 한정된 조선인 아동, 학생들에게 조선인 교원이 방과 후의 시간을 이용해서 조선어를 중심으로 민족과목을 가르치는 형태이다.

3. '공민'으로서의 교육과 완성된 학교 시스템의 구축

당초 조련과 그 후계조직인 민전(재일조선민주민족전선, 1951년 1월 발족)은 마르크스주의자가 주도권을 장악하고 있었고, 북한과의 연결을 강화하면서 활동을 전개하였지만 기본적으로는 프롤레타리아 국제주의 원리[41]하에 일본공산당의 지도하에 놓여 있었다. 때문에 마르크스주의자가 의도하는 세계혁명의 일환인 일본의 민주혁명의 전열에 재일조선인을 가세시킨다는 측면이 존재하고 있었고, 일본공산당은 재일조선인을 일본공산당의 조직에 당원으로 흡수하고 조련도 일본공산당의 산하 단체로 소속시켜 지도하려고 했다. 전전부터 제국 일본의 조선지배에 대해 반대 입장을 표명해왔던 일본공산당이 1945년 12월에 재건되면서 재일조선인 공산주의자들은 1931년 코민테른의 일국일당의 원칙에 따라 일본공산당에 입당했고, 일본 공산주의자들은 재일조선인 사회에서 강력한 영향력을 가진 조선인을 포섭하여 대중조직으로 활용하려는 의도를 가지고 있었다. 가령 일본공산당 조선인부 부부장이었던 김두용은 재일조선인운동이 조선민족의 이익을 옹호하기 위해 진력하고 있는 것을 민족주의적 편향, 배외적 국수주의라고 비판하면서, 운동의 기본방침을 '천황제 타도'를 비롯한 일본공산당의 운동방침

41) 마르크스 레닌주의 원리와 국제공산주의운동의 역사를 돌이켜 보면, 세계 각국의 공산당이 당제관계와 국가관계를 처리할 때 따르는 정치적 규범은 프롤레타리아 국제주의이다. 1943년 5월 코민테른은 해산했지만, 전후 코민포름의 건립에 발맞추어 공산당이 집권한 모든 국가에서는 전면적으로 소련식 사회주의 모델을 추진하였고, 국제주의는 사회주의 진영 내 국가들이 마땅히 따라야 하는 국제관계의 원칙이 되었다. 심지화, 이단혜, 김정수, 「프롤레타리아 국제주의의 딜레마에 관한 시론-중소동맹의 결렬로 본 사회주의 국가관계의 구조적 불균형」, 『대동문화연구』 제98집, 성균관대학교 대동문화연구원, 2017, pp.16~17 참조.

에 맞추어야 한다고 주장하기도 했다. 일본공산당도 민족적 이익에 우선한 계급적 이익을 주장함으로써 일본의 혁명에 조련의 모든 활동을 귀속시킬 것을 요구하였다.[42] 이처럼 일본 혁명을 달성하기 위해 조선인이 일본인과 함께 활동해야 한다는 이념 하에, 조련계 민족교육에서도 그 교육 원칙의 하나로서 "일본 경제하에서의 동포생활 문제에 관한 인식을 확고히 하고 일본 민주화에 노력할 각오를 새롭게 하며 일본 인민 및 다른 민주세력과의 공동제휴의 의의를 철저히 할 것"[43]을 내세우고 있었다.

하지만 1954년부터 그 다음해에 걸쳐서 재일조선인운동의 임무가 무엇인지에 관한 논쟁이 펼쳐져서 최종적으로 1955년 5월 24일 민전 제6차 전체대회에서 민전을 해산하고 재일본조선인총연합회(총련)를 결성할 것이 결정되었다. 다음날인 5월 25일 총련이 결성되면서[44] 새로운 노선이 확립되었는데, 거기에서는 재일조선인은 조선민주주의인민공화국의 '재외공민'이라는 입장과 함께 본국 동포와의 단결, 조국통일, 민주적 민족적 권익의 옹호 등이 재일조선인운동의 과제라는 것이 확인되었다.[45] 총련은 앞으로 일본혁명에는 참여하지 않고 일본의 내정문제에도 전혀 관여하지 않겠다는 입장을 명백히 밝혔고, 동시에 일본공산당도 내부의 '민족대책부'를 해산하고 재일조선인 당원의 당적 이탈을 결정했다. 요컨대 총련의 결성은 조국으로의 지향을 기본

42) 표선실, 「북한의 재일조선학교 정책에 관한 연구」, p.42 참조.

43) 朴慶植, 『解放後在日朝鮮人運動史』, 三一書房, 1989, p.139.

44) 총련은 결성 당시 도쿄에 중앙본부를 두고, 지방에 49개의 지방본부와 419개의 구역위원회, 2,700개의 지부를 두었다. 김은숙, 「재일본 조선대학교 연구(1956~1968)」, p.12 참조.

45) 도노무라 마사루, 『재일조선인 사회의 역사학적 연구』, p.482 참조.

노선으로 할 것임을 분명하게 제시하면서 재일조선인이 일본공산당과는 근본적으로 다른 지형에 선 것을 의미하는 국면이었다. 그리고 민족교육도 총련이 결성됨으로써 새로운 발전과 전환의 계기를 마련할 수 있었다.

총련은 결성대회에서 8개의 '강령'을 채택하였는데, 민족교육 사업의 강화를 강령 속에 명기하고 새로운 방침을 제시하였다. 강령 제4항에서 "우리는 재일조선동포 자제들에게 모국어와 글로써 민주민족교육을 실시하며 일반 성인들 속에 남아있는 식민지 노예사상과 봉건적 유습을 타파하고 문맹을 퇴치하여 민족문화의 발전을 위해 노력한다"고 규정하였다.[46] 총련은 이와 같이 민주적으로 민족 주체성을 가진 북한 공민의 육성을 민족교육의 과제로 내세운 것인데, 이 결성대회에서 제시한 "민주민족교육을 실시한다"는 방침은 "모든 재일 청소년을 북한의 충직한 아들딸로서 교육시키고 교양을 갖추도록" 변혁한다는 민족교육의 목적에 수렴되는 5개 활동방침에 투영된다. 첫째, 교육의 질을 제고(提高)시키자. 둘째, 학교 교육을 강화하자. 셋째, 10만 청년과 30만 여성에 대한 교육·교양사업을 강화하자, 넷째, 교육행정체제를 확립하자. 다섯째, 육영사업과 진학대책을 강화하자 등이다. 이 활동방침 중에 교육행정체제의 확립을 도모하는 방안으로서 총련의 중앙과 지방에 전문부서를 설치할 것을 제안하였다. 그리고 육영사업과 진학대책과 관련해서는 북한에 진학생을 보내는 운동과 함께 일본 내에 대학과정을 이수할 수 있는 고등교육기관을 육성할 것을 결정하였다.[47]

46) 재일본조선인총련합회, 『총련 제1차 전체대회』, 1955년 5월 25일~27일, p.4. 김은숙, 「재일본 조선대학교 연구(1956~1968)」, pp.13~14 재인용.

47) 재일본조선인총련합회, 『총련 제1차 전체대회』, 1955년 5월 25일~27일, pp.72~77. 위의 논문, p.14 인용.

북한은 북한대로 재일조선인을 북한의 '해외공민'으로 선언하면서, 1956년 1월 16일 재일조선인 청년들이 조국에서 학업을 할 수 있도록 보장하고 생활할 수 있도록 하는 공화국내각결정 제7호를 발표했다. 이어서 1957년 4월 8일에는 총련을 통해 첫 번째 교육원조비와 장학금 1억 2109만 9천 엔을 송금했고, 이후 2006년까지 152회에 걸쳐 총 457억 6822만 3천 엔 가량의 교육원조비와 장학금을 지원했다.[48] 조선학교는 북한의 교육원조비와 장학금 송금으로 학교의 증축과 신축을 하게 되었고, 학생에 장학금을 지급할 수 있게 되면서 급속하게 성장했다. 즉, 총련이 시작되고 북한으로부터의 지원이 강화되면서 재일조선인의 민족교육은 자주성을 확립해갔고, 조선학교에서 이루어진 민족정체성을 강조하는 교육은 학생들 개개인이 '공민'으로서의 자기정체성을 구축하는 데 있어서 큰 역할을 했다. 특히 1956년 4월 10일 개교한 조선대학교의 설립은 초급학교부터 대학에 이르는 교육체계가 완비되었음을 보여주는 상징적인 '사건'이었다. 비록 개교할 당시 가교사에서 시작하여 온전한 건물이나 시설들을 제대로 갖추지 못했고 이후에도 1968년 4월 17일 도교도로부터 정식으로 인가받기까지 많은 난관에 봉착했지만, 조선대학교는 재일조선인의 종합대학으로서 60년 넘게 지속해오면서 현재까지 1만 4천 명 이상의 졸업생을 배출하였다.[49]

오자와 유사쿠는 소학교에서 대학까지 이주자가 외국에서 자신들 고유의 교육체계를 만들어낸 사례는 세계적으로도 조선학교가 유일하다고 평가한 바 있는데[50], 조선대학교의 설립은 재일조선인이 완성된

48) 김상호, 「재일본조선인총연합회의 '민족교육' 연구-'영주·범민족교육', '다민족·공생교육'으로의 변화를 중심으로-」, p.19 참조.

49) 김은숙, 「재일본 조선대학교 연구(1956~1968)」, p.1 참조.

50) 오자와 유사쿠, 『재일조선인 교육의 역사』, p.169.

학교 시스템을 구축했다는 의미뿐만 아니라 조선대학교 졸업생들이 총련의 간부가 되거나 다시 조선학교의 교사가 되는 인력의 연환 구조를 만들어냈다. 조선대학교 졸업생에게는 다음과 같은 혜택이 주어졌기 때문이다. 첫째, 장차 북한의 대학 진학을 우선적으로 보장한다. 둘째, 일본에 있는 민족학교(소·중·고)의 교원으로 활동할 수 있는 정식면허증을 준다. 셋째, 본인의 희망에 따라 총련 각 기관에 추천 또는 동포가 경영하는 기업소 등 직장을 알선한다.[51] 이 중 첫 번째의 '북한의 대학 진학을 우선적으로 보장한다'는 항목은 조국=북한으로의 유학을 목표로 삼은 재일조선인 학생들에게 자신을 북한의 '공민'으로 자각하게 만드는 심적 계기가 되었다고 볼 수 있다. 총련의 발족 이후 민족교육사업은 북한으로의 귀국지향형 공민화 교육으로 강화되는 방향으로 전개되었고, 조선대학교 설립을 비롯한 조선학교의 성장은 학생 개개인이 공민으로서의 자기정체성을 구축하는 구심력으로서 작용했다고 할 수 있겠다. 그리고 이 같은 민족교육의 전개는 1959년부터 시작된 북한으로의 '귀국사업'과도 관련이 있었다.

4. 귀국사업과 조선학교

재일조선인의 '귀국운동'[52]은 북한의 교육원조비 송금과 함께 조선

51) 朝鮮大学校, 『朝鮮大学一覧』, 1956, p.3.; 김은숙, 「재일본 조선대학교 연구(1956~1968)」, p.23 인용.

52) 귀국운동, 혹은 귀국사업은 한국에서는 일반적으로 재일조선인 북송사업으로 불린다. 이 귀국운동의 역사적 배경과 전개과정 등에 관한 연구로서는 テッサ·モリス=スズキ, 『北朝鮮へのエクソダス』, 朝日新聞社, 2007.; 김덕룡, 『바람의 추억-재일조선인1세가 창조한 민족교육의 역사(1945~1972)-』, pp.240~262 등을 참조.

학교 학생들과 학부모들을 고무시켰으며 학생들은 "우리에게는 조국이 있다", "사회주의 조국으로 돌아가서 마음껏 배우며 일하자"라는 희망을 갖게 만들었다. 일본 정부와 사회로부터 받는 차별과 탄압에서 벗어나서 새로운 조국으로의 열망을 구체적으로 갖게 한 것이다. 이를 계기로 조선학교에는 '조국 진학반'이 생겼으며 사회주의적 애국교양 관련 수업과 모국어 교육이 훨씬 강화되었다.[53] 북한으로 귀국한 재일조선인은 1959년 2,942명, 1960년 49,036명, 1961년 22,801명, 1962년 3,497명, 1963년 2,567명, 1964년 1,822명, 1965년 2,255명으로 집계되는데[54], 이 시기 총련은 북한의 해외공민정책에 충실하게 민족교육을 진행하였고, 총련과 북한, 그리고 재일 민족교육의 일체감이 높았던 시기였다. 총련은 조직적인 홍보활동을 통해 귀국운동을 독려했고, 각지의 조선학교에서는 1959년 4월경부터 학교별 귀국자집단을 결성하고 귀국을 위한 각종 학습과 운동을 전개하면서 귀국준비를 했다. 가령 가나가와(神奈川)조선중고급학교의 경우, 1959년 5월 16일, 귀국자집단결성대회를 개최하고, '귀국실현과 준비를 위해'라는 활동방침을 채택한다. 이 학교는 이 시점에서 총 학생의 반수 이상인 55%가 북한으로 귀국신청을 했거나 할 예정이었다고 한다.[55] 이 같은 사실은 당시 조선학교 학생들 사이에서 북한으로의 귀국 열기가 얼마나 높았는지를 보여주는 단적인 사례이며, 귀국운동과 연동된 민족교육을 받는 등 귀국사업에서 조선학교의 역할이 컸음을 방증한다.

하지만 귀국사업이 시작된 지 60여 년이 흐른 지금, 북한으로 '귀국'

---

53) 표선실, 「북한의 재일조선학교 정책에 관한 연구」, p.66 참조.

54) 法務省入国管理局, 『出入国管理の回顧と展望』, 1980, p.129.; 위의 논문, p.66 재인용.

55) 김덕룡, 『바람의 추억-재일조선인1세가 창조한 민족교육의 역사(1945~1972)-』, p.242.

한 후의 재일조선인들의 생활과 삶이 순탄하지 않았음은 사후적 사실로 잘 알려진 바다. 1959년 12월부터 1984년까지 진행된 귀국사업을 통해 북한으로 건너간 재일조선인은 일본국적자(일본인 배우자를 비롯한 가족) 6,730여 명을 합쳐 모두 9만 3,340명에 달한다.[56] 당시 많은 재일조선인들은 귀국 후의 생활, 교육 및 직업의 보장을 약속한 북한당국과 '지상낙원'이라는 총련의 선전, 그리고 북한경제와 생활의 급속한 향상을 소개한 일본의 대중매체 등을 믿고 북한으로 이주하였다. 그러나 귀국자들 대부분은 선전과 달리 안정적인 생활을 보장받지 못했다. 그나마 평양에 배치 받아 직장과 교육, 생활을 보장받았던 사람들은 대부분 총련 간부이거나 그 자녀들이었고, 이들은 제외한 대다수의 귀국자들은 평양 이외에 배치되었다. 특히 부족했던 노동력으로 동원되어 탄광이나 광산으로 보내진 사람들이 많았고, 생활물자 부족으로 열악한 생활환경에 직면해야만 했다.[57] 그리고 일단 귀국한 사람은 기본적으로 다시 일본으로 돌아올 수 없었고, 적국이며 자본주의 국가인 일본에서 왔기 때문에 언제나 감시대상이 되었다.[58]

귀국사업이 개시되어 민족교육의 중요성이 한층 강조되던 시기, 북한으로의 귀국을 염두에 두고 조선학교로 입학, 전교한 학생의 수는 비약적으로 증가했고, 이들은 귀국과 연동된 민족교육을 받고나서 실제로 많은 수가 귀국했다. 김덕룡은 이 시기 조선학교의 양적인 발전은 북한으로의 귀국사업과 완전히 연결되어, 이 사업과 그야말로 표리일

56) 金英達, 高柳俊男 編, 『北朝鮮帰国事業関係資料集』, 新幹社, 1995, p.341.

57) 韓錫圭, 『日本から「北」に帰った人の物語』, 新幹社, 2007, pp.88~91 참조.

58) 재일조선인이 북한에 건너간 후 귀국자로서 어떤 삶을 보냈는지에 대해서는, 정은이, 「재일조선인 귀국자의 삶을 통해 본 북한체제의 재조명」, 『아세아연구』 제52권 3호, 고려대학교 아세아문제연구소, 2009를 참조.

체의 인과관계를 갖는 일임을 통계적으로 실증하고 있는데[59], 하지만 조국건설에 힘이 되고자, 일본에서의 박해와 차별에서 벗어나 자신의 꿈을 펼치고자 건너간 북한에서의 삶은 앞서 언급한 바와 같이 그들의 기대와는 현격히 동떨어진 열악한 것이었다. 이 같은 정황은 가령 재일조선인 1세 작가 최석의의 작품 속에서는 다음과 같이 그려진다.

> 훗날, 여동생인 설매에게 듣고 확인했지만, 귀국 직후 한수는 의과대학이 아니라, 바로 함경북도의 아오지탄광이라는 곳으로 배치되어 현재에 이르기까지 쭉 그곳에서 일하고 있다 한다. 한수에게 있어 조국의 현실은 상상했던 것보다도 냉엄했던 것이다. (중략) 그 우수하고 뜻이 높은 한수를 평생 탄광에 가둬 버리다니 너무나도 잔인한 사회가 아닌가.[60]

귀국사업을 전후해서 이루어진 조선학교의 귀국 지향형 공민화교육은 귀국사업의 결과에서 보이는 폐해에서도 보건대 정치적, 이념적으로 한계가 있었다고 하지 않을 수 없다. 학생들을 비롯하여 귀국한 재일조선인들은 정치·사회 체제도, 경제 레벨도, 경우에 따라서는 언어나 문화, 민도도 다른, 이른바 '이문화'에 던져 넣어진 셈이며, 북한주민과 문화적, 정치적으로 갈등을 겪으면서 동화되지 못하고 이들만의 커뮤니티를 형성해 살았다고 한다.[61] '공민'으로서 기획된 자기정체

59) 김덕룡, 『바람의 추억-재일조선인1세가 창조한 민족교육의 역사(1945~1972)-』, pp.240~262 참조.

60) 崔碩義, 「奥日光」, 『ウリ生活』 제9호, 1992, p.128. 이 글에서의 인용은 재일디아스포라 문학의 글로컬리즘과 문화정치학 연구팀 편역, 『재일디아스포라 문학선집3 소설2』, 소명출판, 2017, pp.293~294.

61) 귀국자는 북한주민을 원주민에 빗대어 '겐짱(原ちゃん)'이라 부르면서 업신여겼고, 한편으로 북한주민은 일본에서 온 귀국자를 '째포(在胞)'라 불러 뿌리 없는 존재라고 멸시

성은 이 지점에 와서 파탄된 셈이다.

하지만 그렇다 하더라도 초기 조선학교의 민족교육은 재일조선인들이 일본 사회의 배제와 차별 속에서 살아남기 위한 대응전략이기도 했고, 거시적인 관점에서 오늘날까지 재일코리안 사회가 이어져올 수 있었던 것은 조선학교라는 민족교육기관이 있었기 때문이라고 해도 과언이 아닐 것이다. 개인의 레벨에서부터 민족 정체성을 지켜온 민족교육의 업적은 또한 정당한 평가를 받아야 할 터이다. 해방 후 재일조선인 민족교육의 형성과 분화 과정을 논의할 때는 이상의 두 가지 측면 —공과를 함께 고려하면서 평가해야 할 필요성이 요구된다.

이 글은 가천대학교 아시아문화연구소의『아시아문화연구』제47집에 실린 논문「재일조선인의 자기정체성 재구축과 민족교육의 공과」를 수정·보완한 것임.

참고문헌

김덕룡,『바람의 추억 - 재일조선인1세가 창조한 민족교육의 역사(1945~1972) -』, 선인, 2009.

김동휘 역해,『맹자』, 신원문화사, 2006.

김상호,「재일본조선인총연합회의 '민족교육' 연구 - '영주·범민족교육', '다민족·공생교육'으로의 변화를 중심으로 -」, 북한대학원대학교 석사학위논문, 2008.

김은숙,「재일본 조선대학교 연구(1956~1968)」, 성균관대학교 대학원 사학과 석사학위논문, 2008.

도노무라 마사루 지음, 신유원·김인덕 옮김,『재일조선인 사회의 역사학적 연구』, 논

하곤 했다. 서로 간에 의식과 문화의 차이에서 오는 괴리감이 이 같은 갈등과 충돌을 야기한 것으로 보인다. 정은이,「재일조선인 귀국자의 삶을 통해 본 북한체제의 재조명」, pp.208~209 참조.

형, 2010.
모리스 드비스, 성옥련 옮김, 『교육의 단계』, 배영사, 1994.
민영주·전인교육연구소, 『전인교육의 실천』, 쓰리라이프, 2005.
배지원·조경희 엮음, 『재일조선인과 조선학교 투쟁의 시간, 삶의 공간』, 선인, 2017.
송융미, 「재일동포 민족교육의 역사적 변천과정 연구」, 연세대학교 교육대학원 석사학위논문, 2007.
심지화, 이단혜, 김정수, 「프롤레타리아 국제주의의 딜레마에 관한 시론-중소동맹의 결렬로 본 사회주의 국가관계의 구조적 불균형」, 『대동문화연구』 제98집, 성균관대학교 대동문화연구원, 2017.
오자와 유사쿠, 『재일조선인 교육의 역사』, 이충호 옮김, 혜안, 1999.
재일디아스포라 문학의 글로컬리즘과 문화정치학 연구팀 편역, 『재일디아스포라 문학선집3 소설2』, 소명출판, 2017.
정은이, 「재일조선인 귀국자의 삶을 통해 본 북한체제의 재조명」, 『아세아연구』 제52권 3호, 고려대학교 아세아문제연구소, 2009.
정진성, 「재일동포 민족학교 : 분단과 탈식민의 역사」, 『일본비평』 제16호, 서울대학교 일본연구소, 2017.
정희선, 『재일조선인의 민족교육운동』, 선인, 2014.
표선실, 「북한의 재일조선학교 정책에 관한 연구」, 동국대학교 대학원 북한학과, 2010.
テッサ·モリス=スズキ, 『北朝鮮へのエクソダス』, 朝日新聞社, 2007.
高史明, 『生きることの意味 ある少年のおいたち』, ちくま文庫, 1986.
金德龍, 『朝鮮学校の戦後史1945-1972』(増補改訂版), 社会評論社, 2004.
金英達, 高柳俊男編, 『北朝鮮帰国事業関係資料集』, 新幹社, 1995.
朴慶植, 『解放後在日朝鮮人運動史』, 三一書房, 1989.
宋基燦, 『「語られないもの」としての朝鮮学校—在日民族教育とアイデンティティ·ポリティクス』, 岩波書店, 2012.
尹健次, 『日本国民論—近代日本のアイデンティティ』, 筑摩書房, 1997.
田中宏, 『在日外国人 一法の壁、心の溝一』, 岩波新書, 1995.
鄭栄桓, 『朝鮮独立への隘路』, 法政大学出版局, 2013.
中山秀雄編, 『在日朝鮮人教育関係資料集』, 明石書店, 1995.
韓錫圭, 『日本から「北」に帰った人の物語』, 新幹社, 2007.

재일조선인 중등교육의 중심은 도쿄조선중학교이다

김인덕

1. 시작하며

도쿄도의 기타구에 도쿄조선중고급학교(東京朝鮮中高級学校(東京都北区 十条台2丁目6番地32号))가 있다. 이 학교는 본래 제2차 세계대전 중 일본군의 화약창고였다. 일반적으로 알려져 있듯이 1945년 재일조선인들이 국어강습소를 연 것이 출발이었다. 20여 명의 학생을 모아 초등학원으로 출발하고, 1946년 10월 5일에 개교한 이 학교는 설립될 때 도쿄조선중학교(東京朝鮮中学校)였다. 현재는 도쿄에 있는 고등학교 과정이 이곳에 병설되어 있다.

도쿄조선중고급학교의 전신인 이 도쿄조선중학교에 주목할 필요가 있다. 그 이유는 도쿄조선중고급학교는 재일조선인 사회의 본격적인 중등교육의 시점이기 때문이다. 민족적 차원의 열망에 의한 교육, 민족교육이 아닌 제도화 된 교육을 통해 정규교육이 본격적으로 시작된 것이 도쿄조선중고급학교의 설립으로부터이다. 이 도쿄조선중고급학교의 간단한 연보를 보면 다음과 같다.[1)]

1946년 10월 5일 : 도쿄조선중학교 창립.
1946년 : 도쿄도(東京都) 지사로부터 설치 인가.
1948년 : 고등부 병설, 이후 도쿄조선중고등학교가 됨.
1949년 : 도쿄도립조선인중고등학교(東京都立朝鮮人中高等学校)로 개칭.

이 학교의 홈페이지에 학교의 교육방침이 나와 있는데 그 내용은 다음과 같다.[2)]

민족 자주의식과 민족적 소양, 지·덕·체를 갖춘 인재, 조국과 민족, 동포사회의 발전에 기여하고 일본과 국제사회에서 활약하는 인재의 육성을 목표로 한다.

조선의 력사와 문화, 언어 등의 민족과목과 일본과 세계 각국의 사회와 자연, 현대사회와 외국어 등을 비롯하여 대학진학과 취직, 일본에서 생활하고 활동하는 데 필요한 자질의 향상에 기여한다.

재일조선인의 민족교육사[3)]에서 도쿄조선중학교에 대해서는 본격적인 글은 없다. 단지 일정하게 언급한 글은 김덕룡이 단행본에서 언급하는 수준이다.[4)] 그는 주로 설립 과정과 개교식의 모습을 그리고 있다.

1) 도쿄조선중고급학교 홈페이지, http://www.t-korean.ed.jp/index.html, 참조.

2) 도쿄조선중고급학교 홈페이지, http://www.t-korean.ed.jp/index.html, 참조.

3) 재일조선인의 민족교육사에 대한 연구 중 일본과 한국의 주요 단행본과 박사학위논문은 다음과 같다.(金慶海, 『在日朝鮮人民族教育の原点』, 田畑書店, 1979.; 金慶海·梁永厚·洪祥進, 『在日朝鮮人の民族教育』, 神戸学生青年センター, 1982.; 조선대학교 민족교육연구소, 『재일동포들의 민족교육』, 학우서방, 1987.; 小沢有作, 『在日朝鮮人教育論』, 亜紀書房, 1988.; 김대성, 『재일한국인의 민족교육에 관한 연구』, 단국대학교 박사학위청구논문, 1996.; 金德龍, 『朝鮮学校の戦後史 - 1945~1972 -』, 社会評論社, 2002.; 정희선, 『재일조선인의 민족교육운동 연구』, 강원대학교 박사학위논문, 2006.)

물론 아직 재일조선인 교육의 역사가 본격적으로 연구되지 않은 상황에서 김덕룡의 언급은 주목된다. 특히 중등교육에 대해서는 재일조선인 민족교육사에서 전무한 실정이다.

재일조선인 민족교육사에서 중등교육의 출발점은 도쿄조선중학교이다. 이를 위해 먼저 조련의 도쿄조선중학교 창립기(1946.6~1949.10)[5]의 활동을 중심으로 소개한다. 특히 도쿄조선중학교가 만들어지는 과정과 초기 학교 운영에 대해 설명하기 위해 먼저 재일본조선인연맹[6]의 중등교육 방침을 정리해 보고, 이에 기초하여 도경조선중학교의 설립 과정과 교육내용, 교사진 등에 대해 구체적으로 설명한다.[7]

2. 해방 이후 재일본조선인연맹은 민족교육을 했다

1946년 해방 이후 1년이 넘자 재일조선인 사회의 민족교육도 새로운 요구가 생겨나기 시작한다. 전국적 규모로 초등학원이 설립되어 정규 초등교육이 실시되는 가운데 그 필요성이 강하게 제기된 것이 민족적인 차원의 중등교육을 실시하는 문제였다.[8] 이것은 재일조선인의 민족

4) 金德龍, 『朝鮮学校の戦後史 - 1945~1972 - 』, 社会評論社, 2002.(한국어본은 다음과 같다. 김덕룡, 『바람의 추억 - 재일조선인 1세가 창조한 민족교육의 역사(1945~1972) - 』, 선인, 2009.)

5) 『도꾜조선중고급학교10년사』는 도쿄조선중학교(東京朝鮮中学校) 10년의 역사를 '초창기(1946.10~1949.10.)', '도립학교시대(1949.10~1955.3)', '민족교육의 발전(1955.3~1956.10)'으로 구분한다.(『도꾜조선중고급학교10년사』, 창립 10주년 기념 연혁사편찬위원회, 1956, pp.5~43.)

6) 이하 조련으로 약칭한다.

7) 본고는 『도꾜조선중고급학교10년사』(창립10주년 기념 연혁사편찬위원회, 1956년 10월 5일)을 통해 도쿄조선중학교 창립기 모습을 소개한다.

교육에 서는 피할 수 없는 불가결의 요구이자 조선인 부모와 아이들의 절실한 바람이었다.[9] 특히 도쿄를 중심으로 하는 간토지방(関東地方)과 달리 간서지방(関西地方)에서는 중학교 설립을 위한 개별적인 움직임이 나타났고, 그것의 성과가 1946년 중반 이후 오사카(大阪)과 고베(神戸) 등지에서 확인된다.[10]

재일조선인 민족교육사에서 중등교육과 관련한 본격적 논의는 언제부터 시작되었을까. 1946년 2월 27일부터 28일에 나가타초소학교(永田町小学校) 강당에서 제2회 임시전체대회가 열렸고,[11] 이후 조련의 민족교육의 활성화와 함께 중등교육이 강화되기 시작했다.[12]

조련 중앙에서 조선중학교 창설을 정식으로 토의한 첫 회의는 1946년 6월 1일 제2회 전국문교부장회의였다. 이 회의를 계기로 도쿄에서 중학교 설립을 위한 제1회 준비위원회가 1946년 8월 1일 조련 중앙 문화부에서 열렸다. 당시는 조련 문화부의 제안으로 도쿄도 내에 중학 또는 야간 중학을 설치하라는 요청이 있었다. 소학교를 졸업한 학생 또는 중학교를 2, 3년 동안 다닌 학생들이 함께 공부해야 하는 상황에서 이러한 제안은 당연한 일이었다. 그리고 학부형들은 정상적인 중학교육을 실시하는 학교에 입학할 것을 적극적으로 희망하고 있었다.[13] 당시 일본 중학교는 재일조선인 자제들의 입학에 대해 배타적이었고

8) 김덕룡, 『바람의 추억 - 재일조선인 1세가 창조한 민족교육의 역사(1945~1972) - 』, 선인, 2009, p.85.

9) 김인덕, 『재일본조선인연맹 전체대회 연구』, 선인, 2007, pp.181~183.

10) 고베에서는 1946년 6월부터 중학교가 만들어져 중학 교육이 실시되었다.(「김경해 인터뷰」(서울 종로 맥도날드, 2006년 8월 15일.))

11) 『民衆新聞』, 1946년 3월 25일.

12) 조선대학교 민족교육연구소, 『재일동포들의 민족교육』, 학우서방, 1987, p.14.

13) 창립 10주년 기념 연혁사편찬위원회, 『도꾜조선중고급학교10년사』, p.5.

따라서 진학의 길이 막혀 있었다.

1946년 9월부터 10월에 걸쳐 조련은 교토(京都), 오사카, 도쿄 등지에 중학교를 열었다. 1946년 현재 9월 현재 민족학교인 4개 중학교, 학생 1180명, 교사 52명으로 중등교육이 진행되어 갔다.[14)]

조련은 1946년 10월 14일부터 4일 동안 제3회 전체대회를 열었다. 특히 넷째 날 회의[15)]에서는 교육 및 계몽에 대한 구체적인 내용 가운데 중등학교 설치를 촉진하라는 부분이 확인된다.[16)] 이후 조련은 1947년 1월 제9회 중앙위원회에서 문화부를 문교국으로 승격시키고, 문화·학무·출판·조직·서무의 각 과를 두고 학무과가 교육 사무를 전담하도록 했다.[17)]

특히 조련 제9회 중앙위원회에서는 이진규가 교육 관련 방침을 보고하는데, 중등교육과 관련하여 중학교는 지방협의회 단위로 한 학교 이상 설치를 원칙으로 하고 설립 기금과 운영 경비는 해당 의회에서 부담하는 것을 방침으로 결정했다.[18)]

조련은 1947년 7월 신학기부터 일본의 학제에 맞추어 6·3제를 취할 것과 교육규정(「문교국 교육규정에 관하여」(1947.6.25))을 결정했다. 이 가운데 학교교육제도를 정비하여 초·중·사범학교로 제도를 정비했다.[19)]

이 교육규정은 교육의 행정과 운영의 전반적인 방침을 확정하며 전

14) 오자와 유사쿠 지음, 이충호 옮김, 『재일조선인 교육의 역사』, 혜안, 1999, p.191.
15) 『在日本朝鮮人聯盟第三回全国大会議事録((附)第八回中央委員会議事録)』, 朴慶植 編, 『朝鮮問題資料叢書』 9巻, アジア問題研究所, 1983, p.38.
16) アジア問題研究所, 위의 책, p.39.
17) 朴慶植, 『解放後在日朝鮮人運動史』, 三一書房, 1989, p.141.
18) 『朝鮮人生活権擁護委員会ニュース』 (10), 1947년 2월 5일.
19) 김덕룡, 『바람의 추억-재일조선인 1세가 창조한 민족교육의 역사(1945-1972)-』, p.38. 전 4장 46조였다.

국의 조선학교에 공통된 기준이 되었다. 재일조선인의 민족교육은 1947년 신학기 시점에서 체계성과 통일성을 갖추게 되었던 것이다.

그런가 하면 교육규정과 함께 조선인학교 조직운영의 세칙을 정했다. 그 내용 가운데 학교를 3종으로 나누어 전술했듯이 초등학교·교·사범학교 3종을 두기로 했다.[20]

조련 제4회 전체대회는 1947년 10월 15부터 17일까지 열렸다. 이 대회의 보고에서는 민족학교와 관련하여 초등학교 : 541개, 중학교: 7개, 고등학원·청년학원: 30개소를 들고 있다.[21] 이렇게 1947년 10월에는 조련 산하로 중학교 7개소가 설치되었다.[22] 이 중학교에는 교원은 95명, 학생은 2,761명이 공부했다. 1948년 7월 조련 중앙총본부의 「제15중앙위원회 문교부활동보고서」에는 모든 학교는 학교관리조합이 관리하는데, 당시에는 중학교가 9개교, 학생은 약 3,300명이었다.[23]

조련 민족교육의 큰 흐름은 국어강습소[24] 중심의 민족교육으로 조직화되었다가 초등교육에서 중등, 고등교육으로 발전해 갔다. 특히 중등교육이 실시되면서 본격적인 제도교육의 틀이 자리 잡혔다.

20) 김덕룡, 위의 책, p.38.

21) 『第四回全体大会会議録(附)第十二回中央委員会会事録)』, 朴慶植 編, 『朝鮮問題資料叢書』 9巻, アジア問題研究所, 1983, p.124.

22) 오자와 유사쿠 지음, 이충호 옮김, 『재일조선인 교육의 역사』, 혜안, 1999, p.193.

23) 「제15회중앙위원회 문교부활동보고서」, 朴慶植 編, 『在日朝鮮人関係資料集成 戦後編』 第1巻, 不二出版, 2000, p.321.

24) 김인덕, 「해방 후 재일본조선인연맹의 민족교육과 정체성-『조선역사교재초안』과 『어린이 국사』를 통해-」, 『역사교육』 121, 2012, p.168.

3. 재일조선인은 도쿄조선인중학교 개교를 준비했다

조련 중앙에서 조선중학교 창설을 정식으로 토의한 첫 회의는 전술했듯이 1946년 6월 1일 열린 제2회 전국문교부장회의였다.[25] 이 자리는 전국 30개의 조련 본부 문화부 대표가 모였고 조련 도쿄본부 문화부의 '지방 제안'으로 '중학교 설립 건'이 제안되었다.

제안의 취지는 일제하의 내선일체를 강요하는 교육을 시정하는 것이 조련의 과제라고 전제하고, 제대로 된 역사관에 입각한 교육이 없으면 새로운 조국 건설의 담당자가 될 수 없다면서 최근의 빈번한 투서와 일본학교에 재학하는 자녀 문제를 어떻게 해결할 것인가의 문제를 해결하는 방안으로 초등학원의 시설 강화와 강사들의 교육 이념의 강제, 교재의 충실, 중학교 설립이 요청된다고 했다.[26]

실제로 조련 조직과 부모와 학생, 일본학교에 다니는 학생들이 적극적으로 설립을 강력히 희망했다.[27]

조련 도쿄본부는 제1회 준비위원회를 1946년 8월 1일 조련 중앙문화부에서 열었다. 같은 해 8월 18일 준비위원회를 발족시켜 도쿄조선인중학교 설립기성회[28]가 정식으로 발족되었다.[29] 이 조직은 「도쿄조선인중학교(가칭) 설립취지서(東京朝鮮人中学校(假稱 設立趣旨書)」(1946년 8월 18일)를 발표하는데,[30] 이 문건에서는 학교의 규모는 7년제 중학으로

25) 김덕룡, 『바람의 추억-재일조선인 1세가 창조한 민족교육의 역사(1945-1972)-』, p.85.
26) 吳圭祥, 『ドキュメント在日朝鮮人聯盟』, 岩波書店, 2009, p.136.
27) 吳圭祥, 위의 책, p.136.
28) 이하 기성회로 줄인다.
29) 김덕룡, 위의 책, p.86.
30) 吳圭祥, 위의 책, p.137.

하고 졸업 후 대학입학 자격이 부여된다고 했다. 각 학년은 학생 수에 따라 적당한 학급을 설치하고 한 학급의 정원은 대체로 5, 60명 선으로 정했다. 아울러 도쿄조선인중학교는 남녀공학제를 원칙으로 하고 중등교육의 전 과정을 가르치기로 했다. 또한 도쿄조선인중학교의 설립에는 5백 만 원의 재원이 필요한데 기성회에서 우선 3백 만 원을 9월 중으로 모으기로 했다.

당시 도쿄조선인중학교 설립기성회의 위원장은 조련 중앙총위원회 고문이었던 손방현이었다.[31] 이 기성회는 교무, 설비, 기금의 3분과로 구성되었다.[32]

이후 조련 문화부는 곧 중학교 설치 문제에 관하여 도쿄 각 지부 위원장 유지 간담회를 열었다. 당시 초급적인 학교 운영에 열성적이었던 지부의 위원장들이 적극적으로 의견을 개진했다.[33]

특히 조련 문화부는 유지 간담회를 열고 기금 모집 문제를 계속 논의했다. 메구로(目黒) 아서원(雅叙園)에 간토(関東) 일대의 소위 유력자들을 초청한 회합이 소집되기도 했다. 이날 약 1백 명이 모였고 총액 170만 원을 모으기로 대징[34]에 등록했다. 문제는 현금으로 들어온 돈이 전무했던 사실이다. 이후 유지들을 초청한 회합이 다시 있었으나, 이번에는 초청 대상자들이 전연 모이지 않았다.

1947년 9월 5일 아서원에서 열린 기성회 주최의 간담회에서는 유지

31) 창립 10주년 기념 연혁사편찬위원회, 『도꾜조선중고급학교10년사』, p.6. 이후 그는 초대 이사장이 된다.

32) 교무분과는 위원의 확보, 교재 편찬, 설비분과는 학교 설비, 기금분과는 재원 확보를 담당했다.

33) 창립 10주년 기념 연혁사편찬위원회, 『도꾜조선중고급학교10년사』, p.6. 그 시점은 1947년 5월경으로 추정된다.

34) 명부.

들이 기부한 돈이 136만 5,100엔이나 되었다. 여기에 조응하여 기성회는 현안이었던 교사 건립을 위한 건설 용지 확보에 매진해 갔다.[35)]

4. 민족교육의 중심 도쿄조선중학교가 개교했다

도쿄조선중학교의 개교식은 1946년 10월 5일 오전 10시에 있었다. 이 자리는 개교식과 함께 입학식이 열렸다. 맑은 가을날로 아주 좋은 날씨였다. 개교식에는 340여명이 모였다. 구체적으로는 조련 중앙총위원회, 도쿄본부, 각 지부 등의 간부 그리고 교사와 학생들이 참가했다. 개교 당시의 학생은 조련 문화부 활동의 보고에 따르면, 1946년 10월 5일에는 교사 14명, 학생 350명이 되었다.[36)]

당시 이 자리에 모인 사람은 해방의 노래[37)]를 우렁차게 합창했다. 당시를 회고한 내용을 보면 다음과 같다.[38)]

35) 김덕룡, 『바람의 추억-재일조선인 1세가 창조한 민족교육의 역사(1945-1972)-』, p.86.

36) 「朝連第3回全国大会部別報告書並参考書類綴(文化部活動報告書)」, 朴慶植 編, 『在日朝鮮人関係資料集成 戦後編』 第1巻, 不二出版, 2000, p.127. 그런데 김덕룡과 『도꾜조선중고급학교 10년사』는 약 100명, 교사는 11명이었다고 한다. (김덕룡, 위의 책, p.86.)

37) 가사는 다음과 같다. 조선의 대중들아 들어 보아라./ 우렁차게 들녀오는 해방의 날을/ 시위자가 울니는 발굽소리와/미래를 고하는 아우성 소리/노동자와 농민들은 힘을 다하야/놈들에게 빼앗겻든 토지와 공장/정의의 손으로 탈환하여라/제놈들의 힘이야 그 무엇이랴(원문 그대로: 필자)(민주주의민족전선 편집, 『조선해방1년사』, 문우인서관, 1946, p.15.)

38) 창립 10주년 기념 연혁사편찬위원회, 『도꾜조선중고급학교10년사』, p.8.

> 오전 11시. 하늘도 이날을 축하하는가. 어느덧 비가 멎고 푸른 하늘이 펼쳐졌다. 력사적인 개교행사 및 입학식이 시작되였다. 노래 소리가 힘차게 울려 퍼졌다(주: 노래는《해방의 노래》였다). 학교장이 연설을 하고 이어 11명의 교원이 소개되였다. 입학생 329명의 이름이 호명되고 한 학생이 입학생을 대표하여 결의를 다지였다. 그는 도꾜 조선중학교 첫 입학생으로서 자신들에게 지워진 사명을 자각하고 우리 말과 글, 우리 력사와 문화를 배우고 또 배워 조선의 아들딸로, 새 조국 건설의 역군으로 튼튼히 준비하겠다는 것을 엄숙히 맹세하였다.[39](원문 그대로 : 필자)

교장은 개교식 날까지 결정되지 못하여 윤근이 임시 교장을 맡게 되었다.[40] 사무주임은 이홍렬, 교무주임으로 임광철[41]로 결정되었다. 이후 얼마 지나서 부교장으로 김영환 씨가 취임했다.

학부모들은 1947년 11월 5일 윤덕곤을 회장, 김창일, 강주삼을 부회장으로 하는 학부모회를 결성했다.[42] 또한 기성위원회가 운영위원회로 되고 손방현이 위원장이 되었다. 일주일 후인 11월 11일 학교 창립을 위한 기성회는 발전적으로 해소되고 학교 운영을 위한 운영회가 발족되었다. 나중에 이 두 개의 조직은 1947년 10월 25일 학교관리조합으로 통합되었다. 그리고 상임 이사로 김영돈이 취임했다.[43]

---

39) 『조선신보』 2001년 10월 29일.

40) 조련 위원장이었다.(吳圭祥, 『朝鮮總聯 50年 - 1955.5~2005.5 -』, 綜合企画舍ウイル, 2005, p.20.)

41) 처음 학기를 마치기 직전에 교직원 회의에서 임광철이 교무주임을 사퇴했다. 이후 박준영을 교무주임으로 선정했다.(창립 10주년 기념 연혁사편찬위원회, 『도꾜조선중고급학교 10년사』, p.10.)

42) 김덕룡, 『바람의 추억 - 재일조선인 1세가 창조한 민족교육의 역사(1945-1972) -』, p.89.

43) 한편 이사장은 1대 손방현, 2대 남정일, 3대 윤덕곤이었다.(창립 10주년 기념 연혁사편

이러한 도쿄조선중학교의 개교를 도쿄조선중학교에서는 『도꾜조선중고급학교 10년사』를 통해 다음과 같이 기술하고 있다.[44)]

> 학교는 시작되였으나 흑판도 책상도 없었다. 교과서도 만족한 것이 없었다. 다만 있는 것은 선생과 생도들의 불꽃 같은 열성과 신뢰심이였다.(원문 그대로: 필자) 날이 좋으면 잔디 밭우에서 공부를 하고 날이 궂으면 공구리 바닥 우에 서서 공부를 했다. 그나마 비가 오면 천장이 새여 우산을 받지 않으면 서 있을 수도 없는 교실이 있었다.
>
> 수일 지나 겨우 흑판이 들어 왔다. 그리고 이삼일 후에는 책상이 그리고 또 며칠 후에는 걸상이 그때마다 생도들의 환호소리가 진동했다.
>
> 매일 매일 풀을 뽑고 운동장을 고르는 일을 어린 생도들은 토목공들처럼 굳세게 했다. 일요일에도 여러 생도들이 학교에 와서 이런 일을 했다. 생도들 한 사람 한 사람이 자기들 손으로 자기들의 학교를 세워 간다는 굳은 의지와 희망에 넘쳤다.

당시 학생들에게 학교생활은 감격의 연속이었다고 할 수 있다. 특히 일본학교에서 '조센진'이라고 구박받고 천대받던 일과 비교하면 도쿄조선중학교는 낙원 그 자체였다.

5. 도쿄조선중학교는 교사를 갖고 있었다

도쿄조선중학교는 병기창 자리에 철조망을 울타리로 하여 교사를 마련하고 창립되었다.[45)]

찬위원회, 위의 책, pp.44~45.)

44) 창립 10주년 기념 연혁사편찬위원회, 위의 책, p.9.

〈사진 1〉 설립 당시 도쿄조선중학교

학교는 시작되었으나 학교란 이름뿐이고 흑판도 책상도 걸상도 없었다. 비가 좀 많이 오면 천장에서 빗물이 흘러 내렸다.[46] 개교 이후 수일이 지나야 겨우 새 흑판이 들어 왔고, 또 2, 3일이 지나서야 책상이 들어갔다. 그때마다 학생들은 환호성을 질렀고, 책상과 걸상을 소중히 사용했다.[47] 조련 내부에서는 도쿄도에 교섭하여 타고 남은 전재지의 빈 건물을 채용하자는 의견도 있었다.[48] 특히 조련 이타바시(板橋)지부에서는 지부를 조직한 이후 이타바시구(板橋区)에 병기창 사용과 관련하여 요구 투쟁을 전개해서 이타바시조병창(板橋造兵敞)을 사용하기로 결정했다. 그리고 일본 당국과 교섭하여 그 사용권을 획득해냈다.[49]

장소는 결정되었으나 교실을 정비하려면 수리를 해야 할 상황이었다. 그럼에도 불구하고 자금 관계로 수리하는 작업의 착수가 쉽지 않았

45) 도쿄조선중고급학교 홈페이지, http://www.t-korean.ed.jp/index.html 참조.
46) 『조선신보』 2001년 10월 29일.
47) 김덕룡, 『바람의 추억-재일조선인 1세가 창조한 민족교육의 역사(1945-1972)-』, p.86.
48) 창립 10주년 기념 연혁사편찬위원회, 『도꾜조선중고급학교10년사』, p.7.
49) 김덕룡, 위의 책, p.86.

다. 겨우 조련 중앙의 자금으로 창고 두 채에 간단한 판자 칸막이를 하여 다섯 교실을 만들었다. 양철벽을 뚫어 창문을 설치했다.[50)]

열악한 교사문제를 해결하기 위한 또 다른 몸부림이 있었다. 1946년 9월 신학기를 맞이하여 신입생을 받아들이려고 했다. 문제는 교실이었다. 당시 교사는 정비되지 않아 신입생을 모집할 형편이 아니었다. 젊은 교사들은 스스로의 힘으로 학교 시설을 확보하기 위해 논의를 시작했다.[51)] 그런데 당시 조선건국촉진청년동맹[52)] 이 학교를 설립한다는 구실로 강당과 수영장을 가진 건물을 점령하고 있었다. 소문을 들은 도쿄조선중학교 교직원은 이 건물을 답사하고 입주만 하면 차지할 수 있을 것으로 판단했다. 즉, 이사한 다음에는 조련이 정치적으로 어떻게 해서든지 해결해 줄 것으로 낙관했다. 예정한 날 도쿄조선중학교의 교직원과 학생들은 이사를 감행했다. 큰 교사를 보고 모두가 환호했다. 그러나 당시 계획은 수포로 돌아갔다. 조련이 정치적으로 이 문제를 해결하지 않았다. 결국 교직원과 학생들은 다시 원래의 교사로 이사해야 했다. 조련이 움직이지 않고 오히려 원만할 해결을 위해 이사할 것을 강제했다.

개교 당시 도쿄조선중학교는 남녀공학제였다. 문제는 당시 지방에서 입학한 여학생 기숙사를 때맞춰 만들지 못했던 것이 사실이다. 여학생 기숙사는 개교 1년 뒤인 1947년 9월에 설치되었다. 그때까지 지방 출신 여학생들은 도내의 친척이나 아는 사람들 집에 신세를 지며 통학했던 것으로 알려져 있다.[53)]

50) 창립 10주년 기념 연혁사편찬위원회, 『도꾜조선중고급학교10년사』, p.7.
51) 창립 10주년 기념 연혁사편찬위원회, 위의 책, p.13.
52) 건청으로 약칭한다.
53) 김덕룡, 『바람의 추억 - 재일조선인 1세가 창조한 민족교육의 역사(1945-1972) -』,

6. 도쿄조선중학교는 짜여진 교육과정을 운영했다

1) 학생 선발과 교육 내용은 이렇다

도쿄조선중학교는 학교 설립 이전에 학생을 모집했다. 실제로 학생 모집은 1946년 9월 중순에 시작되었다. 교사 준비가 갖춰지지 않은 상태였지만 학생들을 생각하여 학생 모집을 연기할 수 없었다. 그리고 한국의 9월 신학기제도에 보조를 맞추어 9월 중에 개교할 욕심도 있었다. 특히 이 일은 조련 문화부가 추진했다.[54]

모집 기한은 불과 10여 일이었으나 300의 지원서가 들어 왔다. 입학시험은 조련 문화부실에서 있었다. 시험은 구술로 진행되었다. 시험관은 문화부 내에서 중학교 설치를 담당했던 구성원이었다. 시험은 어린 학생을 제외하고 거의 전원이 합격했다. 이후에도 개교 전날까지 매일 수십여 명이 문화부에 찾아와 입학을 지원했다. 그 결과 입학을 허가받은 신입생은 340명이었다. 그 가운데 여학생도 140명이나 되었다.

도쿄조선중학교가 시작된 이후에는 학생들이 매일 지원했다. 교직원 회의는 학생과 재일조선인 사회의 요구에 따라 겨울 방학이 끝난 후 제2차 입학시험을 시행하기로 했다.

그런가 하면 도쿄조선중학교 입학 이전에 일본 중학교에 1년 이상 다닌 학생과 소학교를 졸업한 학생으로 연령이 많고 학력이 우수한 학생은 2학년 학급을 편성했다. 마침내 1947년 1월 제2차 모집에서 70여 명의 입학생이 도쿄조선중학교에 들어갔다. 이에 따라 학급 편성은 2학년 한 학급, 1학년 6학급으로 구성되었다.[55]

---

p.89.

54) 창립 10주년 기념 연혁사편찬위원회, 『도꾜조선중고급학교10년사』, p.7.

도쿄조선중학교 개교 이후 학생 수가 늘어났다. 1946년 10월 329명이었던 학생이 1년이 지나서 1947년 10월에는 651명이 되었다. 그리고 1948년 10월에 883명, 1949년 9월 963명의 학생이 재학하게 되었다. 1948년 10월의 제3회 조선중학교 관리조합 총회 자료에 따르면, 총원의 약간의 차이가 있어 총 954명으로 상정하고 있다. 그리고 학생의 지방별 학생 수를 남자의 경우 도쿄도 내 356명, 도쿄도 이외 317명, 여자는 도쿄도 내 195명, 도쿄도 이외 86명이었다고 기록하고 있다.[56]

〈표1〉 도쿄조선중학교 학생 증가 상황(1946~1949)

연도	학년	학급	남/녀	총수	연도	학년	학급	남/녀	총수
1946.10	1	공학 6	249/80	329	1948.10	1	남 5 녀 2	295/127	422
	2					2	남 3 녀 2	172/83	255
	3					3	남 3 녀 1	147/59	206
	계	6	249/80	329		계	남 11 녀 5	614/269	883
1947.10	1	남 4 녀 2	228/103	331	1949.9	1		213/152	365
	2	남 3 녀 1	198/69	267		2		260/109	369
	3	남 1 녀 1	29/24	53		3		153/76	229
	계	남 8 녀 4	455/196	651		계	16	626/337	963

55) 창립 10주년 기념 연혁사편찬위원회, 위의 책, p.11.
56) 「제3회 조선중학교 관리조합총회 자료」, 김덕룡, 『바람의 추억-재일조선인 1세가 창조한 민족교육의 역사(1945-1972)-』, p.89.

2) 선생님들은 열심이었다

1946년 10월 도쿄조선중학교는 다음과 같은 교사진을 확보하고 있었다.[57)]

교장: 윤근/ 부교장 : 김영환[58)]
사무주임 : 이홍렬/교무주임 : 임광철
사회(공민) : 김영직/ 국사 : 임광철
국어 : 임광철, 이진규, 어당/ 영어 : 예성기/ 수학 : 박준영, 심능중
물상 : 박준영, 임영준, 김신현, 양준호/ 지리 : 이은직/ 미술 : 김창억
음악 : 김영환, 윤기선/ 체조 : 구합본, 이홍렬/ 공작 : 겸임
가사 : 최량성/ 습자 : 겸임

초기 조련 문화부가 주도하던 도쿄조선중학교는 당시 조련에서 중심적인 활동을 하던 사람들도 교사로 참가했다. 주요 인물은 〈표2〉와 같다. 이러한 윤근, 임광철, 이진규, 이은직, 어당과 같은 교사들은 헌신적으로 조련의 민족교육을 지켜냈다. 실제로는 도쿄조선중학교에서 직접 학생들과 함께 생활하면서 일본 사회 속 민족학교를 주도적으로 운영했다.

개교 이후 어려운 교육 환경 속에서도 도쿄조선중학교 교사들은 적극적으로 수업에 임했다. 그리고 학생들은 교사들의 가르침에 따라 공부에 선념했다. 그런데 교직원 6명이 파면당하는 일이 발생했다.[59)]

57) 「朝連第3回全国大会部別報告書並参考書類綴(文化部活動報告書)」, 朴慶植 編, 『在日朝鮮人関係資料集成 戦後編』 第1巻, 不二出版, 2000, 그리고 『해방신문』 1946년 10월 10일 등 참조.

58) 개교 때 선임되지 않았다.

59) 창립 10주년 기념 연혁사편찬위원회, 『도꾜조선중고급학교10년사』, p.12. 무슨 이유

〈표2〉 도쿄조선중학교의 주요 교사

이름	활동내용
윤근	생몰년 미상. 함경남도 영흥군 출생으로 도일 이전에 경성부의 근화여학교와 근화유치원에서 오랫동안 교원생활을 했다. 1930년대 초에 도쿄로 가서 지리학, 역사학을 배웠다. 1930년대에는 도쿄조선YMCA(기독교청년회)의 총간사를 맡았다. YMCA 회관의 수리와 문화 활동 진흥에 노력했다. 1938년경에는 도쿄 간다(神田)에서 '경성식당'을 경영했다. 1945년 해방 이후 재일조선인 민족단체로서 발족한 조련의 위원장이 되었다. 재일조선인들의 생활권 옹호와 정치적 탄압에 대해 반대하고 항의하는 활동에서 조직의 대표자로서 역할을 했다.[60]
임광철	1920년 출생이다. 평안북도 정주 출신으로 1944년 9월 와세다대학(早稲田大学) 문학부 사학과 졸업했다. 1945년 이후 조련에서 활동했다. 1945~55년 조선역사연구소 대표, 1949년 10월 도쿄조선중고급학교 교사, 교장을 역임했다. 역사교재 편찬을 주도했다고 한다.[61]
이진규	1917년 출생이다. 경기도 용인군에서 태어났다. 일본대학 문화과를 졸업하고, 간다의 출판사 편집부원 일을 했다. 잡지 『인민문화』 편집을 담당했다. 조련 문화부원, 조련 초등교재편찬위원회 위원장을 맡았다. 재일조선인전국교육자동맹 위원장을 역임했다. 도쓰카(戸塚)한글학원을 설립했고 『한글교본』을 제작했다.[62]
이은직	1917년 출생이다. 전라북도 출신이다. 신태인공립보통학교를 졸업하고 1937년 3월 야간 상업학교도 졸업했다. 1941년 12월 일본대학 법문학부 예술과 문예학을 전공했다. 1942년 1월 일본학예통신사 편집부에 입사했고, 1945년 2월 중앙흥생회 신문국원으로 전출되기도 했다. 1945년 11월 조련에서 활동, 교재 편찬, 1960년 조선장학회 이사를 맡았다.[63]
어당	1919년 출생이다. 경기도 출신이다. 경성보통상업학교를 졸업, 도일하여 법정대학에서 인문지리를 전공했다. 해방 후 『민중신문』, 『해방신문』의 편집원의 역할을 담당했다. 조련교과서편찬위원, 조련 도쿄도 문화부 차장의 일을 했다. 1949년 9월부터 1956년 3월까지 도쿄조선중학교 교사였다. 조선대학교 교수, 시대사 부사장을 역임했다.[64]

로 누가 사직을 시켰는지 알려져 있지는 않았지만, 당시 교장이었던 윤근도 모른다고 했다. 특히 문화부에서도 모르고, 운영 책임을 지었던 상임 이사도 모른다는 식이었다. 특히 이 일의 직접 책임자인 김영환은 학교에 잘 나오지도 않았다고 한다.

60) 도노무라 마사루, 「윤근」, 『재일코리안사전』, 明石書店, 2010, 참조.

61) 『卒業者名簿(文学部)』(1944.9.).; 早稲田大学, 『早稲田大学(個人)調査結果報告書』(1998.9.17.).; 창립 10주년 기념 연혁사편찬위원회, 『도꾜조선중고급학교10년사』, 1956.; 김인덕, 『재일본조선인연맹 전체대회 연구』, 선인, 2007, p.4.

62) 魚塘, 「解放後初期の在日朝鮮人組織と朝連の教科書編纂」, 『在日朝鮮人史研究』 제28집, 緑蔭書房, 1998, p.108 ; 김인덕, 위의 책, p.145.

63) 李殷直, 『「在日」民族教育の夜明け』, 高文研, 2002, p.763.; 김인덕, 위의 책, p.168.

당시 학급이 7학급이나 되는데 6명의 교직원이 없어진 일은 학교 운영에 결정적인 타격이었다. 남은 교사만으로는 수업을 담당할 수 없었으나 신임 교사를 새로 보내 주는 것도 아니라서 도쿄조선중학교는 자멸 상태에 빠졌다. 남은 교사들은 과로로 결근을 하게 되었고 어떤 날은 두 세 명의 교사밖에 출근하지 않는 날도 있었다. 임시 휴학을 할 수 밖에 없는 상태였으나 학생들은 '선생님'이 없어도 자습을 하겠다면서 학교를 쉬지 말자고 했다.[65]

이러한 일로 다수의 교사가 없는 상태가 두 달 동안이나 계속 되었다. 3월에 들어가 겨우 파면 당한 교사 중에 몇 사람이 학교에 돌아왔고, 새로 교사가 보충되어 수업이 가능하게 되었다. 이러한 일은 조련 조직의 문제였지만 한편 학생들의 민족학교를 지키기 위한 몸부림을 확인하게 해 주는 대목이라고 하겠다.

학교는 부교장 문제와 함께 교장 문제도 있었다. 조련 중앙에서는 조직적인 차원에서 이 문제를 논의했다. 9월 신학기에 장학회 일을 담당하던 한병주가 전임 교장으로 취임했다. 그러나 사상적으로 조련 노선을 반대하던 박준영은 교무주임 자리를 다시 차지하고 자신과 생각을 함께하는 사람들을 교직원으로 채용했다. 대립적인 교직원들을 배척했다. 조련 조직 내부에서 부정 사건을 일으켰던 류근득이 도쿄조선중학교에 들어가 박준영과 협력하여 임광철이 사직하게 만들었다. 도쿄조선중학교에서는 한병주 교장을 지지하는 쪽은 힘이 약했다.

결국 교장은 고립당한 채로 박준영을 중심으로 한 다수의 교직원들

64) 허남기, 박삼문과 함께 『재일조선문화연감 1949년판』을 공편했다.(吳圭祥, 『ドキュメント在日朝鮮人聯盟』, 岩波書店, 2009, p.136.

65) 창립 10주년 기념 연혁사편찬위원회, 『도쿄조선중고급학교10년사』, p.12.

과 대립했다.[66] 당시 도쿄조선중학교에서는 교직원들의 교장 배척 운동이 일어났고, 한병주가 교장으로서 지도 능력이 없다는 게 그들의 주장이었다. 일부 교직원들의 올바른 의견을 무시하고 박준영을 선두로 한 14명의 교직원이 연명하여 교장을 퇴직시키지 않으면 총사직하겠다고 협박했다. 그때 반대한 교직원은 송지학, 송정현, 최태진이었다.[67]

도쿄조선중학교는 사상 투쟁으로 혼란이 야기되기도 했다. 조련 내부에서 도쿄조선중학교가 차지하고 있는 위상을 생각할 때 능력 있고 학식이 있는 지도자가 책임자로 등장하여 교직원들을 선도하고 학생들에게 '참다운 애국심'을 교육시켜야 했다고 할 수 있다.[68] 문제는 조련 조직의 내홍이 그대로 도쿄조선중학교에 영향을 미친 점 이었다. 당시 도쿄조선중학교는 체면과 정실이 조직을 불안하게 만들고 있었다. 윤근은 전술했던 교사 이전 사건 이후에도 교장직을 내놓지 않고 김영환에게 책임을 지워 마침내 그를 사직시켰다. 그리고 김문보를 후임 부교장으로 취임시켰다.

김문보는 취임 첫날부터 문제를 일으켰다.[69] 부임한 첫 날부터 그가 교육자로서 존경받지 못할 인물임이 확인되었다. 처음 학교에 간 그는 교무실에 들어가서 첫 인사가 '굿모닝 에부리 보디'였다. 일어서서 인사를 하려고 했던 교직원들을 당황하게 만들었다. 민족적 색채가 분명했던 도쿄조선중학교에서 이런 식의 첫인사는 용납되지 않는 일이었다.

권위에 추종하고 형식적인 교수를 하는 교직원에 대항하여 진정한

66) 창립 10주년 기념 연혁사편찬위원회, 위의 책, p.16.
67) 창립 10주년 기념 연혁사편찬위원회, 위의 책, p.18.
68) 창립 10주년 기념 연혁사편찬위원회, 위의 책, p.14.
69) 창립 10주년 기념 연혁사편찬위원회, 위의 책, p.15.

교육과 새로운 교육을 희망하는 교직원과 학생들은 대립하지 않을 수 없었다. 비록 조련이 설치하고 조련이 운영하고 있지만 이러한 조련의 인사에는 비판하지 않을 수 없었다. 특히 조련의 지도 밑에 조직된 교원 조합은 적극 반대에 나섰다. 사상적인 의견의 대립은 감정적인 대립으로 변했고 교직원들끼리 서로 다투는 일로 이어졌다. 부교장 김문보는 이것을 조장했다.

결국 김문보의 행동에 대해 대부분의 교직원들이 반감을 가지게 되었다. 교직원 회의에서 부교장 김문보의 불신임 문제가 제기되었다. 마침내 투표를 한 결과 신임 1명, 백지 2명, 불신임 14명으로 결의가 이루어졌다.[70] 당시 그를 지지한 사람은 교무주임 박준영이었다. 당시 박준영이 김문보를 존경한 것은 아니었다. 그는 자기 자리를 보존하기 위하여 추종했을 뿐이었다.

이 사건 당시 김문보와 날카롭게 대립한 사람은 이은직이었다. 그는 조련 중앙에 김문보와 자신의 퇴직을 촉구했다. 그의 요청대로 하기방학 때에 두 사람은 퇴직 명령을 받았다.[71]

창립기 조련이 주도한 도쿄조선중학교의 확인되는 교직원과 교과목을 정리해 보면, 교장은 윤근, 한병주, 김민화의 이름이 확인된다. 그리고 교과목은 력사, 수학, 국어, 영어, 사회, 미술, 음악, 리과, 실업, 가사, 체육, 일어 등이 보인다. 그리고 사무 관련 담당직원이 근무했다. 이 가운데 수학과 국어 과목의 교사가 절대 다수였다. 또한 일부의 일본인도 직원으로 채용되었다.

70) 창립 10주년 기념 연혁사편찬위원회, 위의 책, p.15.

71) 조련은 1947년 11월 10일 부교장제도를 없애고 전임교장제로 변경했다.(〈부록 1〉, 참조.)

〈표3〉 도쿄조선중학교 교직원 명부(1946~1949)

담당과목	성명	취임연월일	사임연월일
교장	윤근	1946.10	1947.10
	한병주	1947.11	1949.1
	김민화	1949.1	1949.9
	임광철	1949.10.1	
부교장	김영환		
	김문보		
역사	임광철	1946.10	
	박경식	1949.4	
수학	박우영	1946.10	1948.3
	이권영	1947.5	1948.3
	한승규	1947.5	1948.3
	이덕원	1947.9	1948.3
	차봉수	1948.4	
	김시홍	1948.4	1949.6
	장태원	1948.4	1951.9
	김서진	1948.4	1953.3
	박판수	1948.11	1949.3
	김여두	1949.10	
국어	이은직	1946.	1947.10
	김창두	1947.2	1948.3
	김광표	1947.5	1948.3
	박철	1947.11	1949.3
	차병철	1948.4	1948.6
	오석홍	1948.4	1949.3
	허남기	1948.4	1949.8
	김정희	1948.6	1953.3
	김봉현	1948.7	1949.5
	박태수	1948.10	1949.3
	강면성	1949.4	1949.1
	탁희수	1949.1	
	西門燦化	1949.1	1952.1
	김신일	1949.4	1950.12
	김달수	1949.4	1949.7
	남시우	1949.4	1955.3

영어	송정현	1946.10	1956.3
	김성암	1947.5	1948.3
	김정걸	1947.6	1948.3
	한현덕	1948.2	1949.3
	김순호	1948.4	1949.3
	내성기	1948.4	1954.3
	김우현	1949.4	1949.1
	이양진	1949.4	
사회	류근덕	1946.10	1948.3
	이진규	1947.4	1951.6
	송기학	1947.5	
	박운순	1947.9	1948.3
	백종원	1948.4	1949.5
	최용덕	1948.4	1954.1
	相澤忠	1948.6	1948.7
	남일룡	1949.4	1955.3
	최병철	1949.9	1951.5
	어당	1949.9	1956.3
미술	박찬근	1946.10	1948.3
	박주열	1948.4	1949.6
	김창덕	1946.10	1947.12
음악	윤기선	1947.6	1948.3
	김경재	1948.4	1954.3
	윤한○	1948.10	1951.3
이과	임영준	1946.10	1948.4
	손제순	1947.6	1948.6
	이민형	1947.7	1949.8
	이정대	1948.4	1948.7
	양경운	1948.4	1952.3
	이강조	1948.4	1953.8
	金子瑳智江	1948.5	1949.8
	井上秀夫	1948.6	1949.3
	上杉保之助	1948.7	1949.3
	家井三四子	1948.10	1949
	이석봉	1949.3	
	장홍렬	1949.4	1949.7

	홍등	1949.9	1949.11
	윤영기	1949.9	1953.3
실업	최재순	1948.10	
가사	최흥서	1947.5	1949.8
	김복순	1947.9	1949.8
	조순미	1949.4	1949.7
체육	최태진	1946.10	
	박지순	1948.10	1953.10
	전용순	1948.12	1949.3
	이동준	1949.4	1955.3
	岡村彰子	1949.7	1949.11
일어	渋谷すみ	1948.4	1951.8
사무	서민호	1947.5	1947.11
	서순택	1947.5	1947.12
	김준섭	1947.3	1949.3
	김실단	1948.9	1949.6
	김영출	1947.5	1951.1
	이일현	1947.5	1949.8
	김영자	1949.7	1949.10
	김원홍	1949.5	1949.9
	임성길	1949.1	1956.3

도쿄조선중학교는 설립한지 1년이 지난 1948년 10월 5일 개교기념일을 앞두고 제1회 졸업생을 배출했다. 이 졸업생들의 대부분은 신설된 고등학교에 입학하게 되었기 때문에 전술했듯이 졸업식과 입학식을 겸한 의식을 거행했다.[72] 이미 같은 해 5월 21일 고등부 과정을 병설하기로 결정했다.

졸업식 전에 한병주 교장이 사임하고 조련 의장이었던 김민화가 교장으로 취임했다. 도쿄조선중학교에서 교사들은 제때에 인건비를 보

72) 창립 10주년 기념 연혁사편찬위원회, 위의 책, p.20.

장 못하니 생활에 시달려 고통이 많았고 학생들은 학생대로 많은 불평과 불만을 품고 있었다.

1949년 9월 8일 일본 정부는 조련을 강제 해산시켰다. 「단체등규정령」에 의해 해산을 당한 조련은 48개 본부, 620개 지부, 1,214개 분회, 재일본 조선민주청년동맹은 48개 본부, 458개 지부, 306개 분회가 해산되었다. 구성원은 조련 365,792명, 재일본조선민주청년동맹은 39,740명이었다.[73] 결국 이러한 조련 조직을 비롯하여 재일본조선민주청년동맹, 재일본대한민 국거류민단, 조선건국촉진청년동맹 등이 반민주주의적이고 폭력적인 단체로 규정되어 해산을 당했던 것이다. 이와 함께 재일조선인 조선학교는 또 다시 폐쇄 조치에 직면했다. 11월 4일 폐쇄되었다.[74]

조련은 해산 당했으나 도쿄조선중학교에서 교육을 담당하던 교직원과 조련 활동가들은 도쿄조선중학교를 지켰다. 조선학교 폐쇄 통고를 받은 이후에도 임광철 교장을 중심으로 도쿄조선중학교에서는 수업이 지속적으로 진행되었다.

3) 우리 학생의 동아리도 있었다.

1946년 10월 개교한 도쿄조선중학교에는 1947년 야구부와 정구부가 창설되었다.[75] 야구부는 1949년 13개 학교가 참가한 도쿄 기타구(北区) 가을 대회에서 우승을 했던 일이 있었다.

73) 朴慶植, 張錠壽, 梁永厚, 姜在彦, 『体験で語る解放後の在日朝鮮人運動』, 神戸学生·青年センター出版部, 1989, p.131.; 김인덕, 『재일본조선인연맹 전체대회 연구』, p.163.
74) 김인덕, 『재일본조선인연맹 전체대회 연구』, p.217.
75) 창립 10주년 기념 연혁사편찬위원회, 위의 책, p.80, p.84.

육상경기부[76]도 활동했는데, 1947년에 조현봉이 재일조선인이 참가한 각종 체육대회에서 연속 우승했다. 그는 1949년 3월 오사카에서 신세카이신문사(新世界新聞社) 주최의 3.1기념 마라톤 전국대회에서도 우승했다. 그리고 1948년 요미우리신문사(讀売新聞社)에서 주최하는 간토지방 고등학교 오미야(大宮) 왕복 역전 경기에 참가하여 7위를 했다. 또한 1949년 1월 기타구 중학교 역전 경기에서 우승했다.

도쿄조선중학교에는 1949년 소프트볼부, 유도부, 농구부, 무용부 등이 창설되었다. 소프트볼부는 장백화, 허말엽이 주도했다. 유도부는 정기수, 배임조가 중심이 되어 창설되었다. 농구부도 이석봉의 지도로 최명주, 오방휴가 중심이 되어 결성되었다. 무용부는 림추자, 김미리가 김장안의 지도를 받아 창설했다.[77]

탁구부는 다른 어떤 운동 서클보다 가장 많은 좋은 성적을 올렸다. 1949년 2월 기타구 탁구대회에서 우승했다. 3년 연속 우승했던 것은 유명하다.

도쿄조선중학교는 적극적인 써클, 동아리 활동을 통해 육체를 단련하도록 지도했다. 동시에 학생들의 체력 증진을 적극적으로 추진하여 시대적 요구에 부응하는 자격을 갖춘 사람을 양성하는 데 진력했다.

7. 마치며

도쿄조선중학교는 1946년 10월 5일에 개교했다. 이 학교 터는 본래

76) 창립 10주년 기념 연혁사편찬위원회, 위의 책, p.81.

77) 창립 10주년 기념 연혁사편찬위원회, 위의 책, pp.80~84.

제2차 세계대전 중 일본군 화약창고였다. 실제로 재일조선인 민족교육사에서 중등교육과 관련한 논의는 1946년 2월부터 있었다. 1946년 6월부터 도쿄, 교토, 오사카, 고베 등지에 중학교가 설립되었다. 1948년 7월에는 중학교가 9개교, 학생은 3천 3백 여 명이나 되었다.

이 도쿄조선중학교의 개교는 순조롭지만은 않았다. 교장은 개교식 날까지 결정되지 못하여 윤근이 임시 교장을 맡았다. 도쿄조선중학교는 시작되었으나 학교란 이름뿐인 상황이었고 흑판도 책상도 초기에는 마련되지 않았다. 걸상도 없었다. 그러나 이런 현상이 재일조선인의 민족교육에 대한 열의를 식게 만들지는 못했다.

조련 주도 아래 민족교육을 하던 도쿄조선중학교는 학교 설립 이전부터 학생을 모집했다. 학생 모집은 1946년 9월 중순에 시작되었다. 시험은 구술로 진행되었고 남녀공학이었다. 개교 당시의 주요 교사진은 이흥렬, 임광철, 김영직, 이진규, 어당 등이었다.

개교 이후 도쿄조선중학교 교사들은 수업에 적극적이었다. 그러나 절대 다수의 교사가 해직당하여 많은 교사가 부재 상태가 된 일이 있었다. 학생들은 민족학교를 지켜냈다. 또한 도쿄조선중학교 내부에는 조련 조직의 내분이 연장되어 부교장과 교장 문제가 발생되기도 했다. 조련 중앙에서는 조직적인 차원에서 이 문제를 해결하고자 했다.

도쿄조선중학교는 내부의 사상 투쟁으로 혼돈 상태에 빠지기도 했다. 조련의 지도로 조직되고 운영된 중학교이지만 사상적 대립은 감정적 대립으로 변했고, 자리 보존 싸움이 야기되어 관련 핵심 인물이 도쿄조선중학교를 떠났다.

창립기 조련이 주도한 도쿄조선중학교는 교장인 윤근, 한병주, 김민화 등이 주도했다. 주요 교과목은 력사, 수학, 국어, 영어, 사회 등이었다. 교직원 가운데는 일본인도 확인된다.

도쿄조선중학교는 학생들의 건전한 체력 단련과 인성 도야를 위해 적극적으로 서클 활동을 유도했다. 1947년에는 야구부와 정구부가 창설되었고, 육상경기부도 적극적인 활동을 전개했다. 1949년 소프트볼부, 유도부, 농구부, 무용부 등도 결성되었다. 특히 탁구부는 다른 어떤 운동 서클보다 가장 많은 좋은 성적을 올렸던 것은 잘 알려져 있다.

도쿄조선중학교는 재일조선인 중등교육의 이정표였다. 조련은 도쿄조선중학교를 설립하여 본격적인 중등교육을 통해 재일조선인 사회의 인재 양성을 도모했다. 조련 해산과 함께 도쿄조선중학교는 새로운 선택의 길을 가야만 했다. 그러나 조선학교 폐쇄 통고를 받은 이후에도 임광철 교장을 중심으로 도쿄조선중학교에서는 수업이 진행되었다. 이후 재일조선인 민족교육은 도립학교시대를 맞이했다.

〈부록 1〉 도쿄조선중학교 일지(1946년 6월 1일~1949년 10월 18일)[78]

연도	날짜	내용
1946	6.1	재일본조선인연맹 전국 문화부장 회의에서 도꾜조선중학교 설립 준비위원회(후에 기성위원회)가 조직됨
	9.20	기성회에서 현주소에 중학교 건설을 결정함
	10.5	도꾜조선중학교 개교식을 거행함. 초대 교장 윤근씨, 교직원 11명. 학생수 약 300명[79]
	11.5	학부형회를 결성함. 회장 윤덕곤씨.
	11.8	사립 각종 학교로써 도꾜도 장관의 인가를 받음.
	11.11	기성 위원회를 해소하고 운영 위원회를 결성하여 학교 운영 일체를 책임지게 함.
1947	1.10	제2학년을 증설함.
	3.22	제 1대 리사장 손방현씨 사임하고 남정일씨 제2대 리사장으로 취임.
	4.20	교사 이전 사건이 일어 남.(강동구)

78) 창립 10주년 기념 연혁사편찬위원회, 위의 책, pp.44~46.(본 표에서는 원문을 그대로 채용한다.)

	5.5	신입생 입학식을 거행함.
	5.20	조련 관동지방 협의회에서 특별 기금을 모집하여 교실 개축 사업을 추진함.
	10.25	운영위원회와 학부형회를 통일하여 중학교 관리조합을 조직함.
	11.10	부교장 제도를 없애고 전임 교장제로 변경함. 윤근 교장이 사임하고 한병주씨가 제2대 교장으로 취임함.
	11.21	제3대 리사장으로 윤덕곤씨가 취임함.
1948	1.	조선인 자제의 민족 교육을 부인하는 일본 정부 문부 차관의 통달이 있음.
	2.	G·H·Q의 둣펠이 도내 조선인 학교를 위협적인 시찰을 함.
	3.30	교직원의 사상 불통일로써 13명 교원의 사임 사건이 일어남.
	4.10	신입생 입학식. 학급수 17. 생도수 1,100명
	4.20	일본인 정부로부터 일방적으로 학교 폐쇄령을 받아 민주 민족 교육을 지키는 운동에 총궐기함.
	4.24	神戸, 大阪 교육투쟁 사건. 김태일 소년이 권총에 맞아서 사망. 중상자 수십명.
	4.27	본교 한병주 교장과 윤덕곤 리사장이 부당 검거 당함.
	5.4	일본 정부는 재차 조선 학교 강제 폐쇄령을 내림.
	5.5	조선인 교육 자주성에 관하여 조선인 교육 대책위원회와 일본 정부 문부대신과 각서를 교환함.
	5	일본 교육법에 의거한 사립 학교의 인가를 받음.
	5.21	도꾜조선고등학교를 병설하기로 결정함
	10.4	중학교 제1회 졸업식과 고등학교 제1기생의 입학식을 거행함.
	10.5	창립 2주년 기념식과 조선 민주주의 인민 공화국 창건 경축 대화와 대운동회를 거행함.
1949	1.10	한병주 교장이 사임하고 김민화씨가 제3대 교장으로 취임함.
	3.25	중학교 제2회 졸업식을 거행함.
	4.5	중학교, 고등 학교 신입생 입학식을 거행함.
	4.24	민족 교육 방위 인민 대회를 개최
	5.	조선인 자제에 대한 교육비 지급의 청원이 일본 국회를 통과함.
	6.	일본 정부 문부성에서 조선인 학교에 대한 원조금은 교부 안한다고 통달이 옴.
	9.8	재일본조선인연맹과 민주청년동맹이 일본 정부의 부당한 탄압으로 해산당하고 지도자들의 공직 추방으로 김민화 교장이 사임하게 됨.
	10.1	임광철씨가 제4대 교장으로 취임함.
	10.18	일본 정부 殖田法務 總裁는 「조선인 학교는 접수 안한다」고 선명.

이 글은 숭실사학회의 『숭실사학』 제28집에 실린 논문
「재일조선인 민족교육과 동경조선중학교의 설립」,
또한 김인덕, 『재일조선인 민족교육 연구』(국학자료원, 2016)의 글을 수정·보완한 것임.

참고문헌

김대성, 「재일한국인의 민족교육에 관한 연구」, 단국대학교 박사학위청구논문, 1996.
김덕룡, 『바람의 추억-재일조선인1 세가 창조한 민족교육의 역사(1945~1972)-』, 선인, 2009.
김인덕, 『재일본조선인연맹 전체대회 연구』, 선인, 2007.
민주주의민족전선 편집, 『조선해방1년사』, 문우인서관, 1946.
정희선, 「재일조선인의 민족교육운동 연구」, 강원대학교 박사학위논문, 2006.
조선대학교 민족교육연구소, 『재일동포들의 민족교육』, 학우서방, 1987.
창립10주년 기념 연혁사편찬위원회, 『도꾜조선중고급학교10년사』, 1956.
金慶海, 『在日朝鮮人民族教育の原点』, 田畑書店, 1979.
金慶海·梁永厚·洪祥進, 『在日朝鮮人の民族教育』, 神戸学生青年センター, 1982.
金德龍, 『朝鮮学校の戦後史-1945~1972-』, 社会評論社, 2002.
朴慶植 編, 『在日朝鮮人関係資料集成 戦後編』(第1巻), 不二出版, 2000.
_________, 『朝鮮問題資料叢書』 9巻, アジア問題研究所, 1983.
______, 『解放後在日朝鮮人運動史』, 三一書房, 1989.
朴慶植, 張錠壽, 梁永厚, 姜在彦, 『体験で語る解放後の在日朝鮮人運動』, 神戸学生·青年センター 出版部, 1989.
小沢有作, 『在日朝鮮人教育論』, 亜紀書房, 1988.
吳圭祥, 『ドキュメント在日朝鮮人聯盟』, 岩波書店, 2009.

도쿄조선중고급학교(東京朝鮮中高級学校) 홈페이지, http://www.t-korean.ed.jp/index.html

79) 전술한, 「朝連第3回全国大会部別報告書並参考書類綴(文化部活動報告書)」, 朴慶植 編, 『在日朝鮮人関係資料集成 戦後編』(第1巻), 不二出版, 2000에는 교사 13명, 학생 350명으로 되어 있다.

전환기의 1970년대 재일조선인 민족교육 연구

『계간 마당(季刊まだん)』의 기사를 중심으로

이영호

1. 시작하며

1945년 해방을 맞이하고 일본에 남은 재일조선인[1)]에게 일본은 '일시적 거류(居留)' 장소였다. 한반도는 언젠가 돌아갈 조국이었으며 그 날을 대비해 재일조선인 대상의 민족교육이 필요했다. 일본에 남은 재일조선인 약 60만 명[2)] 중 취학아동은 20만 명에 달했다. 이들 중 상당수는 민족교육을 선택한다. 해방 이후 뜨거운 열망과 함께 재일조선인 민족교육은 시작되었고 시대에 따라 변화를 거듭했다.

1970년대에는 재일조선인 2세대가 사회의 주축을 이루고 재일본조선인총연합회(在日本朝鮮人総聯合会, 이하 조총련)의 생활권에서 벗어나는 등 기존과 다른 사회적 양상을 보였다. 민족교육 역시 사회상황과

1) 본 글에서는 1970년대 당시 일본에서 재일교포들의 문학을 지칭했던 동시대 용어인 '재일조선인'이라는 용어를 사용한다. 해당 용어에는 어떠한 정치성도 개입되지 않았음을 밝혀둔다.

2) 해방 직후 일본에 남은 재일조선인은 1945년 1,115,594명, 1946년 647,006명이었다. (출처 : 재일본대한민국민단 홈페이지의 '재일동포 통계' 페이지(https://www.mindan.org/kr/shokai07.php))

발맞추며 과도기적 모습을 보이기 시작했다. 민족학급은 1950년대의 1/3로 감소했고 재일조선인 취학아동 상당수는 일본학교로의 진학을 선택했다. 이러한 상황에서 1973년 창간된 재일조선인 잡지 『계간 마당(季刊まだん)』(이하, 『마당』)은 민족교육 담론을 형성하며 재일조선인 사회에 다양한 메시지를 발신했다.

그렇다면 왜 1970년대 재일조선인 민족교육과 『마당』의 담론이 중요한 의미를 가질까? 1970년대는 재일조선인 사회가 조총련 중심의 삶에서 벗어나고 재일조선인 2세대 중심의 세대교체가 일어나는 등 재일조선인 사회의 판도변화가 시작된 전환기였다. 민족교육 역시 기관수가 기존의 1/3로 감소하고 일본학교로의 진학자가 증가하는 등 과도기적 상황이었다. 이런 상황에서 동시대 재일조선인 잡지들이 주로 남북 이데올로기, 한일문제 같은 재일조선인 사회 외부를 향한 메시지를 발신할 때 『마당』은 재일조선인 사회문제를 주제로 담론을 형성했다. 즉, 『마당』을 통해 동시대 재일조선인 사회의 실체적 문제의식과 담론전개 양상을 확인할 수 있다.

이에 따라 본 글에서는 1970년대 재일조선인 사회의 민족교육 현황을 분석하고 『마당』에서 논의되었던 민족교육 담론의 구체적 양상을 분석하고자 한다. 『마당』의 담론을 분석함으로써 민족교육을 둘러싼 재일조선인 사회의 동시대적 발신과 변화하는 사회상을 종합적으로 확인할 수 있을 것이다.

2. 전후 재일조선인 민족교육의 전개양상

해방 직후 일본을 일시적 거류공간으로 인식했던 재일조선인들은 귀국을 대비해 '우리말'을 배울 수 있는 민족교육의 필요성을 인식했다. 1945년 '국어강습소' 설립을 시작으로 각종 민족교육 기관이 설립되었다. 민족교육은 민가의 일실(一室), 작은 판잣집, 교회, 구(舊)일본군 병사(兵舍), 타고 남은 창고 등 장소를 가리지 않고 실시되었다. 1946년에 약 600~700개의 민족교육 공간이 형성된 사실에서 당시 민족교육의 열기를 확인할 수 있다. 재일조선인들에게 민족교육기관은 단순한 교육일반으로서의 기관이 아니라 그 자체가 민족이며 그 상징이며 계속 학대받아온 이국의 땅, 이민족 사회·일본에서의 변변하지 못하지만 결정적인 존재감을 주장하는 작은 조선의 공간이었다.[3] 초기 민족교육은 조련과 조총련의 영향권에서 주로 전개되었다.[4] 1955년 조총련 설립 이후 북한은 조총련에 직접적으로 금전을 지원하며 조선학교를 지원했다. 1957년 4월부터 북한은 교육원조비, 장학금을 지원하여 신축교사, 제반시설을 확충했다. 그 결과 기존 민족학급은 감소했으며 조선학교가 민족교육을 주도했다. 그러나 1960년대 조총련의 영향력 약화, 재일조선인들의 가치관 변화 등 복합적 요인으로 민족교육의 열기가 감소하기 시작한다. 1965년 한일협정 이후에는 재일조선인 법적 지위 책정을 근거로 조선인학교 규제, 동화교육 촉진 등 재일조선인의 탈민족 경향이 나타나며 민족교육의 열기가 줄어든다. 이러한 현상은 1970년대에 보다 가속화된다.

---

3) 金德龍, 「朝鮮学校の戦後史」, 『1945~1972』(증보개정판), 社会評論社, 2004, p.16.

4) 한국 정부의 인가를 얻은 재일한국학교는 총 4개교(도쿄 한국학교, 오사카 건국학교, 오사카 금강학교, 교토국제학교)가 있다. 한국 정부의 인가를 얻은 시기는 금강학교-1961년, 도쿄한국학교-1962년, 교토한국학교-1961년-중학교) 1965년-고등학교이다. 도쿄 한국학교는 '각종학교'로 분류되었으나 그 외 세 학교는 일본의 정규학교인 '일조교' 인정받아 운영되고 있다. 주로 한국 국적 및 일본 국적의 재일조선인 학생이 재학 중이다.

이와 같은 교육환경의 변화 속에서 1970년대 문부성은 차관 통달을 내고 외국인학교법안을 제출하며 1948년 한신교육투쟁 이후 두 번째로 재일조선인 민족교육을 탄압한다. 또한 조선학교는 제도적으로 1조학교[5]가 아닌 각종학교[6]였기 때문에 대학 같은 상급학교 진학을 희망하는 재일조선인 상당수는 일본학교 진학을 선택했다.

즉 해방 이후 재일조선인 민족교육은 일본의 정책, 조직의 상황 등 복합적 요인으로 약화되었으며 1970년대는 민족교육 기관수, 진학률 모두 감소하는 양상을 보였다. 당시의 진학률은 다음 표에서 확인할 수 있다.

〈표1〉 취학자의 민족별 진로[7]

연도	학교별	초등학교	중학교	고등학교	합계	총계
1966년	민족학교	15,841	10,050	7,564	33,355	138,994
	일본인학교	59,405	31,646	14,588	105,639	
1970년	민족학교	11,973	13,791	11,189	36,953	129,831
	일본인학교	50,032	24,848	17,998	92,878	

5) '정규학교' 혹은 '1조학교'는 학교교육법 제1조가 정하는 학교. 초등학교, 중학교, 고등학교, 대학, 고등전문학교, 맹아학교, 농아학교, 양호학교 및 유치원 등 9종류를 말하며 정규교육기관으로 인정받는 학교들을 의미한다.

6) 각종학교는 '학교교육에 비견되는 교육'을 행하는 학교로, 예비학교·자동차학교·부기학교 등을 말한다. 교육내용에 규제가 없는 대신 정규학교의 졸업자격을 얻지 못한다.

7) 표의 출처는『마당』5호의 오자와 유사쿠의 글에서 인용함. 1966년도 민족학교취학자 수는 조선인학교만 표시했으며 1970년도의 민족학교취학자 수는 조선인학교, 한국학교를 모두 합계한 수이다. 조선학교재학자 수는 1971년도 초등학교 466명, 중학교 372명, 고등학교 476명 총 1324명이지만 학교 수는 10년 동안 변하지 않았기 때문에 학생 수에는 큰 증감이 없다고 오자와 유사쿠는 설명한다. (小沢有作,「素顔を奪還する教育(上)」,『季刊まだん』5, 創紀房新社, 1975, p.76)

〈표2〉 일본학교에 재학 중인 조선인학생·학생 수[8]

년도	초등학교	중학교	고등학교	특별학교	전문학교	단기대학	대학	대학원	총계
1956	89,897	35,077	6,767	144					134,238
1961	71,444	35,485	8,804	172		180	2,468	217	121,449
1966	52,799	28,731	14,588	217	80	348	3,585	336	104,092
1971	48,222	23,479	18,140	244	115	629	4,536	852	96,217

〈표1〉에서 확인할 수 있는 것처럼 1966년에는 민족학교로 진학하는 재일조선인 학생 비율이 일본학교의 약 1/3 수준이었지만 1970년에는 크게 차이가 벌어진 것을 확인할 수 있다. 특히 초등학교 진학자가 크게 증가한 대목에서 취학대상 아동 상당수가 일본학교 진학을 선택한 것을 확인할 수 있다. 당시 중학교 졸업 이후 곧바로 취업해 고등학교에 진학하지 않는 사례를 감안하더라도 일본학교로의 진학이 큰 폭으로 증가한 것을 확인할 수 있다. 또한 〈표2〉에서 확인할 수 있는 것처럼 고등교육기관 진학자 증가에 따라 교육제도와 설비가 갖춰진 일본학교로의 진학이 증가했다.

이러한 상황을 우려한 재일조선인 사회에서는 민족교육과 관련된 다양한 운동을 했다. 특히 조선학교에 다니는 재일조선인만이 아닌 '일본학교에 다니고 있는 재일조선인'을 대상으로 운동을 전개했다. 구체적으로 일본의 교육내용 개선을 요구했으며 '일본인 자녀와 마찬가지' 교육(차관 통달)을 일관할 것이 아닌 '조선인으로 살아가는 것을 도모하는 교육'에 주안점을 두었다.[9] 이와 함께 조선학교를 지키는 운동, '지침'제정을 위해 1971년 9월에는 오사카(大阪)에서 '생각하는 모

8) 표의 출처는 위와 같음.

9) 오자와 유사쿠(小沢有作), 이충호 옮김, 『재일조선인 교육의 역사』, 혜안, 1999, p.496.

임' 등을 조직해 재일조선인 자녀들을 일본학교와 사회에서 '조선인으로 키우는' 교육을 위해 노력했다.[10] 이 외에도 일본학교에 다니는 재일조선인 학생들의 본명사용 운동, 즉 '본명 실천' 운동을 전개하며 다양한 대안을 모색했다.

이처럼 1970년대 재일조선인 민족교육은 민족학급 기관 수 감소, 조총련계 조선학교의 주도권 획득, 가치관 변화로 인한 일본학교로의 진학률 증가 등 1940~50년대와 확연히 달라진 양상을 보였다. 이러한 상황에서 1973년 10월 창간된 재일조선인 잡지 『마당』은 민족교육에 관한 담론을 형성하며 재일조선인 사회에 민족교육에 관한 메시지를 전달했다.

3. 『마당』의 민족교육 담론 전개와 의의

1) 『마당』 소개 및 특징

1973년 10월 김주태(金宙泰)를 주필로 창간된 종합잡지 『마당』은 1973년 11월 창간호 발행을 시작으로 1975년 6월, 6호로 종간했다. 발행언어는 일본어였으며 이데올로기를 초월해 민단, 조총련계 모두 하나로 화합할 수 있는 한마당을 만들자는 의미에서 '마당'을 잡지명으로 정했다. 편집위원은 시인 김주태, 비교문화학자 김양기(金兩基), 평론가이자 번역가 이승옥(李丞玉), 화가 오병학(吳炳學)이었으며 발행인은 박병채(朴炳采), 윤학기(尹學基)였다. 『마당』은 부제를 「재일조선·한

10) 오자와 유사쿠, 위의 책, p.497.

국인의 광장(在日朝鮮·韓国人のひろば)」으로 정해 전통, 민족 및 사회문제 등 재일조선인 사회와 관련된 내용을 종합적으로 다루며 다양한 담론을 형성했다. 다음은 『마당』의 특집목록이다.

〈표3〉 『마당』의 전통 기사 수록 현황

호수	간행연월	특집명
1호	1973.11	공통의 광장을 찾아(共通の広場をもとめて)
2호	1974.02	재일조선인의 육성(在日朝鮮人の肉声)
3호	1974.05	요구받는 재일청년상(問われる在日青年像)
4호	1974.08	해방의 원점을 모색하다(解放の原点を求めて)
5호	1975.03	민족교육의 내일을 내다보다(民族教育の明日をさぐる)
6호	1975.06	결혼(結婚)

특집에서 확인할 수 있는 것처럼 『마당』은 청년, 민족교육, 결혼 등 재일조선인 삶과 관련된 문제를 중심으로 지면을 구성했다. 이러한 특징은 조국, 이데올로기 등을 주로 다루었던 동시대 재일조선인 잡지들과 가장 큰 차이를 보이는 대목이자 『마당』만의 변별점을 보여주는 지점이다. 『마당』은 지면에서 다양한 사회문제 중 민족교육에 특히 많은 관심을 보이며 다양한 계층의 의견을 수록했다. 『마당』은 담론을 전개할 때 민족전통을 활용하는 동시에 일본을 비판하여 반일감정을 활용했는데, 민족교육 담론에서도 이와 같은 특징을 확인할 수 있다.

2) 『마당』의 민족교육 담론의 전개 양상

『마당』은 창간호부터 종간호까지 민족교육 관련 기사를 지속적으로 수록했다. 다음은 『마당』에 수록된 민족교육 관련 기사 목록이다.

〈표4〉『마당』에 수록된 민족교육 관련 기사 목록

호수	발행일	저자	제목	비고
1	1973.10.01.	강상휘 (姜尙暉)	민족교육의 본질과 과제 (民族教育の本質と課題)	
2	1974.02.01.	이진성 (李鎭成)	일본학교에 들어와 고생한 일 (日本の学校に入って苦労したこと)	
3	1974.05.01.	김행이 (金幸二)	늦은 진학 (遅れた進学)	
		쓰루 쓰나오 (鶴素直)	이승부라고 불러줘! —히로시마전기대학부속고교 조선어수업 (イ スンブと呼んでくれ! —広島電機大学付属高校朝鮮語授業)	
4	1974.08.01.	운영위원회 (運營委員會)	《조선사를 배우는 광장》 발족에 관해 (《朝鮮史を学ぶひろば》発足にあったて)	
5	1975.03.01.	우치야마 가즈오 (内山一雄)	우리 아이가 나를 바꾸었다 (わが子が私をかえた)	〈민족교육의 내일을 내다보다 (民族教育の明日 をさぐる)〉 특집 수록
		편집부 (編集部)	작은 발소리가 들린다 (小さな足音がきこえる)	
		송석주 (宋石柱)	아이들은 뒤틀려있다. (子どもたちはゆがめられている)	
		요시다 미치마사 (吉田道昌)	발언하는 학생들 (発言する生徒たち)	
		김용해 (金容海)	본명을 대는 아이들 (本名を名のる子ら)	
		이나토미 스스무 (稲富進)	본명을 부르는 운동 (本名を呼び名る運動)	
		강상휘 (姜尙暉)	민족교육의 의의 (民族教育の意義)	
		오자와 유사쿠 (小沢有作)	민낯을 탈환하는 교육 (상) (素顔を奪還する教育(上))	

『마당』은 6호를 제외하고 각 호마다 한 건 이상 교육 관련 기사를 수록했다. 특히 5호에서는 〈민족교육의 내일을 내다보다(民族教育の明日をさぐる)〉 특집을 구성해 민족교육 문제를 중점적으로 다루었다.

민족교육에 관한 『마당』의 태도는 창간호에서부터 명확히 확인할 수 있다. 창간호에서 강상휘(姜尚暉)는 문화유형의 형성, 자신과 민족의 보편적 가치획득을 위해 민족교육이 필요하며 민족정신 배양이 민족교육의 목표라 말하며 민족교육의 중요성을 강조했다.[11)]

『마당』은 교육을 통한 자녀세대의 민족성 자각을 강조하며 민족학교를 다녀야 하는 이유를 설명했다. 『마당』은 차별 없는 환경에서 안정된 교육을 위해 민족학교를 다녀야 한다 설명했다. 2호에는 일본학교에 다니고 있는 재일조선인 학생 이진성(李鎮成)의 수기를 수록했다. 중학생 필자는 한국 국적의 재일조선인 2세대이며 조선학교를 다니던 중 한국 정부의 허가를 받지 못해 일본학교로 전학을 가게 된다. 일본학교에서 필자는 국적을 숨기고 다녔지만 집에 놀러 온 일본인 친구가 집에 있는 조선어 책을 발견한 이후 학교에 재일조선인이라는 사실이 알려져 괴롭힘을 당한다. 『마당』은 이러한 일화를 통해 민족학교를 다녀야 하는 이유를 설명한다.[12)] 『마당』은 이러한 사례를 제시함으로써 보호받아야 하는 나이대의 자녀들이 민족학교로 진학해야 하는 당위를 말한다.

하지만 『마당』은 무조건적인 민족학교 진학을 강요하지는 않는다. 3호에서 김행이(金幸二)는 일본에서 재일조선인 교육기관이 조국의 사회체제 여파로 분할되어있는 것이 유감이라 말한다. 현실적 이유로 일본대학을 선택하는 상황은 이해하지만, 그 경우 자신과 민족에게 도움이 되겠다는 신념을 갖고 일본학교로 진학해야 한다고 강조했다.[13)]

11) 姜尚暉, 「民族教育の本質と課題」, 『季刊まだん』 1, 創紀房新社, 1973, p.124.

12) 李鎮成, 「日本の学校に入って苦労したこと」, 『季刊まだん』 2, 創紀房新社, p.74, p.198, p.53.

13) 金幸二, 「遅れた進学日本の学校に入って苦労したこと」, 『季刊まだん』 3, 創紀房新社, 1974, pp.37~38.

즉, 현실적 상황을 이해하기 때문에 무조건적인 민족학교 진학을 강요하지는 못하지만 반드시 민족성 자각이 선행되어야 함을 강조했다.

교육담론에서도 『마당』의 대표적 특징인 일본 비판 성향을 확인할 수 있다. 오자와 유사쿠(小沢有作)의 「민낯을 탈환하는 교육 (상)(素顔を奪還する教育 (上))」[14]에서는 재일조선인 학생들이 일본학교로 진학할 수밖에 없는 이유를 일본의 사회구조에서 찾는다.

> 그 근본 원인이 동화와 배제라고 하는 차별체계를 일상화하고 있는 일본의 국가와 사회에 있는 것은 말할 것도 없다. 차별체험은 차별의 사회의식화를 통해 조선인이 일본인과 맺고 있는 다양한 인간관계의 구석구석까지 침투해있고 조선인의 생활뿐만이 아닌 정신까지 괴롭히는 것이다.[15]

오자와 유사쿠는 재일조선인들이 일본명으로 살아가는 것을 가면(仮面)을 쓰고 살아가는 것이라고 비유적으로 말한다. 구조화된 사회차별 속에서 재일조선인들은 차별을 피하기 위해 일본식 통명이라는 '가면'을 쓴 채로 살 수밖에 없다며 일본 사회를 비판한다. 또한 일본학교라는 공간에 대해서는 다음과 같이 설명한다.

---

14) 『마당』은 경제적 이유로 6호에서 휴간을 선언했으며 경제적 문제를 끝내 해결되지 못하고 종간한다. 애초에 계획되지 않았던 종간이었던 것을 확인할 수 있는 부분은 다양한 부분에서 확인할 수 있다. 본문의 오자와 유사쿠(小沢有作)의 「민낯을 탈환하는 교육(상)(素顔を奪還する教育(上))」처럼 상, 하편으로 기획되었던 기사들이 상편만 수록된 채로 종간된 사실에서 이를 확인할 수 있다.

15) 小沢有作, 「素顔を奪還する教育(上)」, 『季刊まだん』 5, 創紀房新社, 1975, p.73.

> 일본인학교는 또 하나의 현실적인 기능으로 조선인차별을 알리는 장으로 역할을 하고 그것에 의해 재학 중인 조선인들은 자신이 조선인이라는 것을 용서 없이 깨닫는다. 조선인 학생에게 일본인학교는 인생에서 처음 차별과 만나고 차별을 알아가는 장소에 지나지 않는다.[16]

오자와는 재일조선인 학생들이 처음 차별을 접하는 공간이 일본학교라 말한다. 학교에서 차별받은 재일조선인 학생들은 차별을 피하기 위해서는 자신이 재일조선인임을 숨겨야 한다는 것을 학습한다. 이 대목에서 오자와는 일본학교가 차별을 가르치는 공간으로 기능하고 있다고 설명한다. 재일조선인들이 자신의 본명을 숨긴 채 가면을 쓸 수밖에 없는 이유는 일본학교에서의 체험과 일본 사회의 구조적 차별 때문이라 말하며 일본을 비판한다. 이 외에도 '조선은 무력한 나라로 조선인은 난폭하고 가난하며, 무섭다는 인식이 교육현장에서 공공연하게 확산되고 있었으며, 이러한 공교육 현장에서 이루어진 왜곡된 교육으로 인해 일본인 학생들은 재일조선인에 대한 차별을 당연시하고 있었다.'[17]는 대목 역시 일본학교가 차별을 양산하는 기관으로 기능하고 있음을 설명한다.

이처럼 『마당』은 일본의 제도, 일본학교의 부정적 기능을 비판하며 민족교육의 중요성을 설명했다. 이를 통해 민족학교로 진학해야 하는 당위, 일본학교로 진학할 경우 취해야 하는 자세를 설명했다. 더 나아가 『마당』은 민족교육의 구체적 대안을 제시한다.

---

16) 小沢有作, 위의 글, p.78.

17) 杉本依子, 「大阪市立公立学の朝鮮人生徒」, 『むくげ一復刻版』, 亜紀書房, 1981, pp.15~16.

3) 『마당』의 대안제시와 의의

『마당』은 민족성 자각과 같은 원론적 메시지에 그치지 않고 구체적 대안을 제시한다. 『마당』의 대안은 동시대 재일조선인 사회의 담론과 궤를 함께하는 동시에 『마당』만의 새로운 대안을 제안하는 방식으로 전개되었다.

첫 번째 대안은 재일조선인 학생들의 본명사용의 일상화 즉, 본명실천 운동이었다. 이는 당시 재일조선인 사회에서 가장 일반적으로 전개된 방식이었으며 『마당』 역시 이를 강조했다. 3호 「이승부라고 불러줘! −히로시마전기대학부속고교 조선어수업(イスンブと呼んでくれ!−広島電機大学付属高校朝鮮語授業)」에서는 조선인 아버지와 일본인 어머니의 혼혈자녀 이승부(李勝夫)의 사례를 예로 든다. 조선 국적의 이승부는 민족교육을 받기 전까지 통명 '가타야마 가쓰오(片山勝夫)'를 사용했다. 하지만 민족교육을 받으며 민족성을 자각했고 자신을 가타야마가 아닌 '이승부(李勝夫)'로 불러줄 것을 요구하며 민족정체성 회복을 나타냈다.[18] 본명과 민족성의 중요성은 지면 구성 전반에서도 확인할 수 있다. 5호의 〈민족교육의 내일을 내다보다〉 특집에서 요시다 미치마사(吉田道昌)의 「발언하는 학생들(発言する生徒たち)」에서는 본명사용으로 차별과 싸워야 한다고 강조했다. 김용해(金容海)는 〈차별을 없애고 긍지 높은 인격형성을(差別をなくし誇り高い人格形成を)〉이라는 문구가 적힌 팸플릿을 배부하여 긍지를 높이고 용기를 가지고 일상적으로 본명사용을 해야 한다고 주장했다.[19] 우치야마 가즈오(内山一雄)의 「우리

18) 鶴素直, 「イ スンブと呼んでくれ!−広島電機大学付属高校朝鮮語授業」, 『季刊まだん』 3, 創紀房新社, 1974, p.192.

19) 金容海, 「本名を名のる子ら」, 『季刊まだん』 5, 創紀房新社, 1975, p.35.

아이가 나를 바꾸었다(わが子が私をかえた)」에서는 재일조선인 2세의 차별과 민족문제를 보여주며 본명의 중요성을 강조했다. 그녀는 자신이 차별받았던 경험 때문에 통명으로 살고 있었다. 그러나 자녀 R은 학교에서 자신이 조선인임을 밝혔으며 이후 갈등이 생겼다고 말한다. 부모는 일본의 차별을 피하기 위해 통명으로 살아가기를 원하지만 자녀는 이를 거절한다. 또한 일본인 교사는 조선과 관련된 교육이 불가능하기 때문에 조선인 교사에게 교육받아야 한다고 주장한다. 즉, 태어나고 현재 사는 곳은 일본이지만 자신의 본명을 내걸고 사는 것이 '인간으로 사는 것'이란 메시지를 전하며 본명의 가치를 말한다.[20]

편집부(編集部)의 「작은 발소리가 들린다(小さな足音がきこえる)」에서는 한국인[21]이 경영하는 가와사키(川崎), 사쿠라모토(桜本) 보육원의 사례를 보여주며 본명의 중요성을 설명한다. 재일조선인 2세 부모들은 일본에서 차별을 체험했으며, 자식들이 차별받는 것을 피하기 위해 보육원에서의 본명사용을 반대한다. 편집부는 이러한 태도를 다음과 같이 말한다.

> 본명을 사용하는 것이 아이들에게 힘이 되고 또한 그것이 당연한 것이 아닐까? 본명을 사용하는 것으로 동화되어있는 자신이 눈을 뜨고 동시에 일본의 차별구조와 싸워나갈 수 있도록 아이들에게 하지 않으면 아이들은 또 다시 우리들과 마찬가지로 괴로움을 반복할 것이라고 생각하여 설득하는 것에 필사적이었다.[22]

---

20) 内山一雄, 「わが子が私をかえた」, 『季刊まだん』 5, 創紀房新社, 1975, p.20.

21) 본문에서 한국인이라는 표현을 사용하기 때문에 이 기사에 한해 한국인, 한국어라는 표현을 사용한다. 인용 역시 원문의 표현에 기반하여 작성함.

22) 編集部, 「小さな足音がきこえる」, 『季刊まだん』 5, 創紀房新社, 1975, p.43.

인용문에서는 본명 사용이 일본에 동화된 자신을 자각하는 계기이자 일본의 차별과 맞서는 하나의 방식이라는 문제의식을 보여준다. 때문에 본명사용은 유소년기부터 시작되어야 함을 강조했다. 이나토미 스스무(稲富進)의 「본명을 부르는 운동(本名を呼び名る運動)」에서는 '일본학교에 재적하는 조선인 아동·학생의 교육을 생각하는 모임(日本の学校に在籍する朝鮮人児童·生徒の教育を考える会)'을 소개했다. 모임은 일본교육의 왜곡된 교육내용을 점검, 규탄하고 바로 잡는 활동을 하고 있으며 재일조선인들의 본명사용 운동으로 민족성을 자각하고 긍지를 길러야 한다고 주장했다. 또한 본명사용을 통해 통명상용의 부당함과 통명을 사용하도록 만든 일본의 사회구조를 타파해야 한다 주장하며 많은 재일조선인들의 참여를 독려했다.[23] 이처럼 『마당』 5호의 특집기사 7편 모두 본명의 가치와 당위를 설명하며 본명실천운동을 통한 동화정책의 극복, 민족성 회복을 강조했다.

『마당』은 교교육방법론 측면에서도 당시 재일조선인 사회에서 활용했던 조선의 민화와 같은 조선의 문화를 활용하는 방식을 활용했다. 당시 재일조선인 사회에서는 초등학생을 대상으로 조선의 민화를 활용해 조선에 대한 흥미를 유발하고자 했다. 고학년에게는 「미운오리새끼(みにくいアヒルの子)」와 같은 안데르센 동화를 조선과 결부시켰으며[24] 재일조선인 작가의 문학작품을 소개하는 등 문화적 요소와 조선을 결부시켜 교육에 활용했다.

『마당』 5호의 「본명을 대는 아이들(本名を名のる子ら)」에서는 초등학

---

23) 稲富進, 「本名を呼び名る運動」, 『季刊まだん』 5, 創紀房新社, 1975, p.39.

24) 유승창, 「1970년대 오사카 공립학교의 재일조선인 민족교육 운동」, 『재일조선인과 조선학교』, 선인, 2017, p.166.

교 각 학년이 어떤 방식의 교육을 받고 있는지 소개했다. 1학년에게는 조선의 민화를 보여주고 일본과의 상이점을 찾는 방법, 2학년에게는 친구와 서로의 마음을 이해하고 조화롭게 살아가는 방법을, 3학년에게는 조선과 일본 각 문화의 장점을 설명한 뒤 상호문화의 이해법을 교육한다 설명했다. 4학년에게는 차별과 인간관계를 설명하여 인종, 민족의 차이와 인간 존재의 이해를 가르치고, 5학년에게는 일본민화와 조선민화를 비교해 양국의 문화, 역사를 이해하고 인간존중의 가치를 설명한다고 했다. 6학년에게는 헌법의 권리, 중국과 조선, 일본의 역사적 관계를 설명하고 풍속, 습관, 문화 등을 가르쳐 국가를 바르게 이해하는 교육을 한다고 말하며 민족교육의 실제 방법론을 소개했다.[25] 이처럼 『마당』은 민족전통과 문화를 활용한 민족교육의 구체적 방법론을 소개했다. 이러한 사례를 통해 『마당』의 민족교육 담론이 동시대 재일조선인 사회의 교육담론과 발맞추어 전개되었던 사실을 확인할 수 있다.

『마당』은 본명의 중요성과 교육방법론 소개, 민족교육의 당위 설명에 그치지 않고 일상에서 실천 가능한 교육방식을 제안했다. 이는 가정이라는 최소단위에서 일상적으로 부모가 자식을 교육하는 것이었다. 6호 대담회에서 『마당』의 주필 김주태는 일본에서 왜곡된 역사를 교육받은 재일조선인 청년들의 올바른 역사관, 민족관 정립을 위해 민족교육이 필요하며 1세대가 2세대에게 조선의 문화를 교육하는 것이 '의무'라 말한다. 또한 민족교육은 '교육기관'만이 아닌 가정에서 자녀의 소년기 시절부터 시작되어야 하며 혼혈, 일본으로 귀화한 재일조선인 청년들이 민족교육을 받은 후 사회운동에 실천적으로 참여해야 함을 주장했다.[26] 5호의 「작은 발소리가 들린다」에서도 교포모임의 조직,

25) 金容海, 「本名を名のる子ら」, 『季刊まだん』 5, 創紀房新社, 1975, pp.31~32.

보육원에서 보모의 역할, 가정에서의 어머니의 의식함양 같은 교육시설과 가정의 총체적 관계 필요성을 강조했다.[27] 이러한 사례에서 확인할 수 있는 것처럼 『마당』은 부모세대와 가정과 같은 일상적 차원에서의 민족교육의 중요성을 강조했다.

이와 함께 『마당』은 일본의 제도개선 방안을 제안했다. 앞서 소개했던 3호 「이승부라고 불러줘!－히로시마전기대학부속고교 조선어수업」에서는 조선어를 교양과목으로 채택한 히로시마전기대학부속고교(広島電機大学付属高校)[28]의 사례를 소개한다. 본문에서는 조선어 과목 도입 이후의 변화를 설명한다.

> 이 1년간의 조선인 교사에 의한 조선어수업을 실시함에 따라 적어도 수강생 중에서는 조선인이라는 것에 아무런 저항 없이 받아들이고 조선이라는 나라 혹은 그 나라의 인간이 자신들의 주변에 존재한다는 것을 확실히 인식하고 이해하게 된 것은 아닐까? (중략) 조선어수업이 조선인과 일본인 조고생(朝高生)과 전고생(電高生)의 사이를 멀게 했던 벽을 없앴으며 상호이해를 심화시켜 큰 역할을 했다고 생각한다. 또한 조선인을 아는 것을 통해 이웃나라-조선을 인식하고 국제사회 속의 조일(朝日)우호친선의 필요성을 보다 느끼는 것이 가능한 것은 아닐까?[29]

인용문에서는 조선어수업 도입 이후 조선에 대한 인식개선, 국제사회 속 조선과 일본의 우호친선 필요성을 환기하는 등 조선과 조선인에

26) 金宙泰, 「在日の結婚を考える」, 『季刊まだん』 6, 創紀房新社, 1975, p.72.

27) 編集部, 「小さな足音がきこえる」, 『季刊まだん』 5, 創紀房新社, 1975, p.44.

28) 히로시마전기대학부속고교는 당시 교양과목으로 조선어를 시범적으로 도입해 조선어 교육을 했다.

29) 鶴素直, 「イスンブと呼んでくれ!－広島電機大学付属高校朝鮮語授業」, 『季刊まだん』 3, 創紀房新社, 1974, p.195.

대한 인식이 개선되고 상호이해가 증진되었음을 설명한다. 일상적 차원에서의 조선에 대한 접근 확대가 국가 이해증진으로 이어지고, 결과적으로 재일조선인에 관한 인식의 전반적 개선으로 이어질 것이라 주장하며 일본의 교육기관에 조선어과목 도입 필요성을 강조했다. 5호 「작은 발소리가 들린다」에서도 이와 비슷한 논지를 확인할 수 있다.

> 일본인 자녀에게 있어서도 가장 가까운 나라의 언어와 문화를 알고 이 지역의 바로 옆에 자신과는 다른 많은 사람들이 존재하고 있다는 것을 알리면은 좋은 점이 있고 동포 아이들에게는 일본인 자녀들의 몇 배의 힘을 집중하여 일본인 자녀들과 어깨를 나란히 하고 살아가야 한다는 점이 있다.[30]

위 인용문에서는 자녀의 유소년기, 즉 보육원 시절부터 일본인 자녀에게 조선의 언어와 문화를 가르쳐 주변에 조선인이 있다는 사실을 인지시켜야 한다고 설명한다. 더 나아가 상호문화를 이해하여 공존하게 만드는 교육이 유소년기부터 이루어져야 함을 강조했다. 이처럼 『마당』은 일본의 교육제도에 조선의 언어, 문화 교육을 도입해 일본인에게 조선이라는 존재를 알리고 친밀감을 높이는 교육제도 개선 필요성을 강조했다.

이 외에도 『마당』은 사무국 자체적으로 역사교육 모임을 조직해 교육환경을 제공했다. 편집국은 4호에 「《조선사를 배우는 광장》 발족에 관해(《朝鮮史を学ぶひろば》発足にあったて)」를 수록해 사무국 주도로 역사교육 모임이 주기적으로 개최되고 있다는 사실을 알렸다.[31] 기사에

30) 編集部, 「小さな足音がきこえる」, 『季刊まだん』 5, 創紀房新社, 1975, p.43.

31) 모임은 매월 2, 4째주 목요일 『마당』 사무국의 사무실을 빌려서 실시되고 있다고 공지

서는 재일조선인이 왜 일본이름으로 살아가야만 했는지, 어째서 조선인의 입장에서 기술된 역사를 배워야 하는지 등을 설명하며 재일조선인들의 참여를 독려했다.[32] 이처럼 『마당』은 사무국 자체의 교육현장을 마련하는 등 민족교육을 위한 다양한 노력을 했다.

『마당』의 교육담론 중 가장 주목할 부분은 이데올로기 조직에 관한 태도이다. 『마당』은 대부분의 담론에서 민단과 조총련과 같은 조직이 동포사회를 분열하고 있다며 줄곧 두 조직을 비판했다. 그러나 교육담론에서 만큼은 자녀를 조선학교로 진학시켜야 함을 주장하며 조총련계 조선학교에 긍정적 태도를 보였다.[33] 물론 1970년대 민족교육의 판도 변화와 기관수 감소와 같은 상황에서 조선학교 진학은 가장 현실적 대안이었다. 하지만 조직을 초월한 차원에서 재일조선인 사회통합을 추구했던 『마당』이 조총련계 학교 진학을 독려하는 것은 기존 『마당』의 담론들과 가장 큰 차이를 보이는 대목이다. 이 대목에서 재일조선인 민족교육은 조직과 이념을 초월한 문제이자 재일조선인 사회계승을 위한 필수불가결한 항목이라는 태도를 확인할 수 있다.

이처럼 『마당』의 민족교육 담론은 동시대 재일조선인 사회 흐름과 발맞추어 전개되었으며 『마당』 고유의 대안을 제시하는 형태로 전개되었다. 이를 통해 민족교육의 중요성과 후속세대의 역할을 재일조선인 사회에 발신했다. 민족전통 계승과 재일조선인 사회 보존을 위한 『마

되어 있다.

32) 申英子, 「《朝鮮史を学ぶひろば》発足にあったて」, 『季刊まだん』 4, 創紀房新社, 1974, p.173.

33) 이에 관한 대표적 사례는 3호에 수록된 鶴素直의 글(「イスンブと呼んでくれ!-広島電機大学付属高校朝鮮語授業」, 『季刊まだん』 3, 創紀房新社, 1974)에서 확인할 수 있다. 본문에서는 조총련 산하조직의 활동, 북송사업에 참가, 민족교육을 받은 이승부의 사례를 통해 조총련계의 교육을 받아야 한다는 요지를 보였다.

당』의 구체적 활동, 더 나아가 『마당』만의 변별점을 민족교육 담론을 통해 확인할 수 있다.

4. 마치며

1970년대는 전후 지속되었던 민족교육의 구도가 재편된 전환기였다. 민족교육 기관 수는 감소했고, 일본의 동화정책의 영향으로 일본학교 진학자가 크게 증가했다. 이러한 상황에서 재일조선인 사회에서는 민족교육을 위한 다양한 방법을 강구했다. 『마당』 역시 민족교육을 주제로 재일조선인 사회에 다양한 메시지를 발신했다.

『마당』의 교육담론은 동시대 재일조선인 사회의 담론과 발맞추는 동시에 『마당』만의 차별화되는 의견을 제시하는 방식으로 전개되었다. 『마당』의 대안은 다음과 같았다. 첫째, 가정이라는 최소단위에서 부모세대가 자식세대를 교육해 민족정체성을 확립할 것. 둘째, 일본의 교육제도에 조선어를 교양과목으로 도입할 것. 셋째, 사무국 주도의 정기적인 역사교육 모임의 추진이었다. 이와 같은 방식으로 『마당』은 재일조선인 후속세대의 양성과 재일조선인에 대한 일본 사회의 전반적 인식개선을 기대했다.

이러한 사실을 통해 재일조선인 민족교육과 후속세대에 관한 『마당』의 태도를 확인할 수 있다. 새로운 세대를 중심으로 재일조선인 차별구조와 일본의 동화정책을 극복하고 재일조선인 사회의 유지 및 확대, 민족전통 계승이라는 청사진을 확인할 수 있는 것이 민족교육 담론이라 할 수 있다.

이 글은 동국대학교 일본학연구소의 『일본학』 제49집에 실린 논문 「전환기의 1970년대 재일조선인 민족교육 연구 -「계간 마당(季刊まだん)」의 기사를 중심으로-」를 수정·보완한 것임.

참고문헌

김경해, 정희선 옮김, 『1948년 한신 교육 투쟁』, 경인문화사, 2006.

김명희, 「집합적 기억의 공간으로서 조선학교 교육」, 『아시아교육연구』 Vol.18 No.3, 서울대학교 교육연구소, 2017.

김웅기, 「변혁을 맞이하고 있는 일본 공립학교 민족학급-재일코리안 민족교육의 새로운 방안」, 『일본학보』 110, 한국일본학회, 2017.

김인덕, 「1948年 한신(阪神)教育闘爭과 在日朝鮮人 歷史教育-在日本朝鮮人聯盟의 民族教育運動 戰術과 關聯하여」, 『한일민족문제연구』 15, 한일민족문제학회, 2008.

김환기, 「전후 재일 코리안 문학의 변용과 특징」, 『일본학보』 86, 한국일본학회, 2011.

박광현, 「기념비로서의 '조선학교'」, 『일본학』 46, 동국대학교 일본학연구소, 2018.

배지원·조경희, 『재일조선인과 조선학교』, 선인, 2017.

오자와 유사쿠, 교육출판기획실 옮김, 『민족문제와 교육』, 푸른나무, 1990.

__________, 이충호 옮김, 『재일조선인 교육의 역사』, 혜안일본문화연구』 66, 동아시아일본학회, 1999.

오혜경, 「민족학급의 현황 및 민족성 형성에 대한 일고찰」, 『일본문화연구』 66, 동아시아일본학회, 2018.

유승창, 「재일조선인에 대한 오사카 공립학교의 민족교육운동과 문학교육」, 『日本文化学報』 63, 한국일본문화학회, 2014.

_____, 「1970년대 오사카 공립학교의 재일조선인 민족교육 운동」, 『재일조선인과 조선학교』, 선인, 2017.

이승진, 「재일조선인잡지 『호르몬 문화』(ほるもん文化)연구-재일조선인잡지사에서 차지하는 위상과 의미를 중심으로-」, 『일본학보』 113, 한국일본학회, 2017.

이영호, 「재일조선인 잡지 『계간 마당(季刊まだん)』 연구-『계간 삼천리(季刊三千里)』와의 비교를 중심으로-」, 『일본문화연구』 61, 동아시아일본학회, 2017.

이영호, 「재일조선인 잡지 『계간 마당(季刊まだん)』과 민중문화-지면의 구성과 전통 담론을 중심으로-」, 『일본학』 46, 동국대학교일본학연구소, 2018.

이한창, 『재일 동포문학의 연구 입문』, 제이앤씨, 2011.

정진성, 「재일동포 민족학교」, 『일본비평』 16, 서울대학교 일본연구소, 2017.

金宙泰 外, 『季刊まだん』 1, 創紀房新社, 1973.

________, 『季刊まだん』 2, 創紀房新社, 1973.

________, 『季刊まだん』 3, 創紀房新社, 1974.

________, 『季刊まだん』 4, 創紀房新社, 1974.

________, 『季刊まだん』 5, 創紀房新社, 1974.

________, 『季刊まだん』 6, 創紀房新社, 1975.

呉德洙, 「ちゃんそり」に託したい同胞への想い」, 『季刊ちゃんそり』 創刊号, ちゃんそり舎, 1979.

李榮鎬, 「在日朝鮮人雑誌『季刊まだん』の作品分析-「アンニョンヒアボジ」と「無花果」を中心に-」, 『跨境 / 日本語文学研究』 Vol.4, 高麗大学校GLOBAL日本研究院, 2017.

『보쿠라노하타(僕らの旗)』에 나타난 재일조선인 민족교육의 역사와 탈식민적 실천

윤송아

1. 재일조선인 민족교육의 탈식민성

2019년 1월 28일 타계하신 일본군 성노예제 피해자이자 여성인권·평화운동가 김복동 할머니의 유지(遺志) 중 하나는 "재일조선학교 아이들을 지원하는 문제를 나를 대신해 끝까지 해 달라"는 당부의 말씀이었다. 일본의 조선학교에 태풍·지진피해 복구기금과 수차례의 장학금을 전달하고, 고령의 몸을 이끌고 조선학교를 직접 방문하여 학생들에게 따뜻한 격려와 희망의 말씀을 전했던 김복동 할머니는 조선학교 학생들이 겪는 어려움과 부당한 차별의 현실을 그 누구보다 뼛속깊이 공감한 분이었다. 이는 비단 인도주의적 차원의 원조를 넘어, 끊임없이 되풀이되는 구식민지 종주국 일본의 역사부정과 왜곡의 현장을 동시대적으로 경험하고 있다는 동지적 유대감과 책임의식의 실천적 발로라 할 것이다. '일본군 위안부' 문제와 '조선학교'에 대한 혐오차별 문제는 일제의 침략과 식민지 정책으로 말미암은 뼈아픈 역사적 유산이며, 분명히 직시하고 올바로 해결해나가야 할 당면과제라고 할 수 있다.

일본의 식민지 수탈과 강제연행이 당시 조선인에 대한 인적, 물적 자원의 착취와 유린이라면, 창씨개명, 조선어 말살정책, 천황제에 기반한 일본의 언어·역사·문화·사상을 강요, 주입한 동화교육, 황민화 정책은 조선민족에 대한 정신적, 사상적 유린이었다. 따라서 1945년 해방 이후 강제징병과 징용으로, 생존을 위해 세계 각지로 흩어졌던 동포들의 귀환 및 겨레의 말과 글, 정신을 되찾아나가는 과정은 해방민족으로서 응당 치러야 할 수순이었다. 당시 240만 명을 헤아리던 일본 거주 조선인[1]들도 식민지 일본에서의 차별과 억압의 삶을 청산하고 귀국길에 오른다. 조선에서 태어나 조선의 말과 문화를 체화한 채 일본으로 건너간 '재일조선인 1세'들이나 일제 말기 강제징용으로 끌려간 조선인들에게 조국으로의 귀환은 '고향'을 향한 자연스러운 발걸음이었다. 그러나 그 어디에서보다 '황국신민화교육', 동화교육이 철저히 이루어졌던 '내지' 일본에서 태어나거나 유년 시절을 보낸 '조선인' 아이들, 즉 "비인간적인 민족말살정책의 구체적 희생자"[2]들에게는 조국행을 위해 무엇보다 잃어버린 민족의 말과 글을 새로 습득하는 과정이 선행되어야 했다. 이러한 절실한 요구 아래 해방 직후 일본 전역에는 600~700여 개의 국어강습소[3]가 세워진다.

해방 직후부터 물밀듯이 이루어졌던 조선인의 귀국행렬은 GHQ(연합군 총사령부)와 일본 정부에 의한 무책임한 인양정책과 동결[4], 귀국

1) '조선, 조선어, 조선인, 조선학교' 등의 표현은 재일조선인 사회 안에서 통용되는 명칭이며 이는 해방 이전 식민지 점령 하의 '조선'을 의미한다. 따라서 이 글에서는 '한국, 한국어, 한국인'이라는 명칭과 대비되는 재일조선인 사회의 고유성을 나타내는 용어로서 '조선어' 등의 명칭을 주로 사용하고자 한다. 또한 총련계의 '조선학교'와는 별도로 민단계의 '한국학교'가 존재하므로 이 글에서 지칭하는 '조선학교'는 일종의 고유명사의 개념으로 사용되었다.

2) 김덕룡, 『바람의 추억-재일조선인1세가 창조한 민족교육의 역사(1945~1972)-』, 선인, 2009, p.14.

3) 국어강습소의 명칭은 '한글학원', '초등학원', '조련학원' 등 다양했다.

4) 오자와 유사쿠는 재일조선인의 인양정책에 대해 다음과 같이 언급하고 있다. "위정자

시 소지 가능한 재산의 제한(30관 이내의 화물과 1000엔 이하의 현금), 남북으로 분할되어 미소 점령 하에 놓인 조국의 혼란한 정치상황과 빈곤문제 등으로 인해 1946년 이후 급감하고, 이후 60여만 명의 일본 재류자가 산출된다. 이들이 현재 해방 후 재일조선인 사회를 구성하는 원류가 되었으며, 애초 조국 귀환을 목적으로 시작된 한글 강습, 식자(識字)교육은 본격적인 재일조선인 민족교육의 장으로 확대, 발전함으로써 구식민지 종주국 일본에서 민족적 정체성과 탈식민성을 지켜내기 위한 가장 근원적이고 핵심적인 역할을 수행하게 된다. 1945년 10월 15일, 재일조선인의 권리를 지키고 민족적 자각을 높이기 위한 대중조직으로서, 해방 후 최초의 재일조선인 전국단체인 '조련'(재일본조선인연맹)이 결성되고, 조련의 조직적인 정비와 교재편찬, 강사양성 등의 교육 사업을 기반으로 전국의 국어강습소는 체계적인 학교교육의 형태로 질적 비약을 이룬다. 오자와 유사쿠에 의하면, "이러한 조련의 지도와 대중의 요망이 통일되어, 1946년 9월 현재 525개 초급학교(아동 42182, 교사 1022), 4개 중학교(학생 1180, 교사 52), 12개 청년학교(학생 714, 교사 54)

는 1946년 초에 강제 연행된 재일조선인 노동자의 귀국이 종료되었으므로 다음으로 일반 조선인 차례라고 보고 3월에 귀국 희망의 유무를 등록시켰다. 그 때 65만 7천 명의 재일조선인 중 79%에 달하는 51만 4천 명이 귀국 등록을 했다. 이것에 관해서 미점령군은 잔류 희망자 13만 3천 명에 대해 출항지까지의 여비 무료 등 귀국 '특권'을 취소함과 동시에 귀국 희망자에게는 "일본 정부가 지시한 시기까지 출발하라. 그렇지 않으면 일본 정부가 비용을 대는 인양 특권은 상실되고 상업 수송의 편의가 가능해지기까지 기다려야만 한다."고 명령했다. 일본 정부가 지시하는 기한은 1946년 9월 말까지였으나,(중략) 1946년 4월부터 12월까지 약 8만 명이 귀환하는 데 그쳤다. 이에 대해서 미점령군은 1946년 12월까지 돌아가지 않는 자들을 인양 거절자로 간주하고 같은 해 12월 15일에 인양계획 완료의 지령을 발했다. 1946년 12월 현재, 재일조선인은 공식적으로 52만 5천 명이 재류해 있었지만, 이 시점에서 재일조선인의 귀국은 단절되고 일본 봉쇄를 강요받았다고 보아도 될 것이다."(오자와 유사쿠, 이충호 역, 『재일조선인 교육의 역사』, 혜안, 1999, p.186.)

의 학교망이 창설되고, 조선어 교과서를 사용하는 교육이 시작"[5]되었다. 이와 같이 해방과 더불어 일본 전역으로 들불처럼 번져나갔던 재일조선인 민족교육은 그러나 이를 일종의 치안과 동화의 대상으로 인식했던 GHQ와 일본 정부의 끊임없는 탄압과 폐쇄 압력으로 말미암아 고난과 투쟁의 길을 걷게 된다. 이것이 해방 70년이 넘은 현 시점에도 여전히 일본 정부의 부당한 처우와 혐오차별에 맞서 '투쟁'하고 있는 '조선학교'의 시발점이다.

이 글에서는 이러한 해방 후 재일조선인의 민족교육운동, '조선학교'의 역사적 발전과정과 투쟁의 현장성에 주목하면서 재일조선인 문학에 나타난 민족교육의 발자취를 더듬어보고자 한다. 일제 강점기 김사량, 장혁주로부터 본격화되기 시작한 재일조선인 문학 혹은 문필활동은 해방 이후 김달수, 이은직, 허남기 등 재일 1세대 작가들의 활동으로 이어지면서 현재에 이르기까지 일본문단 및 일본 사회 안에서 비중 있는 위치를 점유하고 있다. 흔히 일본이나 한국에서 알려진 재일조선인 문학의 일반적인 형태는 일본어로 쓰인 재일조선인 문학이며, 김달수에서부터 김석범, 이회성, 이양지, 유미리, 가네시로 가즈키 등으로 이어지는 재일조선인 문학의 계보는 한편으로 일본에서 재일조선인 문학을 알리고 입지를 넓히는 데 일정한 역할을 해왔지만 한편으로는 '조선어'로 쓴 소수의 재일조선인 문학의 존재를 은폐하는 현상을 낳기도 했다. 지금까지 재일조선인 문학의 창작언어에 대한 고찰은 재일조선인 문학이 내장한 특수성으로 인해 암묵적으로 배제되어왔다. 구식민지 종주국에서 일본어로 창작을 하는 것에 대한 윤리적, 언어적 자의식의 문제, 그리고 '민족어'인 '조선어'로 쓰인 작품이 이데올로기적

5) 오자와 유사쿠, 위의 책, p.191.

잣대로 재단되는 이중적 상황이 재일조선인 문학의 언어문제에 내포된 복잡성이었다.

재일조선인 작가들의 '조선어' 창작을 전경화하면서 통합적 재일조선인 문학사 기술의 가능성을 타진한 바 있는 송혜원은, "탈식민지화라는 과제 아래 공화국에 대한 맹종 이상의 조선어 창작에 대한 재일민족조직 독자의 논리가 움직이고 있었다는 점, 그리고 허남기, 남시우, 이은직, 강순, 김민, 김윤호, 김석범, 김재남, 조남두, 김병두 등의 기존 작가와 조선학교 졸업생들이 실제적으로 총련의 문예정책에 따라 조선어 작가의 길을 걸었던 확고한 사실이 존재한다는 점에 주목해야 하며, 총련 주변의 각각의 필자들이 조선어와 진지하게 마주해온 과정을 간과해서는 안 된다"[6]고 역설하면서 재일조선인 문학사 안에서의 '조선어' 문학의 중요성 및 민족교육과의 상관성을 피력하고 있다.[7] 재일조선인 문학의 정체성, 탈식민성을 논할 때 빼놓을 수 없는 것이 '조선어'로 쓰인 문학이며, 이것을 가능하게 한 물리적 토대가 '조선학교'를 기반으로 한 재일조선인 민족교육임을 주지할 때, 창작언어의 이분화를 극복하고 통합적인 재일조선인 문학사를 구축하는 데 있어 민족교육과의 상관성을 다각적으로 조망하고 의미화하는 작업은 우선적으로 이루어져야 할 연구과제라 하겠다.

이 글에서는 이러한 시도의 하나로서 박기석의 『보쿠라노하타 : 우리들의 깃발』(이하 『보쿠라노하타』)[8]을 연구대상으로 삼아 작품 안에 나

---

6) 宋惠媛, 『「在日朝鮮人文学史」のために－声なき声のポリフォニー』, 岩波書店, 2014, pp.166~167 참조.

7) 이은직, 허남기 등의 재일 1세 작가들은 실제로 조선학교 교원이자 교과서 편찬위원으로서 재일조선인 민족교육에 깊이 관여하고 있다.

8) 박기석, 정미영 역, 『보쿠라노하타 : 우리들의 깃발 1·2』, 도서출판 품, 2018.(朴基碩,

타난 초창기 민족교육의 형상을 추출해보고자 한다. 대체로 민족교육을 다룬 재일조선인 문학작품은 '문예동'(재일본조선문학예술가동맹) 작가들의 조선어 작품에 집중되어 있으며, 일본어로 창작하는 작가의 작품에서는 거의 찾아보기 힘들다. 박기석은 일본의 문단 혹은 '문예동' 안에서 지속적인 창작활동을 수행해 온 기성작가는 아니지만 재일조선인으로서 자신이 겪은 민족교육 과정, 귀국사업과 조국방문 체험 등을 자전적 소설의 형식으로 집필함으로써 재일조선인의 역사적이며 보편적인 삶의 궤적들을 생생하게 증거하고 있다. 『보쿠라노하타』는 재일조선인 2세로 도쿄에서 태어나, 해방 직후 '국어강습소'로부터 시작해 아라카와조선소학교(도쿄조선제1초급학교), 도쿄도립조선중고급학교, 조선대학교 문학부 등 초창기 민족교육의 세례를 받으며 재일조선인으로서의 정체성을 키워나간 작가의 자전적 연대기를 바탕으로, 주인공 '석철'의 풍부한 성장기를 통해 당시 민족교육의 현장을 세밀하

『僕らの旗 上·中·下』, 綜合企画舎ウイル, 2008.) 단행본의 약력에 의하면 박기석은 1937년 도쿄에서 출생한 재일조선인 2세로, 조련아라카와초등학교(도쿄조선제1초급학교), 도쿄도립조선중고급학교, 조선대학교 문학부를 졸업했다. 1959년부터 재일조선청년민족단체의 출판부문에 종사하며 주로 '조국을 보다 잘 알기 위한' 재일청소년 대상의 월간잡지, 서적 등을 편집, 출판했다. 70년대 중반 퇴직 후 한때 자영업에 종사하기도 했으며, 2000년도부터 현재까지 주로 일본인을 위한 어학당 '요코하마 한국어교실'을 운영하면서 일본인 수강생을 인솔해 한국으로 매년 연수여행을 진행하고 있다. 작품으로 『보쿠라노하타』 외에 『41년 만에 배달된 편지(41年ぶりの手紙)』(정미영 역, 도서출판 품, 2023 출간), 『안녕, 오지상(アンニョン,おじさん)』, 『우리를 위한 에튀드(ウリのためのエチュード)』 등이 있다. 『보쿠라노하타』는 저자가 1998년 탈고한 원고를 2008년 綜合企画舎ウイル에서 전 3권(上·중학시대, 中·고교시대1, 下·고교시대2)의 일본어판으로 출간한 것으로, 한국어판은 저자와의 협의 아래 내용 누락 없이 보급판 2권으로 일부 축약하였다. 이 글에서는 한국어판을 기본텍스트로 하였다.(일본어판 『僕らの旗 上·中·下』의 간략한 출간배경 및 한국어판과의 목차 비교는 박미아, 「박기석, 『보쿠라노하타 : 우리들의 깃발 1·2』, 도서출판 품, 2018(朴基碩, 『ぼくらの旗-君はあの(都立)の東京朝高生を知っているか?』 上, 中, 下, 綜合企画舎ウイル, 2008)」, 『한일민족문제연구』 35, 한일민족문제학회, 2018, pp.255~257 참조.)

게 재현해내고 있다. 계속되는 일본 정부의 탄압 속에서도 민족의 말과 역사를 지키고, 매 순간 고난과 투쟁의 과정에 동참하면서 재일조선인으로서 자기정체성을 세워나가는 '조선학교' 학생들의 당찬 몸짓과 육성이 살아 숨 쉬는 작품이라 하겠다.

이 글에서는 먼저 『보쿠라노하타』의 시공간적 배경이 되는 초창기 재일조선인 민족교육의 현장과 역사를 주요사건 중심으로 개괄한 후, 그러한 개별 사건들이 작품 안에서 어떻게 재현되고 있는지 고찰하고자 한다. 해방 이후 급변해온 GHQ와 일본 정부의 재일조선인정책 및 교육정책은 이국의 교실과 운동장에서 자유롭게 뛰어 놀며 배움의 보람을 누려야 할 어린 학생들과 교원, 학부모들을 길거리로, 차별과 동화교육의 장으로 내몰았다. 이에 맞서 재일조선인들은 민족의 말과 정신, 민주적인 민족교육의 권리를 쟁취하기 위해 끝까지 투쟁했으며, 다각적인 민족교육의 형태를 창조해냈다. 이러한 재일조선인 민족교육의 한 장면을 『보쿠라노하타』를 통해 조명해보고자 한다.

2. 주체적 민족교육을 향한 투쟁과 모색의 길

현재 재일조선인 민족교육에 대한 연구는 주로 그 역사를 연대기적으로 규명하고 그 의의를 추출하는 역사·사회사 연구에 집중되어 있으며, 문학이나 문화연구에서의 접근은 미비한 편이다. 민족교육과 관련한 대표적 선행연구로는 오자와 유사쿠(小沢有作)[9], 김경해(金慶海)[10],

9) 小沢有作, 『在日朝鮮人教育論 歴史篇』, 亜紀書房, 1973.(오자와 유사쿠, 『재일조선인 교육의 역사』.) 재일조선인 민족교육에 대한 선구적 연구로서 오자와 유사쿠의 저서는

김덕룡(金德龍)[11], 정희선[12], 김인덕[13] 등을 주목할 수 있으며, 한국, 일본, 재일조선인 연구자들이 참여한 편저 『재일조선인과 조선학교-투쟁의 시간, 삶의 공간』[14]은 조선학교 습격사건이나 고교무상화제도 배제 등 '조선학교'와 관련한 주요 이슈와 세부 사항들을 상당히 근거리에서 폭넓게 조망하고 있다. 이 중에서 오자와 유사쿠, 김덕룡, 오영호[15] 등을 중심으로 해방 후 일본의 교육정책과 재일조선인 민족교육의 시기구분 및 변천과정을 살펴보고자 한다.

일본은 패전 후 1952년 4월 샌프란시스코 강화조약이 발효될 때까지 GHQ의 통치하에 있었으며, 따라서 일본의 초기 재일조선인정책 및 교육정책 또한 그 자장 안에 놓여 있었다. GHQ에 전달된 미국정부의

해방 이전 일본의 황민화 동화교육체제가 해방 이후에도 재일조선인에게 지속적으로 강행되는 현실과 이에 맞선 재일조선인의 민족교육투쟁의 전모에 대해 치밀하게 고찰하고 있다.

10) 金慶海, 『在日朝鮮人民族教育の原点』, 田畑書店, 1979.(김경해, 정희선·김인덕·주혜정 역, 『1948년 한신(阪神) 교육 투쟁 : 재일조선인 민족교육의 원점』, 景仁文化社, 2006.) 김경해는 재일조선인 민족교육투쟁의 시발점이 된 1948년 한신(阪神)교육투쟁의 현황을 주요 사료를 중심으로 재구성하고 있다.

11) 金德龍, 『朝鮮学校の戦後史1945-1972[増補改訂版]』, 社会評論社, 2004.(김덕룡, 『바람의 추억-재일조선인1세가 창조한 민족교육의 역사(1945~1972)-』.) 김덕룡은 해방 이후 조련과 총련을 중심으로 발흥했던 민족교육의 역사를 풍성한 육성자료와 함께 제시, 고찰하고 있다.

12) 정희선, 『재일조선인의 민족교육운동』, 선인, 2014. 정희선은 해방 이후 1955년까지의 민족교육의 역사를 조련, 민단, 민전 등의 재일조선인 단체의 민족운동과 연계하여 고찰하고 있다.

13) 김인덕, 『재일조선인 민족교육 연구』, 국학자료원, 2016. 김인덕은 일제강점기부터 현재에 이르기까지 조련, 민단, 총련 산하의 민족학교와 일본학교 내 민족학급 등 재일조선인 민족교육의 역사와 현황, 연구사에 대해 포괄적으로 고찰하고 있다.

14) 배지원·조경희 엮음, 『재일조선인과 조선학교-투쟁의 시간, 삶의 공간』, 선인, 2017.

15) 오영호, 「탈식민화 과정으로서의 조선학교 역사-해방 이후 1960년대까지를 중심으로-」, 배지원·조경희 엮음, 위의 책.

일본에 대한 기본적인 점령정책인 「일본점령 및 관리를 위한 연합국최고사령관에 대한 항복 후 초기 기본지령』(1945년 11월 1일자)에서는 해방된 재일조선인의 법적지위와 관련해, 총사령관은 재일조선인을 "군사상 안전이 허락하는 한 해방민족"으로 취급하되, 필요한 경우에는 적국민(=일본 국민)으로 취급해도 된다고 지시하고 있다.[16] 해방민족(조선인)이면서 동시에 적국민(일본인)이라는 양가적이고 모호한 규정은 추후 재일조선인의 처우, 권리와 의무, 교육 등에 있어 모순되고 이율배반적인 정책과 방침을 강제하는 단서로 작용한다. 앞서 언급한 대로 1946년 말 재일조선인의 조국귀환이 동결된 이후 GHQ는 잔류한 재일조선인을 "일본 국적을 그대로 보유하는 것으로 간주하고" 일본법령을 따르는 자로 규정함으로써, 재일조선인의 교육에 일본 교육법령을 전면적으로 적용하는 교육정책이 생겨난다.[17]

이러한 GHQ와 일본 정부의 교육정책은 동아시아의 냉전구도가 본격화되는 1948년 이후 전면적인 탄압과 동화정책의 형태로 표면화된다. 1948년 1월 24일 일본 문부성은 「조선인학교의 취급에 관하여」라는 통달을 통해 조선인이라도 "학령에 해당하는 자는 일본인과 마찬가지로 시정촌립 또는 사립의 소학교 또는 중학교에 취학해야 한다."는 취지를 재차 강조하는 한편[18], 학령 아동을 위한 각종학교의 설치는 인정하지 않으며, 나아가 사립학교 인가를 받은 조선학교라도 정규과

16) 김태기, 「GHQ의 재일조선인 정책과 민족교육 투쟁」, 배지원·조경희 엮음, 위의 책, p.70 참조.

17) 오자와 유사쿠, 『재일조선인 교육의 역사』, p.204 참조.

18) 문부성은 1947년 4월 지방교육행정에 통달을 발신하여 일본에 체류하는 조선인은 일본법령을 따라야 하므로 조선인 아동도 일본의 의무교육을 받을 의무가 있다고 명시했으나, 당시 운영되는 조선학교에 대해서 특별한 제재를 가하지는 않았다.(오영호, 「탈식민화 과정으로서의 조선학교 역사-해방이후 1960년대까지를 중심으로-」, p.26 참조.)

목으로서의 조선어 수업을 금지[19]한다는 방침을 통고한다. 이러한 일방적인 조선학교 부정과 민족교육 배제에 반발한 재일조선인들은 「1.24 통달」 철회를 요구하는 전국적인 항의운동을 전개한다. 특히 오사카·고베 지역을 중심으로 한 한신(阪神)교육투쟁(4.24교육투쟁)은 재일조선인 민족교육사에 기념비적인 사건으로, 미점령군의 계엄령 선포로 무력적인 진압이 이루어지고 경관의 발포로 16세의 김태일 소년이 사망하는 등, 점령당국과 일본 정부의 무차별적이고 전면적인 조선학교 탄압과 폐쇄명령이 자행되는 가운데, 재일조선인들은 이에 맞서 결사적인 투쟁과 교섭을 수행해 나갔다. 그러나 1949년 9월 일본 정부는 '단체 등 규정령'을 적용해 조련을 강제 해산하고, 문부성은 10월 13일에 「조선인학교에 대한 조치에 관하여」라는 통달을 각 도도부현 지사와 교육위원회에 보낸 후, 10월 19일과 11월 4일, 조선학교에 1, 2차 폐쇄 통고를 한다. 이에 따라 당시 전국에 360여 개에 달하던 조선학교(취학생 약 4만 명)가 일제히 폐쇄된다.[20] 학교 폐쇄 조치에 따라 조선학교에 취학 중이던 학생들은 근처 일본학교로 전학 조치가 내려졌으나, 기존의 민족교육을 유지하려는 집단적이고 조직적인 움직임에 따라 이후 재일조선인의 민족교육은 무인가의 자주학교, 공립학교 및 공립분교, 특설학급(민족학급), 야간학교[21]의 다양한 형태로 분화되어 그 맥을 유지해간다.

19) 오영호, 위의 글, p.26.

20) 오영호, 위의 글, pp.27~28 참조. 김덕룡의 조사에 의하면 1차 폐쇄학교는 90교, 2차 폐쇄학교는 277교이며, 유일하게 문부성이 인가한 학교는 중립계인 백두학원의 조선건국소·중·고등학교뿐이다.(김덕룡, 『바람의 추억-재일조선인1세가 창조한 민족교육의 역사(1945~1972)-』, pp.365~379 참조.)

21) 김덕룡, 위의 책, p.149.

민족교육에 대한 재일조선인의 자주적인 권리와 열망을 무력으로 짓밟고 전후에도 '일본국민'이라는 명목 하에 동화교육을 강제했던 일본 정부는 1952년 샌프란시스코 강화조약이 발효되자 당사자들의 의견은 완전히 배제한 채 재일조선인의 일본 국적을 일괄적으로 박탈하여 외국인 신분으로 전환시킨다. 이에 따라 일본 정부는 재일조선인의 기본적인 사회보장제도는 물론 재일조선인의 취학의무제를 폐지하고 의무교육 무상화 원칙 등 '공적'인 교육 보장의 권리를 박탈한다. 이러한 일본 정부의 조치는 민족교육의 주체성을 회복하는 기회이면서도 공적인 학교체계 안에서 재일조선인의 교육권을 일방적으로 배제한 무책임한 행태였다. 강압적인 조선학교 폐쇄 조치 이후 다시금 온전한 자력만으로 일어서야 하는 시대적 상황 아래서, 1955년 총련의 결성과 1957년부터 시작된 북한의 교육원조비 및 장학금 송금, 그리고 1959년부터 공식화된 북한으로의 귀국사업 등은 재일조선인의 민족교육을 새롭게 변화·발전시키는 계기가 된다.[22)]

이처럼 해방 직후부터 숨 가쁘게 달려온 재일조선인 민족교육의 흐름을 오자와 유사쿠, 김덕룡, 오영호의 시기구분을 통해 다각적으로 살펴보면 다음과 같다. 먼저 오자와 유사쿠의 경우, 서두의 「저자 한국어판 서문」에서 일본 정부의 교육정책, 민족학교의 동향, 일본인 교사의 대응법 변화를 3가지 지표로 세워 재일조선인 교육의 역사를 3시기로 구분하고 있는데, 이를 통해 재일조선인 민족교육을 바라보는 저자의 기본관점과 태도를 읽을 수 있다. 이를 정리하면 다음과 같다.

22) 오영호, 「탈식민화 과정으로서의 조선학교 역사 - 해방이후 1960년대까지를 중심으로 -」, pp.29~35 참조.

◦ 제1기: 1920년부터 1945년 8월 광복까지의 25년간 : 일본 정부는 민족학교의 설립을 금지·억압하고 일본학교 취학을 의무화/전면적인 동화교육의 시대/1930년대 '협화교육'/천황숭배 의식 주입/민족차별 교육

◦ 제2기: 1945년 8월 광복으로부터 1970년까지의 25년간 : 일본의 전후 동화교육 강제와 민족학교의 저항의 시대/제1국면-1948년부터 1949년에 걸친 민족학교 강제 폐쇄(1948년 1월 문부성 학교교육국장 통지→4월 한신교육투쟁→1949년 9월 조련 해산→10월 조선학교 폐쇄 명령)/제2국면-1965년 한일조약에 따른 12월 문부차관통달/'외국인 학교법안'의 제정 구상(폐안)

◦ 제3기: 1970년부터 오늘에 이르는 30년간 : 일본 정부의 동화차별정책은 지속되지만, 일본인 교사들 사이에 재일조선인 재학생을 조선인으로 의식화하는 교육실천이 발흥/지방자치단체의 각종학교 인가/민족공생교육의 지향[23)]

오자와 유사쿠는 일본의 기본적인 학교교육방침을 '동화교육'으로 파악하고 식민지기부터 전후시기에 이르기까지 재일조선인에게 행해진 억압과 차별, 배제의 교육정책을 비판적으로 검토한다. 일제 식민침략의 역사적 과오를 반성하지 않고 동화교육의 연장선상에서 재일조선인에 대한 비민주적인 교육탄압과 민족차별을 감행하는 일본 정부에 대해 일본의 한 시민이자 교육연구자로서 성찰적 태도를 보이며, 실제적인 시민 연대와 실천운동을 통해 일본 내 민족공생교육의 가능성을 타진하고 있다. 이와 같이 오자와 유사쿠가 일본인의 입장에서 일본의 교육정책과 재일조선인 민족교육의 상관성을 논하면서 양자가 건설적으로 나아가야 할 방향을 모색하고 있다면, 김덕룡과 오영호는 재일조

23) 오자와 유사쿠, 『재일조선인 교육의 역사』, pp.22~42 참조.

선인의 입장에서 민족교육의 역사와 변천과정을 고찰하고 있다.

먼저 김덕룡은 1945년부터 1972년까지[24] 약 25년간의 민족교육 역사를 (1) 해방 후 민족교육의 출발과 재일조선인연맹(조련)에 의한 민족교육(1945.8~1949.8) (2) 조선학교 폐쇄와 동화교육의 강제에 맞선 재일본조선통일민주전선(민전) 주도의 민족교육(1949.10~1955.4) (3) 재일본조선인총연합회(총련)의 결성과 민족교육의 발전기(1955.5~1972)로 구분하여, 민족교육의 역사를 재일조선인 민족조직과의 연계 안에서 세밀하게 살펴본다. 김덕룡이 저술한 민족교육 역사의 범위는 오자와 유사쿠가 제시한 시기구분의 제2기에 해당하는 것으로, 일본과 남북한 및 세계정세에 따른 재일조선인 사회의 변모양상과 민족교육의 전개 및 확장, 고난과 투쟁의 순간들이 가장 역동적으로 분포되어 있는 시기이다. 김덕룡은 당대의 기관지, 잡지, 미발굴 문서, 인터뷰 기사 등 다수의 자료 발굴과 실제 조사 등을 통해 민족교육의 역사적 흐름과 특징적 면모를 구체적으로 제시한다. 일례로 초기 교재편찬 및 출판과정을 4단계로 구획하여 각 시기별로 출간된 교재명과 서지사항, 교재 내용 등을 자세히 소개하거나 다양한 도표를 통해 각 조선학교의 상황과 통계현황을 일별하도록 제시한다. '조선학교'를 중심으로 한 민족교육의 전체적인 면모를 종합적으로 살펴볼 수 있는 충실한 자료집성이라 할 수 있다.

오영호는 조선학교 교육 자체의 역사적 변천에 주목하면서, 해방에

24) 김덕룡이 "해방 직후부터 1970년대 전반으로 시기를 구분한 것은 당시 일본 정부의 강압적인 민족교육정책의 대표격인 외국인학교법안이 국회에서 최종 폐기된 것이 1972년이었다는 점, 재일조선인 사회의 세대교체로 귀국형의 민족교육이 정착형으로 그 방향을 변화시킬 수밖에 없었던 시기에 해당된다는 점 등을 고려했기 때문"(김덕룡, 『바람의 추억 - 재일조선인1세가 창조한 민족교육의 역사(1945~1972) - 』, pp.8~9.)이다.

서 1960년대까지의 시기를 교육의 성격에 따라 크게 3기로 나누어, 제1기를 독자기(1945~1954), 제2기를 '이식'형 국민교육기(1955~1962), 제3기를 '자이니치(在日)'형 국민교육기(1963~1969)로 구분한다. 일본의 억압적 교육정책에 맞서 재일조선인의 자주적이고 독립적인 민족교육의 형태를 세워나가는 탈식민화의 과정과 더불어 '북한의 해외공민'이자 일본 정주자라는 특수성을 창조적으로 변용시켜나가는 재일조선인 민족교육의 현황을 새롭게 규명해내고 있는 연구라 하겠다. 이처럼 재일조선인 민족교육의 역사는 일차적으로 일본의 동화교육정책에 맞서 '조선'의 말과 정신을 수호, 구현하는 탈식민 투쟁의 역사이자, 조련, 민전, 총련으로 이어지는 재일조선인 사회의 조직적 기반을 중심으로 조국의 '원격지 내셔널리즘'과의 협력 및 균형을 이루어가는, 독자적이고 고유한 민족교육 발전의 역사라 할 수 있다.

3. 『보쿠라노하타』에 재현된 재일조선인 민족교육의 양상과 탈식민적 실천

박기석의 장편소설 『보쿠라노하타』는 1950년대 일본의 '도쿄도립조선인중고등학교(東京都立朝鮮人中高等学校)'를 배경으로, '김석철'이라는 한 재일조선인 청소년이 재일조선인 사회와 민족교육의 품 안에서 배움의 가치를 깨달아가고, 사랑과 우정을 나누며, 방황하고 고뇌하면서 비로소 한 어른으로 성장해가는 과정을 담백한 필치로 그려내고 있는 작품이다. 540여 쪽에 달하는 방대한 분량 안에는 석철의 가족을 비롯한 그 친구들-태일이, 승옥이, 수일이, 주학이, 영순이 등-의 다양한 가족사를 바탕으로 초창기 재일조선인 사회의 보편적 일상이 구체적으로 묘사되어 있으며, 도쿄도립중고등학교를 중심으로 벌어지는 당시의 민족교육투쟁의 현장이 생생하게 제시되어 있다. 또한 일본에서 태어나 자란 재일조선인 2세로서의 '존재의 괴이함'을 '우리'라는 조선학교 공동체 안에서 자기존엄성의 회복을 통해 통합시켜나가는 자기성장의 드라마가 펼쳐져 있다.[25] 이 장에서는 『보쿠라노하타』에 나타난 재일조선인 민족교육의 재현양상을, 일본의 교육정책에 따른 민족교육의 대응과 주요사건을 한 축으로, 그리고 민족교육을 통해 구현된 탈식민적 실천이라는 주제를 한 축으로 하여 살펴보고자 한다.

1) '도립학교' 제도와 민족교육투쟁

앞서 언급한 대로 1949년 조선학교 폐쇄 조치 이후 기존의 조선학교는 자주학교, 공립학교 및 공립분교, 특설학급(민족학급), 야간학교 등으로 분화되는데, 이 중에서 기존의 조선학교를 그대로 도교육당국에서 관리하는 '도립화' 체제로 개편한 것이 공립학교-도립학교이다. 도쿄도는 학교 폐쇄 이후 도내의 조선학교 15곳을 모두 도립화했는데, 이는 종래의 조선학교 학생들을 그대로 특이한 집단으로 격리하면서 효과적인 동화교육을 강행한 조처였다. 지금까지 스스로의 힘으로 구축해온 조선학교의 시설과 공간을 무상으로 '재이용'한 형태로 도립화를 추진한 것이다.[26] 도교육당국은 조선학교 도립화 후 각 학교에 '4원

25) 이밖에도 작품 안에는 '밀항'과 강제송환의 문제, '조방위'를 중심으로 한 정치조직과의 연계 문제 등 다양한 주제 양상들이 흥미롭게 전개되어 있다. 작품 전반에 관한 자세한 해설은 졸고, 「작품 해설 : 일본 하늘에 휘날리는 재일조선인의 깃발」, 박기석, 『보쿠라노하타 : 우리들의 깃발 2』, pp.276~287 참조.

26) 김덕룡, 『바람의 추억-재일조선인1세가 창조한 민족교육의 역사(1945~1972)-』, pp.153~154 참조. 오자와 유사쿠는 "공립학교로서의 조선인학교라는 제도는 재일조선

칙'이라는 동화교육방침을 하달하여 이를 준수하도록 강요한다. 그 내용은 첫째, 교육 용어는 일본어를 사용할 것, 둘째, 민족과목 국어(조선어), 역사, 지리 등은 과외(科外) 교수로 할 것, 셋째, 현재 있는 시설 이상 확장하여서는 안 된다는 것, 넷째, 조선인교원은 정과(正科)를 교수할 수 없다는 것 등이다. 또 조선인교원은 도립학교교원의 자격이 없다고 하여 학급담당도 못하고 다만 민족과목만을 과외에 교수하는 강사로서 임명하였다.[27] 당시 도립조선인학교 15개 교의 교원 구성의 경우, 1952년 11월 당시 교장(일본인 13명 : 분교장 겸무 1명 및 중·고교장 겸무 1명), 교유(教諭, 교원, 일본인 63명), 전임강사(일본인 5명, 조선인 32명), 시간강사(조선인 54명)[28]로 조선인 강사는 전임강사 이상은 될 수 없었고, 따라서 민족교육을 담당하는 조선인 강사는 신분이 불안정하고 열악한 조건의 시간강사로서 그 역할을 수행할 수밖에 없었다. 도립학교로 이관 후 조선학교에 지급한 도당국 지출액의 80% 이상이 인건비로 충당되었고, 이 중 75%가 일본인 교직원에게 지불되었다는 사실은 '도립학교'라는 명목하에 학교에 대한 실질적인 물적 지원은 거의 이루어지지 않은 상태에서 일본인 교사에 의한 동화교육의 강행만을

인이 많이 살고 있고, 민족교육을 추구하는 집단적 역량이 하나로 통합된 도현(都縣)에서 쟁취해낸, 한국전쟁기의 특유한 학교제도였다.(중략) 그러나 일본인 측에서 보면, 이것은 전전의 '분리학교' 사상의 부활이라는 측면을 갖고 있었다.(중략) 조선인 학생들의 일제 전학에 따라 일본인학교에서 일어날 교육질서의 혼란,(중략) 확고한 공산주의 사상을 일본 아농 학생들 사이에 퍼뜨리게 되면 큰일이라며 난리를 치는 사람,(중략) 교과목의 내용이 모두 달랐기 때문에 아무리 각의 결정 사항이라 하더라도 실제로는 불가능한 일"이라는 일본인들의 편견과 반대의견이 도립 독립학교라는 형식의 교육지책을 고안해냈다고 덧붙이고 있다.(오자와 유사쿠, 『재일조선인 교육의 역사』, pp.261~262 참조.)

27) 東京朝鮮中高級学校創立十周年記念沿革史編纂委員会 編, 『도꾜조선중고초창기10년사(1946-56.10.5) 復刻板(改訂版)』, 綜合企画舎ウイル, 2008, pp.48~49.

28) 오자와 유사쿠, 『재일조선인 교육의 역사』, p.278.

목표로 도립학교의 형태를 유지하고 있음을 알 수 있다. 이 같은 조선인 교직원에 대한 차별대우 외에도 학생 정원제 엄수 규정에 따라 학생 수 증가에 대한 학급 수 증설을 불허하는 등, 노골적인 민족차별 교육 정책이 이루어졌다.[29)]

도립학교 전환에 따른 기존 조선학교의 재편 과정과 그 갈등양상은 『보쿠라노하타』 첫머리에서부터 긴장감 넘치게 재현되고 있다. 소설의 첫 장면은 주인공인 '석철'이 아라카와조선소학교(도쿄조선제1초급학교)를 졸업한 후 도쿄도립조선중학교에 진학하여 첫날 입학식에 참석하는 장면에서부터 시작한다.

> "안도 다케오 교장선생님의 인사말이 있겠습니다."
> 우렁찬 조선말로 소개하자 교장이 단상으로 올라왔다.(중략)
> "교장 선생님, 여기는 조선학교니까 조선말로 말씀해 주십시오!"(중략)
> 선배들은 일본인 교사들이 조선말을 못한다는 걸 이미 알았을 터이다. 그걸 알고도 이런 상황을 만든 건 시비를 걸어 본때를 보여주자는 심산이다. 다만 선배들의 의도는 조선인으로서 민족교육을 받을 당연한 권리를 찾고자 하는 데 있었다. 일본의 교육행정이 조선학교의 자주성을 인정하지 않고, 무리하게 '도립학교'로 지정해 첫 단추를 잘못 끼운 결과가 생각지도 못한 곳에서 문제를 일으킨 것이다.(중략)
> "다음은 우리 임광철 교장선생님의 인사말이 있겠습니다."
> 진행을 맡은 교사가 가슴을 쓸어내리며 '우리 교장선생님'을 소개했다. 이 학교에도 일본인과 조선인, 두 명의 교장이 있다. 소학교 때도 마찬가지였다.(중략) (우리 교장 선생님은) 조선은 유구한 역사와 세계에 자랑할 만한 문화를 가진 나라이니 그에 걸맞은 조선인이 되기 위해 학업에 힘써야 한다. 해방된 민족으로서 당당히 살아가야 한다며 미끄

29) 오자와 유사쿠, 위의 책, pp.277~279 참조.

> 러져 내려오는 안경을 손가락으로 연신 밀어 올리며 또박또박 조선말로 얘기했다.(중략) 중학교 1학년은 한 반에 두 명씩, 모두 열 명의 일본인과 조선인 교사가 차례로 단상으로 올라왔다. '도립학교'로 지정되는 조건은 교장과 담임이 반드시 일본인이어야 했다.[30)]

다소 길게 인용한 위의 인용문에는 '도립학교'가 당면한 다양한 교육방침과 민족교육을 둘러싼 학내 갈등 및 저항양상이 드러나 있다. 교장 이하 학급담임 및 정식교원은 일본인 교사만 가능하며, 학교에서 공식적으로 사용하는 언어는 일본어이다. 이는 식민지 시기의 동화교육체제를 그대로 적용한 불합리하고 차별적인 정책임과 동시에 해방 이후 재일조선인들이 자력으로 일구어온 민족교육에의 열망과 자주적 교육과정을 부정하고 왜곡시키는 강압정책이다. 이에 맞서 조선학교의 학생들과 조선인 교사들은 적극적으로 이 도립학교법을 타개해나갈 방법을 모색하고 실천해나간다. 도립학교로 지정된 이후에도 조선학교 안에서 굳건히 민족교육이 지속될 수 있었던 배경에는 조선인 교사와 학부모, 학생들의 일치단결된 협력과 헌신적인 노력이 있었다. 우선적으로 민족교육을 유지, 발전시킨 기초적 조건은 조선인 교사집단의 확보와 그들이 실질적으로 교육활동의 주체로 행동한 데 있었다. '4원칙'의 동화교육방침에 따라 교장·교원은 일본인, 전임·시간강사는 조선인이라는 차별적인 구성이 제도적으로 강제되었지만 실제적으로 도립조선인학교에시는 조선인 '교징', 조신인 학급딤임, 교원 조직을 만

30) 박기석, 『보쿠라노하타 : 우리들의 깃발 1』, pp.16~20. 일본인 교장으로 등장하는 안도 다케오의 실제 모델은 야스오카 도미키치(安岡富吉) 교장이며, 조선인 교장으로 등장하는 임광철은 당시 도쿄도립조선중고등학교 조선인 교장의 실제 이름이다.(도쿄조선중고급학교 연혁사 편찬위원회, 『도쿄조선중고급학교 그 빛나는 60년-제1편 조국해방-총련결성(교원학습자료 검토안)』, p.42 참조.)

들고 그것을 축으로 하여 민족교육운동을 실천해나갔다. 불안정한 지위와 박봉의 어려운 조건 속에서도 조선인 교사들은 헌신적으로 조선학교 학생들에게 조선어와 조선의 역사, 문화에 기반한 민족교육을 수행하고, 일본인 교사들과 적극적으로 교섭하면서 '조선학교'로서의 면모를 유지해나갔다. 이러한 조선인 교사들의 노력 뒤에는 이를 물심양면으로 지원하고 뒷받침하는 학부모회가 있었다. 최저생계비에도 미치지 못하는 조선인 교사들의 급료를 보충하고 학교 시설을 정비하는 등 민족학교로서 조선학교를 유지해가는 데 필요한 제반 후원과 협력은 조선인 학부모, 재일조선인 1세들의 몫이었다.[31] 이처럼 구식민지 일본땅에서 민족의 말과 문화를 되찾고 후손들에게 그것들을 온전히 물려주고자 했던 '해방민족'의 민족교육에의 헌신은 재일조선인 사회의 가장 절실하고도 지속적인 과업 중 하나였다.

이러한 재일조선인 학부모, 조선인 교사와 더불어 실제 현장에서 일본인 교사와 맞서 민족교육의 권리를 주장했던 주체는 바로 조선인 학생들이었다. 『보쿠라노하타』에는 조선인 학생들이 학생자치회를 중심으로 민족교육에 대한 의견을 수렴하고 그것을 직접적으로 교실 '투쟁'으로 이끌어가는 과정이 흥미롭게 묘사되어 있다. 그 중심에 있는 사건이 바로 석철의 반에서 일어난 담임 카지 마사오 선생님과의 '대결'이다.

> "선생님, 여기 있는 애들은 모두 조선인이라 일본어를 모른답니다. 선생님은 조선말을 아십니까? 조선말로 주의를 주면 곧바로 조용해질 텐데요."

31) 오자와 유사쿠, 『재일조선인 교육의 역사』, pp.279~283 참조.

일본어를 모른다는 녀석이 유창한 일본어로 비아냥거렸다.(중략)
"선생님, 조선말을 모르는데 조선인을 가르칠 수 있다고 생각하세요?"[32)]

"일본에 사는 대부분의 조선인이 가난 때문에 많은 고생을 하고 있다고 들었습니다. 나도 가난한 집에서 태어나 자랐습니다. 그래서 여러분과 친구가 될 수 있으리라 생각합니다"[33)]라며 담임으로서 친근감을 표시했던 카지 선생님은 자신의 첫 수업에서 위와 같이 공격적으로 질문하는 학생들의 행동에 분노하며 그대로 교실을 박차고 나가버린다. 일본인 교사를 일본 정부의 '스파이', 즉 민족교육을 방해하는 실제적인 대결상대로 인식했던 학생들은 수업거부 등으로 자신들의 의지를 관철해나가는 한편, 조선인 교사들은 교섭과 설득을 통해 일본인 교사들과 교육방식을 협의해나간다. 이 와중에 조선인을 '외국인'으로서 인정하고 그들의 민족교육을 존중하고 협조하는 방향으로 선회한 일본인 교사들과, "조선인의 민족교육은 '반일교육'이며, 교육위원회가 지시한 대로 수업은 일본어를 사용해 '보통 일본학교와 같은 교육'을 해야 마땅하다고 생각"[34)]한 일본인 교사로 그 입장이 양분된다. 『보쿠라노하타』는 일본인 교사와의 대결을 적대적 관계와 대립의 관점에서보다는 조선인 교사와 학생, 일본인 교사가 '국제주의적 연대성'[35)]에 기반하여 도립학교 시기를 올바른 방향으로 타개해나가는 과정에 초점을 맞

32) 박기석, 『보쿠라노하타 : 우리들의 깃발 1』, p.40.
33) 박기석, 위의 책, p.24.
34) 박기석, 위의 책, p.73.
35) 東京朝鮮中高級学校創立十周年記念沿革史編纂委員会 編, 『도꾜조선중고초창기10년사(1946-56.10.5) 復刻板(改訂版)』, p.49.

추어 묘사하고 있다. 수업 거부가 철회된 후, 두 달 만에 수업을 재개한 카지 선생님은 '조선말'로 학생들의 이름을 부르고, 한글로 칠판에 수업 내용을 필기하는 등, 적극적으로 조선학교 아이들과 소통하려는 태도를 보인다.

> "(전략) 나는 네가 했던 말이, 조선말도 모르는 내가 진심으로 조선인을 가르칠 수 있는가, 다시 말해 조선말을 알지 못하면 이 학교의 교사로서 자격이 없다고 학생들에게 경고를 당한 것과 같다고 생각했다. 나는 고민했다. 교식원회의에서 이 문제로 몇 번이나 의견을 나눴다. 너희들의 요구가 그저 핑계이거나 단순한 반항이라고 아무리 생각하려 해도 결코 숨길 수 없는 진실이 있다고 느꼈다. 따라서 이 학교의 교사로서 무엇보다도 먼저 해야 할 일은 나 자신이 하루라도 빨리 조선말로 수업을 할 수 있게 되어야 한다고 생각했다. 오늘 칠판에 쓴 한글은 그동안에 내가 조선말을 공부한 성과의 하나다. 아직도 많이 부족하다는 걸 안다. 이 학교에 있는 한 나도 너희에게 뒤지지 않도록 조선말을 공부할 생각이다."[36]

이후 카지 선생님은 '조교조'(도립조선인학교 교직원조합)의 주요구성원으로 활동하면서 일본인 교사를 위한 『조선어입문』을 집필하는 등, 도립조선인학교를 둘러싼 일본 정부의 탄압에 맞서 조선학교의 민족교육을 알리고 연대하는 데 큰 힘을 보태게 된다.[37] 이처럼 일본인 교사가

36) 박기석, 『보쿠라노하타 : 우리들의 깃발 1』, p.71.

37) 카지 마사오 선생님의 실제 모델은 가지이 노보루(梶井陟)이다. 조선어·조선문학 연구자인 가지이 노보루는 1950년부터 1955년까지 도쿄도립조선인중고등학교에서 근무한 경험을 바탕으로 『朝鮮人学校の日本人教師』(亜紀書房, 1974.; 『都立朝鮮人学校の日本人教師 1950-1955』, 岩場現代文庫, 2014.)를 집필함으로써 조선학교의 존재를 일본사회에 알리는 데 큰 역할을 했다. 조교조를 출범시켜 조선인교육 옹호를 위해 일했으

조선학교 학생들을 이해하는 가장 근본적인 방법은 '조선말 습득'이었다. 더불어 일제 식민지 기간 동안 민족의 말과 글을 빼앗기고 살아온 피식민 민족에게, 더군다나 일본에서 태어나 제대로 조국의 말과 문화를 접해보지 못한 재일조선인 2세들에게 민족의 말과 글을 배우고 익히게 하는 과정은 무엇보다 우선되어야 할 민족교육의 과제였으며, 조선학교의 존재이유이기도 했다. 『보쿠라노하타』에는 황민화·동화교육에서 벗어나 조선의 말과 글을 자기화하는 탈식민화의 과정이 무엇보다 중요하게 제시되고 있다.

> 전교학생자치위원회가 우선적인 방침으로 결정한 사항은 학교 내부에서 전교생의 국어 상용운동을, 전쟁에 관해서는 원자폭탄 사용금지를 호소한 세계평화옹호위원회의 스톡홀름선언을 지지하는 반전 서명운동을 실시하는 것이었다.
>
> 도립학교로 지정되자 방과 후를 제외하곤 교내에서 조선말 사용을 금지했는데, 국어 상용운동은 학생들 스스로 그 금지사항을 깨뜨리는 것이었다.[38]

카지 선생님이 조선말을 배웠던 곳은 다름 아닌 일본학교에서 온

며, 1953년 일본 교원노동조합 전국교육연구집회에서는 조교조를 대표해서 「평화교육의 일환으로서의 재일조선인 교육의 실태와 참모습」을 보고했다. 1955년 도립조선인 학교 폐교 이후에도 공립중학교에서 교편을 잡고, 1978년부터 도야마대학 인문학부 교수를 지냈다.(국제고려학회 일본지부 『재일코리안사전』 편찬위원회 편, 정희선·김인덕·신유원 역, 『재일코리안사전』, 선인, 2012, pp.19~20 참조.) 가지이 노보루는 오무라 마스오(大村益夫), 이시카와 세쓰코(石川節子), 다나카 아키라(田中 明) 등과 함께 1970년 '조선문학의 회'를 발족하기도 한다.(장문석, 「1960-1970년대 일본의 한국문학 연구와 '조선문학의 회(朝鮮文学の会)'-오무라 마스오(大村益夫) 교수에게 질문하다-」, 『한국학연구』 제40집, 인하대학교 한국학연구소, 2016, p.187 참조.)

38) 박기석, 『보쿠라노하타 : 우리들의 깃발 1』, p.108.

편입생들을 위한 교내 특별수업반인 조선어강습회였다. 도립조선인중고등학교에는 조선인소학교에서 "조선중학생식(일본어투) 조선말"[39]을 배운 학생들, 남한에서 밀항해와 유창한 조선말을 쓰는 학생들, 일본학교에서 편입해와 조선말에 서툰 학생들 등 다양한 언어적 편차에 놓인 학생들이 있었다. 따라서 이들은 민족의 언어인 조선말을 더욱 잘 익히고 생활화하기 위해 도립학교의 동화교육방침을 민족교육방침으로 바꿔 국어 상용운동을 실천하며 서로 협력하여 재일조선인으로서의 정체성과 긍지를 키워나간다. 반장 남식이가 자신이 남한에서 밀항할 당시 '무명시인'으로 알려졌던 윤동주의 '서시'를 친구들에게 알려주며 윤동주의 삶과 죽음에 대해 이야기하는 장면[40]이나, 석철이 조기천의 『백두산』을 암송하며 민족어의 아름다움에 심취해가는 과정[41]은 피식민 민족으로서의 설움을 딛고 '해방민족'으로서 굳게 서나가는 재일조선인의 역사가 민족의 언어-시(詩)와 연결되어 그 의미를 더욱 증폭시키고 있음을 상징적으로 보여주며, 이렇듯 민족의 언어를 사랑하고 수호한다는 강한 의지가 조선학교를 이끌어가는 가장 근원적인 토대임을 보여준다.

2) 한국전쟁기 반전(反戰)운동과 학교 탄압 사건

석철이 도립조선인중학교에 입학한 지 얼마 되지 않은 1950년 6월 25일, 동족상잔의 비극인 한국전쟁이 발발한다. 이미 1947년 이후 냉

39) 박기석, 위의 책, p.32.
40) 박기석, 위의 책, pp.147~148.
41) 박기석, 위의 책, pp.200~203.

전질서를 바탕으로 한 동북아 재편과정 안에서 '평화헌법'과 '재군비'가 공존하는 '역코스'의 시대로 접어든 일본에게 한국전쟁은 패전 이후의 경제적 빈곤과 불황을 타개하는 '천우신조'의 기회였다.[42] 일본은 미국의 후방 전투기지[43]와 생산기지로서의 역할을 충실히 하며 '조선특수'를 통한 경제부흥의 일대 전환기를 맞게 된다. 재일조선인들에게 한국전쟁은 분단된 고향/조국에서 일어난 비극적이고 가슴 아픈 참상이면서 동시에 일본 사회 '특수'의 암묵적인 수혜자라는 혐의에서 자유롭지 못한 아이러니한 상황을 주조하는 사건이기도 했다. 고철상을 운영하는 아버지에게 석철이 "고철이 전차와 무기로 만들어져서 조선으로 실려 가는지도 모르잖아요."[44]라고 말하는 장면은 포화 속에 놓인 조국과 동떨어져 그저 그 비극을 바라볼 수밖에 없었던 재일조선인들의 고통과 부채감의 표현일지도 모른다. 그러나 재일조선인들이 결코 한국전쟁을 먼발치에서 무력하게 응시만 했던 것은 아니다. 『보쿠라노하타』는 한국전쟁 시기 조선학교 학생들을 중심으로 반전서명운동이

42) "해협 건너편의 불행은 일본에게 엄청난 혜택을 가져다주었다. 전쟁이 시작됨과 동시에 물자와 용역을 조달하기 위한 미군의 특별수요(特需)의 주문이 전선 가까운 곳에 위치한 일본의 다양한 사업에 쇄도했다. 1951~1953년의 특수의 합계는, 같은 기간 일본 총수출의 거의 60%에 상당하는 약 20억 달러에 달했다. 일본의 지도자들, 특히 요시다 총리는 '천우신조'라고 표현하면서, 또 기업인들은 '하늘에서 내려온 은총의 비'라고 비유하면서 경박스럽게 노골적으로 축하했다."(앤드루 고든, 문현숙·김우영 역, 『개정판 현대일본의 역사 - 도쿠가와 시대에서 현대까지 2』, 이산, 2015, pp.527~528.)

43) 남기정에 의하면, 주일미군 기지에는 한국전쟁의 전 기간을 통해 ①출격기점으로서의 전진기지, ②물자 및 병사 수송을 위한 중계기지, ③수리 및 조달을 위한 보급기지, ④훈련과 휴양을 위한 후방기지로서의 역할이 주어졌으며, 총체적으로 전 국토가 그대로 '전투기지'가 되었다.(남기정, 『기지국가의 탄생 - 일본이 치른 한국전쟁』, 서울대학교출판문화원, 2016, pp.427~428.)

44) 박기석, 『보쿠라노하타 : 우리들의 깃발 1』, p.153.

줄기차게 이어졌던 상황을 생생하게 그려내고 있다. 또한 이러한 재일조선인들의 반전운동을 빌미로 도립조선인학교가 폭력적으로 탈취·탄압당했던 사건을 주요하게 재현하고 있다. 조련을 해산하고 민전 또한 일본공산당과 연계된 조직으로서 예의 주시했던 일본 정부는 한국전쟁을 빌미로, 미국과 일본의 적국인 북한을 지지한다는 명목 아래 조선학교에 대한 노골적인 탄압과 침탈을 자행하며, 이에 맞서 조선학교의 구성원들은 전쟁 반대와 평화를 염원하는 여러 가지 운동을 벌여 나간다.

> 10월 말에 미국이 '원자폭탄을 사용할 수도 있다'고 으름장을 놓은 이후 이에 반대하는 스톡홀름선언을 지지하는 서명운동이 매일같이 실시되었다.(중략) 10월 이후로는 수업이 끝나면 매일 거리로 나갔다. (중략) "조선전쟁에 반대하는 서명을 부탁합니다!"
> "미국은 조선에서 원자폭탄을 사용하려고 합니다. 원자폭탄 사용을 반대하고 미군을 조선에서 철퇴시키는 서명에 협조해 주십시오!"[45)]

1950년 3월 채택된 스톡홀름 평화 호소문(Stockholm Peace Appeal)[46)]

45) 박기석, 위의 책, pp.110~111.

46) "(전략) 히로시마 원폭투하 이후에도 유일한 핵보유국이었던 미국에 의한 핵실험이 계속되면서 동서 양 진영의 대립이 뚜렷해지고 전쟁 위기가 갈수록 증대되면서 유럽을 중심으로 세계 반전 평화운동이 개시되었다.(중략) 1949년 4월에 프라하와 파리에서 열린 제1회 평화옹호 세계대회(World Congress of Partisans of Peace)에는 사회주의 진영뿐만 아니라, 전 세계에서 72개국의 대표자들이 참가했다.(중략) 더욱이 1949년에 들어서 중국혁명의 성공, 8월의 소련 핵실험 성공, 1950년 1월의 트루먼 수폭 제조 명령으로 핵무기 경쟁 시대의 막이 오르고 인류의 파멸을 가져올 핵전쟁이 현실성을 띠게 되자, 이 세계대회 위원회(50년 11월에 세계평화평의회World Council of Peace로 개칭)는 1950년 3월에 스톡홀름 호소문(Stockholm Appeal)을 채택하고 전 세계의 모든 양심적인 사람들에게 서명을 호소한다. 핵무기 절대 금지, 핵무기의 엄중한 국제 관리, 먼저 사용하는 정부를 전범으로 간주한다는 내용의 이 호소문은 80개국의 찬동

은 세계반전평화운동의 가시적 성과로서, 조선학교 학생들은 한국전쟁에서 벌어진 핵무기의 위협에 맞서 일본 시민들을 대상으로 반전서명운동을 벌인다. 이는 세계적인 반전, 반핵운동에의 동참이면서 동시에 조선민족의 한 구성원으로서 적극적으로 조국의 고난을 타개해나가려는 노력의 일환이었다. 그러나 이러한 반전운동을 반미·반일운동으로 규정함으로써 탄압의 구실을 만든 일본 정부는 1951년 2월과 3월에 걸쳐 도쿄도립조선인중고등학교에 대한 대규모의 침탈을 감행한다.

> 1951년 2월 28일 오전 6시 30분, 우리학교는 무장경관 520명과 사복형사 60명으로 이뤄진 기동대로부터 급습을 당했다. 이들은 교무실과 교실 유리창까지 깨부수며 개인 사물함을 마구 뒤졌고, 흙발로 기숙사 안까지 들어와 수색했다. 일부 경찰은 술 냄새를 풍기며 이불을 걷어차기도 했고, 여학생들이 수치심을 느낄 정도로 심한 욕설을 퍼부었다.
>
> 학교를 수색한 이유는 조선전쟁에 반대하는 삐라를 소지한 조선고등학교의 한 학생을 심문하기 위해 경찰서로 연행하던 중 증거물인 삐라를 강에 던져버린 것 때문이라 했다.(중략)
>
> 경찰기동대의 급습은 사전에 교육감이나 교장에게 한 마디 양해도 구하지 않은 개인 수사 명목의 강제침입 수사였다.[47]

'2.28사건'으로 불리는 경찰기동대의 무법적인 학교 난입 사건에 분

을 얻었고, 서명운동에는 전 세계 5억 인구가 동참했다고 한다.(중략) 이 운동이 낳은 최대의 성과는, 세계의 많은 논자들이 언급해 왔듯이, 한국전쟁에서 원폭 사용도 불사한다고 공언했던 미국의 의지를 꺾는 무언의 압력이 되었다는 것이다."(임경화, 「원폭 투하와 세균전을 막아라-[북일 민중연대의 기억들] 한국전쟁 시기 북일 평화운동, 한계와 의미」, 『레디앙』, 2013년 5월 28일, http://www.redian.org/archive/55593 참조.)

47) 박기석, 『보쿠라노하타 : 우리들의 깃발 1』, p.114.

노한 학부모들이 3월 7일 PTA(학부형·교사 모임)임시총회를 열어 학교에 모이는데, 이 학부모회의를 '허가받지 않은 집회'라고 규정하여 일본 정부는 3천 명의 무장경관을 학교 앞에 배치한다. 더 나아가 학부모총회가 해산한 후, 분실한 권총을 수색한다는 명목으로 중학생만 남은 학교에 재차 경찰기동대를 투입시켜 어린 학생들과 교사들, 현장을 취재하던 기자까지 무차별적으로 폭행하며 유혈 사태를 일으킨다. 이 와중에 카지 선생님을 비롯하여 석철이 등 60여 명에 이르는 사람들이 부상을 입게 된다. 거짓된 구실을 붙여 연속적으로 조선학교를 침탈하고 어린 조선인 학생들에게까지 마구잡이로 폭력을 휘두르는 경찰기동대의 반인도주의적 행태는 일제강점기의 민족말살정책과 '불령선인-빨갱이'라는 재일조선인에 대한 왜곡된 인식을 그대로 반영한 식민정책의 반복이었다. 이러한 민족차별적 행위와 조선학교 탄압 사건들은 주인공인 석철이에게 조국 동포들에 대한 동지의식, 연대감을 강화시키는 하나의 동력이자 성장의 발판이 된다.

> 스크럼을 짜고 교문 앞에 선 이들은 학교에 남은 중학교 1학년 삼백여 명뿐이다.(중략)
>
> 나는 전쟁의 불길 속에 고통 받고 있는 남북의 동포들을 생각했다. 학교를 지키는 것은 조국의 동포들과 하나가 되는 거라 생각해 목이 터져라 인민항쟁가를 불렀다.(중략) 이렇게 목이 터져라 불러본 적은 한 번도 없었다. 또다시 눈시울이 뜨거워졌다.[48]

조국은 전쟁의 참화 속 한복판이었다.

어떠한 희생을 치르더라도 우리들의 조국을 위한 투쟁과 우리학교

48) 박기석, 위의 책, p.124.

> 를 지키는 싸움이 동일선상에 있다는 의식을 갖게 되었다. 모든 학생이 같은 심정이었다. 경찰봉에 두들겨 맞은 통증은 한참이 지나도록 가시지 않은 채 이런 생각이 의식 속에 깊게 자리했다.[49]

한국전쟁이 발발했다는 소식에 5년 전 도쿄 대공습을 떠올리며 처참한 전쟁의 기억에 몸서리쳤던 석철은 반전서명운동을 통해 그 전쟁의 참상을 알리면서 더 이상 조국이 전쟁의 포화 속에 고통 받지 않도록 실천운동에 나선다. 더 나아가 '2.28사건', '3.7사건' 등 학교 습격 사건을 몸소 겪으면서 동포들의 아픔과 고통을 간접 체험함으로써 한 단계 성장한 조국과의 일체감, 민족의식의 확장을 경험하게 된다. 결국 재일조선인의 민족교육이란, 조선인으로서 개인의 민족적 정체성을 확인하고 키워내는 과정을 넘어, 민족의 앞날을 함께 개척하기 위해 주체적으로 세워나가야 하는 민족공동의 가치이며 당면과제임을, 『보쿠라노하타』는 어린 학생들의 눈물어린 투쟁기를 통해 생생하게 그려내고 있다. 이처럼 조선학교를 통한 민족언어의 발견, 민족의식의 고양, 올바른 역사인식의 구현은 재일조선인의 차별적 상황에 대한 실천적 자각, 탈식민적 극복이라는 궁극적 지향점을 설정하는 하나의 나침반으로 작용하며, 이는 한국전쟁 시기 조국과의 강고한 연대의식을 통해 한층 심화된다.

3) 도립학교의 폐교와 조·일(朝·日) 연대의식의 발화

재일조선인의 자주적인 민족교육에 대한 열망과 건설 과정을 강제

49) 박기석, 위의 책, p.137.

폐쇄와 공립화 등의 동화·탄압정책으로 말살해왔던 일본 정부는 1952년 4월 샌프란시스코 강화조약 발효 이후 다시 한 번 조선학교에 대한 무책임한 교육정책을 강행한다. 샌프란시스코 강화조약을 통해 8년간의 미군정 점령기에서 벗어나 '독립'한 일본은 바로 '출입국관리령, 외국인등록법, 법률 제126호를 축으로 하는 출입국관리법제'를 발효하여, 구식민지 출신자인 조선인·대만인의 일본 국적을 박탈하고 이들을 출입국관리령·외국인등록법의 관리를 받는 '무국적자'이자 치안·탄압의 대상으로 전락시켰다.[50] 재일조선인의 일본 국적 박탈로 일본인에게는 모두 적용되는 군인 은급, 유족 연금, 장애 연금, 조위금 등 기타 일련의 전시 보상 법령의 적용이 거부되었으며, 이밖에도 재일조선인에 대한 각종 전쟁 피해 보상이나 복지 정책의 적용 등이 일체 거부되었다.[51] 또한 외국인등록 시 '범죄자'에게만 적용되던 지문 날인을 강요하는 등 일본 정부는 구식민지 출신자에 대한 일말의 도의적 책임이나 반성도 없이 이들을 '외국인'이자 난민의 신분으로 배제하는 정책을 취했다. 교육정책 또한 이에 기반하여, 재일조선인 아동에 대한 취학의무제를 폐지하고 이를 '은혜적인' 취학허가제로 바꾸었으며, 공립조선인학교를 폐교했다.[52] 해방 이후에도 일본에 거주하는 구식민지 출신자라는 미명하에 무력적으로 재일조선인 민족교육을 탄압하고 조선학교를 강제적

50) 량영성, 김선미 역, 『혐오표현은 왜 재일조선인을 겨냥하는가』, 산처럼, 2018, pp.137~138 참조. 사실상 재일조선인은 1947년 5월 2일 일본 정부가 제정한 '외국인등록령'에 의해 기호로서의 '조선적(朝鮮籍)'을 부여받고 외국인으로 간주되었다. 그러나 GHQ 점령하에서 재일조선인은 차별적인 일본국민/비국민의 이중적 속박 안에 놓여있었으며, 교육정책도 이에 기반했다. 이러한 차별적 속박은 1952년 외국인등록법에 의해 재일조선인이 명백히 '외국인'으로 규정됨으로써 노골적인 규제와 관리체제 안에 편입된다.

51) 한일민족문제학회 엮음, 『재일조선인 그들은 누구인가』, 삼인, 2003, pp.17~18 참조.

52) 오자와 유사쿠, 『재일조선인 교육의 역사』, p.308 참조.

으로 폐쇄하여 수많은 재일조선인 아이들을 일본학교에서의 차별적인 동화교육으로 내몰았던 일본 정부는, 이번에는 공립화했던 조선학교를 폐지함으로써 일방적으로 교육원조금을 박탈하고, 일본학교에의 취학마저 차별적인 '서약서'[53]를 강요하는 허가제로 변경함으로써 재일조선인 자녀들의 교육 기회를 유린한 것이다.

『보쿠라노하타』에는 도쿄도립조선인중고등학교를 배경으로, 일본 정부가 조선인학교 사립이관 정책을 시작으로 도립학교 폐교를 단계적으로 강제하는 과정이 세밀하게 재현되어 있다. 조교조와 PTA가 중심이 되어 '조선인학교 사립이관 반대운동'을 펼쳐나가는 과정과 그 세부적인 내용이, 당시의 '반대서명 취지서' 원문[54]이나 조교조 선생님들의 발언 등을 통해서 직·간접적으로 소개되고 있으며, 1953년 12월 도교육위원회가 통보한 '6항목'[55]을 둘러싼 PTA연합회와 도교육위 간의 갈등과 폐교 통보라는 강압적인 위력 행사의 과정이, 교섭의 장면 묘사나 역사적 사실의 언급 등을 통해 꼼꼼하게 제시되어 있다.

53) 1952년 9월 29일 발표된 도쿄도 교육장 명에 의한 통고문「조선인의 공립소·중학교입학신청에 대하여」에 의하면, "(1)입학 후는 일본의 법령에 따라서 교육을 받을 것을 승인한 사람에 한할 것, (2)조선어, 지리, 역사 등 민족과목은 교육하지 않는다는 것을 승인한 사람에 한할 것, (3)학교설비에 여유가 있고 그와 함께 학교의 관리운영에 지장이 없다는 것이 인정되었을 때, (4)입학희망자를 입학시키고 학교의 질서가 흐트러지지 않는다는 것이 인정될 때"와 같은 조항에 부합할 때 학교장이 입학허가를 할 수 있다고 명시하고 있다.(김덕룡, 『바람의 추억-재일조선인1세가 창조한 민족교육의 역사(1945~1972)-』, pp.164~166 참조.) 이처럼 일본 교육당국은 재일조선인의 취학신청 시 입학원서와 함께 이와 관련한 차별적인 '서약서' 제출을 강제했다.

54) 박기석, 『보쿠라노하타 : 우리들의 깃발 1』, pp.218~219, p.225.

55) 도교육위가 통보한 '6항목'은 '①이데올로기 교육을 하지 마라 ②민족교육과목을 교과목에 넣지 마라 ③정원제를 지켜라 ④학생들의 집단 진정행위를 막아라 ⑤미채용 직원을 교단에 세우지 마라 ⑥교직원이 아닌 자를 교직원회의에 참가시키지 마라'이다.(박기석, 『보쿠라노하타 : 우리들의 깃발 2』, pp.40~41.)

> (1954년-필자주) 3월 20일, PTA 측은 도교육위 측에 제출한 도립조선인학교운영에 관한 각서를 승인하고 서명했다. 예산 중단은 학교가 없어진다는 것을 의미한다. 공갈협박에 의한 6개 항목의 수락은 학교를 지키기 위한 쓰디쓴 선택이었다.
>
> 그런데 6개 항목 수락과 서약서를 받는 것만으로 사태는 끝나지 않았다. 각서 조항을 구체화시킬 '세부항목'을 절대조건으로 요구해왔다. PTA 측이 이것을 거부하자 도교육위는 교섭중단을 선언, 신학기 개교(4월 5일)를 무기한 연기한다고 각 학교장에게 통보해왔다. 그리고 '4월 9일 오후 5시까지 앞으로 교육위원회의 일체의 지시에 따를 것을 수락하라. 이것을 수락하지 않으면 즉시 폐교한다'는 어처구니없는 최후통첩을 해왔다.[56]

> 5월말에 열린 일본교직원조합 제11회 정기대회에서 조선인교육을 지키기 위한 구체적인 대책을 세우기 위해 조선인교육대책부 설립을 결정했다. 이것은 학부형과 선생님들의 끈질긴 호소로 일본인 교사들의 이해를 얻은 결과이다. 그런데 2학기가 시작된 지 한 달 후인 10월 4일, 이러한 운동을 비웃기라도 하듯 도교육위가 결국 도립조선인학교는 내년(1955년-필자주) 3월 31일을 끝으로 폐교하겠다고 통고해왔다. (중략) 여러모로 민족교육에 비협력적이었던 일부 일본인 선생님들조차 지금은 조합 활동에 적극 참여해 폐교 반대 운동에 참여하고 있다는 얘기다. 학생자치회는 고3을 중심으로 각 대학 학생자치회를 방문했고, 요청이 있으면 합창부를 중심으로 문선대를 조직해 대학 축제 등에서 학교의 곤란한 상황을 호소했다.[57]

이러한 일본 정부의 일방적인 도립조선인학교 폐교의 강행에 맞서

56) 박기석, 『보쿠라노하타 : 우리들의 깃발 2』, p.42.

57) 박기석, 위의 책, pp.136~138.

'사립이관 반대운동', '공비(公費)에 의한 조선인 교육의 보장 요구'를 앞장서 이끌어간 주체는 도립조선인학교의 조선인·일본인 교사로 이루어진 조교조와 재일본조선인학교 PTA전국연합회였다. 특히 도립조선인학교에서 학생들을 가르치며 재일조선인 민족교육의 의의와 필요성을 몸소 체험했던 일본인 교사들의 활동[58]은 『보쿠라노하타』 안에 구체적으로 재현되어 있다. 이러한 조선인 교사와 학부모, 학생들과 일본인 교사들의 국제주의적 연대와 민족·민주교육 실천에 대한 헌신은 도립조선인학교 폐교 직전, 일본인 교사의 마지막 수업 장면에서 감동적으로 형상화되면서 그 의미망을 증폭시킨다. 조교조 활동에 적극적으로 참여했던 야마시타 세계사 선생님은 '조선통신사와 일본'이라는 주제로 고2 석철이 반의 마지막 수업을 진행한다.

> "조선통신사는 결국 조선의 것이지만 이웃 국가와 신의를 나눔으로써 통상의 개념을 넘어 문화를 통한 선린정책을 펼치는 '통신(通信)'이란 의미이다.(중략) 연구를 통해 내가 깨달은 건 과거에 일본이 저지른 많은 침략에 대해 먼저 반성과 속죄의식을 기본 바탕에 두지 않으면

58) 당시 교육학부 학생으로서 조선학교를 직접 방문하며 재일조선인 교육에 대한 중요성을 인식해나갔던 오자와 유사쿠는 공립조선학교 폐교를 둘러싼 당시 교육운동의 특색 중 하나로 도립조선학교에 근무하던 일본인 교사가 함께 운동의 중심 역할을 담당했다는 점을 들고 있다. 일본인 교사들은 "『평화와 교육』이라는 잡지를 간행하고 조선학교가 실시하는 교육의 정당성과 이 학교에 공비를 지출해야 하는 까닭을 설파하였다. 또한 공립이었기 때문에 이들 교직원은 조합을 만들고 일교조(日教祖)에 가맹하여 막 출발한 교연집회(教研集会 : 제2회, 1953년 1월)에서 이 문제를 보고하여 논의를 불러일으켰다. 이를 계기로 일교조는 조선학교 문제를 교직원조합이 대처해야 할 과제로 삼게 되었다."(오자와 유사쿠, 『재일조선인 교육의 역사』, pp.473~474 참조.) 이러한 움직임들은 일본의 식민지 교육에 대한 반성과 재일조선인 민족교육의 옹호 및 연대라는 일본 내 민주주의 교육운동의 새로운 국면을 제시했다는 점에서도 중요한 분기점으로 평가된다.(오자와 유사쿠, 위의 책, pp.309~324 참조.)

안 된다는 것이다.(중략) 따라서 일본과 조선반도의 관계사 연구에 불가결한 필수조건으로 무엇보다 먼저 전제되어야 함이 민족으로서 자기성찰이다.(중략) 서로 겸허한 자세로 역사를 연구함으로써 앞으로 일본과 조선의 우호에 교훈이 되는 뭔가를 얻을 수 있다고 생각한다.(하략)"[59]

"나는 너희들과 일본의 청년들에게 기대를 걸고 있다. 근현대 일본과 조선의 불행한 관계를 뛰어넘어 언젠가는 반드시 현대의 조선통신사, 일본통신사가 양쪽 국가를 왕래하는 날이 오리라고 말이다. 야아, 하루라도 빨리 그런 날이 오면 좋겠다. 괴롭고 고통스럽기도 하겠지만, 일본에서 태어나 자란 너희들은 그것을 위해서도 양국의 가교 역할을 해내리라 생각한다, 그렇지?"[60]

야마시타 선생님은 식민지기 일본 안에서 '조공사(朝貢史)'로 왜곡되게 알려졌던 조선통신사에 대해 면밀히 연구하면서, '선한 이웃(善隣)'으로서의 한반도와 일본의 관계를 다시금 바로 세우고, 서로의 언어와 문화, 역사를 이해하면서 평화로운 동아시아 문화공동체를 꿈꾸는 계기를 조선학교 아이들에게 일깨운다. 인용문에 언급된, 두 민족 간의 선린우호는 일본의 '반성과 속죄의식', '자기성찰'에 기반해야 한다는 주장은 일본인 교사 스스로 식민지 종주국 국민으로서의 과오와 책임을 통감하고 이를 공식적으로 인정한다는 점에서, 이후 재일조선인과 일본시민의 연대와 탈식민적 실천의 근간을 암시하는 중요한 대목이라 할 수 있다. 비록 재일조선인 작가의 육성을 통해 구현된 일본인 교사의 발언이지만, 이는 당시 조교조와 일교조, 일본 내 교육연구운동 등

59) 박기석, 『보쿠라노하타 : 우리들의 깃발 2』, pp.169~170.
60) 박기석, 위의 책, p.180.

에서 논의되었던, 재일조선인 학생의 피차별교육, 동화교육은 일본 제국주의의 식민지정책 하에서 발원한 것이라는 공통인식이 반영된 것이다. 해방 이후 자주적으로 건설된 조선학교의 강제 폐교와 공립화는 일본 정부의 민족말살의 교육정책이 강압적으로 시행된 결과였지만, 5년여에 걸친 도립조선인학교 시기 동안 조선인 학생과 교사, 일본인 교사들은 민족교육의 의의와 중요성을 공유하고 일본 정부의 부당한 탄압에 맞서 함께 투쟁해나감으로써, 조·일(朝·日) 간의 연대의식을 발화하고 적극적으로 재일조선인 민족교육의 성장을 위해 협력해가는 중요한 계기를 마련한다. 이는 어떠한 차별적 동화정책 속에서도 민족교육을 지켜내려는 재일조선인들의 강고한 의지와 탈식민적 실천이 도립조선인학교라는 제약 안에서도 끊임없이 구현된 결과이며, 비록 소수의 일본인에 한정된 연대운동일지라도, 식민지 종주국 시민들의 역사적 반성과 책임의식을 동반한 상호이해와 화합의 가능성을 제시했다는 점에서 그 의의를 간과할 수 없다. 그리고 이러한 조선학교에서 긍정적인 자기 정체성과 폭넓은 연대의식을 함양한 학생들이 남북조국과 일본을 잇는, 더 나아가 동아시아 공동체의 평화와 화합을 위해 활약하는 '가교(架橋)'로 자리매김되리라는 전언은 재일조선인 혹은 '조선학교'의 미래가 나아갈 궁극적 방향성을 제시하고 있다는 점에서, 해방 이후부터 지금까지 계승되고 있는 재일조선인 민족교육의 의의와 역할을 다시금 환기시킨다.

4. 재일조선인 민족교육이라는 '우리들의 깃발'

현재 재일조선인 사회의 민족교육은 총련과 연계가 깊은 60여 개의

'조선학교'를 중심으로 그 맥을 이어가고 있다고 할 수 있다. 한국에서 지원하는 민단 계열의 4개의 한국학교[61]가 존재하지만, 우리말을 바탕으로 민족적 정체성을 구현하고 일본의 차별적 교육·사회정책에 맞서 70여년을 투쟁해온 민족교육의 역사는 '조선학교'의 발자취와 밀접히 연관된다.

이 글에서는 재일조선인 2세 작가인 박기석의 장편소설 『보쿠라노하타』를 중심으로 재일조선인 민족교육의 초창기 역사의 재현양상을, 교육투쟁과 탈식민적 실천이라는 맥락 아래 살펴보았다. 『보쿠라노하타』에는 1950년대 도쿄조선중고등학교의 도립학교 시기를 중심으로 펼쳐지는 재일조선인 청소년들의 활달하고 유쾌한 생활상과 성장과정, 그리고 한국전쟁, 샌프란시스코 강화조약, 민전 결성과 조방위 활동, 밀항과 오무라수용소, 총련 결성과 북한으로의 귀국운동 등 수많은 역사적 사건을 배경으로 펼쳐지는 재일조선인의 복잡다단한 삶의 층위들이, 조선학교를 둘러싼 민족교육 투쟁을 중심축으로 흥미롭게 전개된다. 또한 재일조선인의 민족교육 투쟁이 일본인 교사들의 역사의식 각성과 협력으로까지 이어져 조선학교를 둘러싼 국제주의적 연대투쟁과 탈식민적 실천으로 나아가고 있다는 점에서, 이 작품은 비단 과거의 역사 재현에만 머무르는 것이 아니라 현재의 재일조선인 민족교육의 현장과 소통하며 그 일정한 방향성을 제언하는 단계로까지 나아가고 있다. 이 글에서는 그 구체적인 재현양상으로, 도립학교 제도에 맞선 민족교육의 수호와 우리말 상용화 운동을 통한 민족 언어의 구현, 한국

61) 현재 한국계 민족학교는 동경한국학교(초·중·고), 교토국제학교(중·고), 오사카금강학원(초·중·고), 오사카백두학원(오사카건국학교, 유·초·중·고)의 4개교가 존재한다. 이 중에서 동경한국학교를 제외한 세 학교는 일본의 1조교로 인가받아 한국어 수업을 제외한 전반적인 수업과정이 일본어로 진행된다.

전쟁기 반전서명운동을 통한 민족고난에의 동참과 일본 정부의 폭력적 탄압에 맞선 학교사수투쟁, 그리고 도립학교 폐교에 조직적으로 대항한 조선인 교사, 학생, 학부모, 일본인 교사들의 연대투쟁 등을 고찰하였다. 『보쿠라노하타』의 말미에는 도립학교 폐교 이후 도쿄조선중고등학교의 각종학교(各種學校)로의 전환, 석철의 졸업과 조선대학교 진학, 태일을 비롯한 친구들의 북한 귀국 등의 후일담이 이어지는바, 총련 결성 이후의 재일조선인 민족교육에 대한 단초를 엿볼 수 있다.[62)]

조선학교는 그 성립과정부터 일제식민지의 유산과 민족차별, 인권유린의 현장을 역사적으로 경험한 장소였다. 해방 직후 일본 전역에 세워진 수백 개의 '조선초·중·고급학교'는 GHQ와 일본 정부의 탄압으로 계속적인 폐쇄 위기에 놓였으며, '한신(阪神)교육투쟁' 등을 위시한 전국적인 민족교육투쟁을 발흥시켰다. 강고한 일본 동화교육체제를 기반으로 재일조선인의 교육권을 박탈하고 부당한 차별정책을 유지해왔던 일본 사회 안에서 재일조선인은 1965년 '외국인학교법안' 상정 등을 통한 조선학교 통제 획책뿐 아니라 1990년대까지 JR통학정기권 할인율 제외, 전국고등학교체육연맹 주최 공식시합 출전 불가, 대학수험자격 박탈, 2012년도 조선고교 무상화제도 배제 등[63)] 치밀한 차별과 배제 정책에 노출되어왔다. 또한 북한과의 정치적 경색국면에 따라 '재특회(在特会, 재일특권을 허용하지 않는 시민모임)'를 비롯한 일본 내 인종차별(헤

62) 후속 연구로 졸고, 「총련 결성과 재일조선인 민족교육-박종상의 『봄비』와 량우직의 『서곡』에 나타난 총련 결성 시기 '조선학교'의 재현양상을 중심으로-」(『비교문화연구』 제57집, 경희대학교 비교문화연구소, 2019.) 참조.

63) 임영언, 「일본고교무상화제도 시행과 재일조선학교의 차별과 배제에 관한 고찰」, 『동북아시아문화학회 국제학술대회 발표자료집』, 2017, p.50.; 이타가키 류타, 「조선학교 습격사건에서 민족교육의 권리와 레이시즘을 생각하다」, 배지원·조경희 엮음, 『재일조선인과 조선학교-투쟁의 시간, 삶의 공간』, pp.230~231 참조.

이트스피치)에 시달리는 등 인권유린의 위험에도 노출되어 있다.

구식민지 종주국 일본에서 여전히 민족차별과 동화교육의 위협에 시달리며, 또한 총련과 민단으로 나뉜 동포조직사회 안에서 어느 누구보다도 분단된 조국의 현실에 직·간접적으로 영향을 받아온 재일조선인들과 조선학교 학생들은, 그렇기 때문에 역설적으로 더욱 통일조국을 염원하는 마음으로 조국의 말과 정신을 지키면서 이 시대까지 굳건히 자리잡아왔다. 박기석의 『보쿠라노하타』는 초창기 민족교육의 역사를 통해 '오래된 미래'로서 평화와 통일을 염원하는 재일조선인들의 간곡한 희망의 목소리를 재현하고 있는 것은 아닐까. 그 목소리에 겸허히 귀 기울이고 성심성의껏 응답해야 할 무거운 책임이 우리 앞에 놓여 있다.

이 글은 동남어문학회의 『동남어문논집』 제47집에 실린 논문
「재일조선인 문학에 나타난 민족교육의 역사와 탈식민성」을 수정·보완한 것임.

참고문헌

국제고려학회 일본지부 『재일코리안사전』 편찬위원회 편, 정희선·김인덕·신유원 역, 『재일코리안사전』, 선인, 2012.
김경해, 정희선·김인덕·주혜정 역, 『1948년 한신(阪神) 교육 투쟁 : 재일조선인 민족교육의 원점』, 景仁文化社, 2006.
김덕룡, 『바람의 추억 - 재일조선인1세가 창조한 민족교육의 역사(1945~1972) - 』, 선인, 2009.
김인덕, 『재일조선인 민족교육 연구』, 국학자료원, 2016.
남기정, 『기지국가의 탄생 - 일본이 치른 한국전쟁』, 서울대학교출판문화원, 2016.
도꾜조선중고급학교 연혁사 편찬위원회, 『도꾜조선중고급학교 그 빛나는 60년 - 제1편

조국해방-총련결성(교원학습자료 검토안)』.
량영성, 김선미 역, 『혐오표현은 왜 재일조선인을 겨냥하는가』, 산처럼, 2018.
박기석, 정미영 역, 『보쿠라노하타 : 우리들의 깃발 1·2』, 도서출판 품, 2018.
박미아, 「박기석, 『보쿠라노 하타-우리들의 깃발』①②, 도서출판 품, 2017(朴基碩, 『ぼくらの旗-君はあの(都立)の東京朝高生を知っているか?』上, 中, 下, 綜合企画舎ウイル, 2008)」, 『한일민족문제연구』 35, 한일민족문제학회, 2018.
배지원·조경희 엮음, 『재일조선인과 조선학교-투쟁의 시간, 삶의 공간』, 선인, 2017.
앤드루 고든, 문현숙·김우영 역, 『개정판 현대일본의 역사-도쿠가와 시대에서 현대까지 2』, 이산, 2015.
오자와 유사쿠, 이충호 역, 『재일조선인 교육의 역사』, 혜안, 1999.
임경화, 「원폭 투하와 세균전을 막아라[북일 민중연대의 기억들] 한국전쟁 시기 북일 평화운동, 한계와 의미」, 2013.05.28., 『레디앙』, http://www.redian.org/archive/55593.
임영언, 「일본고교무상화제도 시행과 재일조선학교의 차별과 배제에 관한 고찰」, 『동북아시아문화학회 국제학술대회 발표자료집』, 2017.
장문석, 「1960-1970년대 일본의 한국문학 연구와 '조선문학의 회(朝鮮文学の會)'-오무라 마스오(大村益夫) 교수에게 질문하다-」, 『한국학연구』 제40집, 인하대학교 한국학연구소, 2016.
정희선, 『재일조선인의 민족교육운동』, 선인, 2014.
한일민족문제학회 엮음, 『재일조선인 그들은 누구인가』, 삼인, 2003.
東京朝鮮中高級学校創立十周年記念沿革史編纂委員会 編, 『도꾜조선중고 초창기 10년사(1946~56.10.5) 復刻板(改訂版)』, 綜合企画舎ウイル, 2008.
宋惠媛, 『「在日朝鮮人文学史」のために-声なき声のポリルフォニー』, 岩波書店, 2014.

제2장

재일디아스포라 민족교육의 사회문화적 변동

재일동포 민족학교: 분단과 (탈)식민의 역사

정진성

1. 들어가며

수많은 재일동포[1]가 일본에 정착한지 수세대가 지나도록 한국어를 잊지 않고, "한국인" 또는 "조선인"으로서의 민족정체성을 지키며 살아가고 있다. 수세대에 걸쳐 귀화하지 않고 민족정체성을 지키고 있는 소수민족집단은 전 세계적으로 거의 없다. 재일동포들의 이러한 상황은 민족학교의 존속과 중요하게 연결되어 있다. 해방 후 일본 정부의 억압에 대항한 치열한 투쟁의 결과로서 재일동포들의 집주지역에 설립되어 민족교육을 시작한 민족학교가, 갖가지 사회변화를 겪으면서 현

1) '재일한인'은 재일한국인, 재일조선인, 재일동포, 재일한국·조선인, 재일코리안, 재일동포 등 여러 명칭으로 지칭되고 있다. 남북한으로 분단되어있는 역사적 조건 속에서 그 각각의 명칭은 나름의 맥락과 이유를 가진다. 남북한계로 분리된 상황에서 '재일한국인', '재일조선인'이라는 명칭에 대해서는 각각 반대가 많다. 이러한 고민에서 만들어진 '재일한국·조선인'에 대해서는 남북한의 분단을 인정한다는 의미를 담고 있기에 받아들이지 않겠다는 정서가 존재한다. '재일코리안'에 대해서는 우리나라를 영어로 표기한다는 거부감이 있다. '재일동포'는 다소 민족주의적 감정이 포함되어 있는 듯하며 나라이름이 나타나지 않는 문제점이 있지만, 한국 사회과학에서 무난히 사용될 수 있다고 생각된다. 또한 '재일한인'은 재일한국인의 논쟁점을 피하여 한반도 전체의 사람들을 의미할 수 있다고 보여진다. 이 글에서는 재일한인과 재일동포를 함께 사용할 것이다. 재일동포 명칭에 대해서는 정진성, 「'재일동포' 호칭의 역사성과 현재성」, 『일본비평』 7, 서울대학교 일본연구소, 2012.를 참조할 것.

재까지 존재하고 있는 것이다. 이 민족학교의 존재 또한 전 세계적으로 유사한 예를 찾기 힘들다. 민족학교의 존재는 재일동포 존재의 특수성을 이루는 근간이라고도 할 수 있다.

민족학교는 남북 분단의 상황을 반영하여 한국학교(민단 및 한국과 관련)와 조선학교(총련 경영)로 분리되어 있으며, 한일관계, 북일관계 및 남북관계에 영향을 받으며 변화해 왔다. 민족학교 형성의 역사적 과정 속에서 일본학교 내에 한국어와 문화를 가르치는 민족학급이 탄생하여 변화해 왔다. 최근 국제학교 등 새로운 형태의 학교가 등장했고, 주말한글학교 등의 사회교육도 여러 가지 형태를 띠며 증가하고 있다. 이 여러 형태의 민족교육은 일본의 사회운동 및 정책 변화와 전 세계의 민족 및 인권교육의 경향에도 영향을 받으면서 변화를 거듭하고 있다.

전체적으로 재일동포의 일본학교 진학이 늘어나는 가운데, 한국학교와 그와 관련된 민족교육은 귀화로 인한 특별영주자[2)]의 감소와 다른 한편 뉴커머의 증가, 그리고 일본인들의 한국에 대한 관심 증가라는 다변화된 조건 속에서 보다 현실적인 대응을 모색 중이다. 일본학교 내에 민족학급이 다양화되고 사회교육도 활발해져서 동포뿐만 아니라 일본인까지도 활용하고 있다. 일본 소학교, 중학교에서 국제수업 또는 인권교육의 일환으로 재일동포를 초청하여 한국문화를 소개하는 수업을 진행하고 있다.

다른 한편, 해방 후 지금까지도 민족학교의 대부분을 점하고 있는 조선학교는 학교와 학생의 수가 줄어들고 있는 가운데, 이전까지 북한 지향이었던 교육내용이 일본정주 지향의 재일동포 현실에 기초하여

2) 일제시기에 일본으로 이주하여 현재까지 일본에 거주하는 사람, 그 자손들을 일컫는다.

실용적으로 변화하고 있으며, 한국적 동포를 경계 없이 받아들이고 있다. 조선대학교를 포함한 대부분의 조선학교에 한국 국적을 가진 학생의 비율이 절반을 넘어서 점점 더 증가하고 있다. 대부분이 재일동포 3, 4세인 교장과 교사들은 한국적 및 '더블'(한국적/조선적과 일본적 부모 사이에 태어난 대부분이 일본국적 동포)뿐만 아니라 한국/조선 민족의 일부분이라도 가진 일본국적인들에 대해서도 개방적이다.[3] 많은 한국적 학생들이 북한에 대하여 배우고 수학여행을 다녀오고 조선적 학생들과 어울리며 같은 커뮤니티에서 생활하며 서로 국적의 벽을 느끼지 않는다.

민족학교에서 남북한 경계 완화라고도 볼 수 있는 이러한 양상은 그러나 아직도 강고한 남북분단과 민단-총련의 분단 하에서 이루어지고 있는 것이다. 현재 특별영주자의 10%에 불과한 조선적 동포의 숫자[4]가 향후 더욱 적어진다면, 조선학교는 어떤 모습이 될까. 경영주체와 교사 및 학생의 다층적 관계가 형성되어 있는 이 새로운 형태의 '민족학교'는 재일동포 사회에 어떠한 영향을 미칠 것인가. 민단-총련의 관계, 그리고 남북한 관계에는 어떠한 함의를 지니는 것일까. 이 질문들은 사실 재일동포 존재 전체와 연결되어 있고, 결국 탈식민과 남북한 분단 상황에까지 귀결된다고 보여진다. 필자는 이러한 질문들을 가지고, 이글에서는 먼저 민족학교의 형성과 변화과정을, 재일동포

3) 조선학교는 아직 조선인의 혈통이 섞이지 않은 일본인을 학생으로 받지 않고 있다.

4) 그동안 재일동포의 숫자를 한국·조선적으로 통합 통계를 내왔던 일본 정부가 2015년 12월부터 조선적과 한국적을 분리하여 통계를 산출하기 시작했다. 2015년 12월 재류외국인(중장기 재류자 및 특별영주자) 통계에 따르면 한국이 457,772명, 조선이 33,939명이며, 그중 특별영주자 수는 한국이 311,463명, 조선이 33,281명이었다. (일본 법무성 〈재류외국인통계〉 http://www.moj.go.jp/housei/toukei/toukei_ichiran_touroku.html) 특별영주자란 식민지시기에 일본에 온 사람과 그 자손들을 말한다.

내의 남북한계 집단 간의 갈등과 대립, 또는 융합의 틀에서 정리해보고자 한다.

이 글은 문헌 및 영상 자료조사, 심층면접 및 현지조사의 세 가지 방법에 기초하고 있다. 첫째, 해방 후 1990년까지의 민족학교의 역사적 전개과정은 주로 문헌연구를 통해 고찰했다. 우선 민족학교에 관한 연구서로서 서울대학교 기증자료실의 '오자와 유사쿠 문고(小沢有作文庫)'의 문헌들이 기초가 되었다. 또한 여러 민족학교들이 발행한 일차 자료들과 홈페이지가 주된 문헌 연구 자료가 되었다.[5] 재일본조선인인권협회가 만든 "민족교육권리를 위한 사전"과 민단·총련계 관련 민단 신문, 조선신보도 중요하게 참조했다.[6] 한국과 일본의 시민단체들도 홈페이지를 통해서 민족학교에 관한 많은 정보를 제공하고 있다.[7] 한국과 일본에서 만든 영화와 다큐멘터리도 재일동포 사회와 민족학교의 상황을 보여주는 것이 적지 않다.[8]

둘째, 심층면접은 한국으로 '모국수학'을 온 동포 학생들과 현지조사에서 만난 동포, 활동가, 교사 및 교장 선생님, 민단 관계자와 영사관 관료들에 대해 여러 차례 수행했다. 모국 수학 학생들에 대해서는 수차례 깊이 있는 면담을 할 수 있었고, 연구과정에서 친분이 쌓인 재일동

5) 각 조선학교의 홈페이지와 총련 관련 기관들(예컨대 女性同盟, 朝鮮新報, 清商会 등)의 접속은 한국에서 대부분 가능하지만, 총련의 홈페이지는 차단되어 있다. 총련과 관련된 민족학교의 내용은 일본 현지조사에서 보완했다. '재일본조선인교직원동맹(在日本朝鮮人教職員同盟)'의 홈페이지도 접속이 가능했으나, 2007년 7월부터는 차단되었다.

6) 재일본조선인인권협회(http://k-jinken.net), 조선신보(http://chosonsinbo.com)

7) 조선학교와 함께하는 사람들 몽당연필(http://www.mongdang.org), 朝鮮学校を支援する全国ネットワーク(https://www.facebook.com/chosungakuen/?fref=nf) 등.

8) 예컨대 〈우리학교〉, 〈60만번의 트라이〉, 이문웅 교수의 〈교토중고급학교 탐방〉 등 수많은 영상자료들이 있다.

포들과도 상당히 깊이 있는 이야기를 나눌 수 있었다. 방문이 힘든 경우 전화로 짧게 인터뷰한 경우도 있으며, 학교를 방문하여 학생들을 집단 인터뷰하기도 했다. 2010년대 들어 총련계 사람들과 교류가 어렵게 된 정치적 상황에서 조선학교 학부형을 통한 간접 인터뷰를 한 경우도 있다. 이 많은 경우를 여기에 일일이 나열하기도 힘든 정도이다.

셋째, 민족학교 직접 방문조사도 몇 차례에 걸쳐 수행했다. 필자가 안식년을 이용하여 일본을 방문한 1989~90년, 2003년, 2007년, 그리고 2016년에 집중적으로 조사를 했으며, 중간에 틈틈이 방문했다. 수업참관, 교장 및 교사 면담, 학교시설 견학, 행사 참가 등을 가능한대로 많이 수행했다.[9] 2016년도에는 한국학교와 민족학급을 집중적으로 조사했으며, 조선학교는 참관이 힘들게 되어 학교들의 홈페이지를 참조하고 학부형과 일본 교수들을 통한 간접조사를 수행했다.

2. 재일동포 민족교육의 시기구분

재일동포 민족교육의 시기구분은 민족교육을 조망하는 데 매우 중요한 틀을 제공한다. 오자와 유사쿠는 일본 정부의 정책, 재일동포의 대응, 그리고 일본인(교사 포함)의 태도라는 세 가지 지표를 가지고 시기구분을 했다. 제1기를 1920년부터 1945년 8월 광복까지로서 일본 정부가 민족교육을 철저히 억압하고 천황숭배 의식을 주입시킨 시기로, 제2기는 광복부터 1970년까지의 25년간으로 일본 정부가 민족교육을 탄압하고 재일동포가 민족교육을 지키기 위해 저항한 시기라고 보았으며,

9) 학교방문, 재일동포 면담 등은 모두 적절한 법적 절차에 따라 진행했음을 말해둔다.

제3기는 1970년부터 오늘에 이르는 시기로 일본 정부의 변함없는 동화교육 기조 속에서 일본인 교사 및 지방자치체에서 민족교육을 인정하는 움직임과 함께 재일동포 내의 탈민족 경향도 진행되는 시기라고 분석했다.[10) 일제시기에 이루어진 민족교육을 중요하게 평가한 점이 특기할 만하며, 일본 정부와 재일동포 및 일본 시민사회의 움직임 속에서 민족학교의 설립과 분화과정을 조망하는 틀을 제공하지만, 일본 내의 변수만을 고려하고, 한국과 북한, 민단과 총련이라는 주요 변수가 빠진 것과, 조선학교에 비해 소수이지만 최근 들어 중요성이 커지고 있는 한국학교의 존재를 과소평가한 한계를 볼 수 있다. 또한 1990년대 이후 두드러지기 시작한 한국/조선학교 내의 변화를 포착하지 못하고 있다.

최근 일본 고교무상화에 조선학교가 제외되면서 새롭게 관심이 환기된 재일동포 민족교육에 대한 논의에서, 해방 후 조선학교에 대한 일본 정부의 정책에 초점을 둔 시기구분이 눈에 띈다. 제1기는 1945~1949년: 조선학교의 시작~혼란과 탄압을 넘어서, 제2기는 1950~1954년: "공립"조선학교 시대, 제3기는 1955~2001년 재출발과 발전, 그리고 제4기는 2002년부터 현재까지: 납치문제와 무상화 제외의 시기로 구분했다.[11) 이 시기구분은 조선학교의 변화과정, 특히 법적 지위에 대한 전체 흐름을 잘 보여주지만, 역시 조선학교에 치우치며, 일본 정부의 정책만을 주요변수로 보아, 한국 정부의 역할과 남북 관계, 민단/총련 관계, 한일관계의 영향을 보지 않고 있다.

해방 후 민족학교의 '존재'는 일제시기의 유산이면서 다른 한편 남북

10) 오자와 유사쿠, 이충호 옮김, 『재일조선인 교육의 역사』, 혜안, 1999, pp.22~24.
11) mori.sakura.ne.jp/kokuseki/siryou/140126/rezyume0126.pdf

분단의 표상물이기도 하다. 일제시기와 해방 직후의 민족학교 설립투쟁은 재일동포 전체가 하나가 되어 이룬 것이었는데, 1948년 이후 바로 조선학교/한국학교의 분립으로 이어졌다. 1955년 총련의 설립과 북한 정부의 원조에 힘입어 조선학교는 압도적 우세를 점하면서 소수의 한국학교와는 단절되었다. 1990년대~2000년대 초의 잠시의 교류기간을 제외하고 지금까지의 거의 전 시기에 한국/조선학교의 단절은 계속되었다. 그러나 재일동포의 일본정주 지향이 확고해지면서 한국/조선학교 모두 학생 수가 감소되는 가운데 한국·조선학교 모두 실용화·다양화로의 개선을 가속화하는 한편, 통일을 대비한다는 목표를 같이 내세우고 있다. 조선적에서 한국적으로의 대대적인 이동과 함께 조선학교의 한국적 학생 비율이 대폭 증가하고 있다. 이에, 이글은 재일동포 민족학교의 형성과 변화 과정을 (1) 민족 공동의 민족교육투쟁의 시기(일제강점기~1948) (2) 민족학교의 분열과 민족학급 설립/ 조선학교의 압도적 우세(1948~1980년대) (3) 민족교육의 실용화, 다양화 및 통일지향(1990년대~)으로 나누어 고찰하고자 한다. 이러한 시기구분에 따라 고찰한 민족학교의 상황변화는 재일동포 내의 대립과 융합 및 향후 남북관계에 대한 함의까지 끌어낼 수 있다고 생각된다.

3. 민족 전체의 교육투쟁 (일제시기~1948년)

1) 일제시기 민족학교의 열망

1917년경을 계기로 일본에 조선인의 입국이 크게 증가했고, 1923년 경부터는 무시할 수 없는 규모로 성장했다. 학령아동의 수도 증가했는데, 정확한 통계는 없으나 다나카 가쓰미(田中勝文)의 추정에 의하면 1924년에 4000명이던 것이 1940년에는 202,000명이 되었다.[12] (다나카(1967); 오자와(1999:95)에서 재인용)

1930년 문부성 보통학무국은 일본거주 조선인에 대해 학령아동을 취학시킬 의무를 지시했으나,[13] 생활의 궁핍 때문에 아동들도 일한 경우가 많았다. 또한 당시 일본 학교 내에서 재일조선인에 대한 차별이 심하여, 실제 재일조선인 아동의 취학률은 매우 낮았다. 1931년에 18.5%, 1933년에 39.8%로 당시 일본아동 취학률 99%에 비해 본다면 절반 수준도 안 되었고, 그나마도 야간소학교에 다니는 경우가 많았다. 소학교 교육은 대체로 일본아동들과 함께 같은 교실에서 배우는 교육이었지만, 간혹 조선인 아동만 분리하여 교육한 경우도 있었다. 그러나 분리교육에 대해 일본 사회에서 '조선인의 나쁜 습관을 못 고치게 한다'는 비판이 등장했고, 전체적으로는 통합교육이 대세였다. 1937년 국민총동원 시기부터 일본 정부는 '협화(協和)교육'을 통해 황민화 정책을 강화시켜나갔다. 이 과정에서 재일조선인 아동의 취학율은 크게 증가했다.[14]

2) 해방 후 민족학교의 설립

해방 후 조선인들의 귀국이 일대 혼란을 빚으며 1946년 말에 일단락되었을 때, 약 65만 명이 남았다.[15] 그들은 귀국선을 기다리다가 여비

12) 田中勝文, 1967.(오자와 유사쿠, 『재일조선인 교육의 역사』, p.95에서 재인용)

13) 오자와 유사쿠, 위의 책, p.96.

14) 김대성, 「재일한국인의 민족교육에 관한 연구」, 건국대학교 교육사회학 박사학위논문, 1996, pp.99~122.

를 다써버려 다시 일을 하게 된 사람, 귀국에 갖고 갈 수 있는 재산이 제한되어(1000엔) 기다리게 된 사람, 그리고 북한으로 돌아가고 싶어 남은 사람들이었다.(오자와, 1999:185~186) 귀국의 길이 멀어지면서 일본 각지에 국어강습소의 형태로 민족교육이 시작되었으며, 그것이 본격적인 학교 건설로 이어지게 된 것이다.

일본 정부와 연합군 최고사령부(이하 GHQ)는 재일조선인의 법적 지위에 대하여 명확한 방침을 내리지 못하고 혼란된 상태에 있었다.[16] 애매한 재일한인의 법적 지위는 교육의 측면에서도 그대로 나타났다. 1946년 11월 재일조선인은 일본의 법령에 따른다는 점령군의 지령을 받았고, 1947년 4월 문부성은 조선 아동도 일본교육에 참가시킬 의무가 있다고 발표했다. 그러나 다른 한편 "조선인이 그 자녀를 교육시키기 위해 소학교 또는 상급학교, 혹은 각종학교를 신설할 경우, 부현(府縣)은 이를 허가해도 상관없다"고 명시했다(학교교육국장통달 잡학(雜學) 123호).[17]

보다 체계적인 민족학교 건립은 1945년 10월에 전 조선인을 대표하는 조직으로 탄생한 재일본조선인연맹(조련)[18]을 중심으로 본격화되었다. 재일동포들은 서로 힘을 모아 도쿄, 오사카 등 전국 각지에 학교를 세우기 시작했다.[19] 정규 중학교와 고등학원, 정치학원 등도 세워졌다.

15) 민단 홈페이지에 게재된 재일동포 총수는 1944년 1,936,843명, 1945년 1,115,594명, 1946년 647,006명이었다. (http://www.mindan.org)

16) 법적 지위에 관해서는 정인섭, 『재일교포의 법적 지위』, 서울대학교출판부, 1996을 참조할 것.

17) 오자와 유사쿠, 『재일조선인 교육의 역사』, pp.216~217, 朴慶植, 『解放後 在日朝鮮人運動史』, 三一書房, 1989, p.184.

18) 조련 결성에 대해서는 정진성, 「조총련조직연구」, 『국제지역연구』 14-4, 서울대학교 국제학연구소, 2005를 참조할 것.

조련이 명시한 교육의 목표에는 민족적 정체성(민주주의적 애국자를 양성한다)과 재일의식(일본 경제의 기초 위에서 동포생활문제에 관한 인식을 확고히 한다)이 함께 들어 있었다. 교육을 위한 독자적인 교재 출판도 진행했다.[20]

3) 민족학교 탄압과 교육투쟁

해방 직후 일본 정부의 민족학교 용인 방침은 1947년 말부터 탄압으로 급선회했다. 1947년 12월 각의 결정을 거쳐 1948년 1월에 문부성은 조선인의 자주교육을 인정하지 않겠다고 발표했다(학교교육국장 통달 '조선인학교 설립의 취급에 대해서'). 이미 오사카에서는 GHQ가 조선인 학교를 관리하기 시작했고 교과서도 GHQ가 선정했다. 고베에서도 현(縣) 교육부장이 조선인 아동을 일본학교에 입학시키라는 통달을 내렸다. 야마구치(山口)현에서도 군정부(軍政部)가 조선인학교 폐쇄명령을 내렸고, 효고(兵庫)현에서는 조선인학교에 학생을 받지 말라고 명령했다.[21]

조련은 1947년 신학기부터 그때까지의 학교를 통합·재정리하면서 6·3제 학교로 발족시키고, '교육규정'을 제정하며 민족교육에 박차를 가했던 참이었다.[22] 이 통달이 발표되자, 조련은 곧 문부대신과 오사카, 고베 및 도쿄의 교육국에 항의서를 제출했다. 도쿄조선중학교 등

19) 도쿄에는 1946년 3월 말, 초등학원 23개소(아동 수 1,700여 명), 1946년 4월 오사카에는 아동학원 68교(아동학원 8,800여 명), 고베(神戶)에는 45교(3,700여 명)가 세워졌다.

20) 조련은 1945년 11월경에 『조선역사교재초안』(상·중·하 3권, 등사인쇄)을 출판하고, 1946년 2월 중앙기구 내에 초등교재편찬위원회를 결성하여, 국어, 역사, 산수, 이과 등의 교과서와 참고서, 사전 등을 출판했다(朴慶植, 『解放後 在日朝鮮人運動史』, pp.137~145).

21) 朴慶植, 『解放後 在日朝鮮人運動史』, pp.185~208.

22) 차영국, 「해방 직후 미귀환 재일한인의 민족교육운동」, 『한국근현대사연구』 37, 한국근대사학회, 2006, pp.14~16.

도내의 각 학교는 학생대회를 열고 문부성과 도(都) 교육부장에게 보내는 결의문을 채택했다. 북한에서도 성명을 발표했고, 서울에서 학생단체는 일본의 민족교육에 대한 부당탄압에 항의 시위를 벌였다. 일본 전국 각지에서 반대운동이 일어났고, 특히 오사카와 고베에서 많은 사람이 다치고 죽기도 했는데, 이것이 재일동포 민족교육사에 한 획을 그은 '한신교육투쟁'(阪神教育闘争)이었다.[23] 박경식에 의하면 1948년 4월 민족교육탄압에서 검거된 총 수는 3,076명, 그중 기소자는 207명에 달했다.[24]

1948년 5월에 재일동포 단체와 문부성은 각서를 교환하고 민족학교를 사립학교로서 인정하는 것으로 방침을 바꾸게 되었다.[25] 처절한 투쟁의 결과였던 이 타협을 바탕으로 당분간 민족학교는 1949년 10월 조련 해산과 함께 민족학교 폐쇄 명령이 다시 내려진 시기까지 안정된 수업을 진행할 수 있었다.

4. 민족학교의 분열과 민족학급 설립/ 조선학교의 압도적 우세 (1948년~1980년대)

한신투쟁을 비롯한 민족교육투쟁은 해방 후 고국에 돌아가지 못하고 일본에 남은 우리 동포 전체의 투쟁이었다. 그러나 이미 조련이 좌경화

23) 김경해 외 공역, 『1948년 한신교육 투쟁: 재일조선인 민족교육의 원점』, 경인문화사, 2006.

24) 한신(阪神)교육투쟁의 자세한 경과에 대해서는 朴慶植, 『解放後 在日朝鮮人運動史』, pp.184~208을 참고할 것.

25) 문부성 당국과 조련은 1948년 5월 쌍방 교섭을 가지고, 문부대신과 조련 대표가 각서를 교환하게 되었다(朴慶植, 위의 책, pp.200~202).

되고 있었으므로 민단이 조련과 대립하여 새롭게 설립되었고, 이에 따라 민족학교는 조련계와 민단계로 분열되었다. 한국 정부가 민족학교에 대해 관심을 기울이지 않는 동안, 1955년 설립된 재일본조선인총연합회(총련)을 통해 북한정부는 새롭게 조선학교를 설립하고 교육보조비와 장학금을 송금했다. 이렇게 부흥한 조선학교는 1970년대 본국으로의 귀국의지 약화에 따라 동포들의 일본학교 진학이 늘어나면서 약화되기 시작했다. 일본의 국적법 개정과 귀화요건의 간소화, 일본인과의 결혼 증대에 더하여 출생율 감소의 전반적 요인으로 인하여 민족학교 입학생은 지속적으로 줄었다. 한편 한일관계의 호전에도 불구하고 한국학교는 조선학교에 비해 약세를 면치 못했다. 1949년 10월 일본정부의 민족학교 폐쇄령에 따라 재일동포 학생들이 일본학교에 입학하는 상황에서 동포들의 노력으로 일본학교 내에 민족학급을 설치하여 민족교육의 중요한 부분이 되었다.

1) 조련의 좌경화와 민단 설립, 민족학교의 분열

처음 조련은 정치적 색채를 띠지 않고 전국적 대중조직으로서 귀환절차 돕기, 생활상담 등 재일조선인의 생활을 돕는 활동을 주로 했으나, 일본공산당 간부들의 대거 참가와 더불어 점차 공산주의의 정치적 성격을 강하게 나타내게 되었다. 더욱이 과격한 무력 행동을 벌이기도 하여, 우파 민족주의자들은 이탈하여 1945년 11월 조선건국촉진청년동맹(이하 건청)을 발족했다. 다른 한편 조련과 건청의 대립을 목도하면서 무정부주의계 및 민족주의적 중립파들이 1946년 1월에 신(新)조선건설동맹(이하 건동(建同))을 결성했다. 건청과 건동을 비롯한 군소 32단체들은 반공 우익진영의 결집체로서 1946년 10월 재일본조선거류민단

(1948년 재일본대한민국거류민단으로, 1994년 재일본대한민국민단으로 개칭)을 결성했다.[26] 이러한 민족단체의 분열은 곧 민족학교의 분열로 이어졌다.

민단의 모체인 건청과 건동은 조련과 별도로 다소 늦게 민족학교를 건립하기 시작했는데, 이미 민족학교를 선점한 조련을 넘어서지 못했다. 1948년 4월, 초등학교는 민단계 52개교(학생 수 6,297명)와 조련계 541개교(학생 수 56,210명)가 건립되어 있었다.[27]

한편, 1946년 4월 정치적으로 좌우에 관계하지 않고 기본적으로 불편부당의 입장에서 교육을 실시할 것을 주장한 '백두동지회' 사람들이 백두학원을 설립했다. 백두학원은 건국학교를 개설하고[28] 민단계, 총련계의 모든 학교가 각종학교였을 때인 1949년 5월에 재단법인으로 유일하게 문부성의 인가를 받아 제1조학교로 출발했다.

2) 일본학교 내 민족학급 설치

일본은 급격히 우경화 정책으로 선회하여, 1949년 9월 일본 법무부는 '점령군에 대한 반항 반대 및 폭력주의적 범죄'를 일으켰다는 이유로 조련의 해산을 명령했으며, 이어 10월과 11월 2차에 걸쳐 문부성은 조선학교와 한국학교를 포함한 민족학교의 폐쇄를 명령했다. 이때 폐교

26) 정진성, 「민단-총련 관계의 변화: 남북한관계에 미칠 영향에 대한 탐색」, 『사회와 역사』 82, 2009, pp.291~292.

27) 차영국, 「해방 직후 미귀환 재일한인의 민족교육운동」, p.16.; 강재언·김동훈, 하우봉·홍성덕 옮김, 『재일 한국·조선인: 역사와 전망』, 소화, 2000, p.151.; 오자와 유사쿠, 『재일조선인 교육의 역사』, p.195.

28) 건국공업학교.고등여학교를 개설하고, 1947년 4월 건국중학교로 통합·개칭함. 1948년 건국고등학교, 1949년에는 소학교를 개설했다.

에 저항하여 남은 학교가 비합법 자주학교로서 1952년 전국에 44개가 존속했다. 한편 일본 문부성은 11월에 "일본인 학교에 수용하는 것이 불가능할 경우 (…) 공립분교를 당분간 인정한다"는 통달을 발표해 도쿄, 가나가와, 효고 등지에 공립 조선인학교(공립학교 14개, 공립분교 18개)가 이루어졌다. 또한 위 통달에 따라 정규 수업시간 외에 조선인 학급을 설치하여 조선어·조선사를 가르치는 특별학급도 설치할 수 있게 되었다. 이것이 민족학급이다.[29]

민족학교 설립투쟁의 결과로서 일본학교 내에 민족학급을 설치하게 된 것은 민족교육에 있어서 매우 중요한 의미를 지닌다. 앞서 언급한 1948년 5월의 문부성과 동포 간에 교환된 각서에 따라 전국의 조선인 집주지역에 공립학교의 과외시간을 활용하여 조선인 학생들을 위한 특설학급(민족학급)이 설치되었다. 1952년 4월 오사카, 시가, 교토, 후쿠오카 등 전국 13개 부현에 77개의 특설학급이 있었다.[30]

1955년 총련 설립으로 조선학교가 크게 확대되어 민족교육의 장이 마련됨에 따라 민족학급이 쇠퇴하기 시작했다. 일본학교에서 조선학생과 민족학급에 대한 극심한 차별[31]도 민족학급 쇠퇴의 또 다른 요인이 되었다. 한일조약 체결 후에는 일본문부성은 일본인과 같은 교육을 행하도록 한다는 취지에서 '민족학급'의 폐쇄를 지시했다.

이러한 상황에서 민족학급은 점차 줄어들어 1970년에 이르면 민족

29) 오자와 유사쿠, 『재일조선인 교육의 역사』, pp.239~263.

30) 청암대학교 재일코리안연구소, 『재일동포 민족교육 현황 조사』, 재일동포재단, 2013, p.327.

31) 필자가 2016년 11월 도쿄의 한 라이브 카페에서 만난 동포 가수(60대 초반)는 소학교 시절 일본학교에 다니면서 교사로부터 당한 엄청난 차별을 노래로 만들어 불렀다. "아주 극소수의 선생님들을 빼고 대부분의 선생님들이 조선학생들을 엄청나게 때리고 미워했다. 한국애들 모아놓고 너희들 중학교에 가지마라 하기도 했다"고 말했다.

학급 수가 1/3로 축소되었다. 1971년 오사카시 니시나리(西成)구 나가하시(長橋) 소학교의 한 재일동포 학생이 학생회장으로 입후보해서 재일동포학생들의 권리를 주장한 것이 계기가 되고, 1972년 7.4공동성명서에 자극을 받은 재일동포들이 조국통일의 기대감을 가지고 특별활동 형식의 민족학급을 추진하기 시작했다. 이것은 1949년 오사카부가 법적으로 인정한 민족학급과는 다른 비공식적인 것이지만,[32] 새롭게 민족적 정체성에 눈을 뜬 3세 중심으로 확산되었다. 민족학급이 재일동포 학생들의 정체성 형성에 중요한 역할을 했다는 기록이 적지 않다.[33]

3) 총련 설립과 북한으로부터의 교육 지원

1955년 민족학교가 정식 인가되는 법적 근거가 마련된 직후에 이루어진 1955년 5월 총련의 발족은 총련계 민족학교 설립의 새로운 전기를 이루었다. 총련은 총련중앙과 각현본부에 교육전담부서를 설치하였으며 같은 해 10월에는 교과서 편찬위원회를 조직했고, 각급학교의 과정안, 학생규칙, 문건양식들도 새로 제정·실시했다. 총련 중앙위원회 제2차 회의(1955년 9월)에서 조선대학교 건설사업의 추진을 결정하고 1956년 4월 조선대학교를 창설하는 등 조선학교의 고등교육까지의 학교체계를 정비했다. 전국 각지에서 기부운동이 일어났고, 1957년 4월부터는 북한으로부터 교육원조비와 장학금이 보내져 신축교사와 제반시설이 확충되어 갔다. 이어서 북한의 지도하에 '각급학교 규정'을

32) 앞선 시기의 '각서 민족학급'과 구별하여 '72년형 민족학급'이라고 부른다.

33) 예컨대 2016년『世界』잡지 3월호와 5월호에 상·하로 연재된 민족강사 박정혜 씨에 대한 나카무라 일성의 취재기.

제정하고 조직을 총동원하여 시설의 확충, 학생의 대량유치, 교원의 양성 등에 전력을 기울여 학교를 조직운동의 거점화로 만들고, 학생을 북한의 '재외공민'으로써 교육하는 것을 활발히 추진하기 시작했다.[34)]

조선학교가 민족학교의 주류를 점하기는 했지만 50~60년대의 전성기를 지나 70년대부터는 재일동포의 귀국의지가 현저히 떨어지고 일본 정주가 확실해지면서 이탈이 시작되어 90년대에 들어서는 조선학교 학생 수가 격감하게 되었다. '재일'을 위한 교육을 확충하지 못한 것이다.

4) 한국학교의 정비

민단계 학교 경우도 해방 후에 건립했던 학교들이 대부분 해체되고, 일본 정부에서 새롭게 각종학교 인가를 받는 학교가 생겨났다. 금강학교(1946), 교토국제학교(1947), 도쿄한국학교(1954)가 그것이다. 이 학교들은 1960년대 초부터는 한국 정부의 인가를 얻어 (금강학교는 1961년, 도쿄한국학교는 1962년, 교토한국학교도 1961년 중학교, 1965년 고등학교) 본국교육과 연계를 갖기 시작했다.[35)]

한국 정부는 늦었지만 다각적인 노력을 기울여[36)] 학교 수는 적었지

34) 총련은 자체 8대 강령 중 제4조에서 재일동포들의 민족교육에 대한 새로운 방침을 다음과 같이 명시하고 있다. "우리는 재일 조선동포자녀들에게 모국어와 글로써 민주민족교육을 실시하며 일반성인들 속에 남아 있는 식민지노예사상과 봉건적 유습을 타파하고 문맹을 퇴치하며 민족문화의 발전을 위하여 노력한다." 또한 총련결성대회보고에서도 민족교육을 강화발전시키기 위한 구체적인 교육방침을 제시하기도 하였다(김홍규, 「재일동포들의 민족교육에 대하여」, 『이중언어학』 10, 이중언어학회, 1993, pp.171~172).

35) 김대성, 「GHQ점령하의 재일한국인 민족교육 활동에 관한 고찰」, 『평생교육학연구』 1, 한국평생교육학회, 1995, p.204.

36) 한국 정부는 1961년 제3공화국 이후 교육보조금의 재정지원을 약속했다. 도쿄에 장학

만 총련계 학교에 비해 일본 사회에 좀 더 가깝게 적응하면서 발전했다. 금강중·고교는 1985년에, 교토국제학교(교토한국학교에서 개칭)도 2003년에 제1조교 인정을 받았다. 1954년에 창립한 도쿄한국학교만 여전히 각종학교에 머물러 독자적인 민족교육을 계속할 필요가 있다는 결론을 내렸다. 한편, 1948년 제1차 민족학교 폐쇄로 다른 모든 학교가 불인가 되는 가운데, 일본문부성의 심사에서 살아남아 1951년 3월 13일에 '제1조교'로 인가받은 중립계 백두학원 건국학교 소·중·고교는 1976년 어려운 재정난을 한국 정부의 재외국민교육진흥자금을 받아 해결하면서 민단계 민족학교로 노선을 전환했다.

한국 정부는 한국인 자녀의 일본 공립학교 입학권을 확보했고, 1966년부터는 본국 하계학교제도를 만들어 재일한인 학생들을 한국에 초청하여 한국의 현실과 전통문화를 배우도록 하는 교육프로그램을 실시하였다. 또한 재일 한국학교 학생들의 조국방문 수학여행도 정부예산으로 실시했다. 1980년에는 교육개혁심의회를 통해 '해외교포교육 발전방안'을 의결했고, 지역 및 언어권별로 다양한 재외동포 교육수요에 효과적으로 대응하기 위해 재외국민교육원동포교육부 소속의 국제교육진흥원으로 확대 개편했다.[37] 일본 정부는 1991년 한일 외상회의에

관실을 설치해 장학관과 교사를 파견했고, 재일 한국학교에 파견교사를 배치, 민족교과를 담당하게 했다. 1962년 문교부는 재일한인 자녀들에게 모국수학제도를 마련했고, 일본학교에 재학 중인 2·3세들과 성인들에 대한 민족교육과, 국가 홍보 및 문화교류활동을 목적으로 일본 대도시에 교육문화센터를 개설했다. 또한, 재일 한국학교의 육성과 학생에 대한 장학금지급과 학술단체의 연구 활동을 위해 재일동포 교육후원회(현 한국교육재단의 전신)를 발족시켰다. 조선학교에 비해 열세에 있던 한국학교의 상황을 개선하기 위해 1965년부터 한국 정부는 정책적 관심을 기울이기 시작하여 대사관·영사관에 장학관을 파견하고 본국에서 교사를 파견했다. 민단 중앙에서도 교육위원회를 두기로 결정하고 재일조선인교육헌장을 제정하기도 했다(오자와 유사쿠, 『재일조선인 교육의 역사』, p.384).

서 교환포교'각서'를 통해 재일한인 교육에 관한 포용성을 확대하고 교원채용에 국적조항을 철폐했다.[38)]

이러한 호의적 조건 속에서도 민단계 민족학교 수는 1993년 소 3, 중 4, 고 4개에 불과했다. 이 학교 재적학생은 전체 재일한인 아동의 0.8%에 불과했는데, 그중 반 이상이 한국에서 온 상사 직원의 자녀이거나 파견 공무원 또는 유학생의 자녀였다.

5) 일본 정부/사회의 민족학교에 대한 탄압과 지원

재일동포 민족학교에 대한 일본 정부의 입장은 해방직후부터 일관되게 억압 일변도였으나, 재일동포운동과 일본 사회운동의 영향으로 차츰 민족학교를 인정하는 방향으로 나아갔다. 1965년 12월에는 문부성에서 민족학교를 각종학교로도 인가해서는 안 된다고 하는 사무차관통달 '조선인만을 수용하는 교육시설의 취급에 대하여'를 발표했으며, 1966년에는 지방자치단체가 가지고 있던 학교설립인가권·시정·폐쇄명령권을 문부대신에게 집중한다는 내용의 외국인학교법안을 발표했다.[39)] 이 법안은 재일동포와 일본 사회의 강한 반대에 부딪혔고, 일본

37) 유병용, 「한민족의 해외이주와 민족교육 문제」, 『근현대사강좌』 1, 한국현대사연구회, 2002, pp.59~62.

38) 이 밖에도 일본 정부에서 학교법인으로도 인가를 받은 민족학원이 10여 개 만들어졌다. 민족학원은 하루 2시간씩 주 2일 3개월 정도의 단기 프로그램으로 한국의 언어, 문화, 풍속, 사회, 음악 등을 가르친다(김대성, 「재일한국인의 민족교육에 관한 연구」, pp.209~213).

39) 이에 대해 박정희 정부와 민단도 반공실리론(민단계의 학교보다 총련계의 학교가 압도적으로 많은 것에 대해 총련계의 학교가 무너지면 한국 정부에 이익이 된다)을 펴 찬성의견을 표명했다(진희관, 「재일동포사회의 문제와 북일관계-60년대 한일수교 시기를 중심으로」, 『한국사연구』 131호, 한국사연구회, 2005, pp.150~151).

정부는 수차례 시도 끝에 이 법안을 포기했다.[40)]

탄압의 한편에 지원도 적지 않았다. 1950년대부터 교사와 학생, 학부모회 뿐 아니라, 일본교직원조합(이하, 일교조)[41)], 일본공산당도 협력하여 민족학교 폐교반대운동을 전개했다. 마침내 1955년 3월 '도쿄도립조선학교'(東京朝鮮中高級学校, 현재의 도쿄조선중고급학교의 전신)와 '오사카시립니시이마자토중학교'(大阪市立西今里中学校) 등의 조선학교가 일본 정부에 각종학교로서 인가받게 되었다. 후에 이러한 발전이 진전되어 65년 11개, 66년 32개, 67년 28개, 68년 8개교 등 1975년까지 모든 조선학교가 각종학교로 인가를 받게 되었다.[42)] 비록 대학 입학자격이 없기 때문에 대학입학을 위해서는 검정고시를 봐야만 하는 각종학교이지만, 이 결정 후 민족교육은 계속 발전하였다.

조선대학교 인가과정에서[43)] 도쿄도가 문부성의 방침에 반하여 결정을 내린 것을 기점으로, 이후 학교 인가문제를 둘러싸고 지방자치체가 차관통달을 지키지 않는 경우가 늘어갔다. 또한 1970년대 후반부터는 각종학교에 대해서도 국가나 지방자치체가 교육보조금을 지출할 수 있도록 되어 있는 사립학교 진흥 조성법에 근거하여 지방자치체가 조

40) 이후 몇 차례 더 시도했던 것도 모두 폐안되었다. 그리고 문부성은 마침내 외국인학교 제도의 창설을 포기하고 말았다.

41) 일본교직원조합(日本教職員組合, Japan Teachers Union、JTU)은 일본 최대 교원 및 기타 학교직원에 의한 노동조합 연합체로서, 학교에서 국기게양·국가 제창의 문제제기와 역사교과서와 관련된 재판 등 민족학교와 관련된 쟁점에 대해서도 연대를 계속해왔다.

42) 朝鮮大学校民族教育研究所 編, 『在日朝鮮人の民族教育の権利について: 朝·日関係改善と国際化の流れの中で(資料集)』, 学友書房, 1991, p.322.

43) 1967~68년 조선대학교 인가운동에 각계각층의 인사들과 국·공·사립대학 교수들까지 동참한 결과, 1968년 4월에 각종학교 인가를 획득하게 되었다. http://kangaerukai.net/jikoshoukai.htm

선학교에 대해 교육보조금을 지급하기 시작했다. 한편 1969년 나가사키 조선(造船)대학을 필두로 민족학교 졸업생의 시험자격을 인정하는 대학이 늘어나서 마침내 2004년 국립대학인 도쿄대학도 민족학교 졸업생을 받게 되었다. 조선대학생에게 일본대학원 문호를 개방하는 흐름도 또한 확대되고 있다. 교원채용에서 국적조항을 무시하고 재일동포를 교원으로 채용하는 도부현이 늘어나서 문부성은 1991년 이 국적조항을 철폐하게 되었다.[44)]

이밖에 1965년 일조협회, 일교조 등이 중심이 되어 만들어진 일조민족교육문제협의회(日朝民族教育問題協議会, 일조교연), 당시 대표적 일본지식인들과 일교조, 일본모친대회, 일조협회 등이 구성한 '전국연락회' 등이 활동했다. 1971년 9월에 발족된 "전국재일조선인교육연구협의회 오사카, 일본학교에 재적하는 조선인 아동·생도의 교육을 생각하는 모임"(全国在日朝鮮人教育研究協議会大阪, 日本の学校に在籍する朝鮮人児童·生徒の教育を考える会)은 1998년 한신교육투쟁 50주년기념집회에서 '민족교육권리선언'을 발표했고, 같은 해에 '민족교육네트워크'를 발족해 2000년부터는 일본식 이름 대신 조선이름을 당당히 쓰자는 '본명캠페인(혹은 본명실천)'을 전개했다.

5. 민족교육의 실용화, 다양화 및 통일지향 (1990년대 이후)

이미 1970년대부터 나타난 민족학교 입학 감소가 계속되고 있으나, 재일동포들의 다양한 요구에 부응하기 위한 노력이 한국학교, 조선학

44) 오자와 유사쿠, 『재일조선인 교육의 역사』, pp.481~517.

교 모두에서 이루어지고 있다. 이것은 1990년대 한국에서 민간정부가 출현한 후 잠시 이루어졌던 한국학교/조선학교의 교류가 2010년대 들어 다시 냉각되었음에도 불구하고, 여러 측면에서 상당한 유연성을 갖게 하는 근본적인 요인이 되고 있다. 즉 현상적 냉각과 달리 '구조적 융합'의 양상을 보이고 있다고 볼 수 있다.

1) 한국학교의 새로운 시도

한국의 민주화와 경제발전, 그리고 한일교류로 인하여 한국학교에 대한 새로운 수요가 창출되었으며, 한국 정부는 민족교육에 대하여 다각적으로 지원을 늘리고 있다. 한국 정부로부터 교육법 82조의 초·중·고등학교 인가를 받은 한국학교는 현재 4곳이다. 일본 학교교육법 제1조교로서 오사카의 건국유소중고등학교(建国幼小中高等学校, 46년 3월), 금강유소중고등학교(金剛幼小中高等学校, 46년 4월 5일), 교토국제중고등학교(京都国際中高等学校, 47년 5월 13일)가 있으며, 제83조에 의해 각종학교로 분류되고 있는 동경한국학교(東京韓国学校, 54년 4월 26일 설립)가 있다. 이밖에 성인 중심의 나고야한국학교(名古屋韓国学校), 민단사무소에서 행해지는 각종 강좌, 강좌제 민족대학 등이 있다.

한국 교육에서는 재외동포교육의 기본계획을 수립해 현지 교육기관의 설치와 운영을 지원하고, 교사를 선발·파견하는 등 이들의 인사관리를 담당하고 있나. 교육부 산하에 있는 한국교육원이 한국학교와 한글학교를 지원하며, 국제교육진흥원은 재외동포교육용 교재와 자료를 개발·보급하고, 재외 한국 및 한글학교 교원을 초청하여 연수를 실시하고, 인터넷을 이용해 재외동포를 위한 한국어교육시스템을 운영하고 있다.[45]

다음 〈표2〉에서 볼 수 있는 대로, 조선학교와는 반대로 한국학교의 학생 수는 소폭이지만 점차 증가하고 있다.[46]

〈표2〉 재일 한국학교 현황 (2001/2009/2016년)

학교명 \ 구분	학생 수 (명수)		
	초	중	고
건국학교	159/167/146	116/122/99	124/120/161
금강학교	166/174/107	52/106/52	51/67/74
교토국제학교	-	54/51/37	65/104/126
도쿄한국학교	377/589/716	209/251/336	222/254/295

출처: 교육부(2001: p.891); 교육과학기술부·한국교육개발원(2009: p.869); 한국교육원(2015, 2016); 각 학교 팸플릿, * 금강학교는 2015년.

학교 수와 교원 수는 늘어나지 않는 상태에서도 이러한 증가가 이루어지고 있는 것은 한국학교의 수요가 크다는 것을 말해준다. 특히 한국으로부터 온 주재원 자녀들의 수요가 큰 도쿄한국학교[47]는 다른 오사카와 교토의 한국학교와는 달리 일조학교가 아니라 각종학교로 남아 보다 자유롭게 민족교육을 유지하고 있다. 일본어 시간을 제외한 모든 수업이 한국어로 진행되고 있다. 이 학교의 교장은 2016년 11월 "통일 직전의 재외학교로서 남북대립의 보이지 않는 국경이 있는 현재, 상징적 의미를 지닌다"고 말했다 (필자 인터뷰). 최근 학생 수의 폭발로 제2학교 설립을 시도하고 있다.[48]

45) 유병용, 「한민족의 해외이주와 민족교육 문제」, pp.45~46.

46) 1999년 학생 수는 1,597명이다. 재일한인 자녀 총수의 약 0.9%로 극히 적은 숫자이지만(이정훈·윤인진, 「재일동포의 민족교육과 모국수학의 현황과 발전 방안」, 재외한인학회 월례발표회 발표논문, 1998, p.287), 감소하고 추세에 있는 것은 아니다.

47) 2016년 4월 현재 초,중, 고등부 전체 학생의 64.9%가 일시 거주자이며 특별영주자는 7.1%에 불과하다.(동경한국학교 학교현황, 2016)

개교 3년이 된 청구학원 쓰쿠바는 일본 최고로 대학입시를 잘하는 중, 고등학교로 만들겠다는 한 재일동포 사업가의 집념으로 세워졌다. 학생 600명 정원을 받아 기숙사를 포함하여 매우 큰 교사를 마련해 놓았다.[49] 이 학교를 일본뿐 아니라 전 세계 동포들의 본거지로 만들 것이며 이것은 통일이 되면 더욱 중요한 민족학교가 될 것이라는 포부가 있다(이사장 면담, 2016.11.).

그러나 지금까지 한국학교는 대체로 일본학교 교과서를 가지고 한국인 교원이 일본학교와 같이 일본어로 교수하고, 한국어와 한국사 등 민족교과는 학년에 따라 주당 몇 시간씩 지도되는 과외활동('특설교과' 형식)으로만 인정되므로, 한국어능력도 완벽하게 기를 수 없는 어정쩡한 것이 현실이다. 따라서 재일한인들은 자녀를 아예 일본국민의 의무교육 과정을 교육받는 일본학교에 보내거나(88%), 아니면 한국어를 완벽하게 배울 수 있는 총련계 조선학교에 보내는 경향이 있다.[50] 한국학교 자체에도 재일한인보다 일시 체류자 자녀가 늘어나고 있다는 관찰이 있다.[51] 일본의 제1조교라는 지위의 여러 유리한 점에도 불구하고, 독도문제, 일본군위안부문제 등 한일관계의 갈등 지점에서 애매한 입장을 취할 수밖에 없는 한계를 매우 심각하게 받아들이는 동포들도 적지 않다.

이밖에 한국에 민주화가 진행됨에 따라 한국으로의 모국수학이 늘어나고 있다. 모국수학도 민족교육의 중요한 한 부분으로 고려해야 한다.[52]

48) 학교법인 동경한국학원 〈동경한국학교 연구프로젝트위원회 검토보고서〉 (2015.6.26.) 참조.

49) www.cheonggu.kr

50) 유병용, 「한민족의 해외이주와 민족교육 문제」, p.79.

51) 홍석화, 「(재일동포의 모국어 교육)모국어 교육의 현장: 민족학교-금강학원(金剛學園)을 중심으로」, 『이중언어학』 10, 이중언어학회, 1993, pp.235~236.

52) 모국수학에 관해서는 윤다인(2014)의 연구를 참조할 것. 이 글에서는 생략한다.

2) 민족학급의 새로운 변신

앞서 언급한 대로 1972년 새롭게 활기를 띠기 시작한 민족학급은 전국의 일본 소학교, 중학교에 확산되어 오사카(市, 府)의 경우, 2015년 소학교 115교, 중학교 70교에서 민족교육이 공식(민족학급) 또는 과외 활동(민족클럽)으로 이루어지고 있다. 규슈지역은 1950년에 설립된 민족학급이 3개의 소학교에 49개의 학급으로 아직도 남아 있다.[53] 1990년대에 들어 한국 정부가 민족학급(민족클럽, 국제학급 등 다양한 이름으로 불린다.)에 대한 지원을 시작했다. 이 민족학급들은 한국어, 한국역사에 국한하지 않고 보다 넓은 인권교육, 다문화 및 국제 이해 교육으로 범위를 넓히고 있다.

이밖에 2002년부터 실행된 유토리교육의 맥락에서 이루어진 '總合的學習'의 하나로 한국학급, 국제이해교육을 위한 학급이 일본의 여러 지역에서 시행되고 여기에 과거의 민족학급과 유사한 수업이 부정기적으로 진행되기도 한다.[54]

3) 새로운 중립계 학교의 시도

이와 같이 한국학교는 해방 후부터 고착되어온 양적 열세와 운영의 틀의 한계를 벗기 힘들며, 다른 한편 조선학교는 총련이라는 운영주체가 갖는 한계를 벗어나기 힘든 실정에서[55] 재일동포를 세계시민으로

53) 足立小学校, 戸畑中央小学校, 若松中央小学校.

54) 기타규슈지역에 거주하는 재일동포 2세인 73세의 배동록 씨는 근처의 일본 소학교에서 지금까지 두시간 정도의 한국 역사 및 문화 수업을 1000회 넘게 진행하고 있다(2016년 9월 수업 참관).

55) 정갑수, 2003년 면담.

교육시킨다는 목표를 내건 새로운 개념의 한국학교가 시도되었다. 2008년 오사카에 설립된 코리아국제중고등학교(コリア国際学園, Korea International School)가 그것이다.[56] 이 학교는 3개 국어(한국어, 일본어, 영어)로 교육하고 해외연수와 다양한 경험을 강조하여 학생들을 세계와 동아시아를 넘나드는 '경계인'(越境人)으로 육성하며,[57] "남북한의 통일과 세계와 동아시아의 지속가능한 발전에 이바지할 것"이라는 목표를 내세웠다.[58] 이 학교는 기본적으로 총련·민단계를 포괄한 재일동포를 위한 학교이지만, 일본학생에게도 문을 열고 있다. 초등학교와 중학교 과정을 조선학교에서 마친 후, 마침 이 국제학교가 설립된 것을 알고 이 학교 고등부에 1기생으로 진학한 조** 양은[59] 당시 자신과 함께 고등학교에 15명이 진학했는데, 학생들의 국적은 조선 국적, 한국 국적, 일본 국적이 모두 포함되어 있으며 한국에서 온 학생도 있었다. 이후 후배들도 마찬가지였다고 한다. 선생님들의 국적도 재일동포, 한국인, 일본인, 영국인 등 다양하다. 이 1기생 중 12명이 졸업했는데, 서울대학교, 연세대학교, 와세다대학교, 런던예술대학교 등 한국과 일

56) 재일동포로 처음 변호사가 된 김경득, 처음 동경대 교수가 된 강상중, 1985년부터 총련계와 민단계를 아우르는 "원코리아 페스티벌"(One Korea Festival)을 주도했던 활동가 정갑수, 조선대학 공학부 출신 사업가 문홍선, 총련계 재일조선인인권협회에서 활동했던 변호사 홍경의, 임범부, 양영철 등이 주축이 되고 수많은 재일동포들이 기부금을 냈다.

57) "재일코리안을 비롯해 다양한 문화적 배경을 가진 학생들이 자기의 아이덴티티에 대해 자유롭게 생각하고 배우는 국제 학교 … 확실한 학력과 풍부한 개성을 가진 창조력 넘치는 인재로 국가와 경계를 넘나들며 활약하는 인간형, 즉「세계인」육성을 목표"로 한다는 이 학교의 교육이념이 이를 명확히 보여준다.

58) 보다 자세한 내용은 코리아국제중고등학교 웹사이트(http://www.kis-korea.org)를 참조.

59) 졸업 후 서울대학교 사회계열에 입학하여 필자의 강의를 수강했다. 필자는 조 양과의 면담을 통해 이 학교에 대하여 밀도 있는 지식을 갖게 될 수 있었다.

본, 세계의 유수한 대학에 진학했다.[60] 조 양에 따르면, 이렇게 훌륭한 대학 진학률 때문에 학비와 기숙사비를 포함한 교육비가 다소 비싼데도 불구하고 입학생이 늘어나고 있다고 한다.

그러나 이 학교도 최근 여러 문제에 봉착해 있다. 민단과 총련 양쪽에서 모두 비난을 받았으며, 이사진 내부 화합도 어렵다고 한다. 재정 문제로 인하여 2012년 한국 정부에 지원을 요청하여 중립이라는 입지를 포기하기에 이르렀다. 수업시간에 식민지배를 정당화하는 내용도 있지만 규제할 방도가 없다는 보고도 있다.[61]

4) 조선학교의 변화

(1) 학생 수의 감소와 재정적 어려움

조선학교가 직면한 많은 어려움 중 첫 번째가 민족학교 학생 수의 계속적인 감소추세이다. 그것은 전반적인 출산율 감소, 일본국적 취득,[62] 한국적으로의 이동 추세[63]가 꾸준히 진행되는 것의 결과이다. 점차 개선이 되어 왔지만 민족학교 졸업생들의 학력불인정이 수십 년째 지속되는 상황에서 일본학교 진학 경향이 계속 증대되어 왔던 것도 민족학교 학생 수 감소의 또 다른 요인이다. 학생 수가 격감하면서 조선학교들 간의 통폐합이 곳곳에서 일어나서 학생들의 통학거리가

60) http://www.kis-korea.org/kr/shinro/index.html

61) 이범준, 『일본제국 vs. 자이니치』, 북콤마, 2015, pp.283~286.

62) 日本 法務省 民事局의 각 연도 통계에 따르면 2003년 11,778명을 정점으로 귀화자 수가 점차 진정되고 있다. 2009년 7,637명, 2011년 5,656명. 또한 일본의 국적법 개정(1985)으로 출생과 동시에 일본 국적을 부여받는 새로운 세대인 재일동포 집단이 증가하고 있다.

63) 2015년 12월 특별영주자는 한국적 311,463명, 조선적 33,281명이다.

크게 늘어났다. 필자가 2003년 방문한 오사카의 한 조선초급학교는 1945년에 설립되어 1968년에 각종학교로 인정받아서 운영되어오다가 1991년 주변의 네 개의 학교가 통폐합된 것이라고 했다.[64] 두세 시간 거리를 학교버스로 통학하면서 통학시간을 학습의 연장으로 활용하는 경우도 있으며 초등학교부터 기숙사에서 생활하는 경우도 종종 있다. 교사나 학부모 모두 민족학교에서 교육하고 자녀를 보내는 것에는 큰 희생이 따르는데, 이것은 하나의 민족운동으로 인식되기도 한다.[65] 조선학교 수가 매년 감소되고 있지만, 현재 남아 있는 학교에도 학생 수가 걷잡을 수없이 줄어들고 있다.[66] 2016년 현재 고등학교[67]는 일본 전체에 10개교가 남아 있다.

한편 민족학교는 북한의 지원금이 거의 끊기면서 지자체 보조금, 학부형이 내는 교육비, 그리고 교육회의 지원으로 운영되고 있다. 학교의 관리운영 및 재정과 관련해서는 '조선인교육회'라는 조선학교만의 독특한 체계를 가지고 있다. 이는 한국의 육성회나 일본학교의 학부모회(PTA)와도 다른데, 학교의 총무부 정도에 해당하는 조직으로 학교재정 전반을 담당하게 된다. 대개는 하나의 도도부현 내에 몇 개의 학교 있는 경우에는 각각의 학교의 교육회를 관할하는 도도부현 교육회가 조직되며, 이

64) 이쿠노초급, 히가시오사카중급, 오사카고급학교가 같은 곳에 있다. 이 이쿠노조선초급학교(生野朝鮮初級学校)는 1991년에 동오사카조선제1초급학교(東大阪朝鮮第一初級学校), 동오사카조선제3초급학교(東大阪朝鮮第三初級学校), 동오사카조선제5초급학교(東大阪朝鮮第五初級学校)를 병합해서 개설했다.

65) 이 내용에 대해서는 이문웅, 「총련계 재일조선인의 생활세계: 인류학적 접근」, 『한국사회과학』 26-1,2, 서울대학교 사회과학연구원, 2004, pp.184~187을 참조할 것.

66) 2016년 9월 현재 야마구치현의 시모노세키 조선학교는 이미 이전에 주변의 4개 학교가 통폐합되어 남은 학교인데 고등학교는 없어지고, 유치원, 초·중급학교 전체 학생수가 38명이다.

67) 조선학교에서는 고급학교로 부른다.

도도부현교육회의 상부조직으로서 '재일본조선인중앙교육회'(1955년 결성)가 존재한다. 각급 학교 교육회는 학교운영의 자립적 토대를 굳게 하기 위해[68] 학부형들이 매월 내는 수업료 외에 나머지 5할 이상의 학교 재정을 마련해 학교운영 전반을 책임지게 되는데, 이것은 대부분은 해당 조선학교 졸업생들과 상공인들을 중심으로 회원을 구성한다. 교육회 말고도 아버지회·어머니회가 학교 관계자들과 정기적인 간담회를 갖으면서 학교운영 전반에 대한 의견을 제안하기도 한다. 또한 30대를 중심으로 한 동포들의 상업네트워크 조직인 재일본조선청년상공회(在日本朝鮮青年商工会·Korean Youth Commerce Community, 이하 청상회)로부터 학교시설의 보수와 운영 등에 관한 전반적인 도움을 받고 있다고 한다. 청상회는 1995년 9월에 결성된 총련의 가맹조직으로, 젊은 재일한인의 상업 네트워크다.[69] 2010년 시작된 고교무상화에서 조선학교만 제외되었고, 1970년대 후반부터 나오기 시작한 지자체 보조금도 최근 끊기고 있다.

(2) 일본 정부와 사회의 억압

북일관계의 악화에 따라 일본 정부가 조선학교에 대해 재정적 압박을 가하는 것이 조선학교 위기의 또 다른 중요한 이유이다. 최근 '에다가와학교 재판'으로 한국 사회에도 알려진 도쿄도(東京都) 고토구(江東区) 에다가와 1정목에 위치한 도쿄제2초급학교(東京第2初級学校)의 사례는 이러한 상황을 잘 보여준다. 도쿄도는 2003년 12월 재일한인 자녀

68) "자력갱생의 정신을 발휘하여 학교관리운영에 필요한 제 조건을 해당 학교단위마다에서 해결한다는 것이다"라고 교육회 운영방식의 의의를 밝히고 있다(김덕룡·박삼석, 『재일동포들의 민족교육』, 조선대학교 민족교육연구소, 1987, p.78).

69) URL http://www.kyc.gr.jp/

들 60여 명이 다니고 있는 연건평 200평 규모의 낡고, 조그만 학교인 60여 년의 역사를 지닌 제2학교가 도유지(都有地) 약 4,000㎡를 불법점유하고 있다고 하여, 건물 일부 반환과 토지사용료 4억 엔을 지불할 것을 골자로 도쿄지방법원에 소송을 제기했다.[70] 그로부터 3년 3개월 제18회 구두변론이라는 기나긴 토지재판에 휘말렸다가, 2007년 3월 8일 화해하게 되었다.[71] 이와 유사한 분쟁에 휘말리면서 재정에 어려움을 겪는 조선학교들이 늘어나고 있는 추세이다.

2010년 일본에서 고교무상화법안이 각의에서 결정되었으나, 조선학교만이 지원대상에서 제외되었다. 도쿄도, 오사카부 등에서 지자체 차원의 지원금도 끊었다. 이 10개의 조선고급학교가 최근 일본 정부에 대하여 고교무상화 제외가 헌법 위반이라는 소송을 제기하고 있으며, 오사카고급학교는 지자체의 보조금 지급 중단에 대한 소송을 제기하고 있다.

(3) 개혁의 시도와 변화

조선학교의 교육체계는 일본의 교육체계와 같이 '6·3·3·4제'의 체계를 갖추고 있으며, 취학 전 3년의 보육이 있다. '조선학교'의 각 급학교의 학기구분, 연간등교일수(240일), 연간수업주수와 수업일수(35주, 210일) 및 주당 수업시간은 일본학교와 기본적으로 같다. 중·고급부는 대개 한 학교에서 함께 운영되고 있는데, 중급학교는 모국어를 기본

70) 제2학교는 1971년 당시 미노베 도쿄도지사에게 재일한인이 에다가와에 거주하게 된 역사적 경위를 설명했다. 특히, 학교재정의 어려움 중에서도 재일한인 민족교육에 대한 국고보조금이 없음을 들어, 학교 토지의 사용료만이라도 무기한 무상임대를 요청했고 도쿄도는 1972년 4월 이를 수락한 바 있다.

71) 에다가와조선학교지원 페이지 재판보고 http://kinohana.la.coocan.jp/edagawatop.htm 참조.

으로 한 민족교육과목과 수학을 비롯한 자연 기초과학교육 그리고 외국어교육을 중심으로 추진되고 있다. 고등교육으로는 도쿄에 위치한 '조선대학교'가 종합대학적인 체계와 내용을 갖추고 있다.[72] 과거에 대부분의 조선학교 학생들은 이 교육체계 속에서 중등교육까지를 이수하고 난 뒤에, 재일한인 네트워크와 관련된 분야에 취업하거나, 조선대학교 진학을 하는 것이 대부분이었다. 그러나 시대의 흐름에 따라 재일한인 내부에서도 많은 변화들이 생겨나기 시작했고, 취업의 범위에도 에스닉 커뮤니티를 넘어 일본 사회로 진출하는 경우가 늘어나기 시작했다. 이에 따라 일본의 대학·대학원 입학을 시도하게 되면서 학력인정이라는 쟁점이 대두되게 되었다.

이러한 사회적 분위기 속에서 학력인정을 위한 투쟁과 함께, 조선학교 커리큘럼 자체에도 변화가 일어나기 시작했다. 교과서 개편은 1955~57년, 63~64년, 74~77년, 83~85년, 93~95년, 2003~06년에 걸쳐 이루어졌는데,[73] 1990년대 이후 개편은 총련이 변화하는 사회에 맞는 민족교육의 발전을 위해 스스로 조선학교의 교육내용과 태도를 변화시키기 시작한 것이다.[74] 1993년 개편에는 그동안 고집해 왔던 북한식의 커리큘럼을 일본 문부성에서 요구하는 체계로 맞추어 가기

72) 그밖에 일본학교에 재학하고 있는 동포 자녀들과 일반 성인들을 망라하는 교육시설들의 전체인 비정규교육체계로 오후야간학교, 하기학교 등이 존재한다. 조선대학교 학부 등의 기구에 대해서는 朴三石, 『日本のなかの朝鮮学校 : 21世紀にはばたく』, 朝鮮青年社, 1997, p.210을 참고할 것.

73) 강성은, 「〈통일교과서〉를 목표로 한 조선학교의 조선사교과서개정에 대하여」, 일본교과서바로잡기운동본부, 『글로벌화와 인권·교과서』, 역사비평사, 2003, pp.80~86.

74) 1999년 9월 총련중앙위원회 제18기 제3차회의 확대회의를 열고, "새 세기를 향하여 사업방법을 근본적으로 전환하여 총련을 모든 재일동포들에게 참답게 복무하는 동포대중단체로 더욱 발전시키는 것에 대하여"라는 활동방침과 민족교육에 대한 발전대책을 모색했다.

시작했다.[75]

남북한 관계의 개선은 이러한 개선을 더욱 촉진하는 조건이 되었다. 특히 2000년 6.15공동선언은 총련의 교육방침에 큰 영향을 미쳤다.[76] 2003년 개편에서 「사회」교과서는 초·중·고급부의 전 과정에서 「한국」과 「통일문제」에 대해 다루었는데, 「6.15남북공동선언」에 큰 의미를 부여하여 통일을 둘러싼 새로운 정세를 염두에 두고, 한국에 관하여 통일의 파트너로서 자세히 서술했다. 현재 모든 조선학교는 북한의 교과서가 아니라 2003학년도부터 개편된 새로운 커리큘럼에 따라 자체적으로 제작한 교과서를 쓰고 있다.[77]

조선대학교를 제외한 대부분의 각급 조선학교에서는 2001년부터 일반 교실에서 김일성·김정일 부자 사진을 떼어냈다. 필자가 2003년 방문한 오사카 이쿠노구의 한 초·중급 조선학교의 교장선생님은 1945년에 이 학교가 설립된 후 계속 붙어있던 김일성·김정일 사진을 교장실에만 계속 붙여놓고 2년 전에 모든 교실에서 떼어냈다고 한다. 일본에서 이 학교에서 사상교육을 시킨다고 비판했기 때문이라고 한다. 조선학교가 김일성 체제를 주입시키는 기관이라고 하는 외부의 시선과 북한체제의 불안정이 낳는 여러 가지 여파들에서 거리감을 두기 위함이었다.

75) 이문웅, 「총련계 재일조선인의 생활세계: 인류학적 접근」, Ryang, S., *North Koreans in Japan: Language, Ideology, and Identity* 참조.

76) 예컨대, 2000년 6.15남북공동선언 이후 중급부 3학년 『조선력사』는 1920~45년 광복까지의 내용 중에서 독립운동 기술에서 항일빨치산투쟁 이외에 기술되지 않았던 국외의 독립운동과 대한민국임시정부 등과 문학, 예술, 학문, 과학기술 등에 문화에 대한 기술을 늘렸다.

77) 김희정, 「재일조선학교 교육변화에 관한 연구: 도쿄조선제1초중급학교의 사례를 중심으로」, 이화여대 지역연구협동과정 석사학위논문, 2008, pp.67~71.

조선학교는 중급학교 이상의 여학생에게 치마저고리를 입도록 해왔는데, 북·일관계가 악화될 때마다 이 여학생들이 폭행의 대상이 되었다. 2003년 필자가 방문한 이쿠노구의 초중급학교에서도 여학생 중 52%가 봉변을 당한 경험이 있다고 한다.[78] 이러한 폭력 때문에 현재 조선학교에서는 입학식, 졸업식 등의 특별 행사 시 외에는 치마저고리를 입지 않으며, 학교버스에 학교 이름도 쓰지 않고 있다.

이러한 변화에도 불구하고 보다 교육내용과 경영에 있어서 보다 근본적인 개혁이 이루어져야 한다는 요구가 내부에서 제기되었으나 좌절되었다. 1998년 재일동포 260명이 참가한 민족교육포럼에서 조선학교 개혁안('요청서')을 총련 중앙에 제출했으나 묵살된 바 있으며,[79] 1990년대부터 2000년대 초에 걸쳐 총련과 조선학교의 개혁을 위한 노력이 좌절된 것에 대한 기록과 연구가 나와 있다.[80] 총련 내부의 이러한 노력들이 한국에서 민주화가 진전되고 남북교류에 따른 조선학교와 한국의 교류도 개방되었던 시기라는 점에서 여러 함의를 읽을 수 있다.

(4) 조선학교 내 한국 국적 학생의 증가. 학교의 자율성 증대

위와 같은 여러 변화의 결과이기도 한 중요한 현상이 조선학교에서 진행되고 있다. 한국국적 학생 수가 점점 증가하고 있는 것이다. 이것은 이미 오래전 조선적으로부터 한국 국적으로의 이동이 시작한 시기부터 꾸준히 진전되어 온 현상으로서, 2010년대 들어 한일관계와 북일

78) 왜 남학생이 아니라 여학생에게만 민족의복을 입히는가에 대한 젠더 관점의 논의가 진행되고 있기도 하다.

79) 윤건차, 박진우 외 옮김, 『자이니치의 정신사』, 한겨레출판, 2016, pp.832~833.

80) 그 한 예를 강철수, 「재일본조선인총련합회의 노선전환에 관한 연구」, 서울대학교 사회학과 석사학위논문, 2008에서 볼 수 있다.

관계가 악화되면서 급속히 가속화되었다. 조선학교는 한국적 학생에 관한 통계를 공식적으로 발표하고 있지 않기 때문에 정확한 수를 파악하기는 쉽지 않지만, 다음의 몇 사례에서 그 정도를 추측할 수 있다. 2003년 필자가 방문한 이쿠노 초급학교 교장선생님도 이 학교 초급부 262명의 학생 중 반 정도가 민단계 또는 뉴커머[81]의 한국적이라고 말했다. 필자가 2003년에 만난 히로시마 고급학교(広島朝鮮初中高級学校)의 여학생들은 자기 학교에 민단계 학생이 반 이상이라고 했다. 필자가 또한 2003년에 방문한 조선대학교 학생들은 조선대학교에도 한국적 학생이 상당수라고 말했다. 아사히신문(2010년 3월 7일)은, 1946년에 창립된 도쿄도 북구에 있는 도쿄 조선 중고급 학교(고교생 563명, 중학생 164명 재적)는 처음에는 조선적 학생뿐이었으나, 한국적 학생이 차츰 늘어나서, 현재 조선적 학생이 약간 많지만 한국적 학생의 비율도 거의 같다고 언급한 바 있다.[82] 손애경은 K조선초급학교 초급부 5학년 학생들의 국적조사 결과 조선적 8명, 한국적 6명(총 학급 학생 수 14명)으로 나타났다고 보고하고 있다.[83]

2016년 필자가 간접적으로 들은 바에 따르면 K조선중고급학교 교장은 뉴커머를 포함하여 한국 국적 학생이 반수 정도 된다고 말했다. 역시 간접조사에 의하여 S幼초중급학교 교장도 한국 국적 학생이 반 정도 된다고 말했다. 오사카와 교토 지역의 조선학교 교장들도 모두

81) 1965년 한일 간 국교정상화 이후 일본에 입국하여 정착한 한국인을 일제시기에 간 사람들과 구별하여 뉴커머라고 부른다.

82) "…言葉、文化といった民族教育を重視して韓国籍でも子どもを通わせる保護者も少なくない。"(朝日新聞, 2010.3.7.)

83) 손애경, 「총련계 재일조선인 커뮤니티와 조선학교」, 서울대 인류학과 석사학위논문, 2006, p.17.

반 정도가 한국적을 가진 학생이라고 말했고 한다. 그리고 이들은 조선학교에서 학생의 국적은 고등학교 3학년에 시행되는 평양으로의 수학여행 때에야 확실히 알 수 있다고 말했다고 한다. 필자는 이렇게 정확한 언급을 피하고 느슨하게 말하는 반수 정도라는 것은 사실상 반 이상이라는 현실을 말한다고 해석했다. 일본 정부는 일본의 외국인거주자 중 한국적과 조선적을 한국·조선적으로 통합하여 통계를 내다가, 2015년 12월부터 분리 통계를 발표하기 시작했다. 따라서 한국적으로의 이동율을 정확히 알 수는 없지만, 2015년 12월 현재 재일동포 전체 수는 한국 국적이 457,772명, 조선적이 33,939명이며, 그중 특별영주자는 각각 311,463명, 33,281명이었으니,[84] 조선적 학령아동수가 얼마나 적은지 알 수 있다.

조선학교에는 한국 국적뿐 아니라 일본 국적 학생도 다수이다. 현재 조선학교의 입학 방침은 철저히 '민족'이다. 2016년에 필자의 지인인 재일동포가 만난 한 조선학교 교장은 '부모, 친외 조부모, 심지어는 친외 증조부모에 '조선민족'이 한 명이라도 있으면 입학을 허용한다'고 말했다. 최근 재일동포와 일본인 간의 결혼에서 태어나 일본 국적자가 된[85] 소위 '더블'이 크게 늘어나서 조선학교 입학 학생 중 일본 국적자가 증가하게 된 것이다. 조선학교 학생 거의 모두가 한국식 이름을 사용하고 있지만, 간혹 일본식 이름을 사용하는 학생도 나타나고 있다.

한국적 학생 증가의 첫째 요인은 재일동포에 있어서 국적의 의미가 약화되었다는 점이다. 둘째, 그와 연관되지만 재일동포에 있어서 국적

84) http://www.moj.go.jp/housei/toukei/toukei_ichiran_touroku.html
http://www.e-stat.go.jp/SG1/estat/List.do?lid=000001150236

85) 1985년 일본국적법·호적법이 변경되어 부계 중심이 양계 중심으로 되었다. 즉 부모 중 한 사람만 일본인이어도 자녀는 일본 국적을 취득할 수 있게 되었다.

이 곧바로 남북한에 대한 실질적 소속과 직결되지 않는다는 역사적인 현실을 반영하는 것이다. 학교 자체가 한국적/조선적을 따지지 않는 것과 마찬가지로, 학생 자체도 한국학교/조선학교를 별로 신경 쓰지 않는 듯하다. 앞서 언급한 히로시마 고급학교의 학생은 학교에서 한국적/조선적에 대해 불문에 부친다고 했다. 2007년에 동국대학교 석사학위 논문을 쓴 김숙자가 면담한 한국적 학생들은 "한국학교도 좋고 조선학교도 좋다. 집에서 가까운 곳을 택하겠다,"[86] "조선학교의 친구들과 환경이 너무 좋았다"[87]고 말했다. 서울대학교 대학원에 유학을 온 한 재일한인 학생은 고등학교까지 조선학교를 다녔는데, 조선적과 한국적 동포들이 같은 지역에 살면서 같은 학교에 다니는 경우가 많다고 전했다. 조선적으로부터 한국적으로 국적 변경을 하는 경우가 늘어나면서 생기기 시작한 현상이라고 볼 수 있다. 실제로 많은 재일한인들이 일본에서 살기 힘든 조선적(실제로 무국적) 상태에서 한국적으로 바꾸었고, 한 가족 내에도 한국적과 조선적이 섞여 있는 경우도 적지 않다. 따라서 큰 거리낌 없이 모국어로 교육받기 위해 가까이 있는 조선학교에 자녀를 입학시키는 한국적 부모가 많이 존재하며, 민단 학교의 수가 워낙 적어서 그러한 흐름은 점점 더 공공연해지고 있다. 조선학교도 이러한 상황에 대해 제재를 가하지 않는다고 한다. 재일한인 커뮤니티가 국적에 상관없이 존재·유지되는 것이라고 볼 수 있다.

> "[아버지회-구술4] "두 아이를 모두 조선학교에 보내고 있어요. 일본 사회에 계속 살게 될 건데, (조선학교가) '각종학교'라서 의미도 없

86) 김숙자, 「재일조선인의 정체성과 국적」, 동국대학교 사회학과 석사학위논문, 2007, p.49.

87) 김숙자, 위의 글, p.58.

> 고…(한숨) 원래는 아이를 민단계 신주쿠에 있는 동경한국학교에 보냈어요(침묵). 그런데 아무래도 그쪽은 뉴커머 자녀들이… 한국 대학 입시용 교육이니까… 전학을 결정하기 전에 교장 선생님과도 면담도 해봤고 했는데… 교장 선생님도 고민이 많으시더군요. 그래서 결국은 조선학교에 보내게 되었어요… 경제적 부담은 좀 있지만 (뉴커머는) 저희(올드커머)와는 다르죠. 아이들 교육에 대한 생각이 말입니다."

여기에 앞서 논의한 대로 조선학교의 교육이 북한 중심의 사상교육에서 벗어나기 시작했고 2004년 동경대학을 마지막으로 일본의 모든 대학이 민족학교 졸업생에게 응시자격을 부여하게 된 것도 조선학교에의 입학을 쉽게 만든 또 다른 요인이 되었다. 김숙자가 면담한[88] 한국국적 부모로서 자녀를 조선학교에 보내고 있는 한 사람은 "나는 재일조선인이고 아이들에게도 조선이나 재일조선인에 대하여 가르치고 싶다 … 현재 조선학교의 교육내용에 대해서 만족한다 … 교육내용이 많이 달라졌고 아이들도 학교생활을 즐기고, 현시점에서 불만은 없다"고 말했다. 2016년 9월 필자가 면담한 한국적 재일 3세의 증언에 의하면, 민단에서 일하는 삼촌이 우리말을 못 하면 민족성이 없어질 것이라며 딸 (재일 4세)을 조선학교에 보내고 있다고 한다.

5) 한국/조선학교의 공통적 지향

(1) 실용화와 다양화의 흐름

최근 가속화되고 있는 조선적으로부터 한국적의 이동이 생활의 편리를 위하여 이루어지는 것이므로 이념 자체는 그대로라고 보는 시각도

88) 김숙자, 위의 글, p.43.

있지만, 바로 그 점이야말로 재일동포들에게 있어 국적은 심각한 경계가 아니라는 사실을 말해주는 것이다. 이러한 배경에서 재일동포들은 일본학교, 한국학교, 조선학교의 한 가지 길을 견지하는 데서 벗어나 가능한 여러 교육을 선택하여 조합하는 경향도 보이고 있다. 예를 들면 민족 정체성을 가진 재일동포로 자신의 아이를 키우고 싶은 한 재일 3세는 자신의 아이들을 한국초등학교에 보냈다가 주재원 중심으로 한국 대학 입시교육에 반발하여 조선초급학교로 전학시킨다. 거기서 우리말과 재일동포의 역사 및 동포 네트워크를 익힌 후, 일본중고등학교로 옮겨 일본 사회에 적응한 후, 한국이나 다른 나라로 유학을 가는 경로를 세우고 있다고 말했다(2007년 인터뷰). 한 동포는 다음과 같이 말한다.

> 기본적으로 국민교육이라는 틀 안에서는 이제 재일이라는 게 묶을 수가 없는 것이고 조선학교도 어떤 의미에서는 북의 이념을 사수하고 있고 한국계 학교도 재외국민이라는 입장에서 교육을 한국에 맞춰 하려는 이념이 있다는 부분이 있기 때문에 ……
>
> 그러나 재일이라는 게 국적도 이제 다양화하고 있고 국제결혼도 80% 정도 차지하고 있고… 그러니까 이제 1민족 1국가라는 개념으로 재일을 묶을 수가 없잖아요. 그 자체를 어딘가에서 묶으려고 하려면 건국도 금강도 조선학교도 쇠퇴할 수밖에 없어요. 재일의 니즈는 이제 거기에는 없으니까요.
>
> (인터뷰조사, 2015.3)

어찌 되었든 민족학교는 많은 어려움을 겪으면서도 재일동포의 미래에 중요한 가능성을 갖고 있다는 결론에 다다른다. 실제로 2008년에 중립을 표방한 코리아국제학원, 2014년에 한국계 청구학원이 건립되었고 도쿄한국학교는 제2캠퍼스 건립을 계획하고 있다. 조선적 동포가 이제 3만 명이 조금 넘는 정도로 규모가 축소된 상태에서 아직도 60개가 넘는 조선학교가 존재하고 있다는 사실은 해방 후 70년이 지나고 일본에서 나서 자란 3, 4세가 주축인 재일동포 사회에서 기적과 같은 일이다.

(2) 통일지향

주목할 만한 점은 한국학교(새롭게 설립된 코리아국제학교와 청구학원까지)와 조선학교, 민족학급까지 일본의 민족교육이 모두 통일을 대비한다든지, 통일교육을 표방한다든지, 통일된 조국을 지향한다든지, 아무튼 정도와 표현의 차이가 있지만, 통일을 염두에 두고 있다는 것이다. 분단된 조국을 보지 못한 일본에서 태어난 3, 4, 5세의 학생들이 대부분이며, 분단이 일본사회로부터의 차별에 더해 고통을 가중시키고 있으며, 남북관계에 직접적인 영향을 받는 재일동포들에게 있어 너무도 당연한 일이다.

그러나 통일은 지향일 뿐 현실에서의 실천은 간단치 않다. 백두학원과 코리아국제학교의 경우에서 드러난 대로 남북한, 민단/총련의 대립에서 벗어나 중립적인 입장을 표방한 민족교육의 시도가 성공적이지 않았다는 점이 이를 보여준다. 재일동포들의 남북한계를 아우르는 시민단체들의 시도 역시 중립적 입장을 견지하는 것이 힘들었다는 현실과 일치한다.[89] 남북한 관계의 유연성이 증대할 때 다소 중립의 가능성이 높아지기도 했지만, 분단의 벽을 재일동포 사회에서 선도적으로 허물기는 힘든 것이 현실이다.

89) 남북한계 시민을 아우르며 시작되었던 시민단체 민투련과 One Korea Festival도 민족통합의 측면에서 보면 그다지 성공적이었다고 말하기 힘들다.

(3) 국적을 넘은 재일동포의 통합

1970년대부터 일본정주지향이 진전되면서 재일동포 권익운동을 비롯한 시민활동에서 남북한계 통합의 움직임이 일어났다. 민투련(1974), 이쿠노 문화축제(1983), 원코리아페스티발(1985) 등이 동포 전체를 아우르며 이루어졌고, 민단도 조선적 동포의 모국방문을 시행했다(1975). 1990년대 들어 남북한 정부관계의 개선으로 동포사회뿐 아니라 민단–총련의 화합도 진척되었다. 2000년대까지 지속되었던 이러한 통합 기류는 2010년대 다시 냉각되고 한국인들의 조선학교 방문도 불가하게 되었다.

그러나 오랫동안 저변에 흘러온 통합의 기류는 조선학교의 한국적 학생 비율 증대라는 막을 수 없는 흐름을 만들고 있다. 2000년대 이후 조선적→한국적의 이동이 큰 속도로 진행된 상황이므로 사실상 국적 경계의 약화에 더해, 한국적에 대한 어쩔 수 없는 관용이라고 볼 수도 있을 것이다. 실제로 아직도 일본 국적 학생 수는 적으며, 한국학교에 조선적 학생이 문제없이 입학한다는 소식은 들리지 않는다. 또한 이전 시기에 비하여 총련이나 북한의 통제가 현저히 약화되어 조선학교의 자율성이 커졌다는 점도 간과할 수 없다. 아직도 조선학교가 강고한 북한 편향이라는 예민한 시선도 있으나,[90] 실제로 일본의 많은 조선학교 교장들은 나름대로 학교를 운영하고 있는 것으로 알려지고 있고, 학생들이 한국의 대중문화를 자유롭게 흡수하고 표현할 수 있도록 하며 한국에서 온 사람들에게 학교를 개방하고 있다. 학생들은 일본이라는 환경에서 생활하며 대부분 한국을 고향으로 갖고 있으며 북한의 영향권에 있는 조선학교에서 생활하면서, 이념에 상관없이 스스로 판

90) 2016년 5월 조선대학교 60주년 기념식에서 북한의 김정은 위원장에게 충성 맹세의 편지를 보냈다는 사실에 일본 사회가 술렁였다(2016년 9월 20일 산케이신문이 밝혔다).

단하고 대처하는 자율성을 획득해간다는 현장 관찰보고도 있다. 교토의 한 조선고급학교 3학년생이 그린 그림의 제목이 '핵 없는 세상'이라는 것(2016년 간접 인터뷰)은 이러한 자율성을 말하는 것이다.

6. 마치며

재일동포 사회는 우리 현대사가 응축된 곳이다. 남북한 본국의 정치현실이 그대로 투영되는 곳이기도 하다. 재일동포들이 본국에 열거할 수 없는 많은 기여를 했고 본국의 정치현실에 희생이 되기도 했지만, 새로운 조건을 선도하기는 힘들다는 것을 보아왔다. 재일동포의 점점 더 많은 비율이 일본학교에 입학하는 추세이지만, 여전히 한국학교, 조선학교 및 민족학급을 중심으로 한 민족학교에 대한 수요는 상당한 정도로 유지되고 있다. 한편 남북한이라는 국적은 일본에서 태어나고 살아갈 재일동포들에게 조국이라는 곳 외에 어떠한 중대한 경계를 의미하지는 않는 듯하다. 그러나 조선학교에서 남북한 국적이 공존하는 것은 의도적인 시도의 결과라기보다 사회 변화에 따른 '구조적 융합'이라는 점에서, 남북한의 통합을 선도할 수 있는 가능성을 강하게 내포하는 것이다.

앞서 우리는 일제시기와 해방 후에 민족공동의 교육투쟁→민족학교 분열→조선학교 압도→조선학교에 한국적 학생 증가의 역사적 과정을 고찰했다. 민족공동의 교육이 분열의 과정을 거쳐, 다시 민족전체의 교육으로 자리 잡을 수 있기를 염원하며, 그 염원이 현실이 되기 위해 기울여야 할 수많은 노력들에 대해 우리 모두가 머리를 맞대야 한다는 생각으로 이 글을 맺는다.

이 글은 서울대학교 일본연구소의 『일본비평』 제16집에 실린 논문 「재일동포 민족학교 분단과 탈식민의 역사」를 수정·보완한 것임.

참고문헌

강성은, 「〈통일교과서〉를 목표로 한 조선학교의 조선사교과서개정에 대하여」, 『글로벌 화와 인권·교과서』, 역사비평사, 2003.

강재언·김동훈 저, 하우봉·홍성덕 옮김, 『재일 한국·조선인: 역사와 전망』, 소화, 2000.

강철수, 「재일본조선인총련합회의 노선전환에 관한 연구」, 서울대학교 사회학과 석사학위논문, 2008.

교육부, 『교육통계연보』, 2001.

교육과학기술부·한국교육개발원, 『교육통계연보』, 2009.

김경근 외, 『재외한인 민족교육의 실태』, 집문당, 2005.

김경해. 정희선 외 공역, 『1948년 한신교육 투쟁: 재일조선인 민족교육의 원점』, 경인문화사, 2006.

김광섭, 「재일 코리안과 일본국적 취득문제 : 법·제도와 아이덴티티를 중심으로」, 서울대학교 사회학과 석사학위논문, 2006.

김근오. 「재일한국인의 국적을 둘러싼 제문제」, 『비교민속학』 22, 비교민속학회, 2002.

김대성, 「GHQ점령하의 재일한국인 민족교육 활동에 관한 고찰」, 『평생교육학연구 사회교육학연구』 제1권 제1호(창간호), 한국평생교육학회, 1995.

김대성, 「재일한국인의 민족교육에 관한 연구」, 건국대학교 교육사회학 박사학위논문, 1996.

김덕룡·박삼석 공저, 『재일동포들의 민족교육』, 조선대학교 민족교육연구소, 1987.

김석범, 「지금 '재일 조선인'에게 '국적'이란 무엇인가?: 이회성에게 보내는 편지」, 『실천문학』 봄호, 실천문학사 1999.

김숙자, 「재일조선인의 정체성과 국적」, 동국대학교 사회학과 석사학위논문, 2007.

김은혜. 「도쿄 도시레짐과 에다가와조선학교의 역사」, 『사회와 역사』 85, 한국사회사학회, 2010.

김인덕, 「재일조선인 민족교육과 東京朝鮮中學校의 설립 - 『도꾜조선중고급학교10년사』를 중심으로 - 」, 『숭실사학』 28, 숭실사학회, 2012.

김태기, 「미국무성의 대일점령정책과 재일조선인정책」, 『한국동북아논총』 33, 한국동북아학회, 2004.
김홍규, 「재일동포들의 민족교육에 대하여」, 『이중언어학』 10, 이중언어학회, 1993.
김희정, 「재일조선학교 교육변화에 관한 연구-도쿄조선제1초중급학교의 사례를 중심으로」, 이화여대 지역연구협동과정 석사학위논문, 2008.
마츠다 토시히코, 『해방후 민족 교육의 발자취, 재일조선인 그들은 누구인가』, 삼인, 2003.
나카무라 일성(中村一成), 「사상으로서의 조선적-朴正惠씨」, 「이 아이들에게 민족의 마음을」, 『世界』 3월호, 5월호, 2016. (http://cafe.daum.net/mongdanglove.UA2F/28,30)
손애경, 「총련계 재일조선인 커뮤니티와 조선학교」, 서울대인류학과 석사학위논문, 2006.
시마 아쓰꼬, 「재일 한국인 교육의 현황과 조사 분석」, 이화여대 대학원 한국학과 석사학위논문, 1993.
안성민, 「일본학교 내에서의 민족교육: 민족학급을 중심으로」, 『재일동포 민족교육의 어제, 오늘 그리고 내일 민단창립50주년 기념 '재일동포 민족교육 서울대회'』 자료집, 1996.
오 만, 「일본의 공립소 중학교에서의 '민족학급'에 대하여」, 『이중언어학』 10, 이중언어학회, 1993.
오자와 유사쿠(小沢有作), 이충호 옮김, 『재일조선인 교육의 역사』, 혜안, 1999.(〈在日朝鮮人教育論: 歴史篇〉, 亜紀書房, 1973.)
유병용. 「한민족의 해외이주와 민족교육 문제」, 『근현대사강좌 1』, 한국현대사연구회. 2002.
윤건차 저, 박진우 외 옮김, 『자이니치의 정신사』, 한겨레출판, 2016.
윤다인, 「모국수학이 재일동포의 민족정체성에 미치는 영향에 관한 연구」, 서울대학교 사회학과 석사학위 논문, 2014.
이문웅, 「총련계 재일조선인의 생활세계: 인류학적 접근」, 『한국사회과학』 26, 서울대학교 사회과학연구원, 2004.
이범준, 『일본제국 vs. 자이니치』, 북콤마, 2015.
정길화, 「조총련 교육현장 취재기: 약화되는 민족학교, 박수칠 일만은 아니다」, 『통일한국』 146, 평화문제연구소, 1996,
정병호, 「문화적 저항과 교육적 대안 : 재일조선학교의 민족정체성 재생산」, 『비교문화연구』 9(2), 서울대학교 비교문화연구소, 2003.
정인섭, 『재일교포의 법적 지위』, 서울대출판부, 1996.

정진성, 「조총련조직연구」, 『국제지역연구』 14(4), 서울대학교 국제대학원, 2005.
______, 「민단-총련 관계의 변화: 남북한관계에 미칠 영향에 대한 탐색」, 『사회와 역사』 82, 한국사회사학회, 2009.
______, 「'재일동포' 호칭의 역사성과 현재성」, 『일본비평』 7, 서울대학교 일본연구소, 2012.
정진성·김은혜, 「민족학교(조선·한국)·학급 전수조사를 위한 예비조사-도쿄권의 초·중·고 민족학교를 중심으로」, 『재외동포재단보고서』, 유엔인권정책센터, (2007년도 재외동포재단 지원연구), 2007.
차영국, 「해방 직후 미귀환 재일한인의 민족교육운동」, 『한국근현대사 연구』 37, 한국근현대사학회, 2006.
청암대학교 재일코리안연구소, 『재일동포 민족교육 현황 조사』, 재일동포재단, 2013.
한영혜, 「민족명 사용을 통해 보는 재일조선인의 아이덴티티」, 『일본연구논총』 27, 현대일본학회, 2008.
홍석화, 「(재일동포의 모국어 교육)모국어 교육의 현장: 민족학교-금강학원(金剛學園)을 중심으로」, 『이중언어학』 10, 이중언어학회, 1993.
金敬得, 『在日コリアンのアイデンテイテイと法的地位』, 明石書店, 1995.
大沼保昭, 「〈資料と解說〉出入国管理法制の成立過程5」, 『法律時報』 50-8, 1946.
稲富進, 『ムグンファの香り』, 亜紀書房, 1988.
朴慶植, 『解放後 在日朝鮮人運動史』, 三一書房, 1989.
朴三石, 『日本のなかの朝鮮学校: 21世紀にはばたく』, 朝鮮青年社, 1997.
福岡県同和教育研究協議会 編, 『在日朝鮮人児童, 生徒の教育を考える: 日本学教に通う』, 福岡県同和教育研究協議会, 1982.
宋基燦, 『'語られないもの'としての朝鮮学校-在日民族教育とアイデンテイテイポリテイクス』, 岩波書店, 2012.
日本 法務省 民事局, 「帰化許可申請者数等の推移」(http://www.moj.go.jp/MINJI/toukei_t_minj03.html).
田中勝文, 「戦前における在日朝鮮人子弟の教育」, 『愛知県立女子短大紀要』 18, 愛知県立女子大学, 1967.
朝鮮大学校民族教育研究所 編, 『在日朝鮮人の民族教育の権利について: 朝·日関係改善と国際化の流れの中で(資料集)』, 学友書房, 1991.
Ryang, S., *North Koreans in Japan: Language, Ideology, and Identity*, Westview Press, 1997.
Okayama Korean School, "History and current state of ethnic education: By Korean people in Japan".

재일조선인 민족교육의 변천과 정착

이영호

1. 시작하며

1945년 해방을 맞이한 재일조선인[1]들에게 일본은 일시적 거류(居留) 장소였다. 언젠가 조국으로 돌아갈 날을 대비해 재일조선인 사회에서는 약 20만 명의 취학아동에게 민족의 언어와 문화를 가르칠 민족교육[2] 공간이 필요했다. 1945년 '국어강습소'의 설립을 시작으로 빠르게 각종 교육기관이 설립되었다. 이후 민족교육은 재일조선인 사회를 구성하는 근간이자 각 세대를 연결하는 핵심 요소로 자리 잡았다.

재일조선인 연구 중 민족교육 분야는 비교적 연구가 진척된 분야로 볼 수 있지만 상당수 연구가 한신교육투쟁, 교육기관의 설립과 전개, 일본의 교육정책과 대응에 집중된 경향을 보였다. 때문에 민족교육을

1) 본 글에서는 1970년대 당시 일본에서 재일교포들의 문학을 지칭했던 동시대 용어인 '재일조선인'이라는 용어를 사용한다. 해당 용어에는 어떠한 정치성도 개입되지 않았음을 밝혀둔다.

2) 일본에서는 정체성교육(heritage education)으로 지칭되기도 하며 본고에서는 민족교육이라는 용어를 사용한다. 본고에서 사용하는 민족교육이란 용어는 민단, 조총련계 교육기관과 조직과 무관하게 재일조선인 사회에서 자체적으로 운영한(하고 있는) 교육기관을 모두 포괄하는 의미로 사용한다. 한국학교, 조선학교와 같이 구체적 기관명을 언급할 경우 특정 학교명으로 기술한다.

둘러싼 동시대 재일조선인 사회의 실제적 담론구축과 전개 연구는 상대적으로 부족했다. 시기를 특정하더라도 1945년 해방 이후부터 조총련 중심의 생활을 유지했던 1960년대까지에 연구가 집중되어 1970년대 이후는 크게 주목받지 못했다. 그렇다면 어째서 1970년대부터 현재까지의 재일조선인 민족교육 연구가 중요한 의미가 있을까? 1970년대는 1959년부터 시작된 북송사업이 사실상 실패하며 재일조선인 사회에 조총련의 영향력이 크게 약화된 시기였다. 또한 1세대와는 다른 가치관을 가진 2세대가 재일조선인 사회의 주축을 이루며 사회적 지형변화가 나타난 전환기였다. 교육면에서는 민족교육 기관수가 기존 1/3 수준으로 감소하고 일본학교 진학자가 증가하며 민족교육의 열기가 감소하던 시기였다. 이런 상황에서 1972년 7.4남북공동성명이 발표되고 조국통일의 기대감이 고조되며 민족교육의 내용 및 방향성 변화가 요구된다. 그 결과 1980년대 교육개혁, 1990년대 탈냉전, 탈분단, 탈경계의 시대정신 속 재일조선인들은 일본의 지역사회와 공생을 모색하는 등 다양한 변화를 보인다. 이처럼 1970년대 이후의 재일조선인 민족교육은 귀국지향 성향을 보였던 해방직후의 민족교육과 달리 일본 정주를 전제로 일본사회와 길항과 공생을 거듭하며 보다 복합적이고 다층적 양상을 구축했다.

이에 따라 본 글에서는 1970년대부터 현재까지의 재일조선인 민족교육의 전개를 파악하고 민족교육을 둘러싼 재일조선인 사회의 동시대 담론과 활동을 다양한 재일조선인 매체[3]를 통해 살펴보고자 한다. 특

3) 본 글에서 분석대상으로 설정한 재일조선인 잡지 미디어는 『계간 마당(季刊まだん)』, 『호르몬문화(ほるもん文化)』, 『우리생활(ウリ生活)』, 『항로(航路)』이며, 대상 설정 과정에서 조직의 기관지, 문예지를 제외하고 재일조선인 생활문제를 다룬 종합지를 대상으로 선정하였다.

히 국제정세와 사회 변동과 같은 거시적 정세 속에서 재일조선인들의 민족교육과 관련된 발신과 활동에 주목하고자 한다. 특히 민족교육의 변천과 정착과정을 입체적으로 살펴봄으로써 민족교육의 역할과 기능을 실증할 것이다. 이러한 과정을 통해 한반도와 일본 등 국제사회와 조응하고 변화하는 재일조선인들의 사회문화적 변동을 확인하고 다문화공생 시대 속 재일조선인 민족교육의 의미와 역할을 확인할 수 있을 것이다.

2. 해방 이후 민족교육의 쟁취와 구축

해방 직후 한반도로 귀국하지 않고 일본에 남은 재일조선인 수는 약 60만 명이었다.[4] 이들에게 일본은 일시적 거류공간이었으며 한반도는 멀지 않은 미래에 돌아갈 조국이었다. 재일조선인들은 귀국을 대비하는 동시에 약 20만 명의 취학아동에게 '조선민족의 언어와 문화, 역사' 즉 '우리말'을 가르칠 수 있는 교육기관이 필요했다. 기존 일본제국신민으로 살았던 재일조선인들은 언어를 비롯한 역사, 사상, 제도, 문화 등 광범위한 영역의 교육이 필요했다. 1945년 '국어강습소'를 시작으로 각종 민족교육 기관이 빠르게 설립되기 시작했다. 초기 민족교육 기관은 '조선어강습소'나 '한글학원' 등으로 불리며 민가의 방 하나, 작은 판잣집, 교회, 구(舊)일본군 병사(兵舍), 타고 남은 창고 등

4) 해방 직후 일본에 남은 재일조선인은 1945년 1,115,594명, 1946년 647,006명이었다. (출처: 재일본대한민국민단 홈페이지의 '재일동포 통계' 페이지, https://www.mindan.org/kr/shokai07.php.

장소를 가리지 않고 설립되었다. 재일본조선인연맹(在日本朝鮮人聯盟, 이하 조련) 결성 이후에는 조련 사무실 일부를 교실로 사용하기도 했다. 해방 후 채 일 년이 지나기 전에 525개의 초급학교, 4개의 중급학교, 12개의 청년학교가 세워졌으며 학생 수 44,000명, 교사 1,100명에 이르는 급성장을 이룬[5]대목에서 당시 뜨거웠던 민족교육의 열망을 확인할 수 있다. 재일조선인들에게 민족교육기관은 단순한 교육일반으로서의 기관이 아니라 그 자체가 민족이자 상징이며 계속 학대받아온 이국의 땅, 이민족 사회·일본에서의 변변하지 못하지만 결정적인 존재감을 주장하는 작은 조선의 공간이었다.[6] 그런 의미에서 조선인학교는 구(舊)식민본국에 존재하는 '해방 민족의 기념비(monument)'였다고 해도 과언이 아니다.[7]

이렇게 해방 직후부터 열악한 환경에서도 적극적으로 전개됐던 재일조선인 민족교육은 GHQ(General Headquarters)의 정책으로 위기에 직면한다. 1947년 10월 GHQ 민간정보교육국은 "각 조선인학교는 정규과목 이외의 추가과목으로서 조선어를 가르치는 것을 허락하는 예외를 인정하지만, 일본(문부성)의 모든 지령에 복종하도록 일본 정부에 지령"한다. 일본 문부성은 1948년 1월 24일, '조선인 설립 학교의 취급에 대하여'라는 문부과학성 학교 교육국장 명의의 통달(공문)을 각 도도부현(都道府県)에 전달한다.[8] 주된 내용은 재일조선인 자녀들이 일본인과 마찬가지로 일본 학교에 취학해야 하며 학령아동이나 학생 교육에 가

5) 尹健次, 『日本国民論—近代日本のアイデンティティ』, 筑摩書房, 1997, p.296.

6) 金德龍, 『朝鮮学校の戦後史1945-1972(増補改訂版)』, 社会評論社, 2004, p.18.

7) 박광현, 「기념비로서의 '조선학교'」, 『일본학』 제46집, 동국대학교 일본학연구소, 2018, p.20.

8) 량영성, 김선미 옮김, 『혐오표현은 왜 재일조선인을 겨냥하는가』, 산처럼, 2002, p.134.

종학교의 설치를 불허하는 내용이었다. 즉, 재일조선인들의 일본교육을 의무화하는 동시에 재일조선인 민족교육을 부정하는 것이다. 통고 이후 일본 정부는 1948년 3월 24일 이후 일본 전역 약 600여개에 달하는 재일조선인 민족학교의 강제적 폐쇄명령을 내린다.

재일조선인들은 즉각 반발하며 민족교육 수호 운동에 나선다. 1948년 4월 23일 오사카부청(大阪府庁) 앞 오테마에(大手前)공원에는 조선인 학교 폐쇄 반대·교육 자주권 옹호를 위한 인민대회가 개최되어 약 3만 명이 집결한다. 4월 24일 효고현(兵庫県) 청사에는 1만5천 명의 재일조선인이 모여 학교폐쇄령 철회를 요구하며 지사실을 점거하는 한신교육투쟁이 발생한다. 미군은 효고현에 비상사태를 선포하고 군과 경찰은 참가자를 무력으로 진압하며 약 2천 명이 체포된다. 그 과정에서 재일조선인 청년 한 명이 사망하고 27명의 중상자가 발생한다. 폐쇄명령에 재일조선인 사회의 거센 반발이 계속되자 조선학교 측 조선인 교육대책위원회와 문부과학성 사이에 각서가 교환된다. 각서의 주된 내용은 조선인 교육은 교육기본법 및 학교교육법에 따를 것, 사립학교로 자율성을 인정받는 범위 내 독자적 교육을 전제로 사립학교 인가를 신청할 것[9] 등이었다. 이후 각서에 근거하여 일본학교 내에 민족학급이 설치되거나 각종 민족학급, 공립 조선인학교가 생기지만[10] 1966년까지 점차 폐쇄되고 일부는 총련계 조선학교로 인계된다.

한신교육투쟁은 조련의 강제해산이라는 결과로 이어진다. 1949년 9월 8일 GHQ는 '단체 등 규정령(団体等規程令)'에 의거하여 조련을 폭력

9) 위의 글, p.135.

10) 공립 소·중학교의 조선인 분교 총 18개 중 도쿄에 1개, 가나가와 5개, 아이치 3개, 오사카 1개, 효고 8개가 설립되었다. (マキー(藤原)智子, 「在日朝鮮人教育の歴史:戦後日本の外国人政策と公教育」, 北海道大 学博士論文, 2014, p.60.)

주의 단체로 규정해 강제해산을 명하고 조련의 소유재산과 시설을 강제몰수 한다. 일본 정부는 1949년 10월 13일 문부성 통달 '조선인학교에 대한 조치에 관해서'를 통해 조련이 설치한 학교 폐쇄, 기타 무인가 조선인학교 해산, 학생의 공립학교 수용, 국정교과서나 검정교과서의 사용지시, 조련 관계자의 배제 및 인가학교의 조련과 관계를 끊는 형태 개조를 명한다.[11] 이런 상황에서 재일조선인 사회에서는 자주학교인 조선인학교와 조선인만으로 편성된 공립분교 및 학급을 통해 명맥을 유지하는 등 민족교육을 힘겹게 유지한다.

해방 이후 다양한 방식으로 명맥을 유지했던 민족교육은 조직 중심의 교육으로 운영된다. 초기 주도권을 쥔 것은 조련이었으며 1955년 재일본조선인총연합회(在日本朝鮮人総聯合会, 이하 조총련) 설립 이후에는 조총련이 민족교육을 주도한다. 조총련 설립 이후 북한은 1957년 4월부터 교육원조비, 장학금을 지원하며 신축교사, 제반시설을 확충한다. 이는 국어강습소를 비롯한 각종 민족학급의 감소로 이어지고 민족교육의 주도권은 조선학교로 넘어간다. 그러나 1959년 12월 북송사업이 시작되고 북한으로 귀국한 사람들의 증언을 통해 북한의 실상이 재일조선인 사회에 알려진다. 북송사업의 실패 이후 재일조선인 사회에서는 귀국이 대안이 될 수 없다는 인식이 퍼지며 조직에 회의적 태도를 보인다. 이는 재일조선인 사회 전반에 조총련의 영향력 약화로 이어진다.

북한이 1950년대부터 조총련을 통해 재일조선인 민족교육에 꾸준히 관심을 보인 반면 한국에서는 1960년대에서야 관심을 보였다. 1961년

11) 文部省管理局長通達(1949.10.13.), 「朝鮮人学校に対する措置について」, 中山秀雄編, 『在日朝鮮人教育関係資料集』, 明石書店, 1995, pp.30~32.

2월 한국문교부의 오사카 금강학교(金剛学校)[12]를 시작으로 일본의 재외한국학교 인가 작업을 시작한다. 1961년에는 교토국제학교(京都国際学校)[13] 학교 중 교토한국중학교(京都韓国中学校)를 1965년 9월에는 교토한국고등학교(京都韓国高等学校)를 인가한다. 1962년에는 도쿄한국학교(東京韓国学校)[14]를 인가했으며, 1976년 10월 오사카 건국학교(建国学校)[15]를 인가하며 1960~70년대 일본에서의 4개 한국학교를 인가한다.[16] 한국학교 외에도 1963년 4월 가나가와한국종합교육원(神奈川韓国綜合教育院)과 고베한국교육원(神戸韓国教育院)을 시작으로 주일한국교육원(駐日韓国教育院)[17]을 설립하는 등 한국 정부는 재일조선인 민족교육을 위한 다양한 정책을 펼친다. 이처럼 1960년대부터 재일조선인 민족교육을 위한 한국 정부의 움직임이 있었지만 재일조선인 사회에서 민족교육의 실질적 주도권은 조총련과 조선학교가 쥐고 있었다.

이와 같은 1960년대의 상황에서 재일조선인 사회는 정주성향이 강

12) 1946년 2월 니시나리 조선인교육회(西成朝鮮人教育会) 결성, 4월 니시나리 우리학교(西成ウリ学校) 개교, 1951년 4월 금강중학교(金剛中学校) 신설, 1960년 4월 금강고등학교(金剛高等学校)를 신설하며 1961년 2월 한국문교부에서 인가를 받는다.

13) 1947년 교토조선중학(京都朝鮮中学)으로 개교, 1958년 교토한국학원(京都韓国学園)으로 설립했다.

14) 1954년 4월 개교했으며 1955년 2월 초·중등부 허가를 받는다. 1962년 3월 한국 정부로 인가를 받아 정식 한국학교가 된다.

15) 오사카백두학원(大阪白頭学園)으로 불리기도 한다. 1946년 3월 건국공업학교(建国工業学校)·건국고등여학교(建国高等女学校)로 설립되었으며 1948년 4월 건국고등학교(建国高等学校), 1949년 4월 건국소학교(建国小学校)를 설립하였다. 1976년 10월 한국 정부로부터 정식으로 인가받는다.

16) 이중 도쿄 한국학교를 제외한 세 학교는 일본의 정규학교인 '일조교' 운영되어 있으며 도쿄한국학교는 '각종학교'로 분류되어 운영되고 있다.

17) 주일한국교육원은 재일동포들을 위한 한국어, 한국역사, 한국문화 등의 민족교육과 일본인과 현지인의 한국어 교육과 한국의 역사, 문화 소개와 같은 국제이해교육을 위해 설립되었다. 2020년 현재 일본 전역에 15개의 한국교육원이 운영 중이다.

한 2세대를 중심으로 세대교체 현상이 나타난다. 일본 정부는 1965년 한일협정 이후 재일조선인 법적 지위 책정을 근거로 조선인학교 규제, 동화교육을 촉진한다. 이는 1970년대 보다 가속화됐으며 일본문부성은 차관 통달로 외국인학교법안을 제출하는 등 1948년 한신교육투쟁 이후 다시 재일조선인 민족교육을 탄압한다.

해방 이후 뜨거운 열망과 함께 시작된 재일조선인 민족교육은 일본의 탄압, 동화정책, 북송사업의 실패로 인한 재일조선인 사회의 지형변화 등 다양한 요인으로 열기가 감소했으며 1970년대 새로운 국면과 마주한다.

3. 1970년대 - 재일조선인 민족교육의 전환기

1970년대는 조총련계 조선학교의 주도권 확보, 민족학급 수 감소[18], 재일조선인 차별 및 습격사건, 가치관 변화, 1965년 한일협정 이후 한국정치권과 민단의 반발 등 복합적 이유로 재일조선인 민족교육 진학자가 감소한다.[19] 당시 진학률은 다음 표에서 확인할 수 있다.

18) 1970년대 초반에 각서민족학급은 11개까지 감소하였다.

19) 민족교육 기관으로 진학자 감소와는 별개로 1972년 11월에는 나가하시소학교에 민족학급이 개설되었고, 1977년 오사카부에서는 야오시립가츠라소학교(八尾市立桂小学校)가 개설되었다. 이러한 사실관계에서 재일조선인의 일본학교 진학이 단순히 기관수 부족으로 생긴 현상이 아님을 확인할 수 있다.

〈표1〉 취학자의 민족별 진로[20]

년도	학교별	소학교	중학교	고등학교	합계	총계
1966년	민족학교	15,841	10,050	7,564	33,355	138,994
	일본인학교	59,405	31,646	14,588	105,639	
1970년	민족학교	11,973	13,791	11,189	36,953	129,831
	일본인학교	50,032	24,848	17,998	92,878	

〈표2〉 일본학교에 재학 중인 조선인학생·학생수[21]

년도	소학교	중학교	고등학교	특별학교	전문학교	단기대학	대학	대학원	총계
1956	89,897	35,077	6,767	144					134,238
1961	71,444	35,485	8,804	172		180	2,468	217	121,449
1966	52,799	28,731	14,588	217	80	348	3,585	336	104,092
1971	48,222	23,479	18,140	244	115	629	4,536	852	96,217

〈표1〉에서 확인할 수 있는 것처럼 1966년에는 민족학교로 진학하는 재일조선인 학생 비율이 일본학교의 약 1/3수준이었지만, 1970년에는 차이가 크게 벌어진 것을 확인할 수 있다. 특히 소학교 진학자가 크게 늘었다는 사실에서 취학대상 아동 중 상당수가 일본학교를 선택했음을 유추할 수 있다. 당시에는 중학교 졸업 이후 취업을 택해 고등학교에 진학하지 않는 사례가 많았던 것을 감안하더라도 일본학교 진학이 크게 증가한 것을 확인할 수 있다. 또한 〈표2〉에서 확인할 수 있는 것처럼

20) 표는 오자와 유사쿠의 글에서 인용. 1966년도 민족학교 취학자 수는 조선인학교만 표시했으며 1970년도의 민족학교취학자 수는 조선인학교, 한국학교를 모두 합한 수이다. 조선학교 재학자수는 1971년도 초등학교 466명, 중학교 372명, 고등학교 476명 총 1,324명이지만 학교 수는 10년동안 변하지 않았기 때문에 학생 수 자체는 큰 변화가 없다고 오자와 유사쿠는 설명했다. (小沢有作, 「素顔を奪還する教育(上)」, 『季刊まだん』 5, 創紀房新社, 1975, p.76.)

21) 표의 출처는 위와 같음.

고등교육기관 진학자가 증가하며 교육제도 및 설비를 갖춘 일본학교로의 진학이 증가했음을 알 수 있다. 조선학교는 제도적으로 일조교(一条校)[22)]가 아닌 각종학교[23)]로 분류되었기 때문에 대학이나 대학원 같은 상급기관 진학에 어려움이 있었다. 따라서 상급학교 진학을 희망하는 재일조선인이 제도적 이점이 있는 일본학교 진학을 선택했음을 유추할 수 있다. 이밖에도 아이치사건(愛知事件)[24)], 호세이대학(法政大学) 부속 제2고등학교 사건[25)], 십조사건(十条事件)[26)] 등 조선학교 대상의 각종 습격사건[27)]은 재일조선인들이 자신이 재일조선인임을 숨겨야 하는 사회적 환경을 조성했다. 이는 일본식 통명사용의 일상화로 이어졌다.[28)] 이밖에도 일본의 국적법 개정, 귀화 요건의 간소화, 일본인과의 국제결혼 증가 같은 사회, 제도적 요인으로 민족학교 진학자가 크게 감소한다.

이러한 상황에서 재일조선인 사회에서는 1972년부터 오사카 지역을

22) 정규학교 혹은 일조교(一条校)는 학교교육법 제1조가 정하는 학교. 초등학교, 중학교, 고등학교, 대학, 고등전문학교, 맹아학교, 농아학교, 양호학교 및 유치원 등 9종류를 말하며 정규교육기관으로 인정받는 학교들을 의미한다.

23) 각종학교는 '학교교육에 비견되는 교육'을 행하는 학교로, 예비학교·자동차학교·부기학교 등을 말한다. 교육내용에 규제가 없는 대신 정규학교의 졸업자격을 얻지 못한다.

24) 1962년 6월 나고야에서 폭력단이 아이치조선중고급학교(愛知朝鮮中高級学校)에 난입한 사건.

25) 1962년 11월 호세이대학 부속 제2고등학교 문화제에서 가나가와 조선 고급 학교(神奈川朝鮮高級学校) 학생이 공기총을 거꾸로 잡은 호세이2고 학생에게 머리 머리 및 몸통을 난타당해 두개저골절 뇌좌상으로 사망한 사건.

26) 1963년 4월 13일, 방망이와 곤봉을 든 성인남성 17~18명이 도쿄조선중고급학교(東京朝鮮中高級学校) 정문에 몰려들어 맥주병·각목·돌 등을 던지고 도주한 사건.

27) 조선학교에 다니는 재일조선인 학생을 대상으로 발생한 폭력 및 습격사건이며, 1962년 이후 주로 발생하였다. 전후 재일조선인을 대상으로 한 인종주려의 폭력 현상으로 볼 수 있다.

28) 오자와 유사쿠는 구조화된 사회차별 속에서 재일조선인들은 차별을 피하기 위해 일본식 통명이라는 '가면'을 쓴 채로 살 수밖에 없다며 이러한 일본의 사회환경을 비판하였다.(小沢有作, 「素顔を奪還する教育(上)」, 『季刊まだん』 5, 創紀房新社, 1975, p.73.)

중심으로 자주민족학급을 운영하는 등 다양한 대안을 모색했다. 그 중에서 가장 두드러진 활동은 '본명실천운동'[29]이었다. 본명실천운동은 대상을 민족학교 재학생으로 한정하지 않고 '일본학교에 다니고 있는 재일조선인'으로 확대하여 전개했다. 이와 같은 사실에서 일본학교로 진학한 재일조선인 학생 수가 상당한 1970년대의 상황에서 현실적으로 실천 가능한 대안을 마련하려 했던 재일조선인 사회의 태도를 확인할 수 있다. 이 밖에도 일본의 교육내용 개선 요구, '일본인 자녀와 마찬가지' 교육(차관 통달)을 일관할 것이 아닌 '조선인으로 살아가는 것을 도모하는 교육'에 주안점을 두는 것과 같은 다양한 방안을 제시했다.[30] 오사카에서는 조선학교를 지키는 운동, '지침'제정을 위해 1971년 9월 '생각하는 모임'을 조직해 재일조선인 자녀들을 일본에서 '조선인으로 키우는' 교육[31]을 전개하였다. 이처럼 1970년대는 민족학교 진학자가 크게 감소한 상황에서 재일조선인 사회가 민족교육 수호를 위한 다양한 현실적 대안을 제시하고 운영한 시기였다. 하나 주목할 부분은 재일조선인 사회가 일본교육제도의 구체적 개혁 방식을 제시한 부분이다.

> 이 1년간의 조선인 교사에 의한 조선어수업을 실시함에 따라 적어도 수강생 중에서는 조선인이라는 것에 아무런 저항 없이 받아들이고 조선이라는 나라 혹은 그 나라의 인간이 자신들의 주변에 존재한다는 것을 확실히 인식하고 이해하게 된 것은 아닐까? (중략) 조선어수업이 조선인과 일본인 조고생(朝高生)과 전고생(電高生)의 사이를 멀게 했

29) 본명호명운동 이라고 불리기도 한다.
30) 오자와 유사쿠, 이충호 옮김, 『재일조선인 교육의 역사』, 혜안, 1999, p.496.
31) 오자와 유사쿠, 위의 책, p.497.

던 벽을 없앴으며 상호이해를 심화시켜 큰 역할을 했다고 생각한다. 또한 조선인을 아는 것을 통해 이웃나라-조선을 인식하고 국제사회 속의 조일(朝日)우호친선의 필요성을 보다 느끼는 것이 가능한 것은 아닐까?[32)]

인용문에서는 조선어를 교양과목으로 도입한 히로시마전기대학부속고교(広島電機大学付属高校)의 사례를 제시한다. 수업에 조선어 과목이 도입된 이후 조선과 조선인에 대한 인식이 개선되고 상호이해가 증진되었음을 설명한다. 즉, 일상적 차원에서 조선에 대한 접근 확대가 재일조선인 전반의 인식개선으로 이어지고 궁극적으로 조선과 일본의 관계개선으로 연결될 것으로 기대했다. 이외에도 일본인을 대상으로 유소년기 시절부터 조선의 언어, 문화 등을 교육해 상호문화 이해와 공존의 가치를 가르쳐야 한다고 주장했다. 이와 같은 일련의 담론에서 일본에서의 공존, 공생을 위한 재일조선인 민족교육의 방향성과 다각적 대안 모색을 확인할 수 있다.

1970년대 재일조선인 민족교육은 북송사업의 실패로 인한 조총련의 영향력 감소, 2세대 중심의 사회체제 개편, 가치관 변화, 동화현상, 한일의 정치상황 등 복합적 요인으로 열기가 감소하였다. 재일조선인 사회에서는 일본정주를 전제로 본명실천운동 같은 민족성을 유지할 수 있는 교육대안을 제시하였다. 나아가 일본학교에 다니는 재일조선인으로 대상을 확대하고 일본학교의 교육과정 개편을 제안하는 등 민족교육의 유지를 위한 다양한 대안을 모색하고 추진한 시기였다.

32) 鶴素直, 「イ スンブと呼んでくれ!-広島電機大学付属高校朝鮮語授業」, 『季刊まだん』 3, 創紀房新社, 1974, p.195.

4. 1980~90년대 - 교육개혁을 통한 일본사회로

1970년대 이후 재일조선인의 민족교육 기관으로의 진학은 꾸준히 감소하였고 이는 1980년대 보다 가속화되었다. 당시의 재일조선인 취학자의 진학 비율은 다음 표에서 확인할 수 있다.

〈표3〉 재일조선인의 진학현황[33)]

년도	일본학교(비율)	조총련학교(비율)	한국학교(비율)	합계
1974년	96,904(75.2%)	30,566(23.5%)	1,723(1.3%)	129,193(100%)
1982년	117,904(84%)	20,562(15%)	1,400(1%)	139,866(100%)

표에서 확인할 수 있는 것처럼 1974년에 민족교육 진학자 비율이 24.8%(조총련계 23.5%, 한국학교 1.3%)에서 1982년에 16%(조총련계 15%, 한국학교 1%)로 감소한 것을 확인할 수 있다. 특히 일본학교 진학률이 84%로 증가한 대목에서 재일조선인의 민족교육 선택이 감소했음을 확인할 수 있다. 이런 상황에서 민족교육의 내용과 방향성의 수정은 불가피했다. 북한에서는 1967년경부터 '주체사상'이 '유일사상체계'로 전면에 대두되었으며 조총련의 지도사상도 '사회주의적 애국사상'에서 점점 주체사상과 김일성 부자의 신격화로 이행해갔다.[34)] 교육내용이 재일조선인 사회의 실상과 실생활로부터 괴리되어 있다는 판단도

33) 金峰生, 「재일교포의 세대교체와 민족교육」, 『廣場(Forum)』 120, 세계평화교수협의회, 1983, p.80. 표는 자료에 나와있는 통계를 토대로 논문의 저자가 제작하였음.

34) 해방 이후 조총련계 학교의 교육 방침은 다음과 같이 변화했다. 제1단계 : 1945~1954, 해방 후 일본 공산당의 영향을 받으면서도 민족정신의 회복기, 제2단계 : 1955~1965, 전반은 민족 주체성 자각기이고, 후반은 김일성 절대화 작업이 시작된 때, 제3단계 : 1965~1973, 김일성의 신격화, 절대화의 토대구축기, 제4단계 : 1974~1980, 김일성 부자 세습이 기정사실로 인정되는 과정(金峰生, 위의 글, p.79.).

있었기 때문에 조총련은 1970년대 후반부터 교육 내용 개정을 시작했다.[35] 재일조선인 사회 내부에서도 민족교육의 방향성에 문제를 제기한다.

> 「언어」에 민족의식을 결부시켜 판단하는 근시안적 교육방침은 '80년대의 청년들에게는 적합지 않다는 것을 2·3세대들은 인식하고 있다. 교육은 이러한 시점에서 언어에 치중하는 종래의 경향에서 의지의 형성에 구심점을 두는 방향으로 궤도를 수정하고, 일본 사회에서 경합할 수 있는 구체적 능력 개발을 포함한 새로운 교육관 정립이 긴요한 과제가 아닐까 사료된다.[36]

일본에서 태어나고 자라 정주의식이 강한 재일조선인 2·3세대가 사회의 주축을 이룬 상황에서 조총련의 '인민민주주의의 입각한 교육'과 언어를 민족의식과 결부하는 교육방침은 1980년대에 더 이상 유효한 방법이 아니었다. 이에 대한 꾸준한 문제제기의 결과 조총련은 1983~85년 교육과정 개혁을 추진한다. 수업에 일본어 시간을 늘리고 국어에서도 일상생활에 필요한 언어를 이전보다 더 배울 수 있도록 했다.[37] 내용적으로도 일본의 상식·지식 같은 일본에서 적응하고 살아갈 수 있는 내용을 가르치며 정주 중심의 교육내용 개혁이 이루어진다. 더불어 민단에서는 '민족교육 50시간 의무제'와 모국방문교육 등을 추진하며 한국과 재일조선인의 관계를 유지할 수 있는 교육 방안을 강구

35) 이타가키 류타(板垣竜太), 「조선학교 습격사건에서 민족교육의 권리와 레이시즘을 생각하다」, 『재일조선인과 조선학교』, 선인, 2017, p.230.

36) 金峰生, 「재일교포의 세대교체와 민족교육」, p.78.

37) 이타가키 류타(板垣竜太), 「조선학교 습격사건에서 민족교육의 권리와 레이시즘을 생각하다」, p.230.

했다. 그 결과 1980년대 재일조선인의 모국수학이 증가하고 한국학교[38]로의 진학이 증가한다.

조직 주도의 민족교육과 별개로 재일조선인 사회에서는 1970년대 후반부터 조직과 거리를 둔 각종 교육 관련 단체가 탄생한다. 1978년에는 공립 소중학교에 재직하는 재일코리안 정교사들이 주축이 되어 민족교육을 촉진하는 모임(民族教育をすすめる会), 1984년 전교학생 중 재일코리안이 2/3를 차지하는 나카가와소학교(中川小学校) 민족학급 활동을 중심으로 모여든 재일코리안 2, 3세 민족강사들이 결집된 민족교육연락회(民族教育連絡会) 등 다양한 단체가 조직된다.[39] 민단–총련 등 조직과는 거리가 있는 민족교육 관련 조직이 지역사회 안에서 자생적으로 생겨난 것이다.[40] 이처럼 1980년대 재일조선인 민족교육은 교육내용 개혁과 조직과 거리를 둔 교육환경의 조성 등 일본 정주에 초점을 맞춘 교육개혁이 이루어진 시기였다.

1980~90년 일본학교 진학은 꾸준히 증가했고 재일조선인들의 통명 사용은 일반적 현상이었다. 이런 상황에서 1990년대 재일조선인 민족교육은 일본 사람들과 대등하게 살아갈 수 있는 교육으로 방향성이 전환된다. 즉, 정주를 전제로 일본인과 함께 살아가는 길을 모색한 것이 1990년대 민족교육의 특징으로 이해할 수 있다.[41] 1980년대까지의

38) 여기서의 한국학교는 일본에 있는 한국학교가 아닌 한국에 있는 학교를 의미한다.

39) 民族教育促進協議会, 『すべての同胞に民族教育を: 民促協10年史』, 民族教育促進協議会, 1995, p.23.

40) 김웅기, 「재일코리안 민족교육운동에 출현한 '통일' 공간-1980–2000년대 민족협운동을 중심으로-」, 『일본학』 제50집, 동국대학교 일본학연구소, 2020, pp.121~122.

41) 朴永炅, 竹中優子, 「在日同胞の民族教育の変遷と現状 : 大阪府公立小学校における民族学級を中心に」, 『大阪経済法科大学論集』 제114집, 大阪経済法科大学経法学会, 2019, p.8.

재일조선인 민족교육이 교육과정 개혁과 자발적 교육방식을 고안해 정주와 공생을 모색했다면, 1990년대는 일본인과의 공생을 도모하고 일본사회의 구성원으로서의 재일조선인을 지향한 시기였다.

실제로 조선학교는 1990년대 이후 교육방침을 "일본에서 태어나 자라고 있는 동포 아이들의 실정을 한층 고려"하고 "민족교육의 실효성을 보다 높이기 위해 일본어교육을 강화"하며 일본에서 살아갈 아이들을 위한 교육을 지향했다. 또한 변화하는 사회에 맞는 민족교육의 발전을 위해 조총련이 교과서를 개편[42]하는 등 교육내용을 스스로 변화했다. 특히 1993년에 이루어진 개편에서는 그동안 고집해왔던 북한식 커리큘럼을 일본 문부성에서 요구하는 체계로 맞추어가기 시작했다.[43] 다음 인용문에서는 당시 민족교육의 역할에 대한 인식을 확인할 수 있다.

> 현행 민족교육에 관해 많은 학부모가 우려하고 있다. 학부모들은 아이들을 위대한 혁명가로 키우는 걸 기대하지 않는다. 풍부한 민족적 소양과 과학적 지식을 익혀 일본사회에 대응하고 살아갈 수 있는 전면적으로 발달한 인간을 만들어주는 것을 기대하고 있는 것이다.[44]

인용문에서는 1990년대 민족교육은 민족성의 발달, 조국으로의 귀환 보다 '일본사회에 대응하고 살아갈 수 있는 전면적으로 발달한 인간'을 만드는 교육에 주안점을 두고 있음을 확인할 수 있다. 민족교육을

42) 교과서 개편은 1955~1957년, 1963~1964년, 1974~1977년, 1983~1985년, 1993~1995년, 2003~2006년에 걸쳐 이루어졌다. (정진성, 「재일동포 민족학교」, 『일본비평』 제16집, 서울대학교 일본연구소, 2017, p.232.

43) 정진성, 위의 글, pp.232~233.

44) 朴魯浩, 「民族教育の虚像と実像」, 『ウリ生活』 7, 在日同胞の生活を考える会, 1990, p.32.

통해 일본사회의 공동체 일원으로 적응하고 함께 살아갈 수 있는 인간을 만드는 것이다.

이와 더불어 재일조선인 사회에서는 1990년대 탈냉전, 탈분단, 탈경계의 시대정신 속에서 일본 시민사회 및 지역사회와 연대하며 다양한 방식의 공생을 모색했다. 특히 조선학교는 일본사회로 먼저 다가서는 적극적 행보를 펼쳤다. 조선학교는 1992년 전국고등학교야구연맹, 1993년 전국고등학교 체육연맹, 1994년 전국중등학교체육연맹에 가입이 인정된다. 1994년에는 기존 조선학교 학생에게 인정해주지 않았던 JR(일본철도) 통학정기권의 학생 할인이 인정된다. 1999년에는 조선학교 학생에게 대학 입학 자격을 취득할 수 있는 검정 시험의 수험 자격이 부여된다.[45] 이처럼 재일조선인 민족교육은 1980년대 교육과정 개혁과 1990년대 일본사회의 구성원으로 공생을 도모하는 교육방향 변화가 나타났다. 조선학교 학생들 역시 이중적 언어실천과 현실인식을 바탕으로 상황과 장소에 맞게 자신의 언어와 태도, 정체성을 관리하는 유연성을 보였다.

그러나 여기서 주목할 점은 이러한 교육방침의 변화를 두고 재일조선인 사회 내부에서 우려와 비판의 목소리가 나왔다는 점이다.

> 일본이라는 반민족적 정책과 차별의식이 강한 환경 하에서 이정도 체계적 시설을 유지하고 독자 교육을 실시하는 것 자체가 경이로움이며 범민족적 시야에서 보면 그건 민족의 긍지이자 평가받더라도 절대 증오의 대상으로 등장하는 것이 아니다.[46]

---

45) 이타가키 류타(板垣竜太), 「조선학교 습격사건에서 민족교육의 권리와 레이시즘을 생각하다」, p.230.

46) 姜春星, 「民族教育について考えたこと」, 『ウリ生活』 9, 在日同胞の生活を考える会,

위 인용문은 재일조선인 생활종합지 『우리생활(ウリ生活)』[47] 9호에 수록된 내용으로 앞서 인용한 7호의 기사를 비판하고 있다. 강춘성(姜春星)은 조선학교와 민족교육의 변화를 언급하며 민족교육은 민족성을 유지하는 본래 역할에 충실해야 한다 말하며 교육의 방향성 변화에 우려를 표했다. 14호에서는 「일본으로의 동화인가 일본인과의 공생인가(日本への同化か日本人との共生か)」를 주제로 패널을 구성해 재일조선인 사회의 방향성에 대한 토론을 이어갔다. 재일조선인 잡지 『청구(青丘)』[48] 24호에서는 교육의 방향성이 '민족교육'에서 '민족공생교육'으로 변했다 말하며 민족교육의 방향성 변화를 설명한다.[49] 이와 같은 당시 재일조선인 사회의 담론을 통해 1990년대 민족교육 방향성 변화, 특히 조선학교의 커리큘럼과 내용 변화에 관한 우려를 확인할 수 있다. 1995년 출간된 『호르몬 문화(ほるもん文化)』[50] 5호에서는 〈재일조선인

1992, p.64.

47) 『우리생활(ウリ生活)』은 김규일, 정윤회 등이 1984년에 결성한 〈재일동포의 생활을 생각하는 모임(在日同胞の生活を考える会)〉이 주체가 되어 발행한 잡지로 1987년 11월 창간호를 시작으로 1999년 8월 제14호까지 나왔다. 『우리생활』은 지식인들만이 향유하기 쉬운 담론공간을 넘어서 결혼, 취직, 교육 등 재일코리안 입란인의 주요 관심사와 생활의 제상(諸相)을 적극적으로 조명하고 있다. (신승모, 「생활종합지 『우리생활(ウリ生活)』에 나타난 재일코리안의 일상사」, 『일본학』 47, 동국대학교 일본학연구소, 2018, p.116.)

48) 『청구(青丘)』는 1989년 8월 창간호를 시작으로 1996년 2월 25호로 종간한 재일조선인 종합지이다. 『青丘』는 '88서울올림픽' 이후의 한일관계, 남북문제, 재일코리안 사회를 둘러싼 핵심현안들(역사성, 참정권, 지문날인, 민족교육, 인권문제 등)을 다루었다. (김환기, 「『청구(青丘)』와 재일코리안의 자기정체성-문학텍스트를 중심으로-」, 『일본연구』 22, 고려대학교 글로벌일본연구원, 2014, p.13.)

49) 藤井幸之助, 「公教育の中の民族教育」, 『青丘』 24, 青丘文化社, 1995, p.70.

50) 『호르몬문화(ほるもん文化)』는 1990년 9월 창간호 발행을 시작으로 2000년 9월 8화로 종간하였다. '호르몬'이라는 잡지명에서 엿볼 수 있듯이, '조국'과 '민족'과 같은 정형적인 담론에서 벗어나 일반 대중들의 일상적 경험과 현실적인 삶을 새로운 시각에서, 가능한 다양하게 조명하는 입장을 이 잡지는 취하고자 했다. (이승진, 「재일조선인잡

민족교육의 행방(在日朝鮮人民族教育の行方)〉 특집을 통해 민족교육을 다룬다. 본문에서는 일본이 국제화를 표방하고 있는 시대에 재일조선인 치마저고리 습격사건의 의미[51], 재일조선인 2세대와는 다른 3세대 대상의 민족교육 방향성 등을 다루며[52] 민족교육의 커리큘럼과 방향성에 대한 고민을 이어갔다. 위의 일련의 담론들을 통해 조선학교를 비롯한 1990년대 민족교육의 변화와 이를 둘러싼 재일조선인 사회 내부의 우려와 첨예한 논쟁을 확인할 수 있다.

이처럼 1990년대 재일조선인 민족교육은 일본사회의 구성원으로 정주할 수 있도록 교육개정을 추진했으며 먼저 일본사회로 다가가는 변화를 보였다. 이러한 민족교육의 변화와 방향성을 두고 재일조선인 사회에서는 다양한 논쟁이 있던 시기였다.

5. 2000년대 민족교육과 공생사회 일본

2000년 6월 15일 남북 공동 선언문이 발표되고 재일조선인 사회에서는 평화에 대한 기대감이 고조된다. 남북 공동 선언문은 재일조선인 민족교육에 영향을 끼쳤으며 한국학교보다 조선학교에 보다 많은 영향을 끼쳤다. 2005년부터 추진된 일본의 다문화공생 정책 역시 민족교육의 방향성에 영향을 끼친다. 일본 정부는 2005년부터 인구감소 시대에 접어들며 외국인 정책 재검토를 시작한다. 2005년 6월에는 외국인이

지 『호르몬 문화』(ほるもん文化)연구 –재일조선인잡지사에서 차지하는 위상과 의미를 중심으로–」, 『일본학보』 113, 한국일본학회, 2017, pp.124~125.

51) 李月順, 「在日朝鮮人と民族教育」, 『ほるもん文化』 5, 新幹社, 1995, p.54.

52) 金明石, 「在日三世以降にとって民族教育」, 『ほるもん文化』 5, 新幹社, 1995, p.64.

지역사회의 구성원으로서 함께 살아갈 수 있는 조건정비의 종합적 검토를 위해 '다문화공생의 추진에 관한 연구회(多文化共生の推進に関する研究会)'[53]를 설립한다. 2006년 3월, 일본 정부는 총무성의 제출 보고서를 기반으로 '다문화공생추진계획'을 발표하며 다문화공생추진시책의 종합적, 계획적 추진을 권고한다.[54] 이런 상황에서 조선학교는 일본사회의 구성원으로 살아갈 수 있는 교육개혁을 꾸준히 추진한다. 2003년부터 조선학교는 북한의 교과서가 아닌 개편된 커리큘럼이 반영된 자체 제작 교과서를 사용하기 시작한다. 교과서에서는 한반도는 물론 일본의 역사, 지리, 사회 등 일본에서 살아갈 수 있는 내용들을 다룬다. 초·중급·고급부의 사회교과서에서는 '한국'과 '통일문제'를 다루었으며 6.15남북 공동 선언에 큰 의미를 부여하며 한국을 통일 파트너로 자세히 서술한다.[55] 또한 조선대학교를 제외한 대부분의 각급 조선학교에서는 2001년부터 김일성·김정일 부자의 사진을 떼어낸다. 남북관계가 교육 커리큘럼에 반영되는 동시에 다문화공생 사회 속 일본사회의 구성원으로 살아갈 수 있는 커리큘럼 변화가 진행되는 것이다.

일본 정부의 다문화공생 시책의 취지와 달리 일본사회에서는 재일조선인을 대상으로 한 제도적 차별과 인종주의 폭력이 발생한다. 특히 그 대상은 재일조선인 학생이 되고 있다. 1980년대 치마저고리 사건을 비롯한 조선학교 학생을 대상으로 한 폭력사건[56]은 2000년대에도 계

53) 総務省, 「多文化共生の推進に関する研究会報告書: 地域における多文化共生の推進に向かって」, 総務省, 2006.3.

54) 정미애, 「일본의 단일민족국가관에서 다문화공생으로의 인식변화와 다문화공생의 거버넌스」, 『한국정치학회보』 45(4), 한국정치학회, 2011, pp.250~251.

55) 정진성, 「재일동포 민족학교」, 『일본비평』 16, 서울대학교 일본연구소, 2017, p.233.

56) 1980년대 이후 조선학교 학생을 대상으로 한 대표적인 인종주의 폭력건수는 다음과 같다. 1989년 10월 파친코 의혹 이후 48건, 1994년 4월 북한 핵개발 의혹 이후 약

속된다. 2000년대 북한의 핵개발 의혹, 대포동 미사일 발사 실험, 납치 사건 등으로 북일관계가 악화되며 재일조선인들은 재특회(在特会)[57]를 비롯한 일본 우익의 헤이트스피치 및 협박대상이 된다. 시민사회의 인종폭력 속에서 일본 정부는 조선학교를 고교무상화 제도[58]에서 제외하며 제도적 차별을 가한다. 그 결과 재일조선인 사회에서는 조선적이 한국국적, 일본국적을 취득하는 국적이동 현상이 빠르게 나타난다.

이러한 상황에서 조선학교는 입학정책에 과거보다 유연한 태도를 보인다. 조선학교에서는 조선적, 북한국적 외에도 한국국적, 하프, 쿼터 등 한반도와 관련된 경우 일본국적의 입학까지 허용하고 있다.[59] 특히 한국국적 학생의 입학이 크게 증가하며 국적 통합 현상이 나타난다.[60] 이러한 사례에서 2000년대 국적문제에 한층 유연해진 조선학교의 태도를 확인할 수 있다. 교육에 관한 이와 같은 사고는 자녀교육 문제에서도 확인할 수 있다.

160건, 1998년 8월 대포동 미사일 발사 실험 이후 약 70건, 2002년 9월 납치사건 공식 인정 이후 1천 건 이상, 2006년 7월 미사일 발사 이후 122건, 2006년 10월 핵실험 이후 55건(량영성, 김선미 옮김, 『혐오표현은 왜 재일조선인을 겨냥하는가』, 산처럼, 2002, p.189.)

57) 정식명칭은 〈재일 특권을 용납하지 않는 시민 모임(在日特権を許さない市民の会)〉이다. 2007년 1월 20일 발족한 일본의 극우 민족주의 성향의 시민단체이다. 재일조선인의 특별 영주 자격 철폐, 통명 사용 철폐 등을 주장하고 있다.

58) 2009년 9월의 중의원 선거 당시 민주당은 고교무상화 정책을 공약으로 내세운다. 당시 민주당은 국제인권규약의 사회권 규약 13조가 중등교육에 무상화제도 도입을 요구함에 따라 고등학교를 포함한 무상화를 통해 각 가정 교육비 부담을 줄이겠다고 공약했다. 특히, 사회권 규약에 그 대상을 '자국민'이 아닌 '모든 사람'으로 규정하고 민주당도 무상화 시책에 조선학교를 비롯한 외국인학교까지 포함하는 것을 전제로 했다.

59) 이러한 원인에는 조선적의 감소, 출산율 감소로 인한 자연적 인구감소 등이 있다.

60) 이러한 상황에 대해 정진성은 2010년대 들어 한일관계와 북일관계가 악화되면서 가속화되었다고 설명하며 '사실상 국적 경계의 약화에 더해, 한국적에 대한 어쩔 수 없는 관용이라고 볼 수도 있다'고 설명했다.(정진성, 「재일동포 민족학교」, pp.234~240.)

김 : 지금은 벌써 30대 후반이지만 국적 보다 아이덴티티 쪽이 중요해진 것이 아닐까요. 하지만 힘들어요. 일본은 자신을 드러내지 않기 때문에 싫다고 합니다. (중략)

심 : (소학교 3학년생 자녀에게) 너는 지구인이다. 사람은 같아. 어떤 나라에 가더라도 같다고 말했습니다. 남편도 그 부분에는 같은 생각을 하고 있습니다.[61)]

2019년에 발매된 『항로(抗路)』[62)] 6호에서는 자녀의 교육문제를 위와 같이 말한다. 인용문에서는 한국, 조선 같은 '국적'이 아닌 '아이덴티티를 가진 지구인'의 관점에서 세계 어디서나 동등한 보편적 존재임을 교육하는 것이 중요하다고 말한다. 이러한 발언에서 자녀교육을 국적이나 민족보다 지구인(세계인)의 관점에서 접근하는 인식을 확인할 수 있으며 국적과 경계를 유연하게 넘나드는 디아스포라[63)]적 사고를 확인할 수 있다.

이는 역설적으로 민족교육이 어디에서나 수행되어야 하는 보편적 문제이며 차별 없이 동등하게 수행되어야 함을 의미하게 된다. 이러한

---

61) 田村真代, 金明姫, 山口(沈)ヨンギョン, 「日本という異国で、子どもを育てるということ」, 『抗路』 6, 抗路舎, 2019, pp.104~105.

62) 2015년 9월 1일 창간된 재일종합지. 잡지명 항로는 '일본 남한 북한 등 어느 한 나라에 의지하기보다는 자신을 둘러싼 모순과 억압에 저항하면서 자신의 길을 걸어가는 것이 재일교포가 나아가야 할 길'이라는 의미이다. 2020년 8월 현재 7호까지 발간되었다.

63) 디아스포라(Diaspora)는 '흩뿌리다'라는 뜻을 가진 그리스어로, 기원 전 3세기에 번역된 70인역(Septuagint) 성서에 처음 등장한 이후 팔레스타인을 떠나 알렉산드리아와 그 외 여러 지역에서 망명생활을 하던 유대인들을 줄곧 지칭하던 용어였다. 최근에는 식민통치 기간에 생겨난 수많은 이주자들이나 난민, 망명자, 그리고 아예 자발적으로 고국을 떠나 타지에 정착한 이민자들까지 모두 아우르는 넓은 개념으로 사용하고 있다. (유영민, 「경계를 넘나드는 디아스포라 정체성과 음악 -자이니치 코리안의 음악을 중심으로」, 『음악학』 19, 한국음악학학회, 2011, p.11.)

의식을 바탕으로 재일조선인 사회에서는 일본의 정책에 비판적 메시지를 던진다. 『항로』 2호에서는 「다문화공생을 위한 교육은 어디서부터 배워야만 하는가(多文化共生のための教育はどっこから学ぶへきか)」[64]를 통해 재일조선인 민족교육의 기원과 전개를 설명한다. 나아가 재일조선인 민족교육이 일본의 다문화교육에 끼친 영향에 대해 다음과 같이 말한다.

> 재일외국인교육의 시작으로서의 재일조선인 교육은 지금까지의 재일외국인 교육, 다문화공생 교육을 생각하는 데에도 새겨야 하는 교훈이다. 적어도 공립학교에 다니는 외국인 자녀도 지원하는 아이디어로 민족학급 실천을 거듭하면서 지자체의 재일외국인 교육지원제도 마련이 선행됐다. 재일코리안의 민족교육을 둘러싼 지금까지의 행보가 다국적화, 다문화화로 나아가는 일본의 공교육을 지탱하는 경험, 지혜는 결코 적지 않다.[65]

인용문에서는 과거부터 현재까지의 재일조선인 민족교육의 역사와 전개를 설명하며 민족교육을 향한 일본과 재일조선인 사회의 진지한 성찰 필요성을 말한다. 현대 일본의 재일외국인 교육체계 구축에 재일조선인 민족교육이 기여한 바를 설명함으로써 민족교육의 역할과 중요성을 알린다. 나아가 법제화를 통한 일본의 교육차별과 재일조선인의 교육권에 대해 다음과 같이 말한다.

64) 金光敏, 「多文化共生のための教育はどっこから学ぶへきか」, 『抗路』 2, 抗路舎, 2016, pp.94~108.

65) 金光敏, 위의 글, p.107.

> 세계의 역사에는 인권을 짓밟은 많은 악법이 만들어져 왔다고 말할 수 있으며 결코 교육권에 특정된 차별이 법제화된 사례는 어느 정도 존재할까? 일본의 조선인차별정책은 인류사상 유례없는 악법이라고 해도 결코 과언이 아니다.[66)]

인용문에서 고찬유(高賛侑)[67)]는 일본의 재일조선인 차별 그 중에서도 재일조선인 취학 아동에게 가해지는 교육권 차별을 강하게 비판한다. 재일조선인 민족교육의 역사와 현재를 발신함으로써 재일외국인의 기본교육권 침해와 다문화공생 정책에 반하는 일본의 교육차별을 전면화하는 것이다. 이와 같은 문제제기는 일본/일본인/일본사회의 국가/자기중심적 논리에 비판적 시각을 제공하는 안티테제(Antithese)로 기능[68)]한다. 동시에 재일조선인 민족교육의 사회/제도적 차별을 세상에 알리고 다문화주의 공동체의 본질에 대한 문제의식을 끝없이 환기한다. 이러한 과정을 통해 글로벌시대 속 다문화공생의 진정한 모습과 공생·공존의 진정한 가치를 생각하게 만든다. 이러한 지점에서 2000년대 이후 재일조선인 민족교육의 역할과 의미를 확인할 수 있다.

이와 같은 1970년대부터 현재까지의 재일조선인 민족교육의 전개와 변천을 확인함으로써 민족교육 수호를 위한 재일조선인 사회의 발자취와 역사를 확인할 수 있으며 민족교육의 진정한 가치를 알 수 있다.

66) 高賛侑, 「ドキュメンタリー映画『アイたちの学校』の制作」, 『抗路』 6, 抗路舎, 2019, pp.142~143.

67) 재일조선인 2세대이며 영화감독이다. 2018년 조선학교와 재일조선인 민족교육을 소재로 한 영화 〈아이들의 학교(アイたちの学校)〉을 제작했다. 이 영화는 2019년 5월 한국의 부산평화영화제, 디아스포라 영화제에서 상영되었다.

68) 김환기, 「김석범, 『화산도』, 〈제주4.3〉-『화산도』의 역사적/문학사적 의미-」, 『일본학』 41, 동국대학교 일본학연구소, 2015, p.13.

6. 마치며

재일조선인 민족교육은 해방이후부터 지금까지 재일조선인 사회를 관통하는 핵심 논제였다. 해방 직후 귀국을 전제로 민족정체성을 가르치기 위해 시작된 민족교육은 시대마다 변화를 거듭했다. 특히 해방 이후 1960년대까지 지속되었던 민족교육은 1970년대 전환점을 맞이한다.

1970년대 재일조선인 사회는 조총련 중심의 생활기반이 약화되고 1세대와 다른 가치관을 가진 2세대를 중심으로 세대교체가 이루어진다. 정주의식이 확산되며 일본학교 진학과 통명사용이 증가한다. 이와 같은 시대적 상황에서 재일조선인 사회는 본명실천 운동, 일본학교의 조선어 교양과목 도입 같은 현실적 대안을 고안하며 민족교육의 명맥 유지를 위한 각종 활동을 전개했다.

1980년대 조총련과 조선학교는 일본에서 정주할 수 있는 내용의 교육과정 개혁을 추진한다. 민단에서는 민족교육 50시간 의무제, 모국방문교육 같은 민족교육을 추진하며 조국과 연개 된 교육방안을 강구하였다. 재일조선인 사회에서는 민단, 조총련과 거리를 둔 각종 교육단체를 조직하며 민족교육 수호를 위한 다각적 노력을 이어갔다. 이처럼 1980년대는 정주 기반의 교육개혁이 이루어지고 조직적, 비조직적 차원의 다각적 민족교육이 전개된 시기였다.

1990년대는 탈냉전 시대정신 속에서 재일조선인 사회가 일본사회로 한발 먼저 다가서는 변화가 나타난 시기였다. 재일조선인 사회에서는 일본에서 살아갈 수 있는 내용이 반영된 교육 커리큘럼개정을 추진한다. 이러한 변화를 두고 재일조선인 사회 내부에서는 민족교육의 본질을 우려하고 커리큘럼 개정을 비판하는 등 다양한 담론이 형성된다. 이처럼 1990년대 재일조선인 민족교육은 일본사회의 구성원으로 자리

잡을 수 있는 방향으로 교육 개정이 이루어졌으며 이를 둘러싼 활발한 논의가 전개된 시기였다.

2000년대는 6.15남북 공동 선언, 일본의 다문화공생 정책과 연동하며 보다 복잡한 관계망이 형성된 시기였다. 조선학교에서는 6.15남북 공동 선언에 큰 의미를 부여하며 한국을 통일 파트너로 기술하고 일본 정주에 보다 초점을 맞춘 커리큘럼 개정을 실시한다. 하지만 일본에서는 조선학교 학생을 대상으로 한 차별·폭력사건이 발생하고 조선학교가 고교무상화 정책에서 배제되는 사회, 제도적 차별이 발생한다. 이런 상황에서 재일조선인 사회는 국적에 유연한 디아스포라적 사고를 보인다. 동시에 민족교육 문제를 공론화하고 재일조선인 민족교육 차별을 세상에 알림으로써 글로벌시대 다문화공생의 진정한 가치와 공생·공존을 생각하게 만든다. 이 지점에서 재일조선인 민족교육의 역할을 확인할 수 있다.

재일조선인 민족교육은 조국 한반도와 일본 등 국제정세와 연동하고 변화하며 현재성을 구축하였다. 재일조선인 민족교육의 변천과 정착의 역사를 통해 격변하는 시대 속에서도 민족성 계승을 위한 재일조선인 사회의 다각적 노력과 국적/경계에 균열을 내며 삶을 영위하는 디아스포라적 양상을 확인할 수 있다.

이 글은 한양대학교 일본학국제비교연구소의 『비교일본학』 제49집에 실린 논문 「재일조선인 민족교육의 변천과 정착」을 수정·보완한 것임.

참고문헌

김봉생, 「재일교포의 세대교체와 민족교육」, 『廣場(Forum)』 120, 세계평화교수협의회, 1983.

김명희, 「집합적 기억의 공간으로서 조선학교 교육」, 『아시아교육연구』 18(3), 서울대학교 교육연구소, 2017.

김웅기, 「변혁을 맞이하고 있는 일본 공립학교 민족학급-재일코리안 민족교육의 새로운 방안」, 『일본학보』 110, 한국일본학회, 2017.

_____, 「재일코리안 민족교육을 둘러싼 정치성-1970년대 자주민족학급의 사례를 중심으로-」, 『일본학』 48, 동국대학교 일본학연구소, 2019.

_____, 「재일코리안 민족교육운동에 출현한 '통일' 공간-1980-2000년대 민족협운동을 중심으로-」, 『일본학』 50, 동국대학교 일본학연구소, 2020.

김인덕, 「1948年 한신(阪神)教育闘争과 在日朝鮮人 歷史教育-在日本朝鮮人聯盟의 民族教育運動 戰術과 關聯하여」, 『한일민족문제연구』 15, 한일민족문제학회, 2008.

김환기, 「『청구(青丘)』와 재일코리안의 자기정체성-문학텍스트를 중심으로-」, 『일본연구』 22, 고려대학교 글로벌일본연구원, 2014.

_____, 「김석범, 『화산도』, 〈제주4.3〉-『화산도』의 역사적/문학사적 의미-」, 『일본학』 41, 동국대학교 일본학연구소, 2015.

량영성, 김선미 옮김, 『혐오표현은 왜 재일조선인을 겨냥하는가』, 산처럼, 2002.

로빈 코헨, 유영민 옮김, 『글로벌 디아스포라』, 민속원, 2017.

박광현, 「기념비로서의 '조선학교'」, 『일본학』 46, 동국대학교 일본학연구소, 2018.

배지원·조경희, 『재일조선인과 조선학교』, 선인, 2017.

신승모, 「생활종합지 『우리생활(ウリ生活)』에 나타난 재일코리안의 일상사」, 『일본학』 47, 동국대학교 일본학연구소, 2018.

_____, 「재일조선인의 자기정체성 재구축과 민족교육의 공과」, 『아시아문화연구』 47, 가천대학교 아시아문화연구소, 2018.

오자와 유사쿠, 이충호 옮김, 『재일조선인 교육의 역사』, 혜안, 1999.

유영민, 「경계를 넘나드는 디아스포라 정체성과 음악 -자이니치 코리안의 음악을 중심으로」, 『음악학』 19, 한국음악학학회, 2011.

오혜경, 「민족학급의 현황 및 민족성 형성에 대한 일고찰」, 『일본문화연구』 66, 동아시아일본학회, 2018.

이승진, 「재일조선인잡지 『호르몬 문화』(ほるもん文化)연구 -재일조선인잡지사에서 차지하는 위상과 의미를 중심으로-」, 『일본학보』 113, 한국일본학회, 2017.

이타가키 류타(板垣竜太), 「조선학교 습격사건에서 민족교육의 권리와 레이시즘을 생각하다」, 『재일조선인과 조선학교』, 선인, 2017.

정미애, 「일본의 단일민족국가관에서 다문화공생으로의 인식변화와 다문화공생의 거버넌스」, 『한국정치학회보』 45(4), 한국정치학회, 2011.

정진성, 「재일동포 민족학교」, 『일본비평』 16, 서울대학교 일본연구소, 2017.

マキー(藤原)智子, 「在日朝鮮人教育の歴史: 戦後日本の外国人政策と公教育」, 北海道大 学博士論文, 2014.

姜春星, 「民族教育について考えたこと」, 『ウリ生活』 9, 在日同胞の生活を考える会, 1992.

高賛侑, 「ドキュメンタリー映画『アイたちの学校』の制作」, 『抗路』 6, 抗路舎, 2019.

金光敏, 「多文化共生のための教育はどっこから学ぶへきか」, 『抗路』 2, 抗路舎, 2016.

金德龍, 『朝鮮学校の戦後史1945-1972(増補改訂版)』, 社会評論社, 2004.

金明石, 「在日三世以降にとって民族教育」, 『ほるもん文化』 5, 新幹社, 1995.

藤井幸之助, 「公教育の中の民族教育」, 『青丘』 24, 青丘文化社, 1995.

李月順, 「在日朝鮮人と民族教育」, 『ほるもん文化』 5, 新幹社, 1995.

文部省管理局長通達(1949.10.13.), 「朝鮮人学校に対する措置について」, 中山秀雄編, 『在日朝鮮人教育関係資料集』, 明石書店, 1995.

民族教育促進協議会, 『すべての同胞に民族教育を: 民促協10年史』, 民族教育促進協議会, 1995.

朴魯浩, 「民族教育の虚像と実像」, 『ウリ生活』 7, 在日同胞の生活を考える会, 1990.

朴永炅, 竹中優子, 「在日同胞の民族教育の変遷と現状 : 大阪府公立小学校における民族学級を中心に」, 『大阪経済法科大学論集』 114, 大阪経済法科大学経法学会, 2019.

小沢有作, 「素顔を奪還する教育(上)」, 『季刊まだん』 5, 創紀房新社, 1975.

尹健次, 『日本国民論―近代日本のアイデンティティ』, 筑摩書房, 1997.

田村真代, 金明姫, 山口(沈)ヨンギョン, 「日本という異国で、子どもを育てるということ」, 『抗路』 6, 抗路舎, 2019.

鶴素直, 「イ スンブと呼んでくれ!-広島電機大学付属高校朝鮮語授業」, 『季刊まだん』 3, 創紀房新社, 1974.

재일코리안사회의 자생적 '통일' 공간으로서의 민족교육운동

1980~90년대 민족교육촉진협의회(民族教育促進協議會)를 중심으로

김웅기

1. 들어가며

1972년 오사카시 나시나리구(西成区) 나가하시소학교(長橋小学校)의 한 재일코리안[1] 초등학생의 외침으로 일어난 새로운 민족교육운동은 자연소멸되는 날만을 기다리던 오사카 공립학교 내 민족학급을 다시 활성화시키는 계기를 마련했다. 이 시기의 민족학급을 둘러싼 운동에 따라 오늘날 '나가하시형', '72년형' 또는 '자주형' 등으로 불리는 새로

1) 본고에서는 일본에서 거주하는 한민족을 가리키는 여러 용어들 가운데 「재일코리안」을 사용하기로 한다. 다양함과 동시에 갈등적인 정치적 속성들을 아우르는 데 있어 최선(best)의 대안이기 때문이다. (최상[most]라고 주장하지는 않는다.) 이때 「재일조선인」은 하부 영역 중 한 집단을 뜻하게 된다. 「재일조선인」이 역사적 존재, 즉 일제강점의 결과 일본으로 이주, 정착하게 된 한민족 디아스포라라는 의미로 사용되는 데 대해서는 필자도 동의하는 바다. 그러나 오늘날 남북분단이 엄존하고 조선민주주의인민공화국/재일본조선인총연합(총련) 지지라는 함의를 내포하고 있는 점 또한 부정할 수 없다. 한편, 「재일코리안」은 일본사회에서 갈수록 거세지고 있는 「북(조선) 때리기」를 회피하기 위해 총련계 인사들 스스로가 사용하는 경우도 찾아볼 수 있다. 이 같은 상황을 종합해 볼 때, 「재일조선인」을 총칭으로 사용할 것을 고집한다는 것은 일종의 정치적 선택으로 간주할 수 있다. 다만 전전 시기 및 총련 출범 이전 시기와 관련된 기술에 있어서는 본고에서도 「조선(인)」을 사용될 것이다.

운 유형의 민족학급의 탄생 및 민족학급 전반의 재활성화 과정을 논의한 필자의 선행 논문[2)]에서는 성공 요인을 다음과 같이 세 가지로 정리하였다.

첫째, 나가하시소학교가 니시나리라는 일본 유수의 부락해방운동이 전개되던 지역에 위치한다는 지역성을 들 수 있다. 나가하시소학교 구역 전체가 피차별부락 지역이며 '보충수업'이라는 부락 자녀들을 대상으로 하는 부락해방교육이 제도적 보장 아래 추진되고 있었던 것이 또 다른 피차별 계층인 재일코리안의 민족교육을 전개해 나가기 위한 여건을 마련했다. 부락해방운동 관계자들은 막강한 교섭력을 가진 일본 주권자 입장에서 재일코리안 학부모들이 벌여온 민족학급을 둘러싼 행정당국과의 교섭이나 방학 기간에 열린 민족학급 서머캠프 등에 협조하는 등 측면에서 나가하시소학교 민족학급을 돕는 역할을 짊어졌다.[3)]

둘째, 한국 정부와 재일본대한민국거류민단(민단) 측 압력 행사로 나가하시소학교 민족학급이 위축 또는 소멸 위기에 놓였으나, 국민국가 논리를 앞세운 이들의 주장은 주권이 미치지 않은 일본에서는 영향력에 한계가 있었다. 재일본조선인총연합(조총련) 측 인사 추방과 한국식 국민교육 실시를 오사카시교육위원회에 요구하며 몰아붙이는 주오사카한국총영사관/민단 측 실상이 언론보도 등을 통해 일본사회에 노

2) 김웅기, 「재일코리안 민족교육을 둘러싼 정치성: 1970년대 자주민족학급의 사례를 중심으로」, 『일본학』 제48호, 2019, pp.1~20.

3) 1970년대 이후 새롭게 설치된 오사카시 내 공립 소중학교 중 상당수가 부락 지역과 일치한다. 이는 부락해방운동과의 공조 관계가 일정 정도 존재했을 것으로 추정할 수 있는 근거가 된다. 적어도 나가하시소학교 민족학급이 개설되는 데 이 학교에서 먼저 추진되던 '보충수업'이라는 해방교육과의 연관성을 찾아볼 수 있다. 당시 상황은 오늘날 오사카의 재일코리안과 부락해방운동 간의 관계성과는 상당한 괴리가 있다. 이 문제에 대해서는 향후 별도 논고에서 보다 면밀하고 신중한 검토가 필요해 보인다.

출되자 한국/민단 측에 대한 비판 여론이 형성되어 민족학급을 지탱하고자 하는 쪽이 상대적으로 정당성을 갖게 되었다. 여기에는 당시 일본 여론이 독재정권이던 한국에 비판적이고 북한에 대해 호의적이었던 영향도 작용했을 것이다.

그리고 셋째, 조총련 측이 조선대학교를 정점으로 하는 민족교육 교사양성체계를 갖추고 있어 민족학급에 대해서도 교사 인력을 공급할 수 있는 점이다. 나가하시소학교에서 출발한 민족학급에서 일하는 민족강사들이 무급으로 20년 이상 민족학급 현장을 지켜낸 점도 이들의 정당성을 높여나갔다. 이들은 나가하시강사단(長橋講師団, 오늘날 오사카시민족강사회)을 구성하여 비 조총련계 인사들까지 포함하여 오사카 시내 민족교육운동의 중심에 서게 되었다. 이념공세에 몰두한 한국/민단 측이 조총련 측과의 경쟁 측면 이전에 일본 주류사회에서 신뢰를 쌓는 데 실패했던 것과 대조적이다. 이러한 불신의 근저에는 한국 측이 재일코리안사회의 자율적이고 평화적 '통일'을 부정하는 존재로 인식했던 점이 영향을 미쳤으며, 여전히 불신을 받고 있는 원인이 되었다.

본고는 이러한 흐름을 이어받아 1980년대에 일어난 재일코리안 민족교육운동의 지역적 확산을 수반한 활성화 과정과 1990년대에 직면하게 된 이 운동의 한계에 대해 논의할 것을 목적으로 한다. 이를 위하여 1986년 4월 발족한 민족교육촉진협의회(民族教育促進協議会, 이하 민촉협)를 논의의 중심에 두고 논의해 나갈 것이다. 민촉협의 특징이란 재일코리안 권익운동 중에서는 드물게 '통일' 조직이 되었던 점이다. 외국인등록 상의 지문날인 반대운동이나 외국인 지방참정권 획득운동으로 대표되는 재일코리안 권익운동에서는 '분단'으로 인해 번번이 역량이 분산됐을 뿐만 아니라 이 점이 구실을 제공하여 일본 여론의 충분한 지지를 얻기가 어려운 여건이 상존해 왔다. 그런데 유독 민촉협운동에서는 이러한 현상이 나타나지 않았다. 따라서 그 성과와 한계를 고찰하는 일은 재일코리안 권익운동의 운동사적 측면에서의 정리와 공과(功過) 양면에 대한 요인 분석을 한다는 것은 재일코리안사회가 어떤 상황에서 역량을 모아 결집할 수 있는지를 파악하는데 시사점을 얻을 수 있을 것이다.

본고의 구성은 다음과 같다. 2장에서는 민촉협이 발족되기까지의 과정에 대해 살펴볼 것이며 3장에서는 민촉협의 성과를 중심으로 활동 내용을 검토할 것이다. 그리고 4장에서는 민촉협운동에서 '통일' 공간이 출현하게 된 과정에 대한 검토와 한계에 대해 논의를 시도해 볼 것이다. 이때 재일코리안 당사자 내부의 인식과 더불어 민족교육의 외연적 여건, 구체적으로는 일본사회 및 한국정치와의 관계성에 대해서도 논의를 확대해 나가고자 한다.

2. 민촉협운동의 탄생과정

'자주형' 또는 '72년형'이라고도 분류되는 '나가하시형' 민족학급의 출현은 확실히 당시 오사카시/오사카부(大阪府) 교육당국의 정책기조 즉 민족학급의 자연소멸을 유도하고 일본 공립학교에서 재일코리안이 대부분을 차지하던 외국인 학생에 대한 존재를 부각시키지도 않고 배려도 하지 않겠다는[4] 정책기조에 제동을 걸었다. 1974년 4월 오사카시

4) 1965년 12월 28일부 문부차관 통달『일본국에 거주하는 대한민국 국민의 법적지위 및 대우에 관한 일본국과 대한민국 간의 협정에 있어 교육관계사항 실시에 대하여(日本国に居住する大韓民国国民の法的地位及び待遇に関する日本国と大韓民国との間』における教育関係事項の実施について)』중「교육과정에 관한 사항(教育課程に関する

교육위원회(교육청에 해당)는 학생부에 기재되는 재일코리안 등 외국인 학생의 이름과 관련하여 '본명기재원칙(本名記載原則)'을 밝혔다. 이는 민족학급을 지탱해온 민족강사 그리고 일본인 교사들이 학교 안에서의 역할을 '본명지도' 즉 민족명을 쓰도록 지도하는 것으로 규정하여 실천해온 성과다.[5] 또한 1977년에는 오사카부에서 1948년 한신교육투쟁의 결과로 이른바 각서민족학급[6]이 설치된 이후, 최초로 신규 민족학급이 개설되기도 했다.[7] 1980년에는 오사카시가 처음으로 민족학급에 대한 예산지원을 소모품비라는 명목으로 시작했고, 토요나카시(豊中市)[8]가 오사카부에서 처음으로 외국인교육 지침인 토요나카시재일외국인교육기본방침(豊中市在日外国人教育基本方針)[9]을 책정하기도 했다. 이 기

事項)」에는 "학교교육법 제1조가 규정하는 학교에 재적하는 영주를 허가받은 자 및 그 외 조선인 교육에 대해서는 일본인 자제와 동일하게(同様に) 취급하기로 하며, 교육과정의 편성·실시와 관련하여 특별한 취급을 하지 않아야 할 것"이라는 내용이 기재되었다. '일본인 자제와 동일하게'란 민족교육을 하지 못하게 하는 근거가 된 점에 주의해야 한다.

5) 大阪市民族講師会, 「第4回大阪市民族講師会教育研究フォーラム: 이름(イルム)から始まる自分との出会い~私たちが大切にしてきたもの」, 2013年 3月 2日, p.2.

6) 1948년 6월 4일 오사카부 지사(赤間文三)와 오사카조선인교육문제공동투쟁위원회 책임자(玄尚好) 간에서 교환된 '각서'의 총 열 개 조항 중 제4항이 민족학급과 관련된 내용이다. 4. 조선인 아동·학생이 재학하는 오사카부하의 공립 초·중학교에서는 (중략) 과외시간에 조선어, 조선의 역사, 문학, 문화 등에 관한 수업을 할 수 있다.

7) 야오시립 가츠라소학교(八尾市立桂小学校)가 이에 해당한다. 大阪市民族講師会, 「第4回大阪市民族講師会教育研究フォーラム: 이름(イルム)から始まる自分との出会い~私たちが大切にしてきたもの」.

8) 그럼에도 불구하고 토요나카시에는 민족강사가 (2016년 시점에서) 한 명도 없어 인근지역에서 민족학급으로 파견되고 있다고 한다. 황보강자에 대한 인터뷰, 오사카, 2016년 7월 12일.

9) 1970년대 이후 각 지자체에 의해 책정된 78개 외국인기본교육기본방침은 ①「차별과 편견의 배제」, ②「국제이해와 국제교류」, ③「공생」, ④「민족적 자각」, ⑤「본명사용」, ⑥「일본에의 적응과 일본어 습득」, ⑦「진로보장」, ⑧「교원연수」, ⑨「지역과 家庭의 연계」 등의 내용을 포함하고 있다. 磯田三津子, 「在日外国人教育方針·指針と外国人児

본방침은 일본 공립학교 안에 외국인 학생이 확실히 존재하며, 외국인 자녀들이 처하고 있는 여건을 감안한 교육을 제공하는 데 대해 공교육이 책임을 지겠다는 의지를 담았다는 점에서 획기적이었다.

1972년 7.4남북공동선언의 흐름을 이어받아 나가하시소학교에서 민족학급이 개설되었음에도 불구하고 한국 측 항의로 활동이 멈춘 당시 현장을 지켜낸 것은 소수의 일본인 교사들이었다. 이 점에서도 알 수 있듯이 재일코리안 민족교육에서 이들 일본인 교사의 역할은 지대했다. 교사들 대부분이 민족학급을 외면하는 가운데 일교조(日教組)계 일부 교사들은 지원자 역할을 꾸준히 감당해 왔다.

당초 일본인 교사들의 문제의식이란 '민족학교 문 앞까지(民族学校の門の前まで)'라는 구호로 상징되듯 민족학급은 어디까지나 조선학교 등 민족학교로 인계하기까지의 과도적 역할에 그쳐야 하며 민족교육은 궁극적으로 민족학교에서 주도되어야 한다는 것이었다.[10] 그러나 현실적으로 대다수 재일코리안 자녀들이 공립학교를 다니는 현실에 직면하자 점차 공립학교 전체가 외국인 즉 재일코리안의 정체성 함양에 책임을 져야 한다는 인식으로 선회되었다. 민족학급을 측면에서 지원하는 일본인 교사들은 1983년 전국재일조선인교육연구협의회(全国在日朝鮮人教育研究協議会, 전조교)를 결성하여 활동의 구심점을 마련했다.

이처럼 1980년대 초반까지 민족학급을 둘러싼 외연 여건이 정비됨

童生徒教育の課題」,『埼玉大学紀要教育学部』第65巻 第2号, 2016, p.60.

10) 사사키는 일본인 교사들의 재일코리안 민족교육에 대한 일반적인 인식과 관련하여 "일본사회 안에서 다루어야 할 과제지만 공립학교에서 다루어야 할 문제가 아니다"라고 인식하고 있었다고 주장한다. 佐々木陽子,「多文化教育からみた在日朝鮮人教育の課題と意義:「植民地責任」論をふまえた積極的平等の共有に向けて」, 南山大学紀要,『アカデミア』, 社会科学 編 第9号, 2015, p.95.

에 따라 민족학급 활동은 재일코리안 당사자들의 조직화라는 새로운 국면을 맞이하게 된다. 단숙히 민족학급이 일본 공립학교 안에 설치된다는 특성에서 비롯된다는 점 이상으로 민단-조총련이라는 분단국가를 대변하는 정치단체들이 내정간섭으로 받아들여질 수 있는 현장개입을 노골적으로 할 수 없는 여건이 이를 가능케 했다고 할 수 있다.

1970년대 이후 민족학급 문제를 둘러싼 여러 재일코리안 당사자 단체가 민단, 조총련과 무관한 지역주민 입장에서 구성되기 시작했던 점[11] 또한 이러한 상황이 반영된 결과로 이해할 수 있다. 이에 따라 1978년 공립 소중학교에 재직하는 재일코리안 정교사[12]들이 주축이 되어 결성된 민족교육을 촉진하는 모임(民族教育をすすめる會, 이하 촉진하는 모임), 1984년 전교학생 중 재일코리안이 2/3에 달하던 나카가와 소학교(中川小学校) 민족학급 활동을 중심으로 모여든 2, 3세 민족강사들이 결집하여 구성된 민족교육연락회(民族教育連絡會, 이하 연락회), 연락회가 여타 오사카시내 민족강사들과 공립학교에 자녀를 보내는 재일

11) 재일코리안이 지역주민으로서 관여하는 여러 민생문제에 어떻게 종사했으며, 일본인들과의 공생 속에서 어떻게 자신들의 권익을 확대해 나갔는지에 대한 활발한 논의가 향후 국내에서도 필요할 것이다. 이와 같은 학술적 성과의 예로는 교육 기회에서 소외된 재일코리안 1세 여성들을 대상으로 일본어교육(특히 쓰기)을 제공하기 위해 오사카 야간중학교를 거점으로 출발한 일련의 지역 권익운동을 분석한 서아귀의 연구를 들 수 있다. 徐阿貴, 『在日朝鮮人女性による「下位の対抗的な公共圏」の形成: 大阪の夜間中学を核とした運動』, 御茶ノ水書房, 2012.

12) 1984년 문부성의 개입으로 나가노현 교사임용고시에 합격한 한 재일코리안(양홍자)의 임용이 취소된 사건 이전에는 정교사 신분(教論)의 지위를 가진 재일코리안 교사들이 존재했다. 양홍자는 결국 정년은 보장되지만 관리직 승진이 없는 직급인 상근강사(常勤講師)로 채용되었고 이후 외국국적자는 이 직급으로 채용하는 것이 일반화되었다. 한국학중앙연구원, 『세계한민족문화대전』, "양홍자사건," http://www.okpedia.kr/Contents/ContentsView?contentsId=GC95200711&localCode=jpn (검색일: 2023.5.6.) 노태우 정부 시절의 한국 정부가 협상 상대가 된 이 문제에 대한 평가를 놓고 재일코리안사회에서는 '성과'와 '후퇴'라는 정반대의 평가가 양립한다.

코리안 학부모들에게 호소하여 조직한 민족교육의 존속을 촉구하는 모임(民族教育の存続を求める会)[13] 등 단체들[14]이 지역공동체 안에서 자생적으로 생겨났다. '촉진하는 모임'과 '연락회'는 1986년 11월 '민족교육을 촉진하는 연락회(民族教育をすすめる連絡会)'로 통합되었다.[15]

이러한 흐름과 결이 다른 것은 조선학교 교사 출신자 중에서 민족강사가 된 이들이 주축이 되어 구성한 나가하시강사단이다. 1992년에 명칭이 변경되어 오사카시민족강사회가 된 일로도 알 수 있듯이 오사카시내 민족강사들의 통합조직 기능을 오랫동안 담당해 왔고, 오늘날에 이르기까지 대표성을 유지하고 있다.

나가하시강사단은 조총련계 인사들이 주축이 되어 구성된 단체라는 점에서 위에 거론한 자생적 단체들과는 성격을 달리한다. 그러나 이 단체는 비 조총련계 인사들까지 아울러, 한 때 오사카시내 민족강사 즉 동 강사회 소속이라고 할 정도로 교육현장에서 압도적인 세력을 자랑했다. 오늘날에도 이 단체의 대표성은 건재하다.

이들의 상징성은 앞서 거론하듯 1972년 나가하시소학교 민족학급 운영을 둘러싼 한국 측과의 충돌을 딛고 민족학급 현장을 지켜낸 점에서 찾을 수 있다.[16] 1972년 7.4남북공동선언이라는 분단 조국의 정치

13) 당시 이 단체가 만든 전단지에는 "민족교육에 다소나마 종사하고 있는 우리 스스로가 오늘날까지 이 문제를 간과해 온 점을 깊이 반성하는 바입니다"라는 내용이 적혀 있었다고 한다. 鄭炳采, 「民族教育と出会って」 講演資料, 大阪韓国教育院, 2019年 6月 22日, p.1.

14) 民族教育促進協議会, 『すべての同胞に民族教育を: 民促協10年史』, 民族教育促進協議会, 1995, p.23.

15) 鄭炳采, 「民族教育と出会って」 講演資料, p.2.

16) 김웅기, 「재일코리안 민족교육을 둘러싼 정치성: 1970년대 자주민족학급의 사례를 중심으로」, pp.12~16.

적 사건이 계기가 된 '통일'의 함의는 '조국통일'이라는 의미가 짙었으나, 시대가 내려오면서 민족강사 채용이나 처우개선, 신규 개설 등 민족교육운동에서 역량을 결집해야 한다는 운동적 논리가 강조되는 상황이 조성되었다. 이리하여 통합적 운동의 필요성이 대두됨에 따라 '통일'의 함의가 점차 '범(汎)재일'로 변모하게 되었다.

여기에는 오사카시, 오사카부를 막론하고 교육당국이 총체적으로 볼 때 여전히 재일외국인교육을 외면하는 기존 틀을 고수하려는 데 대해 재일코리안 측이 힘을 모을 필요성을 통감했던 점이 영향을 미쳤다. 앞서 언급한 토요나카시의 사례를 비롯하여 일본 각지 그러나 민족학급이 없는 지역에서 외국인 자녀를 대상으로 하는 교육방침이 잇따라 마련됨에도 불구하고 재일코리안 즉 외국인이 일본에서 가장 많이 거주하는 오사카시의 교육당국은 근본적인 대책 마련을 지속적으로 미루고 있었다. 또한, 이 시기 학령기에 있던 재일코리안 2, 3세의 숫자가 일본 전국에서 14만 명에 달했던 점[17]도 일본 공교육 현장에서 더 이상 외국인 학생의 존재를 방치하는 것이 아니라, 이들을 위한 교육방침을 마련해야 한다는 문제의식을 갖게 하는 데 영향을 미쳤다.

이들 문제 외에도 정년을 앞둔 각서민족학급 민족강사들의 후임자 임명 문제를 비롯하여 산적하는 문제들을 해소하기 위해서도 교섭력 확보를 위한 단결이 절실해졌다. 이러한 흐름 속에서 '범 재일'의 통합된 민족교육운동 단체인 민족협 탄생의 직접적인 계기가 된 '재일한국·조선인 아동·생도에 대한 민족교육 보장을 촉구하는 심포지엄(在日韓国·朝鮮人児童·生徒に民族教育の保障を求めるシンポジウム)'이 1984년 12

17) 佐々木, 「多文化教育からみた在日朝鮮人教育の課題と意義: 「植民地責任」論をふまえた積極的平等の共有に向けて」, p.95.

월 2일에 개최되었다. 재일한국·조선인대학교원간담회(在日韓国朝鮮人大学教員懇談会)가 주최한 이 심포지엄에는 민족강사, 학부모, 민족학교 교직원, 대학교원 등 재일코리안 뿐만 아니라 교사를 비롯한 일본인들까지 포함한 235명이 참가했으며, 이 자리에서 다음과 같이 민족교육 전반에 대한 분석을 내놓았다.

- 민족교육이란 본래 정규 교육체제를 갖춘 민족학교에서 추진되는 것이 바람직하다. 그러나 현시점에서 민족학교에는 행정당국으로부터 여러 제약이 가해지고 있어, 동포 아이들이 민족학교를 이탈하여 일본 학교를 다니는 현상이 발생하고 있다.

- 따라서 민족교육의 제도보장을 위해서는 우선 민족학교에 대한 제약을 제거해 나가야 한다. 구체적으로는 각종학교로 인가받은 학교에 대해서는 사립학교와 동등한 지위가 보장되어야 하며, 사립학교로 인가받은 학교에 대해서는 교육커리큘럼 편성 상 민족학교로서의 자주성이 존중되어야 한다.

- 또한, 동포 아이들의 80% 이상이 공립학교를 다니고 있다는 현실을 감안하여 아이들이 민족적 자각을 높이는 계기로 민족학급 등의 활동을 제도적으로 보장받아 민족교육을 교육과정 안에 자리매김하는 것이 필요하다.[18)]

이에 대한 당사자인 민촉협 측 평가는 "재일동포 민족교육의 의의와 제도보장 필요성을 포괄적으로 논의함으로써 민촉협운동의 출발점이 된 역사적 심포지엄"[19)]이라는 것이었다. 이러한 문제의식에서 도출된

18) 民族教育促進協議会, 『すべての同胞に民族教育を: 民促協10年史』, pp.22~23.

것이 "(민족학교의 의의와 더불어) 민족을 만날 수 있는 터전(民族と出会う場)과 연관되는 활동을 오사카 교육당국이 긍정적으로 평가하여 제도적으로 보장해 달라"는 요구였다. 이후, 이러한 제도보장과 관련된 문제는 민촉협운동의 핵심적 쟁점으로 자리매김하게 된다.

이 심포지엄의 최대의 성과는 "사상, 신조, 국적, 민족 등 다양한 입장을 초월하여 한자리에 모인 사람들이 오로지 한 가지, 일본 사회와 학교에서 민족교육의 필요성과 그 제도보장을 촉구하며 논의함으로써 서로 확인한 일"[20]이라고 할 수 있다. 이는 동시에 "남북의 재일조선인 교육관계자들이 자리를 함께한 토론"[21]이 성사된 사실을 의미하기도 한다.

이들 성과를 반영하여 1984년 12월 27일 주최 조직(이하 실행위) 명의로 오사카부 교육위원회 측에 요망서가 제출되었다. 이 요망서에는 ① 민족교육을 기본적 인권으로 인정할 것, ② 민족학교에 대해 정식학교 즉 이른바 일본 학교교육법 1조교로서의 지위를 부여할 것, ③ 공립학교를 다니는 재일코리안 자녀들에게 "'민족'을 접할 수 있는 기회"를 일률적으로 부여할 것, ④ 각 지자체에서 외국인교육지침 책정 및 그 구체화를 추진할 것, ⑤ 동포교원 채용을 추진할 것 그리고 ⑥ 일본 교육제도 속에 재일동포 민족교육을 포함시킬 것 등 여섯 개 항목이 제시되었다.[22]

이들 요구를 관철하는 개념이란 부락 자녀들을 대상으로 하는 부락해방교육의 틀을 원용하여 이를 재일코리안의 실정에 맞게 해석한 '민

19) 위의 책, p.23.
20) 위의 책, p.24.
21) 全朝教, 「12.2シンポ総括」(위의 책, p.25에서 재인용).
22) 民族教育促進協議会, 『すべての同胞に民族教育を: 民促協10年史』, pp.25~26.

족교육권'이다.[23] 바꾸어 말하면 "'민족'을 접할 수 있는 기회"라는 표현으로도 알 수 있듯이 민족교육권의 근간에는 단순히 한국어교육이나 국제이해교육 등으로는 영위할 수 없는 '동포끼리의 긍정적 유대관계 형성'이나 '스스로의 역사에 대한 인식을 통한 뿌리 찾기' 등 재일코리안으로서의 독자적 정체성 찾기에 더 무게가 실려 있다. 재일코리안이 일본사회 내부의 소수자라는 사실에서 출발하여 이에 대한 교육적 배려를 일본 공교육에 촉구함과 동시에 남북 분단국가 어느 한 측과도 일체화되지 않은 존재로 재일코리안이 인식되어야 한다는 것이다.

민족협운동에서 중심적 역할을 해온 교육당국자들과의 행정교섭(行政交渉)의 출발점은 1985년 2월 5일 실행위가 제출한 요망서에 대한 오사카부 교육위원회 측 응답을 위해 열린 회동이다. 이 때 실행위 측이 제출한 서명이 15,923필[24]에 달했으며, 이 사실은 민족협운동에 대한 오사카 재일코리안사회의 지지가 남북분단을 초월하여 폭넓게 형성된 근거로 이해할 수 있다. 이에 대해 오사카부 교육위원회 측은 "민족학급, 민족강사의 의의를 인정한다. 민족학급의 불씨를 꺼 버려서는 안 된다"[25]라고 응답하여 그동안의 민족학급 활동의 의의를 인정했다. 이후 이 발언이 근거가 되어 민족교육을 둘러싼 권익투쟁이 본격화되었다. 요망서를 제출한 실행위 측이 교섭의 중심에 서게 되었고

23) 민족학급을 둘러싼 운동을 일본인 교사 입장에서 지탱해 온 대표적인 인물인 오오타는 "'아이들의 학습권'이라는 말을 해방교육운동으로부터 배웠으며, 조선인 아이들에게 '학습권'이란 '민족교육을 받을 권리'로 인식되며…"라고 기술한 바 있다. 太田利信, 「子どもたちのこれまで: 教職員も, 民族講師も, 保護者も, 子どもたちの願いの原点に立ち返って」, 大阪市立長橋小学校, 『우리말を返せから30年』, 大阪市立長橋小学校, 2002, p.52.

24) 鄭炳采, 「民族教育と出会って」 講演資料, p.1.

25) 民族教育促進協議会, 『すべての同胞に民族教育を: 民促協10年史』, pp.25~26.

여러 단체의 연합체 형태로 1986년 4월 통합단체 격의 민족협이 정식으로 발족했다.

3. 민족협운동의 성과

민족협이 발족하기 직전인 1985년도에 실행위가 직면했던 가장 시급한 과제란 각서민족학급에서 채용된 11명 민족강사 중 정년을 맞이한 3명의 후임자 채용문제였다. 후임자 채용이 없다는 것은 곧 기존 민족강사들이 일해온 민족학급의 자동폐쇄를 의미했기 때문이다. 이들 민족강사는 1948년 한신교육투쟁 후 오사카부와 조선인 측이 교환한 '각서'를 근거로 채용되었다. 당초 33명이었던 것이 일선 학교의 냉대 등 다양한 이유로 1970년대 초까지 11명으로 줄어든 상태였다.

실행위가 벌여온 협상은 1986년 3월 말에 이들 3명의 민족강사들이 정년퇴임을 앞두고 있음에도 불구하고 후임자를 채용하지 않으려 하는 오사카부 교육위원회 측 태도 변화를 이끄는 데 목적이 있었다. 1986년 1월 16일 제2회 교섭에서는 후에 민족협에 합류하게 될 여러 재일코리안 단체나 전조교(全朝教, 전국재일조선인교육연구협의회)를 비롯한 일본인 교원단체 등이 서명 활동을 벌여나감으로써 측면지원 역할을 담당했다. 또한, 1월 29일에도 부락해방부민공투회의(部落解放府民共闘会議)의 행정교섭 자리에 민족강사와 재일코리안 학부모, 일본인 교원 등도 함께 참가하여 후임자 문제가 토의되었다. 이처럼 부락해방운동 조직이 재일코리안 민족교육문제에 관여하는 형태는 1970년대 나가하시소학교 민족학급 개설을 둘러싼 교섭 때도 나타난 양상이다.

오사카부 교육위가 구체적 조치를 확약한 것은 3월 31일의 연도 말을 직전에 앞둔 1986년 3월 25일 부락해방부민공투회의 행정교섭 석상이었다. 오사카부 교육위원회 측은 ① 각서민족학급 존속 인정, ② 후임자를 조치하되, 비상근강사 신분으로 처우, ③ 후임자의 교원자격 취득 노력 요구 등을 골자로 하는 응답을 내놓았다. 이처럼 신분상의 후퇴가 따르는 내용이기는 했으나, 민족학급 존속이라는 최소한의 여건을 확보했다는 점에서 큰 성과라고 할 수 있다. 왜냐하면 민족학급의 존속 근거는 어디까지나 1948년 당시의 '각서' 한 장에 불과하기 때문에 교육위원회 측 재량으로 언제든 없앨 수 있기 때문이다.[26]

이처럼 간신히 각서 민족학급 존속 약속을 받아내기는 했으나 민족학급을 둘러싼 과제는 후임 민족강사 채용 문제에 국한되지 않았다. 여타 문제들과 더불어 비상근직화된 후임 민족강사의 처우문제에 대한 행정 측과의 지속적 협상까지 요구되는 상황에 이르자 이에 대처하기 위한 상설 기구를 구성할 필요성이 대두되기 시작했다. 1986년 4월 실행위가 사무국 체제를 갖춘 상설기구로서의 민촉협으로 개편된 것은 이 같은 맥락이다. 새로이 탄생한 민촉협에는 실행위의 주체였던 재일한국·조선인대학교원간담회을 비롯하여 재일고려노동자연맹, 민족교육을 촉진하는 연락회[27] 등이 참여했다. 대표에는 오사카경제법과대

26) 이처럼 민족학급의 존속 여부가 각 지자체의 교육위원회에 재량에 전적으로 맡겨져 있는 상황은 오늘날까지 변함없이 지속되고 있다. 실제로 오사카 외곽 다카츠기시(高槻市) 교육위원회는 시내 여덟 개 소학교에 있던 민족학급을 모두 폐지했다. 이 문제를 놓고 소송이 제기되었지만 2009년 1월 23일 오사카지방재판소는 교육위 측 주장을 받아들이면서 재일코리안 측이 민족학급 설치 존속을 요구할 수 있는 구체적 권리를 인정할 수 없다고 판시했다. 日本辯護士連合会, 「人種差別撤廃条約に基づき提出された第3回・第4回・第5回・第6回日本政府報告書に対する日本辯護士連合会報告書」, 2009, p.26.

27) 당초 민족교육을 촉진하는 모임과 민족교육연락회라는 형태로 민촉협에 참여했다. 1986년 11월에 두 단체가 통합하여 민족교육을 촉진하는 연락회가 되었다.

학 교수 등을 지낸 국제인권법학자 김동훈(金東勳), 부대표로 오타니대학 교수를 지낸 역사학자 정조묘(鄭早苗), 사무국장으로 민족교육을 촉진하는 연락회 대표 곽정의(郭正義)가 각각 취임했다.

한편, 이들과는 별도로 한신교육투쟁 후에 각서민족학급이 설치된 오사카시립 기타츠루하시소학교(北鶴橋小学校) 민족강사로 일해 온 김용해(金容海)가 교육위원회 측 신뢰를 바탕으로 후임자 인선 등 실무적 협상을 맡았다. 김용해는 당시에 이미 두 차례 민단오사카본부 문교국장을 지낸 인물로 교육당국 관계자들과의 인맥이 풍부했다. 곽정의를 비롯하여 정병채(鄭炳采),[28] 김상문(金相文)[29], 양의자(梁義子)[30] 등 민촉협 사무국 중심에 선 인물 중 대부분이 그의 훈도(薫陶)를 받았다. 민촉협은 일본인 교원들의 민족학급 지원단체인 전조교가 제창하여 구성된 '6자공투(6者共闘)'[31]에 참여하여 행정교섭을 벌여나갔다.

28) 1976년 지역주민 입장에서 오사카시립 타이세이소학교(大成小学校) '호랑이 어린이회'에 참가했던 것이 민족교육문제에 관여하게 되는 계기가 되었다. 민촉협에서 활동하다가 민단오사카본부 문교국장 입장에서 1990년대 행정교섭 전면에 선 김용해(金容海)의 후임자로 영입되어 민단오사카본부 문교국장직을 오래 맡았다. 현 민단오사카본부 부단장. 정병채, 「民族教育と出会って」講演資料, pp.1~3. 정병채의 민단오사카본부 영입에 관해서는 イルムの会, 『金ソンセンニム: 濟州島を愛し民族教育に生きた在日一世』, 新幹社, 2011, p.244 참조.

29) 김용해가 기타츠루하시소학교 민족학급에서 가르친 제자. 오사카부 정교사로 채용되며 민족교육을 촉진하는 모임에 참여하다가 민촉협 활동에 뛰어들었다. 민족학급 활동의 조력자가 될 재일코리안 상근강사(루츠교원)들의 네트워크화 작업을 이끌었다. 토요나카국제교류협회 상임이사를 지내기도 했다.

30) 민족교육연락회에 참여했으며, 1986년 4월 김용해의 추천으로 최초의 후임강사로 채용되었다. (泉大津市戎小学校非常勤講師) 김용해가 양의자를 추천하여 민족강사로 채용되는 과정에 관해서는 イルムの会, 『金ソンセンニム: 濟州島を愛し民族教育に生きた在日一世』, pp.220~225 참조.

31) 민촉협, 전조교, 일본 학교에 재적하는 조선인 아동·생도의 교육을 생각하는 모임(日本の学校に在籍する朝鮮人児童生徒の教育を考える会), 부락해방오사카부민공투회의 교육부(部落解放大阪府民共闘会議教育部), 부락해방동맹오사카부연합회(部落解放同

민촉협이 펴낸 자료에는 민촉협의 운동방식이 다음과 같이 요약되어 있다.

> 민족학교를 만들고 유지하기 위한 세 가지 기둥이란 '보호자(학부모), (정)교사, 민족강사'다. 즉 ① 보호자가 교사에게 '요망'을 제출하고 ② 교사가 아이들을 모아서 '터'를 마련하고 ③ 민족강사가 아이들에게 '민족의 마음'을 전한다. 이처럼 3자가 서로 협력하는 것이 가장 바람직하다. 또한, "보다 확대되고 보다 알차고 보다 안정적인" 민족학급을 만들기 위해서도 행정에 대해 항상 "민족교육의 제도적 보장"을 촉구해 나가는 것이 중요하다.[32)]

사무국 체제가 갖추어진 민촉협은 자주형(나가하시형)과는 별도로 신규 민족학급 개설을 촉구하는 활동을 벌여나가기 시작했다. 여기에는 1980년대 후반에 주민 4명 중 1명이 재일코리안이던 일본 최대 집주주역 이쿠노구(生野区)에서조차 28개 공립소학교 중 민족학급이 설치된 곳은 불과 네 곳에 그쳤던 점이 문제시된 배경이 있었다.

한 예로 기타타츠미소학교(北巽小学校)에는 전교생 중 50%, 400명의 재일코리안 학생이 재적했음에도 불구하고 당초 설치된 각서민족학급이 민족강사의 퇴임으로 인해 폐쇄된 후 민족학교 운영이 중단된 상태가 지속되고 있었다. 1983년 일본인 교사들에 의해 '도라지회'라는 모임이 구성되면서 활동이 재개되었고, 1988년 학부모들의 교류를 목적으로 '문화교류동호회'를 시작했다. 그러나 학교 측은 동호회의 안내

盟大阪府聯合会), 민족차별과 싸우는 연락협의회(民族差別と闘う連絡協議会) 등 여섯 개 단체로 구성된 연대교섭단체를 가리킨다. 民族教育促進協議会, 『すべての同胞に民族教育を: 民促協10年史』, p.30.

32) 위의 책, p.34.

전단지 배포를 가로막거나 학교 공간사용에 청소비이라는 명목의 비용을 청구하는 등 방해를 일삼았다. 민촉협 등은 1989년 2월 교장과 협상을 벌여 "50%를 웃도는 재일외국인에 시점을 둔 교육활동을 소중히 한다는 전제"라는 언질을 받아내 민족학급을 부활시키는 데 성공했다.[33] 또한, 같은 시기에 전교학생 중 70%, 260명이 재일코리안이었던 미유키모리소학교(御幸森小学校)에서도 민촉협 등의 협상으로 민족학급이 개설되었고, 1992년도부터는 상근강사가 배치되었다.[34] 2021년 3월에 폐교될 때까지 재일코리안 최대 집주지역 이쿠노구의 상징적 존재로 유네스코학교 지정받아 다문화교육의 선도적 존재로 여겨져 온 미유키모리소학교조차 이 시기에 이르기까지 민족학급조차 없었던 것이다.

민촉협은 이들 성과를 바탕으로 1989년 7월 민촉협이 단독으로 오사카시 교육위원회를 상대로 ① 외국인 학생이 많은 학교에 대해 교사를 추가적으로 배정(加配)하는 대상에 민족학급을 포함시킬 것, ② 민족학급에 관여하는 자원봉사자들에 대한 지원과 제도보장을 실시할 것, ③ 기존 민족강사의 후임 조치를 새로이 탄생한 민족학급에도 조치할 것 등을 촉구하는 행정협상을 벌였다. 특히 ②, ③은 자주형 민족학급도 대상에 포함시킨 점에서 주의를 기울일 필요가 있다. 이듬해에 시작될 나가하시소학교 민족강사에 대한 제도보장 촉구운동으로 이어졌기 때문이다.

한편, 1980년대 말까지 30개에 육박할 정도로 자주형 민족학급이 증설됨에 따라 나가하시강사단(1992년 4월 오사카시민족강사회〈大阪市民

33) 위의 책, pp.35~37.

34) 鄭炳采, 「民族教育と出会って」講演資料, p.1.

族講師会〉로 개편) 소속 민족강사가 수적으로 늘어나게 됨에 따라 이들의 처우를 간과할 수 없게 되었다. 이에 나가하시강사단 또한 1990년부터 민촉협에 합류하게 되었다.[35] 오사카시 교육위원회 측은 1972년 나가하시소학교에 민족학급이 개설되었을 당시 "책임을 지고 민족강사의 신분보장에 임하겠다"라는 내용을 담은 '확인서'를 오사카시교조(日教組) 나가하시소학교분회 등과 교환한 바 있다. 그럼에도 불구하고 19년 동안이나 방치 상태가 지속된 현실에 대한 대처가 필요했기 때문이다.

1991년 들어 교원노조 측 요구로 오사카시 교육위 측과 협상이 수차례 열리기는 했으나, 오사카시 교육위 측이 신분 보장을 끝까지 회피한 탓에 결국 결렬되고 말았다. 민촉협 측은 '확인서'에 근거한 민족강사들의 처우개선 문제를 민족학급 전체의 제도보장을 획득하기 위한 돌파구로 여겨[36] 학교 구성원들 간의 폐쇄적 논의가 아니라 1980년대 중반과 마찬가지로 여론 확산을 통한 공론화 활동을 전개해 나갔다. 민촉협은 이 문제에 대처하기 위해 1991년 7월에 결성된 나가하시소학교 민족강사의 신분보장을 촉구하는 연락회(長橋小学校民族講師の身分保障を求める連絡会)라는 연합단체에 참여하여 중심적 역할을 맡았다.

9월이 되자 동 연락회 측은 기자회견을 열었고 21일에는 약 600명이 참가하는 집회를 벌이기도 했다. 11월 오사카시 교육위 측의 "나가하시소학교 단독의 예산조치는 불가능"이라며 제도화를 거부하는 응답이 나오자 12월 연락회 측은 가두선전에 나서고 2차집회를 벌여나갔다.

이러한 일련의 활동의 영향으로 1992년 2월 오사카시 교육위 측은

35) 위의 글, p.2.

36) 民族教育促進協議会, 『すべての同胞に民族教育を: 民促協10年史』, p.44.

고등학교의 클럽활동 지도자 등에게 적용되는 것과 유사한 '민족클럽 기술지도자 초빙사업(民族クラブ技術指導者招聘事業)'을 마련하여 이를 근거로 예산을 조치하겠다고 응답했다.[37] 민촉협과 교직원조합은 "단가 설정 등, 내용이 실태에 맞지 않아 앞으로도 계속해서 협의해 나가겠다"는 조건부로 이 안을 받아들이기로 했다. 이로써 20년 동안 무급으로 일해 온 자주형 민족강사들의 처우문제에 대한 제도화가 이루어졌다.[38]

이후에도 민촉협은 지속적으로 조직을 확대해 나갔다. 오사카시와 별도로 민족학급 개설이 추진되던 히사기오사카시에서 활동해온 민족강사들에 의한 히가시오사카시민족강사회(東大阪市民族講師会), 학부모 단체인 동포보호자연락회(同胞保護者連絡会)와 더불어 강효유(姜孝裕), 안성민(安聖民)을 비롯한 당시 20대였던 3세들이 주축이 되어 결성된 공연단체 '마당'의 후속단체 민족교육문화센터(民族教育文化センター)[39]가 민촉협에 합류했다.[40] 이들은 민족강사로 현장에서 일하면서 사무국 운영을 뒷받침하는 역할을 담당했다. 2세 중심의 민촉협이 이들의 합류를 계기로 세대적 다양성을 갖추게 된 것으로 이해할 수 있다.

이 시기와 전후하여 재일코리안사회 전반의 조미의 관심은 1991년까지 타결되어야 할 한일정부 간 협상 문제로 옮겨갔다. 이른바 재일한국

37) 주된 내용은 다음과 같다. 1) 한 학교 당 주 1시간을 단위로 하여 시급을 지급, 2) 전년도 실제 금액을 밑도는 학교에 대해서는 작년도 실수령액 보장, 3) 이 사업은 92년도 이후 새로이 시작될 학교에도 적용. 위의 책, p.46.

38) 『民促協ニュース』, 1992年 4月 10日.

39) 주요 활동가 중에는 김광민(金光敏, 전 코리아NGO센터 사무국장), 고정자(高正子, 현 오사카코리아타운 역사자료관 관장) 등도 포함된다.

40) 곽정의에 대한 인터뷰, 오사카, 2016년 7월 13일; 황유자에 대한 인터뷰(이메일), 오사카, 2020년 4월 30일.

인 3세 지위문제가 논의된 이 협상과 관련하여 민촉협은 한국국적으로 일본 변호사 1호가 된 김경득(金敬得)을 통해 민족교육권과 관련된 조항의 협상해 줄 것을 것을 한국 정부 측에 촉구했다.[41]

민촉협 측 요구는 1991년 1월 한일 외상이 교환한 각서 제3조 제1항에 다음과 같이 반영되었다.

> 일본사회에서 한국어 등 민족의 전통 및 문화를 보지(保持)하고 싶다는 재일한국인사회의 희망을 이해하며, 현재 지방자치체의 판단에 의하여 학교에서 과외로서 행하여지고 있는 한국어 및 한국문화 등의 학습이 금후에도 지장 없이 실시되도록 일본국 정부로서 배려한다.

확실히 1965년 한일 국교정상화 당시의 이른바 재일한국인협정 중에 "공립소중학교 취학과 고등학교 진학자격에 대해 일본인과 동일하게 취급할 것"이 규정되었을 뿐, 민족교육 보장과 관련된 내용이 전혀 없었던 것과 비교하면 진전이 있었던 것이 확인된다. 그러나 민촉협 대표 김동훈이 밝혔듯이 민족교육 현장의 기대에는 훨씬 못 미치는 것이라는 견해가 지배적이었다.

> 한일 양국 정부 간의 각서는 (민족교육에 대해) 지방자치체의 노력을 인정하는 선으로 머물러, 일본 문부성에 의한 보장에 대해서는 일절

41) 김경득은 민촉협이 1990년 1월 21일에 개최한 「民族教育促進協議会5周年記念シンポジウム: 民族教育を私たちの手に!」 석상에서 「民族学級と91年問題」라는 가조강연을 했다. 그는 원래 3세지위협정에 민족교육권문제를 넣어야 한다는 지론을 가지고 있었다. 민촉협 측은 이를 민족학급의 제도보장으로 해석하며 운동을 전개해 나갔다. 民族教育促進協議会, 『すべての同胞に民族教育を: 民促協10年史』, p.39.; 김광민에 대한 인터뷰, 오사카, 2016년 7월 16일.

> 언급 없이 끝난 것은 주지하는 바대로다. 즉 재일동포의 민족교육은 민촉협 등 운동단체들이 지방자치체에 호소하여 인정케 한다는 기존 방법으로밖에 그 개선을 기대할 수 없다. 바꾸어 말하면 재일동포 민족교육은 재일동포 자신에 의한 노력이 있어야만 확보할 수 있다는 것을 다시 한번 인식해야 한다.[42)]

타협을 기조로 하는 외교협상에서 자신의 요구를 100% 관철한다는 것은 현실적으로 불가능하다. 그러나 민족교육권의 문제뿐만 아니라 한국국적자의 정교사 채용 문제에서도 관리직 등용 기회가 차단된 상근강사직 채용으로 타협한 한국 외교관들의 협상 내용에 대해 재일코리안사회가 적지 않은 불만을 품게 된 것은 부정할 수 없는 사실이다. 그러나 이에 대해 재일코리안 중에도 민촉협 사무국에서 활동한 재일 3세 김광민처럼 “오늘날까지 민족교육운동을 전개할 수 있게 된 근거”[43)]라며 긍정적으로 평가하는 견해가 존재하는 것 또한 사실이다. 이처럼 민촉협 내부에 세대 차이라고 할 수 있는 인식 차이가 점차 부각되기 시작했다.

민촉협운동은 이후에도 2003년에 해산될 때까지 가시적 성과를 잇따라 거두어나갔다. 오사카 시내만으로도 민족학급 수는 1972년 시점에 7개(나머지 4개는 오사카부)에 불과했던 것이 1980년 22개, 1990년 41개, 2000년 87개, 민촉협이 해산된 이후 2005년에는 100개 학교에서 민족학급이 개설되는 등 비약적으로 증가했다. 비정규직으로 채용된 오사카부내 11개 각서민족학급의 민족강사 후임자문제는 모두 후임자가 충당했고 신분도 정규직으로 복원되었다. 또한, 1988년 4월 오사

42) 『民促協ニュース』 1号, 1991年 6月 1日.
43) 김광민에 대한 인터뷰, 오사카, 2016년 7월 16일.

카부 교육위원회가 '재일한국·조선인문제에 관한 지도방침(在日韓国·朝鮮人問題に関する指導の方針)'[44]을 책정하여 교육행정 차원에서 최초로 재일코리안을 위한 교육방침을 공식적으로 마련했다. 이 지도방침은 행정 측이 공립학교 안에 재일코리안이라는 외국인이 존재한다는 사실을 시인하고, 일본인과는 다른 이들에 대한 교육 및 교육행정적 수요 충족을 위해 개선 노력을 해 나가겠다는 의지를 공식화했다는 데 의의를 찾을 수 있다.

4. '통일' 공간으로서의 민족협운동

여기서는 민족협을 중심으로 하는 재일코리안 민족교육운동이 가시적 성과를 거둘 수 있었던 요인으로 남북 분단국가의 논리에 휘말리지 않아, 재일코리안사회 내부의 공통이익을 추구함으로써 자생적 '통일' 공간이 조성되는 과정에 대해 검토해 보고자 한다.

우선, 누가 '통일'의 주체가 되었는지부터 살펴보기로 한다. 이분법에 익숙한 독자들은 남북 분단국가 간의 통일이라는 시각에서 출발할 수도 있겠으나, 이러한 틀이 재일코리안사회를 바르게 파악해내지 못하게 하는 원인이 된다. 남북이라는 틀 안에 속하지 않거나 종속되지 않은 이들의 존재와 이들 간의 연대라는 점에 대한 이해가 선행되어야 하기 때문이다.

44) 네 가지 조항에는 1. 민족정체성 함양 노력, 2. 본명(本名)을 사용의 의의 및 실천 노력 재확인, 3. 진로지도 충실화, 4. 교직원연수 실시 등이 포함되어다. 大阪府, 「在日韓国·朝鮮人問題に関する指導の指針」. http://www.pref.osaka.lg.jp/kotogakko/seishi/zainichi-sisin.html (검색일: 2020.4.30.)

1972년 7.4남북공동선언을 계기로 재일코리안사회(일본사회도)에서 통일의 기류가 고조되었을 당시, 일본 공교육 현장에서 민족교육이라는 재일코리안의 권익을 대변할 수 있는 공식성을 가진 조직은 민단이었다. 1965년 한일 국교정상화가 근거가 된다. 또한, 이는 동시에 비수교국 북한을 배경으로 하는 조총련이 공식성을 가질 수 없는 존재로 자리매김하게 된 점도 의미하게 된다.

이러한 정치적 구도는 나가하시강사단을 이끌다가 민족협에 합류하기로 결정한 박정혜의 민족강사 최초 임명과정에도 영향을 미쳤다. 조선학교 교사 출신인데다가 국가가 아닌 뿌리가 있는 지역으로서의 조선에 귀속한다는 함의를 지닌 조선적(朝鮮籍)을 고수하는 박정혜를 조총련계 인사라고 보는 일 자체는 무리가 없다. 그러나 1972년 그가 남북공동선언을 계기로 나가하시소학교 민족강사로 임명된 것은 조총련 조직의 지시나 개입이 아니라 중립단체인 조선장학회가 북측 인사의 인선을 위임받은 것의 연장선상에 있다. 당시 한국 정부와 민단은 조선장학회의 중립성을 부정했으나, 조선장학회는 중립성 확보를 위해 일본 문부성까지 조직 구성에 개입한 역사를 가지고 있는 단체다. 나가하시소학교 민족학급 개설 시점에서 7.4선언이라는 통일 기조를 바탕으로 남북 양측에서 민족강사를 파견하기로 합의되었지만 조총련은 일본의 공적영역에서는 공식성을 갖지 못한 '비공식적' 존재이기 때문에 중립단체인 조선장학회가 북측 파견 인선을 대신 맡은 것이다.

따라서 박정혜가 이끈 나가하시강사단 및 그 후신인 오사카시강사단이 조총련과의 주종관계 등 어떠한 공식적인 관계가 존재하는 것은 아니다. 만일 조총련과 박정혜 또는 나가하시강사단에 개입하게 된다면 비수교국 북한을 대변하는 조총련이 일본 공교육에 개입한다는 것을 의미하게 된다. 만일 조총련의 현장개입이 사실로 드러난다면 그 여파가 단순히 오사카 민족학급 패쇄 차원보다 훨씬 크고 심각한 외교 문제로까지 비화될 것이 자명하다.

박정혜 등의 활동에 영향을 미친 또 다른 요소는 이들의 활동이 오사카시 서부 니시나리구에서에서 시작했던 점이다. 부락해방운동을 일본에서 가장 왕성하게 펼쳐온 막강한 조직력을 자랑하던 부락해방동맹이라는 조력자를 얻을 수 있었던 것은 니시나리의 지역적 특성에서 비롯된 것이다. 이러한 구도는 이쿠노 등 타 지역에서는 찾아볼 수 없는 현상이었다. 민족학급 활동이 일본에서 펼쳐지는 이상 주권자인 영향력은 한국 정부나 이에 종속하는 민단의 분단논리 개입을 물리칠 정도로 막강할 수밖에 없었다. 이는 동시에 북한/조총련 측 논리의 개입 소지이 차단되었음도 의미했다. 따라서 박정혜 등 민족강사가 개인의 신조나 조총련사회의 인적네트워크에 의한 유대관계가 있다고 해서 그 논리를 적어도 공식적 영역에서는 전면에 내세우려 하지는 않았던 것으로 이해할 수 있다.

이와 대조적으로 민촉협의 중심을 이룬 일본 최대의 재일코리안 집주지역인 이쿠노구에서 출발한 오사카시 동부지역의 민족교육운동은 자녀들의 교육문제라는 지역운동 차원에서 출발했던 것이 특징이다. 민촉협 사무국장 곽정의를 비롯한 민촉협 실무진의 공통점이란 남북 분단국가에 종속한 정치나 국민교육과는 전혀 다른 차원의 민족정체성 함양 기회 마련을 위해 일본에서 지역주민 차원에서 접근했던 점이다. 이들이 민족강사 역할을 맡기도 했지만, 이보다 중요한 것은 이들이 일본 공립학교에서의 민족교육 수혜자라는 입장도 동시에 지녔다는 점이다. 나가하시강사단과 차별화되는 점은 바로 이 점이며 지역운동으로 간주할 수 있는 근거가 된다.

이처럼 지역운동에서 출발했기 때문에 이들에게 한국국적이 있다고 해서 민단계 인사로 볼 수 없다는 것이 중요하다. 일본에서 민족적 유대를 유지하면서 일본사회에서 살아가야 할 이들의 특성은 정치적 자유가 담보된다는 전제가 있어야 성립되지만, 이는 남북한의 국민국가 논리나 이를 대변하는 민단/조총련의 논리와는 상충한다. 따라서 재일코리안사회를 한국에서 으레하는 극단적인 이분법으로 재단하고자 하는 남북한 국민국가의 관점은 재일코리안사회에 대한 정확하고 정교한 이해를 가로막는 쪽으로 작용한다.[45]

확실히 남북 간 경합에서 남측이 불리했을 당시에 이러한 한국 정부 정책은 이념공세라는 차원에서 효과를 거두었을지 모르겠으나, 이제 한국국적자가 대다수가 된 상황에서 이념공세는 한국/민단 측 정치적 경직성을 재일코리안사회에 드러낼 뿐만 아니라 이로 인해 동포사회 총체의 구심력을 되려 약화시키는 요인으로 작용한다. 동포사회 내부의 권익활동은 분단국가 논리와 거리가 먼 일본 내 민생문제의 영역에 속하기 때문이다. 이념적 접근은 조총련계에 대한 대항 이상으로 정치적으로 중간층에 속하는 재일코리안의 존재마저 외면하고 적대시하는 결과를 낳고 마는 문제를 야기해 왔다.

한편, 민족교육과 관련하여 한국/민단이 앓고 있는 치명적인 문제는 동포사회에서 일할 인재 육성체계를 전혀 갖지 못하는 데 있다. 이 점이야말로 재일코리안사회 내부에서 민단이 지지를 얻는 데 그리고

45) 한 조총련계 인사의 증언에 따르면 중간층으로서 민족단체에 속하지 않은 재일코리안을 '미취지 동포'라는 용어로 부른다고 한다. 이처럼 재일코리안 당사자들은 동포사회를 이분법으로 규정하려 하지 않는다. 또한, 한국 정부의 인식도 적어도 1970년대에는 확실히 '중간층'이라는 용어로 민단과 조총련에 속하지 않은 재일코리안의 존재를 인식했던 흔적이 외교문서 등으로 확인된다. 오늘날 재일코리안사회에 대한 이분법적 접근은 어찌보면 한국사회의 재일코리안에 대한 이해 수준이 저하한 사실을 반증하는지도 모른다.

한국 정부가 충성을 요구하는 데 한계를 야기시키는 요인이 된다. 그러나 한편으로 이러한 한계는 중간층 내지 시민층이라고 불릴 수 있는 계층이 남북한이나 민단/조총련과 거리를 두는 형태로 대두할 수 있는 여지를 낳게 하는 역할을 하기도 하다.

그럼에도 1965년 한일 수교에 따라 민단이 한반도 유일의 수교국으로서의 지위를 가진 대한민국을 대변하는, 일본사회에서 공신력이 있는 동포단체로 자리매김한 것은 엄연한 사실이다. 확실히 민촉협이 점차 대표성을 획득하게 됨에 따라 직접 교섭 당사자로 나서는 일이 늘어나기는 했으나, 민단과의 역할 분담이 필요한 상황이 종종 발생했던 점은 부정할 수 없다. 게다가 개개인의 정치성향을 떠나 민촉협 관계자들까지 포함한 재일코리안 다수가 한국국적인 점도 엄연한 사실이다. 이리하여 이러한 대표성을 가진 민단과 민족학급 현장의 교육자이자 활동가로 일하는 민촉협 간의 공조관계가 서로의 한계를 보완하는 차원에서 형성된 것이다.

이러한 구도가 형성된 것은 민족강사로 재직하면서 민단에 들어간 김용해나 그의 권유에 따라 민촉협에서 민단을 소속을 옮겨 후계자가 된 정병채를 통해 구축된 민촉협 관계자들과의 신뢰관계가 있었기에 가능했다. 지역운동 차원의 민촉협의 민족교육운동은 민단의 '우리는 대한민국의 국시(國是)를 준수합니다'를 강령[46] 첫 번째로 내걸 정도로 국가추종적 성향과는 확연히 결이 다르다. 왕성한 활동으로 선순환되던 민촉협 활동에 민단이 개입함으로 인해 정치적으로 경직하게 될 경우, 조총련과의 대립구도를 떠안게 됨으로 인해 일본 시민층의 지지까지 잃게 된다. 하여, 민단과 우호적 관계를 갖되, 개입시키지는 않는

46) 민단 홈페이지, https://www.mindan.org/kr/reki.php (검색일: 2023.5.6.)

것이 민촉협으로서는 가장 수월하게 민족교육운동을 전개하기 위한 방안이었다고 할 수 있다.

이 점에 있어서는 조총련에 대해서도 마찬가지다. 박정혜의 억제적 리더십 등의 요인으로 조총련 논리를 민촉협 그리고 민족학급 현장에서 관철시키려 하지 않았던 것은 민촉협이 성공했던 요인 중 하나로 들 수 있다. 민촉협 관계자는 물론 학부모를 비롯하여 재일코리안사회 전반에 조총련에 대한 거부감이 존재하는 측면을 부정할 수 없기 때문이다. 이러한 박정혜 등 민족강사의 처신은 개개인의 신조와는 전혀 다른 차원이며, 이러한 억제적이고 이성적 처신이 가능했던 것은 박정혜의 개인사 즉 일본인 어머니 밑에서 태어나 문화적 정체성이 복잡한 상황에서 후천적으로 조선적을 선택했던 점이 영향을 미친 것으로 이해할 수 있다. 그러나 이러한 억제적 태도가 지켜지지 않게 되면 강사회가 배타적이고 독선적 존재로 비추어질 수밖에 없는 측면이 있는 것도 부정하기 어려운 사실이다. 이 점 또한 조총련이 내포하는 비공식성에 원인을 찾을 수 있다.

지금까지의 논의로 ① 공립학교 내 민족교육이라는 점에서 민족학급 및 이를 지탱하는 운동은 일본의 공공영역에 있으며, ② 따라서 남북 분단국가와 이에 종속하며 대변하는 동포단체의 개입에는 한계가 있으며, ③ 국가 논리에 의한 이들의 노골적 간섭은 민족교육의 지탱은 커녕 오히려 방해가 된다는 점을 확인했다. 필자가 다른 논고에서 1970년대 나가하시소학교 민족학급 개설 과정에서 오사카한국총영사관과 민단에 의한 방해공작이 일본사회의 비판을 이기지 못하여 결국 불신만 야기했던 사례를 논의한 바 있는데, 이것 또한 이러한 구도에서 비롯된 것이다.

나가하시강사단(오사카시민족강사회)가 민촉협운동에 합류할 수 있었던 것도 박정혜의 신중함과 더불어 그를 비롯한 민족강사들이 일본 공립학교를 다니는 아이들 그리고 학부모들에 대해서도 동포 의식을 가지며 대등하게 대해 온 점이 긍정적으로 작용한 결과로 이해할 수 있다.[47] 학교나 직장 등 사회적으로 고립된 소수자로서의 경험을 가진 경험이 드문 민족학교 출신자들이 일본 공립학교를 다니는 동포 학생들의 처지를 헤아리기가 여간 쉽지 않다는 점에서 이러한 인식을 갖고자 하는 노력은 소중하다.[48] 이처럼 민족학급 현장에서 정치색을 드러내지 않는 억제적 태도와는 달리 이들은 조총련 사회와의 관계성 자체를 포기한 것이 아니다. 그럼에도 불구하고 민촉협에서 민단과의 네트워크를 가진 정치적 중간층인 지역주민 차원의 민족교육운동 관계자들과 함께 민촉협에 가입하여 활동했던 것이다. 이는 재일코리안 권익운동 역사 중 보기 드문 '통일' 공간이 출현했던 것을 의미한다.

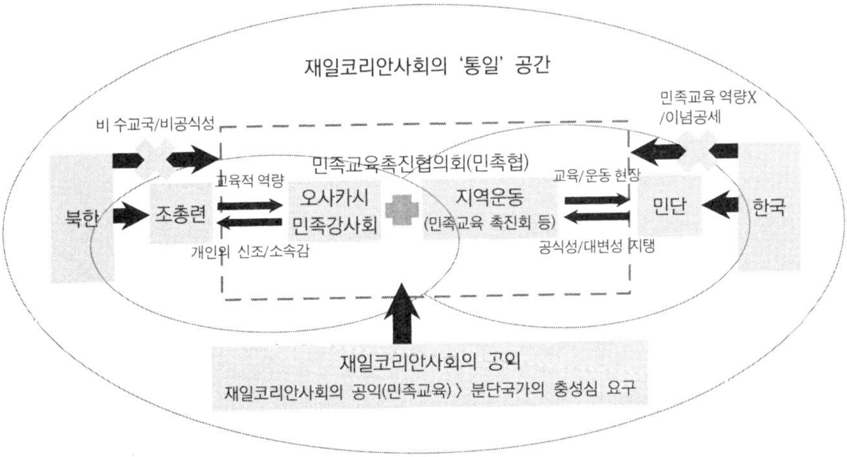

출처: 필자 작성

〈그림〉 민촉협운동에서 출현한 재일코리안사회의 '통일' 공간

47) 리정아(가명)에 대한 인터뷰, 오사카, 2016년 7월 12일.

48) 황유자, 앞의 인터뷰.

지금까지의 논의로 독자는 민촉협의 탄생 및 성장과정에서 민단과 조총련 그리고 이들이 추종하는 남북 분단국가를 개입시키지 않았던 것이 민촉협 성공의 요인이 된 것을 확인했을 것이다. 그러나 중요한 것은 〈그림〉에서 확인되듯 민촉협이라는 매개체를 통해 민단과 조총련, 그리고 남북이 민족학급 문제에서 간접적으로 소통하게 되는 구도가 형성된 점이다. 또한, 이 구도로 (북한정부는 모르겠으나) 한국 정부 또한 민족학급에 대한 접근경로를 간접적으로 확보했던 점도 중요하다. 이로써 비록 '통일'에 국가나 동포단체가 직접적이고 주도적으로 간섭한 것은 아니지만, 그렇다고 완전히 배제되는 것이 아니라 간접적으로 관여하게 됨으로써 '통일'의 주체성 자체는 확보된다는 것이다.

자생적 '통일'이라는 과제설정과 운동 전개는 민족교육 기회 획득과 같이 동포 누구나가 공히 이익을 누릴 수 있다는 뜻의 공익을 이루는 방향으로 설정되어야 하며, 이를 주도하는 것이 정치적 중간층이어야 비로소 좌우 양측이 부응할 수 있는 여건이 마련된다. 분단구도가 고착화하고 일상화된 재일코리안사회의 특성 상, 분단국가를 대변하는 어느 한 조직이 선도하게 될 경우, 결국 그 조직의 이익 즉 사익(私益)으로 귀결되기 때문에 정치이념을 초월한 재일코리안 공통복리로서의 공익(公益)이 필요하게 된다. "모든 동포 아이들에게 민족교육을!"이라는 민촉협의 과제 설정은 이에 부합한다. 결론적으로 민촉협운동의 성공은 "오로지 한 가지 목표를 위하여" 결집할 수 있는 구도(single-issue politics)를 조성해낸 데에서 찾을 수 있다고 할 수 있다.

5. 결론

1980~90년대 민족협운동은 무권리의 소수자, 조국 분단이라는 이중고를 겪고 있는 재일코리안사회가 어떻게 취약점을 극복하고 권익을 획득해 나가는지에 대한 값진 경험을 얻는 기회를 제공했다. 필자는 본고에서 이러한 민족협의 경험을 고찰함으로써 어떠한 여건들이 형성되었을 때 재일코리안사회에서 정치적 갈등 수위를 낮출 수 있으며, 권익문제에서 성과를 거둘 수 있게 되는지를 검토했다. 검토에 있어서는 민족교육을 정체성 등 흔히 재일코리안을 논의할 때 쓰이는 개념이 아니라 관여되는 개인, 단체 그리고 국가가 지니던 각기의 정치(politics)에 초점을 맞추었다. 여기에는 냉전이라는 국제관계까지 영향을 미친다. 왜냐하면 민족학급이 오늘날 일본 공교육에서 추진되는 재일코리안 민족교육이기 때문에 일본과 재일코리안이라는 양자관계만으로는 파악해내지 못한 영역이 무수히 존재하기 때문이다.

본고는 또한 재일코리안을 이해하는데 민단-조총련이라는 이분법적 접근이 낳은 오류가 낳은 폐해를 제시하려 했다. 이분법이야말로 분단국가 논리의 극치다. 오랫동안 한국 정부의 재일코리안정책과 지원이란 민단 지원과 동일어였고, 정권마다 이것이 강화 또는 약화되는 양극단의 현상을 반복하고 있다. 전세계 재외동포들이 목적성 사업을 위해 자생적으로 단체를 구성하여 모국을 향해 자유롭게 지원을 신청할 수 있는데도 오로지 재일코리안만은 민단을 통하지 않고서는 몇 가지의 예외를 제외하고 문전박대를 당하고 있는 것은 이러한 접근 탓이다.

문제는 이에 그치지 않는다. 대한민국이 민단에도 조총련에도 소속하지 않은 최대다수의 재일코리안들도 경계, 감시의 대상으로 규정하여 적대시해온 접근방식이 당연시되어 왔다는 것이야말로 재일코리안이 그동안 모국과의 긍정적 관계를 맺지 못하게 하는 요인이 되어 왔다. 군사독재에다가 북한보다 국력이 열세였을 당시 모국이 재일코리안의 민족교육과 이를 지탱하며 활성화시키려 했던 이들을 어떻게 바라봤는지에 대해서는 더 이상 거론할 필요도 없을 것이다.

한국 정부는 2011년부터 민족학급에 대한 예산지원을 시작했다. 앞서 언급한 김광민이 민족강사 등에 의한 신랄한 비판을 무릅쓰고 여의도 국회 앞에서 1인시위를 벌인 데 대해 일부 국회의원들이 찬동해준 결과다. 그러나 예산집행 과정에서 운영관리자가 되는 오사카교육원장의 역량은 개인마다 너무나도 큰 차이가 있다. 국내 공교육이나 여타 재외동포교육 틀의 보편성을 고집할수록 특수한 역사를 지닌 민족학급 지원은 필패인데도 이에 고집하며 마치 왕이라도 된 것처럼 추악하게 행세한 이들이 있는가 하면 현장 파악에 적극적으로 나서 보다 나은 방안을 짧은 임기 동안 시도하려는 이들도 있다. 이러한 문제는 일관성 있게 정보가 축적되지 못하고, 특수성을 감안한 인선이 이루어져야 함에도 불구하고 인선 범위가 좁다는 한계에서도 원인을 찾을 수 있다. 그럼에도 이제 재일코리안 민족교육의 한 축을 이르는 민족학급에 대한 한국 정부의 예산 조치는 고무적인 일이다. 중요한 사실은 지원자가 된지 아직 10여 년밖에 되지 않았다는 점이다. 역사 앞에 겸허하게 그리고 꾸준한 지원자 역할을 수행해 나감으로써 신뢰를 쌓아나갈 것을 바라마지 않는다.

이 글은 동국대학교 일본학연구소의 『일본학』 제50집에 실린 논문 「재일코리안 민족교육운동에 출현한 '통일' 공간 - 1980-90년대 민촉협운동을 중심으로」를 수정·보완한 것임.

참고문헌

『세계한민족문화대전』.
『民促協ニュース』.

김웅기, 「재일코리안 민족교육을 둘러싼 정치성: 1970년대 자주민족학급의 사례를 중심으로」, 『일본학』 제48호, 동국대학교 일본학연구소, 2019.
______, 「혐한(嫌韓)과 재일코리안: 재특회(在特會)의 논리에 내포된 폭력성을 중심으로」, 『일본학보』 제98집, 한국일본학회, 2014.
송기찬, 「민족교육과 재일동포 젊은 세대의 아이덴티티: 일본 오사카의 공립초등학교 민족학급의 사례를 중심으로」, 한양대학교대학원 석사학위논문, 1998.
홍리나, 「문화적 저항으로서의 재일동포 민족학급: 히가시오사카시 공립소학교의 사례를 중심으로」, 한국학중앙연구원 한국학대학원 석사학위논문, 2015.
黃止玧, 「日本の公教育における在日コリアンの民族学級の意義と可能性: 多文化教育という視点からみた在日コリアンの民族教育」, 『일본근대학연구』 제31집, 한국일본근대학회, 2011.
イルムの会, 『金ソンセンニム: 濟州島を愛し民族教育に生きた在日一世』, 新幹社, 2011.
磯田三津子, 「在日外国人教育方針·指針と外国人児童生徒教育の課題」, 『埼玉大学紀要 教育学部』 第65巻 第2号, 2016.
大阪市立長橋小学校, 『우리말を返せから30年』, 大阪市立長橋小学校, 2002.
大阪市民族講師会, 「第4回大阪市民族講師会教育研究フォーラム: 이름(イルム)から始まる自分との出会い~私たちが大切にしてきたもの」, 2013年3月2日.
渡辺正恵, 「宝塚韓国小学校の役割の変遷」, 『追手門経営論集』, 第18巻 第2号, 2012.
民族教育促進協議会, 『すべての同胞に民族教育を: 民促協10年史』, 民族教育促進協議会, 1995.
朴正惠, 「手記 民族との出会い,民族の心を大切に思い, 歩んできた私の人生: 民族教育に定年はない」, 『大阪社協: 社協結成60周年』 第28号, 2019.
徐阿貴, 『在日朝鮮人女性による「下位の対抗的な公共圏」の形成: 大阪の夜間中学を核とした運動』, 御茶ノ水書房, 2012.
日本辯護士連合会, 「人種差別撤廃条約に基づき提出された第3回·第4回·第5回·第6回日本政府報告書に対する日本辯護士連合会報告書」, 2009.
鄭炳采, 「民族教育と出会って」, 講演資料, 大阪韓国教育院, 2019年 6月 22日.
佐々木陽子, 「多文化教育からみた在日朝鮮人教育の課題と意義: 「植民地責任」論をふまえた積極的平等の共有に向けて」, 南山大学紀要『アカデミア』 社会科学編 第

9号, 2015.
中村一成, 「思想としての朝鮮籍: 第7回 朴正恵(上) 日本国籍から朝鮮籍へ」, 『世界』 2016年 3月号, 2016.
곽정의에 대한 인터뷰, 오사카, 2016년 7월 13일.
김광민에 대한 인터뷰, 오사카, 2016년 7월 20일.
리정아(가명)에 대한 인터뷰, 오사카, 2016년 7월 12일.
황보강자에 대한 인터뷰, 오사카, 2016년 7월 12일.
황유자에 대한 인터뷰(이메일), 오사카, 2020년 4월 30일.

민단 홈페이지, https://www.mindan.org/kr/reki.php(검색일: 2020.4.30.)
大阪府, 「在日韓国·朝鮮人問題に関する指導の指針」, http://www.pref.osaka.lg.jp/kotogakko/seishi/zainichi-sisin.html (검색일: 2020.4.30.)

1980년대 재일조선인 사회의 민족교육과 변화

신재민

1. 변화하는 재일조선인 사회와 다시 요구되는 민족교육

1980년대의 세계사적 격변 속에서 재일조선인 사회 역시 세대교체와 국적, 경제적 계층분화에 의해 사회 전반에 걸친 혼란을 겪었다는 사실은 널리 알려진 바와 같다. 이러한 시대적 변화에 발맞춰 재일조선인 사회 내부에서는 재일조선인을 하나의 공동체로 엮어낼 수 있는 '결속의 수단'이 요구되기 시작했고, 당시의 이러한 요구는 일본의 국제화 정책이 도리어 재일조선인들의 귀화와 동화의 비율을 높여가는 현실 속에서 더욱 절실한 현안으로 자리매김했다.

본 절에서는 당시의 이러한 시대적 상황을 '민족교육'이라는 측면에서 조명하고, 잡지에 드러난 동시대적 논의를 중심으로 이를 분석해보고자 한다. 1980년대의 세대교체는 조국과 직접적인 관계를 맺었거나, 맺어왔던 재일조선인 1세대가 은퇴하고, 일본의 사회 및 교육시스템 속에서 성장한 재일조선인 3세대가 재일조선인 사회의 전면에 등장하면서 이루어졌다. 그리고 이러한 상황은 북송사업의 실질적인 실패와 한국 정부의 정치·경제적 이용, 재외동포의 현지정착을 중심으로 하는 정책 등과 맞물리면서 1970년대부터 논의되던 재일조선인의 '정주화'에 대한 문제를 '현실'로 부각되게 했다.

아래의 〈표1〉은 가나가와 현에서 이루어진 조사를 토대로 『삼천리』 내에서의 논의를 위해 작성된 것으로, 1980년대의 재일조선인 사회의 인식변화를 뚜렷하게 드러내고 있다.

〈표1〉 성별, 연령별 자신의 장래의 희망[1)]

	합계	가능하다면 조국 귀국 희망	민족의 자긍심 가지고 일본 거주	일본 국적은 취득(x)	일본 국적을 취득할지도	일본 국적을 취득(o)	기타	무응답
합계	1028 (100)	48 (4.7)	367 (35.7)	181 (17.6)	156 (15.2)	225 (21.9)	41 (4)	10 (1)
남	524 (100)	31 (5.9)	173 (33)	88 (16.8)	8.9 (17)	123 (23.5)	16 (3.1)	4 (0.8)
녀	504 (100)	17 (3.4)	194 (38.5)	93 (18.5)	67 (13.3)	102 (20.2)	25 (5)	6 (1.2)
20~24	115 (100)	3 (2.6)	35 (30.4)	12 (10.4)	29 (25.2)	31 (27)	4 (3.5)	1 (0.9)
25~29	123 (100)	2 (1.6)	41 (33.3)	22 (17.9)	24 (19.5)	30 (24)	4 (3.3)	0
30~34	113 (100)	2 (1.8)	37 (32.7)	14 (12.4)	27 (23.9)	28 (24.8)	3 (2.7)	2 (1.8)
35~39	153 (100)	3 (2.0)	60 (39.2)	22 (14.4)	29 (19)	33 (21.6)	4 (2.6)	2 (1.3)
40~44	130 (100)	3 (2.3)	48 (36.9)	20 (15.4)	20 (15.4)	34 (26.2)	4 (3.1)	1 (0.8)
45~49	81 (100)	2 (2.5)	37 (45.7)	9 (11.1)	10 (12.3)	23 (28.4)	0	0
50~54	71 (100)	2 (2.8)	22 (31)	22 (31)	6 (8.5)	12 (16.9)	5 (7)	2 (2.8)
55~59	76 (100)	7 (9.2)	24 (31.6)	21 (27.6)	5 (6.6)	13 (17.1)	5 (6.6)	1 (1.3)
60~64	64 (100)	7 (10.9)	23 (35.9)	20 (31.3)	4 (6.3)	7 (10.9)	3 (4.7)	0
65~	102 (100)	17 (16.7)	40 (39.2)	19 (18.6)	2 (2)	14 (13.7)	9 (8.8)	1 (1)

1) 高道燮 外, 「在日朝鮮人の現在 - 神奈川県外国人実態調査から -」, 『三千里』 46, 三千里社, 1986, p.57.에서 수정.

상기한 표에서 드러나는 바와 같이, 1980년대 이미 조국으로의 귀국을 염두에 두고 있는 이들의 비율은 세대를 막론하고 급감하고 있음을 알 수 있다. 설문의 비율 중 수위를 차지하고 있는 것은 '민족의 긍지를 가지고', '일본에서 거주'한다로, 당시 재일조선인 사회의 인식에서 '정주화'란 당연시되는 현실에 가까웠던 것이다. 오히려 당시의 논의에서 중점이 되었던 것은, 설문조사에서도 드러난 바와 같이 '어떻게' 민족의 긍지를 지켜나갈 것인가에 대한 문제였다고 해도 과언이 아니다.

한편, 설문조사를 살펴보면, 당시의 재일조선인 사회에 '국적=민족'의 공식이 점차 붕괴해가고 있음을 알 수 있다. 상기한 표에 의하면 '일본국적을 취득 할지도 모른다'와 '일본국적을 취득할 것'이라고 응답한 비율이 전체의 37%를 초과하고 있는데, 이는 비단 '일본에서 사는' 정주화에 대한 인식의 확산을 넘어 국적으로서의 '일본'을 선택하겠다는 잠재적 비율 역시 꾸준히 증가하고 있었음을 방증하고 있다. 『삼천리』46호의 좌담회에서 '재일한국인문제 연구소' 소속의 재일조선인 2세 배종도(裵重度)는 귀화 자체에 대한 부정적인 시각을 견지하면서도, 국가(적)와 민족이 일반적으로는 동일시되지만 실제로는 일치하는 개념이 아님을 지적하며 이러한 '굴레'에서 해방되어도 괜찮은 것이 아닌가 생각한다[2]라는 주장을 펼치고 있는데, 이는 당시의 인식변화를 극명하게 드러내는 예라 할 수 있을 것이다. 당시 좌담회에서 이루어진 논의에서 국적과 민족을 동일시하는 경향은 세대가 상승할수록 고착화되는 경향을 보이며, 특히 재일조선인 1세대의 경우에 그런 경향이 두드러지게 나타나고 있다. 이는 설문조사에서도 동일하게 드러나는 양상으로, 50~65세의 경우 일본국적을 취득하지 않겠다의 비율이 취득할지도 모른다나, 취득

2) 高道燮 外, 위의 글, pp.53~67. 이하 필자역.

하겠다에 비해 상대적으로 높은 것을 알 수 있다.

이렇듯, 상기한 세대를 주로 재일조선인 1세대에 해당한다고 상정한다면, 재일조선인 사회의 주축을 형성하고 있는 청·장년층(재일조선인 2·3세대)의 인식에서 '민족=국적'의 도식은 이미 붕괴하고 있음을 알 수 있다. 다음은 『삼천리』에서 전개된 강상중·양태호의 논쟁 중 일부로, 재일조선인의 현실에 대한 양태호의 발언이다.

> 어느 쪽이든 「정주화」는 이미 의심할 여지가 없다. 난민조약을 비준한 1982년의 「출입국관리 및 난민인정법」의 시행에 의해서 재일조선인의 대다수는 「영주자격」을 획득하게 되었다. (중략) 그것은 외국인으로서의 자기규정의 규율에서 벗어나게 된 상황이라고도 말할 수 있다. 마음대로 상상해보자면, 지문날인의 문제도 「외국인의 인권」이라고 하는 측면이 있을지도 모르지만, 그 이상으로 젊은 세대에게 있어서는 「외국인으로 취급되고 있는 것에 대한 인권」에 대한 의식이 작용하고 있다고 해도 과언이 아니다.[3]

양태호는 당시의 지문날인거부 투쟁에서 쟁점이 되는 것 중 하나로 '외국인으로 취급되고 있는 것에 대한 인권'이라는 의식이 존재함을 지적하고 있는데, 이는 이미재일조선인 3세대의 인식 속에 국적으로서의 일본의 존재는 확고하게 자리잡고 있었음을 보여주고 있다. 물론, 양태호의 주장이 '재일조선인이 일본으로 귀화하는 것의 당위성'을 주장하고 있는 것이 아님은 분명하다. 양태호는 오히려 재일조선인이 국적의 벽을 넘어 '소수민족'을 지향하면서 동화를 극복하고, 반차별을 주장해야 하며, 나아가 이를 토대로 스스로의 입지를 구축하면서 공생 사회를

3) 梁泰昊, 「事実としての「在日」」, 『三千里』 43, 三千里社, 1985, p.147.

〈표2〉 자식이나 손자에게 민족교육을 받게 하고 싶은가

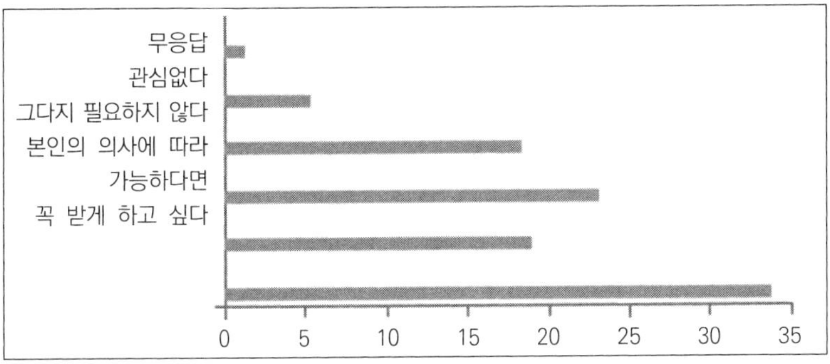

지향해야함을 강조하고 있다. 이는 『삼천리』[4], 『민도』[5] 등지에서의 논의에서 드러나는 것으로, 적어도 당시의 논의에서 주요한 쟁점이 되었던 것은 국제화, 공생을 표방하는 일본의 정책적 움직임과 재일조선인이 처한 현실 사이의 괴리와, 이러한 '현실적 차별'을 극복하기 위한 실질 방안으로서의 '국적'(귀화)의 문제라 할 수 있는 것이다.

그렇다면, 이렇듯 '정주화'가 현실화 되고, '국적=민족'이라는 그간의 도식이 붕괴해가는 당시의 시점에서 '민족의 긍지'를 확보하게 하는 민족교육은 어떻게 이루어져야 하는가. 오사카를 위시한 관서지방에서의 민족학급의 활성화[6]는 이러한 의문을 발전적으로 해소하고 있었

4) 梶村秀樹 外, 「座談会 神奈川県外国人実態調査を終えて」, 『三千里』 44, 三千里社, 1985, pp.110~121.; 高道燮 外, 「座談会 在日朝鮮人の現在──神奈川県外国人実態調査から」, 『三千里』 46, 三千里社, 1986, pp.53~67.

5) 金玉煕 外, 「女性にとっての在日同胞社会」, 『民涛』 4, 民涛社, 1988, pp.218~239.; 金石範 外, 「90年代の世界と「在日」を考える」, 『民涛』 10, 民涛社, 1990, pp.218~239.

6) 김웅기, 「재일코리안 민족교육을 둘러싼 정치성-1970년대 자주민족학급의 사례를 중심으로-」, 『일본학』 48, 동국대학교 일본학연구소, 2019, pp.1~20.; 김웅기, 「재일코리안 민족교육운동에 출현한 '통일' 공간-1980-2000년대 민촉협운동을 중심으로-」, 『일본학』 50, 동국대학교 일본학연구소, 2020, pp.117~144.

음은 분명하지만, 적어도 가나가와 현에서의 설문조사 당시의 시점에서 이것은 상당히 어려운 질문이었음에는 틀림없다. 다음은 당시의 설문조사 결과를 표로 정리한 것이다.

상기한 표에서 파악할 수 있는 바와 같이, 국적과 정주화에 대한 논의 속에서도 민족교육에 대한 열망 자체는 뚜렷하게 드러나고 있음을 알 수 있다. 상대적으로 중립적인 입장을 취하고 있는 '본인의 의사를 존중하겠다'라는 답변을 배제하고서도 52%에 달하는 비율이 민족교육의 필요성 자체는 인정하고 있는데, 이것은 상기한 '민족의 긍지를 지키는' 것에 교육의 역할이 분명하게 존재한다는 의식을 드러내는 것이기도 하다. 그러나 당시의 재일조선인 사회의 의식변화와 일본, 한국의 변화 속에서 '민족교육'의 현실은 그 필요성과 반드시 일치되지는 않은 경향을 보였던 것 또한 사실이다. 다음은 현실에 입각한 민족교육의 형태와 관련된 설문 중 일부이다.

〈표3〉 어떠한 형태로 민족교육을 받게 하고 싶은가

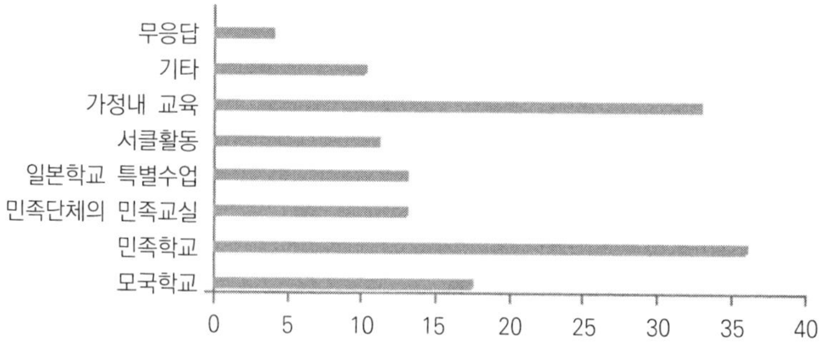

상기한 표에 의거하면, 민족학교와 모국학교, 그리고 민족단체의 민족교실이나 일본학교에서 이루어지는 특별수업 등이 재일조선인의 '민족교육'에 기여하고 있었음은 개략적으로나마 파악할 수 있다. 그러나

이후의 절에서 상술하겠으나 모국학교와 민족학교는 현실적으로 재일조선인 사회의 민족교육을 지탱할 수 없었거나, 없어지고 있었음은 분명하다. 이는 민족단체의 민족교실에서 역시 마찬가지로, 당시 재일조선인과 남북 조국이 처한 정치적 상황을 고려할 때 이들 선택지는 민족학교의 밀집도를 생각한다고 하더라도, 어디까지나 '표면적인 이유'에서의 선택[7]에 지나지 않았을 것이다. 이 중에서의 예외는 일본학교에서의 특별수업에 해당한다고 하겠으나, 당시 공교육 내에서의 민족교육의 실천 대부분이 관서지방에 집중되어 있었다는 현실을 고려하면 이 역시 현실적인 대안으로 자리매김했다고 보기는 힘들다. 이러한 상황을 가정했을 때, 33%가 넘는 응답이 '가정 내 교육'으로 이루어지고 있다는 사실은 민족교육에 대한 재일조선인 사회의 고민이 표면적으로 드러나 있는 응답이라 할 수 있을 것이다. 즉, 당시는 '민족교육'의 필요성은 분명히 인식되고 있었으나, 그 구체적인 교육 형태나 방식에 관해서는 '현실적 대안'이 부족한 상황이 지속되고 있었다는 것이다. 그리고 나아가 이러한 현실이 바로 전술한 '가정 내 교육'에 대한 응답 비율로 이어지게 된다.

그러나 당시의 이러한 '가정 내 교육'을 통해 이루어지는 민족교육이 구체적인 계획을 가지고 실천되지 않았던 것은 분명하다. 이에 대해 「在日朝鮮人の現在－神奈川県外国人実態調査から－」에서 배종도와 이희봉(李喜奉)은 '(가정 내 교육)이 실제로 가능한가 하면, 그렇지는 않다.', '구체적인 플랜은 존재하지 않고, 현실적인 문제 속에서 (민족교육

7) 이에 대해 서클지 『나그네』를 발간하고 있는 문경수는 '재일조선인이 잠재적으로 가지고 있는 이렇게 살아가고 싶다.'라고 하는 부분이 설문조사의 결과에 분명한 영향을 미치고 있음을 지적하고 있다.

이) 방치되는 양상을 보인다.'[8]라고 주장하고 있으며, 재일조선인 1세대와는 달리 '조국'과 직접적인 관계를 맺어오지 못한 재일조선인 2세대 부모들의 한계에 대해서도 지적하고 있다. 이렇듯 당시의 논의 속에서 드러나는 것은 가정 밖에서 이루어지는, 실질적인 형태의 민족교육의 필요성에 대한 재인식이며, 이것은 변화하는 재일조선인 사회와 발맞춰 기존의 민족교육과는 다른, 또는 발전된 형태와 유형으로 전개되어야 한다는 것이다.

이상의 논의를 토대로 파악할 수 있는 바와 같이 재일조선인 사회에 있어 '정주화'가 현실화 되고, '국적=민족'이라는 기존의 도식이 붕괴해가는 지점에서 종래의 민족교육은 뚜렷한 한계를 드러내고 있었다. 이러한 상황 속에서 민족교육의 형태는 점차 다변화되기 시작하는 양상을 보이며, 일본 사회와의 교류와 협력, 재일조선인 사회 내부에서의 자발적인 실천 또한 두드러지게 나타나기 시작한다. 다음의 절에서는 이러한 변화 속에서 이루어진 다양한 민족교육의 형태에 대해 고찰하고, 그 실천과 한계, 그리고 의의에 대해 집중적으로 조명해보고자 한다.

2. 모국수학 프로그램과 민족학교의 정체와 쇠퇴

1980년대 당시의 민족교육을 위한 루트는 재일조선인 사회의 변화와 발맞춰 점차 다양해지기 시작한다. 1962년 이후 점진적으로 활성화되기 시작한 한국 정부와 민단 주도의 '모국수학' 프로그램이 존재했고, 조선학교와 한국학교 역시 한일협정과 각종학교와 관련한 법령제

8) 高道燮 外, 「在日朝鮮人の現在－神奈川県外国人実態調査から－」, pp.59~60.

정 속에서 그 영향력이 빠르게 변화하고는 있었으나 건재했다. 또한, 1972년의 남북공동성명을 계기로 활성화된 통일에 대한 열망 속에서 전개된 민족학급에 대한 관심과 실천 역시 꾸준히 영역을 넓혀 전개되고 있었다. 뿐만 아니라 당시는 이러한 공교육의 영역을 넘어, 조국과 일본에 국한되지 않는 재일조선인 만의 민족교육을 위한 실천 역시도 전개되기 시작했다.

본 절에서는 이러한 민족교육의 제형태에 주목하여 잡지의 지면에서의 논의와 더불어 당시의 민족교육의 현실과 실천양상에 주목하고자 한다. 우선, 박정희, 전두환 정권 하에서 전개된 모국수학 프로그램에 대해 고찰할 필요성이 있을 것이다. 주지하는 바와 같이 모국수학 프로그램은 1962년 재일본대한민국민단(이하, 민단)의 요청으로 시행된 유학제도이다. 당시 재일조선인 사회에서는 북한의 본격적인 지원 속에서 성장한 조총련이 절대적인 영향력을 발휘하고 있었고, 민단은 그간 이어져 온 한국 정부의 기민정책 속에서 큰 성장을 이루지 못한 상황이었다. 이에 박정희 정부는 재일조선인 민단에 대한 지원을 확대하고, '반공세력'의 육성을 위해 일본 내 교육센터를 확립하는 한편, 재일조선인 유학생 제도를 신설하여 유학생을 적극적으로 유치하고자 했다. 최초의 재일조선인 유학생 제도는 1962년 11명의 재일조선인 학생을 서울대학교 어학연구소에 수용하여 이들에게 대학진학 전의 예비교육과정을 이수하게 한 것으로, 이중 4명의 학생이 한국에서 대학에 진학하게 되었다[9]. 1966년에는 한국어와 한국문화 교육을 위한 단기연수 프로그램이 신설되었고, 1970년대에 들어서 '모국 방문' 프로그램이 확대되고

9) 이정훈·윤인진, 「在日同胞의 民族教育과 母國修學의 現況과 發展方案」, 『재외한인연구』 7, 재외한인학회, 1998, p.188.

체제 선전과 유지를 위한 지원 또한 확충되면서 점차 활성화되게 된다. 1977년에는 대통령령으로 시행된 『재외국민의 교육에 관한 규정』이 제정되어 현지에서의 한국어 교육을 위한 지원도 이루어지기 시작했다.

민단에 의하면 모국 유학생의 수는 1962년 11명에서 시작하여 1968년에는 68명, 1970년에는 124명으로 급증하였고, 1980년까지는 매년 약 100명 수준의 '인기'가 계속되었다. 또, 1988년의 서울 올림픽 전후에는 '한국 인기'를 반영해 1988년에는 최대 152명까지 증가했다[10].

그러나 점진적으로 증가하는 모국유학생의 수와는 별개로 이것이 민족교육을 위한 주요한 요인이 되었는가에 대해서는 재고의 여지가 있다. 이는 우선, 이 사업이 정치적인 목적 하에 박정희, 전두환 두 군사정권에 의해 철저히 이용당했기 때문이며, 나아가서는 재일조선인 사회의 현실을 고려하지 않은 채 한국의 체제 우월성을 홍보하고 정부에 우호적인 인사를 육성하는데 목표를 두고 있었기 때문이다.

앞서 언급한 특히 재일조선인 경제인들의 모국방문이 '외자유치'라는 경제적 동인을 중심으로 이루어진 것이었다면, 재일조선인 유학생들의 모국수학은 체제유지와 정권안정화를 위한 요소였다. 실제로 유신헌법의 발표 이후 혼란해진 민심을 수습하기 위해서 박정희 정권과 중앙정보부에서는 다수의 간첩사건을 조작하였는데, 1971년에는 서승·서준식 형제의 간첩사건[11]이, 1972년에는 11.22사건으로 명명되는

10) 민단신문, 「재일동포 모국 수학(修學)생-누계(累計) 4,000명 돌파-」, 민단, 2003.

11) 서승·서준식 형제 간첩사건은 일본 교토 출신의 재일한국인 2세 서승(徐勝)과 서준식(徐俊植) 형제가 1971년 3월 서울대 유학 중 간첩활동 혐의로 보안사에 검거된 사건을 말한다. 서승은 68년 서울대학교 재학중 구속되어 고문과 협박을 당해 거짓 자백을 강요받았고, 이를 지속적으로 거부하다 분신을 시도했으나 실패하고 결국 사형 판결을 확정받고 수감되었다. 동생 서준식은 서울법대 유학 중이던 1971년 반국가 지하조직을 구축한 혐의로 구속돼 1978년까지 수감되었으나, 사상전향 거부를 이유로 10년간의

재일교포유학생 간첩 조작 사건[12] 등이 연이어 발생하면서 재일조선인에 대한 인식을 고착화하는데 크게 영향을 끼쳤다. 이들 사건은 비단 정치적인 영역이 아닌, 생활의 영역에서 조총련과 관련된 인사와 접촉할 수밖에 없었던 재일조선인 사회의 현실을 이용한 사건들로, 체제유지를 위한 반공주의에 심취해 있던 당시 한국의 사회 분위기와 맞물려 수많은 피해자들을 만들어냈다. 사건을 조작하는 입장에 있어 재일조선인 유학생 대부분은 국내에 연고를 가지고 있지 않고, 일본국적을 소유하고 있지 않은 존재인데다, 앞서 언급했듯이 생활상의 영역에서 북한(조총련)과의 접점을 형성할 수밖에 없었던 이들이었던 만큼, 유학생에 대한 간첩사건 조작의 기조는 1980년대까지도 이어져 다수의 재일조선인 유학생이 정치적인 이유로 감금, 투옥되었다[13].

실제로 1970~1980년대 재일유학생과 일본과 관련된 대한 간첩사건은 1970년대 204건(전체 681건), 1980년대 115건(전체 285건)으로[14], 이는 20여년의 기간 동안 군사독재정권의 체제유지에 재일조선인 유학생들의 주요한 역할을 수행했음을 증명하고 있다. 그러나 그럼에도 불구하고 모국수학 프로그램에 참여하는 이들이 점진적으로 증가한

보안감호에 처해져 1988년에 석방되었다. 이 사건은 당시 고문 의혹이 제기되면서 서씨 형제에 대한 고문 중단과 사면을 요구하는 시위가 일본을 중심으로 벌어지는 등 한일간의 외교문제로 번지기도 했다.

12) 1975년 11월 22일 중앙정보부 대공 수사국장이던 김기춘에 의해 발표된 공안 사건이다. 재일조선인 13명을 포함하여 총 21명이 간첩으로 기소되어 수감되었다. 이 사건은 중앙정보부에 의해 조작된 사건으로, 이후 진실화해위원회의 재심 권고를 통해 관련자들은 무죄를 선고받게 된다.

13) 재일한국인 정치범을 구원하는 가족·교포회의 추산에 따르면 1980~1989년의 기간동안 일본과 관련된 간첩행위의 적발은 115건이었으며, 재일조선인 유학생 간첩사건의 피해자는 약 130명 가량으로 추정되고 있다.

14) 국방부 과거사 진상규명위원회, 『과거사 진상규명위원회 종합보고서 - 제 3권 8개 사건조사결과 보고서(하) -』, 국방부 과거사진상규명위원회, 2007, p.169.

것은 분명한 사실이다.

이러한 현상에는 그 배경과 기저에 있는 의식이 어찌되었든 그간의 기민정책을 탈피하고 한일협정 이후 재일조선인 사회에 대한 적극적인 정책을 취해 온 박정희 정권의 움직임과 한국의 경제발전 속에서 조국에 대한 관심이 고조되었던 당시의 시대적 분위기를 들 수 있을 것이다. 나아가, 1980년대 당시 일본의 국제화 전략과 한국의 민중문화 운동의 전파, 일본인 교사들의 본명사용하기 운동 등의 노력 속에서 이루어진 '드러내는 재일'의 아이덴티티가 고조된 것 역시 영향을 끼쳤을 것으로 판단된다. 이외에도, 1조교의 지위를 획득하지 못하고 지자체의 배려로 각종학교의 인가를 획득하는 것에 그치고 있었던 대부분의 조선학교와 극히 일부에 지나지 않았던, 한정된 한국학교의 존재 역시도 재일조선인에게 '민족교육'을 위한 모국수학의 길에 오르게 했을 것임은 분명하다. 이외에도, 당시 한국 정부와 긴밀한 협조관계를 구축하고 있었던 민단 측의 적극적인 홍보와 지원 역시도 직접적인 영향을 미쳤던 것으로 보인다.

그러나 비록 점진적으로 증가하고 있었다고는 해도 그 숫자는 상기한 표에서 확인할 수 있는 바와 같이 1982년 기준 14만에 달하는 재일조선인 학생 중 극히 일부에 지나지 않았고, 재일조선인 사회 내에서도 모국수학에 대한 관심 자체는 저조했던 것으로 보인다. 오히려 이로 인해 전개된 간첩 조작 사건과 그 피해자에 대한 조명이 전면적으로 다루어지면서 모국수학에 대한 관심은 고조되지 못했던 것이 사실이다.

실제로 『삼천리』에서는 서승·서준식 형제의 어머니인 오기순(呉己順)씨의 사망에 주목하여 기사를 편성[15]하고 있고, 서씨 형제의 사건을

15) 佐藤信行, 「呉己順さん追悼文集刊行委員会『朝を見ることなく――徐兄弟の母 呉己順

〈사진1, 2〉 서승·서준식 형제 및 간첩조작 사건 피해자 석방 광고

통해 '통일'의 필요성을 재고하는 기고문[16] 등이 게재되고 있다.『민도』에서 역시 이들 형제에 대한 석방을 촉구하는 광고를 포함하여 재일유학생 간첩사건 피해자의 석방 광고[17]를 게재하고(이하 사진 1, 2), 서울대 의대 간첩단 조작사건의 피해자인 강종헌과과 관련된 게재문을 그라비아 에세이[18]와 인터뷰[19], 노래[20] 등으로 편성하고 있다.

さんの生涯」」,『三千里』25, 三千里社, 1981, pp.186~187.

16) 金光子,「私にとって朝鮮·日本－生きることと向き合って」,『三千里』36, 三千里社, 1983, pp.119~121.

17) 編集部,「解き放て！今こそ、民主韓国の野に」,『民涛』1, 民涛社, 1987, p.145.; 編集部,「悲しい、うれしい、そして、つらい。」,『民涛』7, 民涛社, 1987, p.209.

18) 康宗憲,「その日が来る－康宗憲氏13年ぶりに帰日」,『民涛』7, 民涛社, 1989, pp.205~209.

19) 위의 글, pp.210~215.

인터뷰에서 강종헌은 잡지의 인터뷰를 통해 자신이 조국에 대해 관심을 갖게 된 것은 일본학교를 다니면서 만났던 교사들의 영향이었음을 밝히고 있다. 그는 중고교 시절 조선과 남북한, 그리고 재일조선인에게 깊은 관심을 가지고 있는 교사들을 만났고, 그들을 통해 조국에 대한 지식과 관심을 확장시킬 수 있었다는 것이다. 이렇듯 일본인 교사와 지역사회의 도움으로 본명선언까지 실행한 그는, 이러한 계기로 그는 당시 상대적으로 열악한 조국의 의료환경의 개선에 도움이 되고자 서울대학교 의예과에 입학했던 것이다.

그러나 그의 이러한 '조국'에 대한 열의와 실천은 보상받지 못한 채 끝나고 만다. 강종헌은 서울대학교 입학 후 학업과 학생운동을 병행하였으며 이를 통해 민주화 운동에 투신했음을 밝히고 있다. 그런데, 이러한 과정에서 그가 느낀 것은 '소외감'이었다. 당시 한국사회에 팽배한 재일조선인에 대한 '불신'과 '차별'이 같은 학생운동, 민주화운동에 투신한 자신에게도 전개되었고, 이것이 일종의 '소외감'으로 이어졌다고 그는 주장한다. 물론, 그는 이러한 '소외감'을 자신을 위해 구명운동을 펼치는 재일조선인 사회와 이에 협력하는 한일 시민사회의 민중들을 통해 해소하고 있음을 밝히고는 있으나, 그가 느꼈던 이러한 '소외감'이 당시 정부에서 진행하고자 했던 모국수학의 취지와 전면으로 배치한다는 사실과, 조국의 민주화에 투신하고 자 했던 학생운동의 일원들로부터 비롯되었다는 사실은 부정할 수 없을 것이다. 다음은 당시 하계학교(단기)에 참가했던 학생들의 글 중 일부이다.

---

20) 康宗憲, 「うたのひろば-その日が来る」, 『民涛』 8, 民涛社, 1989, pp.384~385.

그러나 우리들은 좋은 면만을 안 것은 아니다. 사람들 가운데는 아직도 反日的인 감정을 가지고 있는 사람도 있었다. 그러나 우리들 하기학교 학생 가운데는「半쪽발이」라고 하는 말의 의미를 모르는 사람도 있었다. (중략)

확실히 우리들은 日本에서 태어나 日本에서 자라고 그리고 韓國語 즉, 國語를 말하지 못하는 사람이 많이 있다. (중략)

이와 같은 말은 우리들에게 슬픈 기분, 우울한 기분을 들게 했다.

韓國에서, 자기나라에서 태어나지 않은 것을 원망하기조차 했다. 이러한 상태에 있는 나라의 一面을 보고도 우리에게는 거기에 接한다든지 작용할 수도 없이 멀리 떠밀려가는 기분이 들었다. 또 日本에서 태어났기 때문에 여기서 생활을 영위하고 있는 사람들의 民族第一, 近代化第一의 희생적정신과 봉사정신을 갖고 있지 않은 나는 이러한 사람들에 대하여 도저히 따라갈 수 없는 갭을 느꼈다.[21)]

상기한 인용문에서 파악할 수 있는 바와 같이, 이들이 유학을 위해 찾아온 모국에서 느끼는 '슬픔'과 '갭'은 모국수학 프로그램이 본래의 취지대로 흘러가고 있지만은 않다는 것을 방증하고 있다. 이외에도 재외동포재단에서 발간한『재일동포 민족교육 실태 심화조사 및 정책방향 제시』에서도 역시 모국수학을 통한 재일조선인의 조국으로부터의 '이탈'을 주요한 문제로 제기하고 있는데, 반공주의와 재일조선인에 대한 불신이 팽배했던 1980년대의 시대적 상황에 비추어봤을 당시 역시 이것이 결코 가벼운 문제가 아니었음은 명확하다.

이외에도 모국수학 프로그램과 모국방문 프로그램의 중심축을 이루

21) 동아일보,「夏期學校에 入校한 在日同胞學生들의 訪問記 내가 본「내 母國」」, 1970, 석간 5면.

고 있었던 것이 '국가관 확립을 위한 영령 기리기', '체제우월성 증명하기', '반공의식 강화하기' 등으로 편성[22]되어 있었다는 사실로 말미암을 때 당시의 프로그램의 내용이 다분히 정치 편향적이고 체제 홍보적인 차원에서 성립하고 있었음을 유추하는 것은 어렵지 않다. 실제로, 재외국민교육연구원의 전신이었던 재외국민교육연구소의 개설 당시의 교육목표가 '재일 한국 학생에게 조국에 대한 바른 인식과 민족정신을 함양하여 반공 애국하는 재외국민으로 배양하는 것'에 있었다는 점[23] 등도 이를 뒷받침하고 있다. 이렇듯, 모국수학 프로그램은 재일조선인 사회의 민족교육을 지탱하는 축으로 작용하지는 못했을 뿐만 아니라, 당시 통일에 대한 열망 속에서 정치적 대립을 극복하고 통일된 민족교육을 전개해나가고자 했던 재일조선인의 열망에 부응하지 못한 채 시행되고 있었던 것으로 보인다.

한편, 1980년대에는 그간 '민족교육'의 중심축을 이루고 있었던 민족학교의 입지 역시 빠르게 변화하기 시작했다.

〈표4〉 재일조선인 취학 및 교육현황(1974, 1982)[24]

년도	일본학교	조선학교	한국학교	총원
1974	96,904명(75.2%)	30,566명(23.5%)	1,723명(1.3%)	129,193명(100%)
1983	117,904명(84%)	20,562명(15%)	1,400명(1%)	139,866명(100%)
증감	+21,000명	-10,004명	-323명	+10,673

22) 김성희, 「1970년대 재일동포모국방문사업에 관한 정치사회학적 연구」, 서울대학교 석사학위 논문, 2011, pp.69~77.

23) 위의 글, pp.90~91.

24) 金峰生, 「재일교포의 세대교체와 민족교육」, 『광장』 120, 세계평화교수협의회, 1983, p.80.

상기한 표에서 파악할 수 있는 바와 같이, 1974년 전체 진학자 중 25%에 가까운 비율을 차지하고 있던 민족학교 진학자의 비율은 10년 사이에 16%정도의 수준으로 약 10%에 가까운 하락세를 보이고 있었다. 증감으로만 따져도 전체 학생이 10,673명이 증가한 가운데 민족학교에서는 조선학교와 한국학교를 포함하여 10,327명의 학생이 감소하고 있었는데, 이는 일본학교의 진학자 수가 21,000명 증가한 것과 대비된다. 이러한 흐름에는 다각적인 요인이 존재할 것이나, 우선, 일본의 국제화의 흐름에 대해 살펴볼 필요가 있을 것으로 보인다.

1980년대 국제화를 전면으로 내세운 정책적 흐름 속에서 일본 정부는 호적법을 개정하여 외국인 부모의 성씨를 따를 수 있도록 수정하고, 나아가 국적법 또한 부계 혈통주의에서 부모양계 혈통주의로 전환하였다. 기존의 호적법은 어디까지나 일본의 단일민족 의식에서 성립한 것으로, 일본인인 이상 일본의 이름을 사용해야 한다는 사고에서 비롯된 것이었다. 따라서 종래에는 외국인과 결혼한 경우 둘 모두 결혼 전 성씨를 그대로 사용했고, 그 자녀의 경우는 부계의 혈통에 따라 호적 역시 변동 적용되었다. 또한, 당시는 귀화한 외국인은 일본명을 사용할 것을 기본전제로 하고 있었다. 그러나 전면적인 국제화와 일본의 이미지 쇄신을 추구하던 일본 정부는 당시의 세계적 추세에 동참하여 호적법과 국적법을 개정하는 한편, 귀화와 일본명 사용에 대해서도 재고하게 된다. 이러한 정책의 변화가 물론 재일조선인과 같은 일본 내의 외국인, 마이너리티 집단을 위한 법제적 변경은 아니었던 것은 사실이다. 그러나 재일조선인과 일본인 간의 혼인이 빠른 속도로 증가하고 있었던 당시의 상황 속에서 재일조선인의 선택의 폭을 넓히는 데는 분명하게 기여하고 있었다. 이로 인해 재일조선인은 귀화시 본명 사용이 허가되었으며, 일본인과 결혼한 재일조선인의 경우 이제 성별에 구애받지 않고 그 자녀의 일본국적 취득이 인정되었다. 나아가 1965년 이후의 출생자에 한해서는 개정 3년 이내에 일본국적 취득이 가능해졌다.

당시는 또한, 재일조선인 간의 결혼 비율이 급격히 하락하는 한편, 일본인과의 결혼 비율이 상승하고 있었다. 민단에서 제시한 자료에 따르면, 1980년대 당시 재일조선인의 혼인건수는 꾸준히 증가하는 가운데 동포 간의 결혼 비율은 지속적으로 하락하고 있었다. 이에 반해 외국인과의 결혼 비율은 꾸준히 증가하여 1980년대 중반 이후에는 외국인과의 결혼 비율이 70%를 웃돌았는데, 이들 대부분은 일본인과의 결혼이었다. 이러한 상황 속에서 1980년대 중반 일본의 국제화 흐름에 힘입어 변경된 국적법과 호적법으로 인해 이들의 자녀에 대한 이중국적 보유가 인정되면서, 재일조선인 사회의 출생률은 1985년 기준 절반 이하로 하락하는 현상이 나타나게 된다[25]. 또한, 1980년대 중반 이후 귀화자에 대한 민족명 사용이 허용되면서, 귀화자의 숫자는 지속적인 증가추세를 보이게 된다. 실제로 민단의 통계에 의하면 1989년 당시 귀화자 수는 4,759명에 달했는데, 이는 1993년에는 7,697명으로 증가하였으며, 1995년을 기점으로 이는 더욱 증가하여 이후 연간 평균 만명에 달하는 재일조선인이 귀화를 선택하게 된다. 이렇듯, 당시의 국제화

25) 민단의 자료에 따르면, 1984년 재일조선인 출생자 수는 9,363명인데, 한 해 뒤인 1985년에는 그 수가 4,838명으로 축소되었음을 알 수 있다. 이 이후에도 이러한 추세는 이어져 재일조선인 출생자 수는 연간 4천~5천 사이의 분포를 보였는데, 이에 대해 김경득은 부모혈통 양계주의로의 변경과 호적법의 개정으로 인해 일본인과 재일조선인 부부 사이에서 태어난 출생자의 경우 외국인이 아닌 일본인 부모의 호적에 등록되었기 때문이라고 추정하고 있다.
김경득, 「국적법 개정과 재일 한국인」, 『서울국제법연구』 4(2), 서울국제법연구원, 1997, p.59.

전략과 정책은 오히려 일본으로의 귀화를 가속화시켜 재일조선인 사회의 존속을 위태롭게 하는 계기가 되었던 것으로 보인다. 이로 인해 재일조선인의 실질적인 인구는 감소추세를 보이기 시작했는데, 1985년부터는 매년 3천명 이상의 인구가 감소하는 상황이 지속되었고, 이러한 추세는 1990년대까지 지속되게 된다.

이렇듯, 일본으로의 귀화자 증가와 결혼비율의 변화, 이중국적의 허용 등은 재일조선인 전체의 인구를 감소시키는 효과에 더해 재일조선인의 교육에 있어서의 선택지를 다변화시켰던 것은 분명해 보인다. 이러한 상황 속에서 당시는 '민족교육'의 필요성을 인정하면서도 그것이 반드시 '민족학교'에서 이루어질 필요는 없다는 인식이 늘어나기 시작했고, 국적의 문제에 있어서도 '일본'국적을 취득하더라도 '민족의 긍지를' 교육을 통해 찾아야 한다는 형태의 논의 역시 전개되기 시작했다[26].

민족학교를 중심으로 하는 민족교육의 또 다른 변화를 논하기 위해서는 그 기점인 1965년 한일협정에서부터 논의를 시작할 필요가 있을 것으로 보인다. 1965년 한일협정 이후 회복되는 양상을 보인 한국과 일본의 관계는 재일조선인의 국적선택에 상당한 영향을 미쳤다. 특히 1980년대 당시에는 한국적으로 귀화하는 재일조선인의 수가 빠른 속도로 증가했다. 이에 반해 조선적 재일조선인의 수는 1950년대부터 실시된 재일조선인 귀국사업의 실태와 귀국한 재일조선인의 생활상의 노출로 인해 감소세에 들어서고 있었다. 결과적으로 이러한 흐름은 북한의 경제성장과 체제에 대한 불신으로 이어졌다. 이러한 상황 속에서도 한국과 북한은 정치적 대립관계를 이어나갔고, 민단과 조총련

26) 文京洙 外, 「在日朝鮮人の現在－神奈川県外国人実態調査から－」, 『三千里』 46, 三千里社, 1986, pp.53~67.

역시도 이들 대립의 최전선에 서게 된다. 특히, 북한에 의해 자행된 1983년 아웅산 묘소 테러 사건과 1987년의 KAL기 폭파사건 등은 비단 남북관계 뿐만 아니라 북일관계의 개선에도 상당한 악영향을 미쳤다.

이와 더불어 1974년 당시 37억 엔에 달했던 북한의 교육원조비는 1980년대에 드들어와 10억 엔으로 축소되었고, 이러한 경향은 더욱 가속화되었다. 나아가 남북의 경제상황의 역전과 북한의 경제위기가 이어지면서, 오히려 조총련을 통한 북한으로의 송금이 지속적으로 전개되기 시작한다. 또한, 1967년부터 전개된 김일성·김정일 부자에 대한 신격화와 주체사상의 주입이라는 정치적 상황이 1970년대에 이어지면서 조선학교에서 이루어지는 민족교육이 실생활과 괴리되어 있다는 인식이 강화되면서 조선학교의 민족교육에 대한 입지는 더욱 흔들리게 된다.

이렇듯 '체제 편향적이고 정치적인' 형태의 교육의 문제는 한국학교에서 역시 예외는 아니었다. 박정희 정부에서부터 본격적으로 시작된 재일조선인의 교육에 대한 기조가 체제유지와 선전에 있었음은 앞서 밝힌 바와 같다. 그리고 이러한 흐름은 1980년대에도 이어졌고, 특히 격화되는 남북의 상호대립 속에서 전두환 정권은 '반공주의'의 확산과 재일조선인에 대한 정치·경제적 포섭을 목적으로 지원을 이어나가게 된다.

한편, 1965년 한일협정은 재일조선인 사회에 있어 공식적인 '국적'을 가질 수 있는 계기를 마련했고, 나아가 '협정영주'제도를 통한 '정주화'에 대한 근거 또한 마련했다. 이러한 흐름에 덧붙여 1981년 일본이 난민조약·난민의정서에 가입하면서 발생한 '특별영주'제도는 일본사회에서 태어나 일본의 공교육 하에서 자라난 재일조선인 세대에게 있어 이전 세대의 국적 인식의 중심을 이루고 있었던 '조국으로의 귀국'과는 다른 선택지인 '정주화'에 대한 인식을 전면화 시키게 된다.

이러한 흐름 속에서 재일조선인 사회에서 요구되는 민족교육은 '언젠가 돌아갈 통일조국에 적응'하기 위한 단계를 넘어, 일본사회 내에서 차별과 싸우며 '재일조선인을 지키며 살아가기 위한' 교육으로 점진적으로 변화하게 된다. 다음은 삼천리 35호에 게재된 오자와 유사쿠(小沢有作)의 글 중 일부이다.

> 일본에서 태어나고 자라 일본사회에서 살아갈 수밖에 없는 세대가 대다수를 점하게 되어 버린 것이다. 그 세대 중에서 일본에서 살아갈 것을 전제로 하여 일본사회에 있는 민족차별과 싸우면서, 조선인으로서의 생의 세계를 넓혀가려고 하는 새로운 진로가 추구되기 시작했다.[27)]

상기한 인용문에서 파악할 수 있는 바와 같이, 이렇듯 민족교육에 대한 요구가 변화하는 과정은 필연적으로 민족학교의 변화를 초래하게 된다. 1983년부터 조선학교는 교육과정을 혁신하여 일본어 수업의 비중을 늘렸으며, 체제 선전용이 아닌 일상언어로서의 모국어에 대한 교육 역시도 확대해 나갔다.[28)] 그러나 비단 이렇듯 체제 편향적인 교육의 문제가 해결의 실마리를 모색하고 있었다고 하더라도, 조선학교가 지니는 근본적인 문제가 해결된 것은 아니었다. 여전히 조선학교는 1조교가 아닌 각종학교로의 인가만을 획득하고 있는 실정이었고, 이로 인해 국공립대학으로의 진학이나 대부분의 사립대학으로의 진학에 있어 불리할 수밖에 없었다. 나아가 국가로부터의 재정지원도 일본학교에 비해 저조한 상황으로, 북한으로부터의 교육원조와 기부금에 의존

27) 小沢有作, 「在日朝鮮人教育実践の軌跡」, 『三千里』 35, 三千里社, 1983, p.62.
28) 이타가키 류타 외, 『재일조선인과 조선학교』, 선인, 2017, p.230.

하고 있는 상황이었던 조선학교에게 '재정'은 점차 악화일로를 걷게 된다.

이렇듯, 1980년대 당시는 국제화 정책을 토대로 한 재일조선인의 인구변화와 귀화 문제, 1965년 한일협정 이후 재일조선인 사회의 전면에 대두한 '정주화'의 문제, 일본학교로의 진학 확대와 이념과 정치적 대립을 지속해온 남북 조국과 민족단체의 문제에 이르기까지 다양한 형태의 문제들이 대두되면서 기존의 민족교육에 대한 변화가 요구되었고, 이러한 요구에 대응하기 위한 시도 역시도 다각적으로 이루어지게 된다. 다음 절에서는 민족교육의 요구에 대응하는 민족학급의 실천과 재일조선인에 의한 자발적인 민족교육의 형태에 대해 조명하고자 한다.

3. 민족학급과 재일조선인 사회의 자발적인 실천

앞선 절에서 서술한 바와 같이, 1980년대 일본은 난민조약을 비준하고, 호적법과 국적법을 개정하는 등, 국제화의 흐름에 발맞춘 정책을 전개해나간 것은 분명한 사실이다. 그러나 동시에, 1980년대에는 또한 1982년의 교과서 왜곡 사건과 1985년 지문날인 거부 사건 등, 국제화와 다문화 공생을 역행하는 사건들이 연이어 발생했고 이는 '민족교육'에 있어서도 중요한 화두로 부상하기 시작했다.

특히, '정주화'에 대한 논의가 전면화되고, 그간 민족교육을 지탱해 왔던 민족학교가 새로운 민족교육에 대한 요구에 부응하지 못하는 한편, 일본학교로의 진학률이 85%에 가까운 비율을 점하고 있던 1980년대 당시에 있어 문부성의 교과서 왜곡 문제는 공교육에 있어서의 '민족교육'과 '다문화교육'에 직접적인 타격을 불러일으킬 만한 큰 사건이었다. 당시의 교과서 왜곡 사태는 식민지 역사를 겪어온 한국은 물론 중국에서도 강렬한 반발을 불러일으켰고, 일본 내에서도 역사 왜곡에 대한 우려를 지속적으로 표출하였다. 결과적으로 같은 해 11월 문부성에서 개정된 「교과서 검정기준」을 발표하면서 사건은 일단락 되었지만, 그 여파는 계속되었다.

이러한 현실 속에서 방과 후 학습의 형태라고는 해도 일본 공교육의 카테고리에 존재했던 '민족학급'은 일본 내에서의 다문화·다민족 공생교육의 '가능성'을 보여주는 예라 할 수 있을 것이다. 특히 1980년대 전조교와 민촉협[29] 등의 적극적인 협력과 활동 속에서 오사카 재일조선인 집주지역에서 민족학급은 빠른 속도로 확산되고 발전해가기 시작했다. 당시 '민족학급'의 한 축을 담당했던 「전조교」는 「전국재일조선인교육연구협의회」의 약칭으로, 1981년 한신교육투쟁 35주년을 기점으로 13개의 도부현(都府県)에서 500명의 교사가 모여 설립한 단체이다. 전조교의 활동방침은 다음과 같다

> 재일조선인 아동·학생이 일본의 학교에서 『일본인과 동일한』 교육을 받는다는 것, 그리고 그들 중 다수가 통명(일본명)을 사용하고, 조선인임을 감추고 살아간다는 것을 어쩔 수 없이 하고 있다는 상황이야말로 재일조선인에 대한 억압과 동화의 소산에 지나지 않는다. [30]
>
> 일본의 학교에서 배우고 있는 재일조선인 아동·학생에 대해서는 민족적 자각과 긍지를 높여가는 교육의 조건과 내용을 보장한다. 우리들

29) 민족교육촉진협의회, 1984년 '민족교육을 추진하는 연락회', '민족강사회', '민족교육문화센터' 등 3개의 단체가 결집하여 결성된 단체로, 2003년 코리아NGO센터로 발전했다.

30) 小沢有作, 「在日朝鮮人教育実践の軌跡」, 『三千里』 35, 三千里社, 1983, pp.51~52.

> 은『본명을 사용하는 것』을 실천의 축으로 하면서『민족학급』과『조문연구활동(朝文研活動)』,『지역아동의회(地域子ども会)』등의 교육실천을 적극적으로 추진해 간다.[31)]

상기한 인용문에서 파악할 수 있는 바와 같이, 전조교는 통명 사용 자체에 민족차별의 원점이 존재한다고 생각했다. 그리고 이를 해결하기 위한 터닝포인트가 바로 '본명을 사용하는 것'에 있다고 생각하고 있었다. 물론, 본명을 사용하는 운동이 긍정적인 면만을 가지고 전개된 것은 아님은 분명하다. 국제화, 다문화 정책을 표방하면서도 실질적으로 차별이 잔존하고 있었던 당시의 시대적 상황과 본명사용과 차별이 직결되지 않는다는 막연한 인식[32)] 속에서 행해진 본명을 사용하는 운동에는 분명한 피해가 뒤따랐다. 졸업 이후 취직에서의 차별을 피하기 위해 다시 통명을 사용하는 이들이 상당수를 차지했고, 이것이 아니더라도 학교 내에서도 본명을 사용한 이후 따돌림을 당하거나 차별을 당한다는 이들 또한 다수 존재했다. 이렇듯, 본명을 사용하는 운동 자체의 실효성에 대해서는 다양한 이견이 존재할 것이다. 그러나 적어도 1980년대의 재일조선인 사회의 아이덴티티가 경제적 성장, 민중문화운동과 민족문화제의 활성화 속에서 1970년대의 그것과는 달리 '주체적 존재로서의 재일조선인'을 대외적으로 표출하는 형태로 형성되어 갔다는 점에서 볼 때, 이러한 본명사용 운동이 거시적인 관점에서 분명한 성과를 거두고 있었음을 부정할 수는 없다.

전조교의 당시 활동의 한 축이 본명을 사용하는 운동을 토대로 전개되

31) 小沢有作, 위의 글, p.53.

32) 梶村秀樹 外,「座談会 神奈川県外国人実体調査を終えて」,『三千里』44, 三千里社, 1985, pp.116~121.

고 있었다면, 이들의 활동 중에서 또한 주목해야 할 것은 부교재 『사람(サラム)』의 제작이라 할 수 있을 것이다.

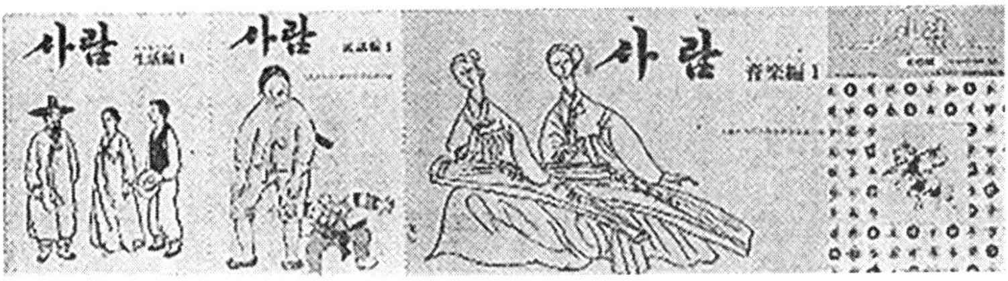

〈사진3〉 부교재 『사람』[33]

이에 대해 김웅기는 '사회 내부의 타자 내지 소수자에 대해 주류사회가 당사자와 함께 서로를 이해하기 위해 전개한 시도이며 일본 최초의 다문화교육의 실천 사례'[34]라 평가하고 있다. 당시 역사교과서의 왜곡 사태를 직면한 상황에서 민족교육을 위한 교과서를 제작하고 있었던 전조교의 활동은 분명히 주목할만 하다. 특히, 1976년 교재 제작 당시 한일 양국의 어두운 역사적 일면을 다루려다 학생들의 반발로 실패하고 10년의 고민 끝에 완성된 교재의 역사편 「조선민족의 역사와 일본(朝鮮民族の歴史と日本)」은 표면적으로는 국제화와 다문화·공생을 주장하면서도 그 이면에서는 역사를 은폐하고, 동화에 앞장서고자 했던 당시 문부성과 일본 정부의 의도에 전면으로 배치하고 있다고 할 수 있을 것이다. 적어도, 공교육에 종사하는 일본의 교사들에게는 일본인과 동등한, 사회구성원으로서의 재일조선인에 대한 인식을 확산시키

---

33) 杉谷依子, 「朝鮮を正しく教える教育と副読本『サラム』」, 『三千里』 45, 三千里社, 1986, p.60.

34) 김웅기, 「『계간 삼천리』에 나타난 재일코리안 교육에 대한 일본인 교사의 인식과 실천」, 『일본학보』 127, 한국일본학회, 2021. p.317.

고 이들과 공생하고자 하는 의식과 실천이 실질적으로 행해지고 있었던 것이다.

이들의 활동은 또한, 비단 재일조선인들에게 역사를 바르게 가르치는 차원을 넘어 일본의 학생들에게 조선을 재인식시키는 범위로 확장되고 있는데, 조선(남·북한)을 바르게 가르치는 수업에서는 조선은 외세에 굴복하고, 의존하는 나약한 나라라는 기존의 인식을 변화[35]시키고, 재일조선인을 일본인과 동등한 위치에서 파악할 수 있게 하는 계기를 마련하였으며, 민족학급을 중심으로 하는 다양한 학교 간의 교류는 '재일조선인'에 대한 고정관념과 부정적 인식을 일소하는데 주요한 교육으로 자리매김하기 시작했다.

이렇듯, 전조교와 민촉협을 중심으로 하는 민족교육의 전개가 공교육의 측면에서 새롭게 실천되기 시작했다면, 당시는 또한 재일조선인 내부에서 잡지나 서클활동을 통한 민족교육을 포함하여, 기존의 형태와 변별되는 '자체적인' 민족교육에 대한 열망 역시 싹트기 시작했다. 먼저, 『삼천리』에서는 종래대로 조선의 역사에 관한 글을 게재하는 한편 역사교과서 왜곡에 대항하여 조선과 일본의 역사에 대한 특집을 편성하고, 역사 왜곡에 대응하는 기사와 게재문을 싣기도 했다. 실제로 1980년대에 발매된 『삼천리』35, 38[36], 39, 43[37], 44[38], 45, 46[39], 47[40]

35) 杉谷依子, 위의 글, pp.60~63.

36) 해당호의 특집은 '조선어라는 것은 어떠한 언어인가(朝鮮語はどんなことばか)'로, 나에게 있어서의 조선어(私にとっての朝鮮語)를 주제로 다수의 게재문이 편성되었다.

37) 해당호의 특집은 조선분단의 40년(朝鮮分断の40年)으로, 남북분단과 조국의 현실에 대한 사실적인 내용이 수록되었다.

38) 해당호에는 가나가와현 외국인 실태조사를 중심으로 하는 좌담회가 전개되었고, 일본인 교사들의 수기 일본학교의 교단에 서서(日本学校の教壇に立って)가 편성되었다.

39) 해당호의 특집은 '80년대·재일조선인은 지금(80年代·在日朝鮮人はいま)'으로, 지문

권 등지에는 기존의 조선의 역사 관련 게재문 외에도 이러한 민족교육과 역사의 문제를 정면으로 다루고 있는 다수의 특집이나 게재문 등이 기고된 바 있다.

한편, 동시기 간행된 『민도』에서는 당시 재일조선인 사회에서 활성화된 민중문화 운동의 흐름에 발맞춰 이와 관련된 기사들이 게재되고 있다. 이에 대해서는 단순한 활동 소개의 영역을 넘어서, 2호에 게재된 「지금 무엇이 일어나고 있는가(いま、何が起こっているか。)」[41] 등과 같은 민중문화 운동과 그 실천의 의의에 관해 논한 다수의 특집, 「한마당」의 전신인 「마당극의 회」가 집단 창작한 「할망(3면제작과 가면극-민중문화운동을 위한 교재(仮面づくりと仮面戯—民衆文化運動のための教材—)」[42] 등과 같이 다양한 형태의 민중문화 운동과 관련된 글들이 게재되었으며, 동시에 당시의 민족·민중문화패의 모집, 참가를 촉구하는 글 역시도 게재되었다. 이는 잡지의 독자로 하여금 민중문화 운동을 이해하고, 이에 직접적으로 참여할 수 있도록 하는 계기를 마련하고자 하는 노력이었다고 할 수 있을 것이다. 그리고 이는 나아가 '민중문화'를 토대로 형성되는 재일조선인의 주체적인 문화를 창조하고자 하는 잡지의 의도와도 부합하는 것이었다.

날인거부의 투쟁으로부터 지금 「재일」을 생각한다(指紋拒否の闘いからいま「在日」を考える)를 통해 재일조선인의 현실과 국적, 차별, 교육 등의 문제가 폭넓게 다뤄지고 있다.

40) 해당호의 특집은 식민지시대의 조선(植民地時代の朝鮮)으로, 식민지 시기의 한일 양국의 관계와 역사적 사실을 폭넓게 다루고 있다. 이외에도 해당 호에는 「고교 일본교과서의 「식민지」기술(高校日本史教科書の「植民地」記述)」 등이 편성되어 일본의 교과서 왜곡의 실태를 지적하고 있다.

41) 梁民基, 「いま、何が起こっているか。」, 『民涛』 2, 民涛社, 1988, pp.70~77.

42) ウリ文化研究所, 「仮面づくりと仮面戯—民衆文化運動のための教材—」, 『民涛』 8, 民涛社, 1989, pp.184~196.

이렇듯, 당시의 민족교육의 활성화를 위한 한가지 방안이 잡지의 지면을 활용한 역사교육, 민중문화 운동에 대한 교육과 실천에 있었다면, 다른 한가지는 재일조선인의 자발적인 보육활동에 있었다고 할 수 있을 것이다. 당시의 시대적 흐름에 발맞춰 재일조선인 사회에서는 민족단체나 조국의 정치이념에 얽매이지 않으면서, 동시에 일본의 공교육의 카테고리 밖에서 행해지는 민족교육이 요구되기 시작했다. 그리고 이러한 요구에 부응하는 형태로 자발적인 서클활동이나 방과후 보육을 담당하는 형태의 단체들이 활동을 시작하게 되었는데, 본절에서 다루고자 하는 「도깨비회(ドッカビ子ども会)」, 「안녕어린이회(안녕子供会)」, 「토끼어린이회(うさぎ子供会)」 등이 바로 이러한 단체의 대표적인 예라 할 수 있을 것이다.

우선, 「도깨비회」의 경우 1974년 당시 대학생들과 재일조선인 어머니들, 일본인들의 협력 속에서 처음 설립되어 활동을 지속해온 단체로, 10여명 단위로 시작했던 활동은 현재 80여명이 넘는 인원으로 확장되었다. 이 단체는 본래 재일조선인 학생의 비행문제를 민족차별의 문제에서 비롯되는 것이 아닌 빈곤, 붕괴가정 등과 같은 일본인 학생의 비행 문제의 이유와 동일시하여 처리하던 것에 분개하여 이러한 문제를 해결하기 위해 결성되었다. 역사와 민족에 대한 관심에서 출발한 이 단체의 프로그램은 1980년대에는 초·중·고생을 대상으로 놀이, 게임, 서클활동, 스포츠 등을 포함하여 민족적 문화와 소양을 기르기 위한 활동으로 확장되었다. 아이들은 역사교육을 포함하여 장구, 춤, 노래, 말 등을 학습하는 과정에서 민족적 소양을 함양하고 '주체적'으로 일본인과의 관계를 구축할 수 있도록 한다는 이들의 프로그램은 단체 활동을 졸업한 졸업생들이 일본 사회에서 취직차별에 대항하는 활동을 벌이고, 졸업후에도 「도깨비회」를 찾아오거나 후원하는 형태로 이어지면서 재일조선인 사회에 긍정적인 선순환을 일으키고 있었던 것으로 보인다.

이러한 구조는 「안녕어린이회」나 「토끼어린이회」 역시 마찬가지로, 방과 후 자발적으로 모여 놀이나 학습을 진행하는 구조나, 이를 토대로 민족의 문화와 역사 언어 등을 익히고 '민족'을 중심으로 재일조선인 사회에 대한 공동체의식을 배양하는 이들의 활동은 재일조선인과 일본인의 자발적인 지원과 활동 속에서 성립하고 있다. 이들 중 「안녕어린이회」를 운영하고 있는 정병훈(鄭炳熏)은 재일조선인 청년들의 인솔 하에 캠프를 떠나고, YMCA에서 무용강사를 초빙하여 민족무용을 학습하는 기회를 만들고, 자체적으로 민족문화제를 개최하는 등의 행사를 시행하는 과정에서 '민족'을 중심으로 하는 아이덴티티가 확립되고 있음[43]을 강조하고 있다. 그리고 이렇게 확립된 아이덴티티는 향후 이들이 일본학교로 진학하여 생활한다고 하더라도 일종의 '귀소본능'으로 '민족'을 자각[44]시키는 계기가 된다는 점에서 분명한 실효를 거두고 있다고 할 수 있을 것이다.

한편, 「도깨비회」를 포함한 방과 후 보육단체들의 활동이 민족교육을 통해 일본인과 대등한 주체적 재일조선인의 육성에 있었다면, 이들의 활동이 추구하는 것은 또한 '주체적 집단'으로서의 재일조선인 사회에 대한 촉구라 할 수 있을 것이다. 「도깨비회」를 운영하고 있는 서정우(徐正禹)는 이 단체의 정신적 토대가 재일조선인과 일본인 사이에 존재하는 '주체'로서의 관계에 있음을 강조하면서 다음과 같이 발언하고 있다.

43) 鄭炳熏, 「子供たちと共に」, 『三千里』 39, 三千里社, 1984, p.109.

44) 文京洙 外, 「在日朝鮮人の現在－神奈川県外国人実態調査から－」, p.60.

> "졸업하고 난 후에는 어떻게 해주실 겁니까. 세상의 차별은 아직도 심각합니다." (중략)
>
> 저는 오히려 그들의 절규는 동포 한사람 한사람에게 향하고 있다고 생각했습니다. 우선 동포가 할 수 있는 일은 동포끼리 해나가고, 일본인·일본사회에 문제제기를 해나가지 않으면 안됩니다. 스스로는 구체적으로 아무것도 하지 않고서 일본인들 사이에서 '민족'이라는 것을 내세워서 상대의 입을 막아버리는 동포가 적지 않은 와중에 '민족의 주체'라는 것을 입 밖에 낼 자격은 없다고 생각했습니다.[45]

상기한 인용문에서 드러난 바와 같이, 서정우는 '스스로' 또한, '구체적으로' 재일조선인사회 내의 문제를 마주해나가야 함을 강조하고 있다. 그가 주장하는 '민족의 주체'성이라는 것은 결과적으로 재일조선인사회 내부에 존재하는 약자, 마이너리티 집단 속의 마이너리티에 대한 관심의 경주임과 동시에 이러한 이들까지 아우를 수 있는 결속된 민족집단으로서의 재일조선인이다. 그리고 이는 재일조선인 사회를 단순히 일본 사회와 분리된 채로 존재하는 이방인이나 외국인으로 위치시키는 것이 아니라 일본인과 동등한 '주체'이자 '사회의 구성원'으로 위치시키고자 하는 의식적 실천이다. 따라서 이러한 주체성의 확보가 일본사회에 대한 '배타적' 입장을 견지하고 있지 않다는 것은 명확하다. 오히려 이것은 '공생'을 위해 스스로의 '권리'를 보장받고자 하는 움직임으로 이어지고 있는 것이라 할 수 있다. 서정우는 재일조선인이 빈곤과 차별로 인해 동등한 교육의 기회를 보장받고 있지 못한 현실을 지적하며, 이러한 교육의 기회에 대한 문제의 책임이 주류사회 일본에 있다고 주장한다. 나아가 그는 이러한 문제를 재일조선인 전체의 문제

45) 徐正禹, 「生活の現場から」, 『三千里』 39, 三千里社, 1984, p.107.

로 인식하고, 교육에 대한 행정적 보장을 촉구해야 한다고 주장하고 있는데[46], 이는 민족교육에 대한 인식의 변화는 물론, 재일조선인과 주류사회 일본과의 관계변화를 뚜렷하게 드러내고 있는 것이다. 다음은 재일조선인 신세대의 자기인식에 대한 양태호의 글 중 일부이다.

> 모든 인간은 동일한 권리와 의무를 지닌다는 것일 것이다. 적어도 일본국내에 살고 있는 사람으로서 일본사회에 있어 의무와 권리를 공유한다고 하는 것은 공생의 제 1보인 것이다. (중략) 교육은 '교육을 받을 권리'라는 말이 있을 만큼 일반적으로 권리로 생각되고 있다. 그런데 재일조선인은 이러한 의무(권리)에서 배제되어 있다는 것은 의외로 의식되고 있지 않다. 만약 재일조선인이 교육을 받는 것이 은혜가 아니라 의무(권리)라고 하는 사고방식이 확립된다면, 재일조선인의 실정(요망)에 맞는 교육도 무시할 수 없다고 하는 사고방식이 대두할 것이다.[47]

상기한 인용문에서 드러나는 바와 같이, 재일조선인 사회에 있어 민족교육의 문제에 대한 인식은 더 이상 '(민족)교육을 할 권리'에 대한 주장만을 의미하지는 않는다. 국적과 정주화의 문제를 넘어 '공생'의 영역을 바라보는 당시의 재일조선인 사회에 있어 주요한 것은 일본인과 동등하게 '(민족)교육을 받을 권리'를 보장받는 것이었고, 이것은 동시에 일본이 '의무이자 권리로서' 보장해야만 하는 것이라 할 수 있다. 이렇듯 당시의 이러한 의식의 변화는 1980년대의 다각적인 변화 속에서 '동등한 주체'이자 권리를 보장받는 '사회의 구성원'으로 스스로를 위치시키려는 재일조선인 사회의 욕망을 잘 드러내고 있는 것이다.

46) 徐正禹, 위의 글, p.107.
47) 梁泰昊, 「事実としての「在日」」, 『三千里』 43, 三千里社, 1985, p.148.

4. 마치며

1980년대는 세계사적 격변 속에서 조국 남·북한과 주류사회인 일본 사회 역시 빠르게 변화하였고, 이러한 변화는 재일조선인 사회에 또한 변화의 바람을 불러일으켰다. 특히 세대교체와 정주화, 국적에 관한 인식의 변화 속에서 재일조선인 사회의 민족교육은 그간의 '조국으로의 귀환'을 목적으로 하는 형태에서 '민족의 긍지를 지키면서 일본에서 정주하는' 것을 목적으로 하는 형태로 변환되게 된다. 나아가 이러한 변화 속에서 국적에 대한 기존의 인식에도 변화가 발생하면서 '국적=민족'이라는 도식이 붕괴해가게 된다. 한편, 남한 정부의 정치적·경제적 이용과 현지정착을 중심으로 하는 정책의 전개, 북한이 주도한 북송사업의 실패와 경제위기로 인한 교육비 원조 규모의 축소 속에서 모국수학과 민족학교는 재일조선인의 '민족교육'에 대한 새로운 욕구를 충족시키지 못하고 있었다. 또한, 국제화와 다문화 정책을 표방하면서도 현실적으로는 차별과 동화 중심의 정책을 펼치고 있었던 일본 정부를 위시한 일본학교에서의 공교육 역시 새롭게 요구되는 '민족교육'에 부응하지 못했던 것은 분명한 사실이다.

이러한 상황 속에서 전조교와 민촉협의 협동 속에서 오사카 지역에서 이루어진 민족학급의 부흥과 확대는 일본의 공교육 시스템 속에서 재일조선인을 위한 민족교육이 작동할 수 있다는 가능성을 보여준 좋은 예로 작용하고 있었다. 당시 전조교를 중심으로 전개되었던 공교육에서의 '본명을 사용하는 운동'과 부교재 『사람』의 제작 등은 1980년대 대외적으로 표출되는 재일조선인의 아이덴티티를 지탱하는 요소로 자리매김하였고, 나아가 역사를 바로 알리는 과정을 통해 일본인 학생에게 재일조선인을 동등한 주체로 인식할 수 있게 하는 계기를 마련하였다. 또한, 민족학교와 공교육만으로는 민족교육에 대한 욕구를 충족시킬 수 없었던 당시의 상황에 있어 잡지의 지면을 이용하여 올바른 역사를 재일조선인과 일본인 모두에게 알리고자 했던 『삼천리』의 시도나 민중문화 운동을 통해 재일조선인의 독자적인 민족문화를 구축하고자 했던 『민도』의 시도 역시 주목할 필요가 있을 것이다.

나아가 당시는 또한 재일조선인 사회 내부에서 행해지는 자발적인 형태의 방과후 보육활동이 이어지면서 '민족교육'에 대한 요구에 대응하기 시작했다. 「도깨비회」, 「안녕어린이회」, 「토끼어린이회」등이 바로 그것으로, 이들은 재일조선인들과 일본인들의 자발적인 참여 속에서 민족문화와 역사를 가르치고, 이를 토대로 재일조선인으로서의 공동체 의식과 민족적 아이덴티티를 확립하고자 했다. 이들의 활동은 또한 단순히 민족교육을 수행한다는 형태를 넘어, 주체적 민족집단으로서의 재일조선인 사회를 구축하고자 하는 움직임을 보이게 된다. 이들은 이렇듯 '주체성'을 확보하기 위한 활동의 일환으로 민족교육에서 소외된 빈곤자들을 지원하는 활동을 전개하고, 재일조선인 사회를 결속하여 하나 된 목소리를 주류사회 일본에 표출하고자 했다.

이 글은 한림대학교 일본학연구소의 『한림일본학(翰林日本學)』 제43집에 실린 논문 「1980년대 재일조선인 사회의 민족교육과 변화」를 수정·보완한 것임.

참고문헌

강성우, 「『계간 삼천리』로 보는 1970년대 한·일 시민연대운동」, 『인문사회21』10(4), 아시아 문화학술원, 2019.

고찬유, 「재일동포의 민족교육의 문제점과 대안 모색」, 『전남대학교 글로벌디아스포라연구소 국제학술회의』, 전남대학교 글로벌디아스포라연구소, 2003.

김경득, 「국적법 개정과 재일 한국인」, 『서울국제법연구』 4(2), 서울국제법연구원, 1997.

김덕용, 「재일조선인민족교육(在日朝鮮人民族教育)에 관한 한 고찰(考察) - 현황(現況)과 과제의식(課題意識)을 중심(中心)으로」, 『한일민족문제연구』 15, 한일민족문제학회, 2008.

김범수, 「박정희 정권 시기 '국민' 의 경계와 재일교포 5·16 쿠데타 이후 10월 유신 이전까지 신문 기사 분석을 중심으로」, 『국제정치논총』 56(2), 2016.

______, 「1970년대 신문에 나타난 재일교포의 표상 『경향신문』, 『동아일보』, 『조선일보』 기사 분석을 중심으로」, 『일본비평』 17, 서울대학교 일본연구소, 2017.

김성희, 「1970년대 재일동포모국방문사업에 관한 정치사회학적 연구」, 서울대학교 석사학위 논문, 서울대학교 대학원, 2011.

김웅기, 「변혁을 맞이하고 있는 일본 공립학교 민족학급 : 재일코리안 민족교육의 새로운 방안」, 『일본학보』 110, 한국일본학회, 2017.

______, 「재일코리안 민족교육운동에 출현한 '통일' 공간 - 1980-2000년대 민촉협운동을 중심으로 -」, 『일본학』 50, 동국대학교 일본학연구소, 2017.

______, 「『계간 삼천리』에 나타난 재일코리안 교육에 대한 일본인 교사의 인식과 실천」, 『일본학보』 127, 한국일본학회, 2021.

______, 「재일코리안 민족교육에 대한 한국 민간 지원의 성과와 한계」, 『한일민족문제연구』 42, 한일민족문제학회, 2022.

김용찬, 「재외동포정책의 역사적 평가와 과제」, 『민족연구』 72, 한국민족연구원, 2018.

김원, 「공안사찰 : 감시와 자기검열의 일상화」, 『내일을 여는 역사』 63, 재단법인 역사와 책임, 2016.

김홍규, 「재일동포들의 민족교육에 대하여」, 『이중언어학』 10, 이중언어학회 1993.

나루세 도모히코, 「재일동포단체에 대한 남북 간 정책 비교」, 북한대학원대학교 석사학위 논문, 2020.

송기찬, 「정체성의 정치에서 정체성의 관리로: 조선학교의 민족교육과 재일코리안의 정체성」, 『한국문화인류학』 51(3), 한국문화인류학회, 2017.

오만, 「일본의 공립소 중학교에서의 「민족학급」에 대하여」, 『이중언어학』 10, 이중언어학회, 1993.

오태영, 「조작된 간첩, 파레시아의 글쓰기 - 재일조선인 김병진의 수기 『보안사』를 중심으로」, 『동악어문학』 73, 동악어문학회, 2017.

이상일, 「한국 정부의 외국인 유학생 유치 정책의 통시적 고찰」, 『문화와 융합』 45(9),

한국문화융합학회, 2023.

이수경, 권오정, 「재일동포의 "더불어 산다"라는 주체적 선택-재일동포「 민족교육」의 변천과정을 살피며」, 『재외한인연구』 43, 재외한인학회, 2017.

이영호, 「전환기의 1970년대 재일조선인 민족교육 연구-「계간 마당(季刊まだん)」의 기사를 중심으로-」, 『일본학』 49, 동국대학교 일본학연구소, 2019.

______, 「재일조선인 민족교육의 변천과 정착」, 『비교일본학』 49, 한양대학교 일본학 국제비교연구소, 2020.

이용재, 「한국의 재외동포정책의 과정과 과제」, 『민족연구』 61, 한국민족연구원, 2015.

이정훈·윤인진, 「재일동포의 민족교육과 모국수학의 현황과 발전방안」, 『재외한인연구』 7, 재외한인학회, 1998.

이타가키 류타 외, 『재일조선인과 조선학교』, 선인, 2017.

최영호, 「재일한인(在日韓人) 민족교육운동(民族教育運動)에 나타난 대외연대(對外連帶), 네트워크」, 『한일민족문제연구』 13, 한일민족문제학회, 2007.

최희식, 「전두환 정권 하의 역사문제: 80년대 한일 역사문제의 새로운 전개」, 『국제.지역연구』 28, 서울대학교 국제학연구소, 2019.

황지윤, 「日本の公教育における在日コリアンの民族学級の 意義と可能性 －多文化教育という視点からみた在日コリアンの民族教育－」, 『일본근대학연구』 31, 한국일본근대학회, 2011.

『三千里』, 1~50, 三千里社, 1975~1987.

『民涛』, 1~10, 民涛社, 1987~1990.

金兌恩, 「在日韓国·朝鮮人児童のアイデンティティとポジショナリティ : 京都市立小学校における「民族学級」を事例に」, 『京都社会学年報』 16, 京都大学文学部社会学研究室, 2008.

金泰泳, 「在日韓国·朝鮮人における地域社会と民族的アイデンティティ : 点在地域の子どものアイデンティティ状況を中心として」, 『大阪大学教育学年報』 1, 大阪大学人間科学部教育学研究室, 1996.

山本晃輔, 「インクルーシブな教育と葛藤 : 大阪の民族学級の事例から」, 『未来共創』 7, 大阪大学人間科学研究科附属未来共創センター, 2020.

梁千賀子, 「特集 在日コリアンと本名(Part5)大阪における民族学級の歴史と現状」, 『Sai』 84, 在日コリアン·マイノリティー人権研究センター, 2020.

呉恵卿, 「民族学級における「民族」, その限界と可能性」, 『国際基督教大学学報. I-A 教育研究』 61, 国際基督教大学, 2019.

조선학교 선택에 있어 보이지 않는 경계선

가고 싶어도 가지 못한 조선학교

이토 히로코

1. 들어가며

일본사회는 단일민족주의를 강조하면서 외국인에 대한 동화정책을 실시해 왔다. 이는 교육현장에도 큰 영향을 미쳐, 학생의 다양성을 배려하기보다는 획일적인 '국민'을 만들어내는 데에 중점을 두었다. 그 결과 폐쇄적인 교육체계가 확립되어, 야마토(大和)민족과 다른 에스니시티(ethnicity)를 가지는 민족들을 일본사회의 주연(周緣)부로 쫓아낼 수밖에 없었다. 특히 식민지 시대부터 일본에 거주하던 조선인에 대한 차별과 탄압은 다른 민족에 비해 엄격한 것이었다.

배제적인 일본사회에서 재일조선인[1]은 자주적으로 교육적 공간인 조선학교와 한국학교를 마련하여 70년 이상 꿋꿋이 유지해 왔다. 특히 조선학교는 거듭된 폐쇄명령과 탄압을 이겨내며 현재에도 '재일조선인에게 조선어로 교육을 실시하는 민족교육기관[2]'으로 존재한다. 조선학

1) 이 글에서는 외국인등록상의 '조선', '한국'의 표기에 상관없이 식민지시대의 한반도에 민족적 기원을 가지는 사람들을 '재일조선인'이라 총칭한다.

2) 中島智子, 「朝鮮学校保護者の学校選択理由: 「安心できる居場所」「当たり前」をもとめて」」, 『プール学院大学研究紀要』 第51巻, プール学院大学国際文化学部 短期大学部,

교는 조국 해방을 계기로 자녀들에게 조선어를 가르치기 위한 공간으로, 일본 각지에 자주적으로 설립된 국어강습소로부터 시작되었다.[3] 이후 강습소는 민족단체(조련, 조총련)와 북한의 지원을 받으면서 체계적인 교육적 조직으로 발전하였고, 현재 취학 전 교육부터 고등교육까지를 망라하는 체계적인 교육기관으로 존재한다. 일본의 학교체제를 따라 조선학교에서도 6·3·3·4제를 채용하고 있으나 〈학교교육법〉에서는 학교가 아닌 '각종학교'로 인정되고 있다. 각종학교라는 장점을 살려 조선학교에서는 수업을 포함한 학교생활에서 모두 조선어를 사용하는 이머전 교육(immersion program)[4]을 철저하게 실시하고 있다.[5]

조선학교가 민족교육을 실시하고 재일조선인으로서의 민족정체성을 형성하는 데에 긍정적 평가를 받고 있는 반면, 이들을 둘러싼 상황은 좋지 않다. 한때 홋카이도(北海道)에서 규슈(九州)까지 널리 분포되었던 조선학교는 전국적인 통폐합의 진행에 따라 2021년 12월 현재 조선대학교를 제외하고 전국에 63개교[6](휴교 5개교[7])까지 줄어들었고,

---

2011, p.191.

3) 해방 이전부터 전국 각지에 조선어와 기초과목을 가르치는 자주적인 교육기관이 존재하였다. 대부분은 야간학교 혹은 서당의 형태를 갖추었으며, 체계적인 교육시스템이나 통일성 있는 교육이 아니었기 때문에 일반적으로 조선학교의 전신은 국어강습소에 있다고 보는 것이 일반적이다.

4) 외국어를 따로 가르치지 않고 일반 교과목 내용을 해당 외국어로 가르치는 언어교육방법.

5) 中島智子, 「朝鮮学校保護者の学校選択理由: 「安心できる居場所」「当たり前」をもとめて」」, p.191.

6) 조선학교 수를 세는 방식은 학교별로, 소재별로, 그리고 대학교를 포함하지 않는 경우 등 다양하다. 일반적으로 조선대학교를 포함하지 않고 소재별로 63개교라고 하는 경우가 많다.

7) 니이가타(新潟)현 내 유일한 외국인학교인 니이가타 초중급학교도 2018년 4월부터 '휴교상태'가 되었다. 중급부에 재학하던 학생 1명이 졸업을 하여 재학생 수가 0명이 되었기 때문이다. 그러나 학생 모집정지신고는 제출하지 않고 희망자가 있으면 도중에 입학할 수 있도록 한다.

학생 수는 5천 명을 밑도는 상황이다.[8)] 조선학교 감소의 직접적인 요인은 취학연령층의 감소이지만[9)], 이와 더불어 조선학교를 지탱해 온 재일사회의 약화가 큰 문제로 부각되고 있는 것도 사실이다. 저출산화에 따른 재일조선인 인구의 자연감소에 더하여, 국제결혼의 증가에 따른 일본국적 취득, 조선인으로서의 민족정체성 약화, 뉴커머(newcomer)의 증가에 따른 한국화 등으로 '재일'의 민족정체성은 다양화 혹은 희박화되고 있다. 또한 2002년의 납치문제 발각 이후 조총련과 거리를 둔 재일조선인도 증가하고 있다. 이러한 재일사회의 취약화는 결과적으로 조선학교의 존속문제와 직결되며, '조선학교 떠나기(朝鮮学校離れ)'가 급속히 진행되는 요인이 되고 있다. 뿐만 아니라 조선학교가 각종학교이기 때문에 감수할 수밖에 없는 불편함과 불평등, 세대교체에 따른 민족정체성의 약화 등으로 민족교육의 필요성을 느끼지 못하는 가정이 증가한 것도 조선학교 축소화의 한 요인으로 부각되고 있다.[10)]

이 글에서는 조선학교 학생 수의 감소를 단순한 재일사회의 취약화와 '조선학교 떠나기'가 아닌 다른 관점에서 살펴보고자 한다. 지금까지 조선학교 선택과 관련해 다양한 연구가 진행되어 왔으나 대부분은 조선학교 선택 동기에 관한 연구이며, 조선학교를 선택하지 않았던 사람에 관한 연구는 미흡한 상태이다. 특히 경제적 이유, 물리적 이유로 인해 '선택하지 못했던' 경우와 가고 싶어도 '선택하지 않았던' 경우

「新潟朝鮮学校、4月から休校状態: 児童·生徒数ゼロに」, 『新潟新報』, 2018.3.30.

8) 「〈独自〉朝鮮学校補助金 下げ止まり 令話2年度2.1億円 見直し機運低下」, 『産経新聞』, 2021.12.6.

9) 山本かほり, 「朝鮮学校で学ぶということ」, 『移民政策研究』第6号, 移民政策学会, 2014, p.77.

10) 伊藤浩子, 「西脇朝鮮初級学校の変遷を通じてみた民族教育の意義: 時代·世代を超えて」, 兵庫県立大学大学院 環境人間学研究科 修士学位論文, 2011.

가 있음에도 불구하고 기존연구에서는 제대로 구별되지 않았다. 따라서 이 글에서는 선행연구를 토대로 조선학교 선택 동기와 선택하지 않았던 요인을 정리한 다음, 기존연구에서는 다루지 못했던 '가고 싶어도 가지 못했던 사람'에 중점을 두려 한다. 조선학교에 대한 입학조건을 채우고 있으며, 가고 싶은 의사가 있음에도 불구하고 결과적으로는 조선학교를 선택하지 못했던 사람들의 목소리를 통해 조선학교가 가지고 있는 '보이지 않는 선(線)'에 대해서 밝히고자 한다.

2. 재일사회와 조선학교

1) 조선학교의 역사와 교육적 공간으로서의 의미

조선학교는 한국학교와 그 역사를 같이하여, 조국 해방을 계기로 자주적으로 세워진 '국어강습소'라는 학습공간에서부터 비롯되었다. 이후 재일단체와 조국의 재정적 지원을 받으며 학교의 형태로 체계화하는 과정에서, 거듭된 일본 정부의 탄압과 차별적 정책으로 인해 고난의 시기를 거칠 수밖에 없었다. 그럼에도 불구하고 조선학교는 점차 확대되어, 1970년대 후반에는 조국귀국운동이 고조됨에 따라 총 161개 학교에 약 4만 명이 넘는 학생이 재학하며 조선학교의 절정기를 맞이하였다. 이후 세대교체와 민족정체성의 희박화 등으로 점차 조선학교가 축소되기 시작하였으며, 문부과학성에 따르면 2008년 이후 10년간 조선학교는 11개교가 없어졌고, 학생 수도 약 3천 명이 줄어들었다.

심성보는 재일한인의 민족교육에 대해 '민족을 형성하는 교육, 민족의 과제를 수행할 수 있는 인간을 키워내는 교육, 민족공동체의 삶의 증진을 위한 교육, 민족으로서의 삶을 반영하고 깨우치며 개선하는 교육'이라 표현하였다. 조선학교를 민족의 정체성과 동일성을 확립하는 데에 중요한 공간으로 정하였지만[11] 학교의 의미는 시대적·세대적 및 사회적 변화에 따라 끊임없이 변화되고 있다.

1945년 해방을 맞이하여 일본에 거주하던 조선인의 절대적 다수는 본국으로 귀국하였고, 일본에 잔류한 조선인의 80% 이상도 조국의 사정이 안정화되면서 귀환을 희망하였다. 따라서 조국 귀국을 염두에 둔 1세들은 언어교육을 중심으로 한 민족교육을 서둘렀다. 식민지 시대에 일본학교를 다니며, 조선어와 조선 문화를 배워 본 적 없는 자녀들을 위해 조국의 언어, 문화 그리고 역사를 배울 수 있는 교육공간, 곧 학교로서 국어강습소를 설립하였다[12]. 당시 학교는 학문적 교육이라기보다는 '조국 귀환을 위한 준비'기관이자 빼앗긴 민족의 언어와 문화, 역사를 되찾고자 하는 '원상회복(原狀回復)'교육으로 기능하였다.[13]

조기 조국 귀환이 일단락되고 일본 정착화가 현실미를 띠기 시작한 1948년 이후, 일본사회의 거듭된 학교폐쇄 탄압 정책이 강화됨으로써 학교는 민족의 긍지와 교육을 지키는 '저항의 공간'으로 기능하기 시작하였다. 또한 조총련과 북한의 지원을 받으면서 교육적으로 체계화된 학교는 그 과정에서 민족 이데올로기와 공화국 공민으로서의 정체성을 형성하는 데에 필요한 정치적 공간으로 변용되기도 하였다. 특히 북한

11) 심성보, 「민족교육론의 전개와 반성」, 고려대학교 교육사철학회(편), 『민족교육의 사상사적 조망』, 집문당, 1994.

12) 宋基燦, 『「語られないもの」としての朝鮮学校: 在日民族教育とアイデンティティ·ポリティクス』, 岩波書店, 2012, p.57.

13) 田中宏, 「在日外国人の民族教育権に関する一考察」, 『龍谷大学経済学論集』 第45巻, 龍谷大学経済学会, 2006, pp.1~17.; 伊藤浩子, 「西脇朝鮮初級学校の変遷を通じてみた民族教育の意義: 時代·世代を超えて」.

의 해외공민 양성이 교육목적으로 강조되면서 학교는 재일조선인을 '언어적 공동체'로 만들어내려는 제도적 역할을 수행하기 시작하였다.[14] 그 결과 민족교육에 더하여 북한과 관련된 사상교육이 진행되면서 학교는 단순한 교육공간이 아니라 종교적 공간으로도 기능하게 되었다. 그러나 동일성을 강조하는 일본사회에서 이질적인 타자로 여겨진 재일조선인들이 모이는 공간이었던 학교는 항상 단속과 감시의 대상이었다. 차별, 편견 그리고 포섭이라는 개념으로 가린 배제정책을 전제하는 일본 정부에 대해 조선학교는 그 존재 자체가 '문화적 저항'으로서의 교육적 실천의 공간으로 기능하였다.[15]

한편, 조선학교는 외부적으로 '저항의 상징'으로 기능하였지만 내부적으로는 '정신적 지주'로서 중요한 역할을 취하였다. 재일사회에서 조선학교는 핵심적인 커뮤니티이자 인적 네트워크의 기능을 해왔다.[16] 재일조선인에게는 일본사회의 차별과 편견에 대항할 수 있는 집합적 힘을 키우는 공간으로 여겨지며[17] 단순한 인적 관계망이라기보다는 '생존의 네트워크'의 역할을 하였다. 조선학교가 '우리학교'나 '마음의 고향'이라 표상되는 것도 이와 같은 이유로부터이다. 거주지에 따라

14) Balibar, Etienne, "Nation Form: History and Idelogy", Fernand Braudel Center, Vol.13, No.3, Summer 1990, pp.329~361.

15) 정병호, 「문화적 저항과 교육적 대안: 재일 조선학교의 민족 정체성 재생산」, 『비교문화연구』 제9집, 서울대학교 비교문화연구소, 2003, p.134.

16) 권준희, 「재일조선인 3세의 '민족'정체성에 관한 연구: 조선학교 출신 '조선적'을 중심으로」, 연세대학교 대학원 사회학과 석사학위논문, 2002, p.64.

17) 조선학교의 커뮤니티로서의 기능에 대한 언급은 오영호(2012), 권준희(2002)뿐만이 아니다. 김희정(2008)은 조선학교가 단지 '교육의 장'만이 아닌 재일조선인 커뮤니티의 중심이 되었다고 하였고, 김명희(2017)는 기억의 네트워크, 집합적인 기억을 공유하는 공간으로 보았다. 손애경(2006)도 조선학교를 커뮤니티의 중심으로서 재일한인 사회를 하나로 모이게 할 수 있는 장소라고 보았다.

형성되는 재일사회(혹은 커뮤니티)와 달리, 조선학교라는 장(場)을 기점으로 만들어진 관계를 기반으로 구축된 커뮤니티를 '조선학교 커뮤니티'라 부른다. 조선학교 네트워크는 학교 행사를 중심으로 이어지며, 문화적 네트워크, 상업적 네트워크, 정치적 네트워크로 작용하여 그들 사회를 유지하는데 중추적인 역할을 수행한다.[18] 그 결과 학교는 재일사회를 하나로 묶는 중요한 매개가 된다.

그러나 일본정착과 세대교체, 글로벌화의 진행 등 사회적 및 경제적 변화와 정체성의 다양화는 조선학교의 의의와 역할에도 큰 변화를 초래하였다. 시대적 흐름에 맞게 조총련에서는 민주주의적 민족학교에 대한 개념을 개편하고[19] 조선민족으로서 자각과 긍지를 소유하면서도 생활기반은 일본에 있다는 것을 고려하였다. 이와 동시에 조선과 일본, 그리고 재일사회를 넘어 세계에서 활약할 수 있는 인재 육성을 교육목표로 한 글로벌화된 교육공간으로의 전환을 도모하였다. 이와 같은 조선학교와 조총련의 노력에도 불구하고 1970년대 이후 조선학교 입학자는 급속히 감소하였고, 2000년대에 들어서는 재일 5, 6세까지 등장하게 되면서 민족성의 희박화, 상실이라는 심각한 현실에 직면하게 되었다.[20] 그 결과 조선학교에서 거리를 두는 '조선학교 떠나기'가 증가하였고 이에 더하여 전반적인 출산율 감소, 일본국적 취득, 한국국적으로의 변경, 그리고 일본학교 진학 선호가 늘어남으로써 조선학교의

18) 김희정, 「재일조선학교 교육변화에 관한 연구: '도꾜조선제1초중급학교'의 사례를 중심으로」, 이화여자대학교 대학원 지역연구합동과정 석사학위논문, 2008, p.90.

19) 한민족으로서의 민족성을 유지하면서 20세기의 동포사회를 계승·발전시킬 수 있고, 국제사회에서 활약할 수 있는 높은 자질과 능력을 겸비한 인재 육성이 목표가 되었다. 「総連結成以降の教科書変遷の歩み」, 『朝鮮新報』, 2013.1.23.

20) 伊藤浩子, 「西脇朝鮮初級学校の変遷を通じてみた民族教育の意義: 時代·世代を超えて」, p.11.

쇠퇴는 심해졌다.[21]

다시 말해, 시대적·세대적 변화에 따라 조선학교라는 공간의 의미 및 역할은 끊임없이 변화되었다. '돈이 있는 사람은 돈을, 지식이 있는 사람은 지식을, 힘이 있는 사람은 힘을'이라는 슬로건 아래 학교를 만들어낸 1세에게는 '누군가가 세운 학교'가 아니라 '우리가 직접 자녀들을 위해 만들어낸 학교'였다. 귀국을 염두에 둔 준비 교육기관으로서 기능함과 동시에 차별과 탄압에 대한 저항의 상징이며, 재일사회를 단결시키는 중요한 역할을 하였다. '1세가 우리를 위해 만들어준 학교'를 보고 함께 학교를 고수해 온 2세에게도 조선학교는 '앞으로 계속 지켜가야 할 학교'로 인식되며 재일사회를 하나로 묶는 문화적 기능까지 함유한 공간이었다. 그러나 3세 이후에게는 '앞으로도 지켜가야 할 학교'가 아니게 되었다. 물론 조선학교의 의의를 강조하여 학교 존속을 위해 다양한 노력을 기울이는 재일조선인도 많이 존재하지만 현재 80% 이상이 일본학교를 선택한다는 사실을 보아도 재일사회에서 조선학교의 취약화는 분명하다.

2) 조선학교 선택

조선학교의 축소화 추세에도 불구하고 조선학교를 선택하는 재일조선인 또한 적지 않다. 조선학교는 재일사회에서 유일하게 '조선어'를 배울 수 있는 민족학교이자[22], 1세부터 이어져 온 재일조선인의 삶과

21) 정진성, 「재일동포 민족학교: 분단과 탈식민의 역사」, 『일본비평』 제16집, 서울대학교 일본연구소, 2017, p.229.

22) 현재 일본에는 한국학교가 6개교 존재한다. 1940~50년대에 설립된 학교는 건국, 금강, 교토, 도쿄의 4개교이며, 나머지 코리아국제학원과 청구학원 쓰쿠바(青丘学院つく

투쟁을 상징하는 공간이다. 현재까지도 사라지지 않는 일본사회의 민족적 차별과 편견으로부터 격리된 공간으로, 조선인으로서 민족정체성을 양성하는 데에 큰 도움을 주는 곳이기도 한다.

조선학교 선택과 관련해서 자세한 통계자료는 존재하지 않으나 선행연구를 통해 선택 동기에 대해서 엿볼 수 있다. 이타가키 류타(板垣竜太)는 2008년에 교토(京都)의 한 조선학교 학부모를 대상으로 설문지조사[23]를 실시하였다. 이에 따르면 '어학의 습득'과 '조선인으로서 긍지 형성'이 가장 큰 학교 선택 동기로 나타났고, 이어 '동포 내 연대'가 나타났다. 이 점들은 모두 일본학교에서는 결코 얻을 수 없는 것으로 재일조선인 특유의 입학 동기라 할 수 있다. 한편 일본학교의 이지메 문제와 관련하여, '(민족)차별 없는 교육'을 요구하는 학부모 사이에서 일본사회에서 겪게 될 불평등과 불편함에서 벗어날 수 있고, 자녀를 지키고 포용해주는 '셸터(shelter)'와 같은 역할도 기대되었다.[24]

나카지마 토모코(中島智子)는 2011년 오사카(大阪)의 조선학교 학부

ば)는 제각기 2008년, 2009년에 새로 설립된 학교이다. 6개교 가운데 건국, 금강, 교토, 청구학원 쓰쿠바는 일본 정부로부터 1조교로 인가를 받았기 때문에 정부당국이 지정한 학습지도요령에 따라 문부과학성 검정제교과서를 사용하여 주된 수업은 일본어로 진행된다. 한편 각종학교인 코리아국제학원은 주로 한국어로 수업을 실시하고 있으나 재학하는 학생의 국적 및 민족은 불문하며, 민족적 출신과 관계없는 외국어교육기관으로 운영되고 있다. 또한 도쿄한국학교도 각종학교로 민족교육을 실시하고 있으나, 한국인 일시체류자 자녀가 33%를 자치하고 있기에 기타 민족학교가 지향하는 민족교육이라기보다는 한국인 학생의 본국 귀국을 염두에 둔 본국형 교육이 진행되고 있다.

23) 同志社大学社会学部社会学科 編, 「朝鮮学校の社会学的研究 : 京都朝鮮第三初級学校を中心に」, 『社会調査実習報告書 / 同志社大学社会学科編集』 第17巻, 同志社大学社会学部社会学科, 2009.

24) 板垣竜太, 「朝鮮学校への嫌がらせ裁判に対する意見書」, 『評論·社会科学』 第105巻, 同志社大学社会学会, 2013, p.175.

모를 대상으로 조선학교 선택 동기에 대해 인터뷰 조사를 실시하였다. 학부모들은 조선학교를 '내가 누군지에 대해 당연하게 받아들일 수 있도록 알려주는 공간으로, 안심해서 (학교생활을) 지낼 수 있는 곳'이라 생각하여 학교를 선택하였다. 특히 조선학교 학부모 대부분은 조선학교 졸업생이기 때문에 자녀의 진학처로 조선학교를 선택하는 것이 '당연한 행위'이기도 하였다.[25] 본인의 경험으로부터도 조선학교를, 일본학교에는 요구하지 못하는 '안심해서 자녀가 자기 확립을 할 수 있는 거처'로 보고 있기 때문이다. 한편 일본학교 출신 학부모는 본인이 경험했던 민족정체성 확립에 있어 '우회적이지 않은 길'을 자녀가 겪기를 원하므로 조선학교를 선택하기도 하였다. 나카지마의 인터뷰에서는 초기 조선학교가 지향하던 '조국의 재외공민이라서', '국민교육을 위해서'라는 대답은 보이지 않았다.

한편 미야자키 오사무(宮﨑理)는 2014~15년에 재일조선인 산재지역에 있는 조선학교 학부모를 대상으로 인터뷰 조사를 실시하여, 학교 선택 동기에 대해 '특별히 이유는 없다', '자연히', '특별한 경위 없이'라는 결과를 얻었다.[26] 이는 조선학교 선택에 특별한 동기가 존재하지 않는다는 것을 의미하며, 조선학교 이외의 학교에 자녀를 보낼 생각 자체가 없었다는 것이다. 즉 조선학교, 일본학교, 혹은 기타 학교 가운데 어느 학교로 보낼지 고민한 끝에 결정한 것이 아니라 처음부터 당연하게 조선학교 진학을 선택하였던 것이다.

25) 中島智子, 「朝鮮学校保護者の学校選択理由: 「安心できる居場所」「当たり前」をもとめて」」.

26) 宮﨑理, 「在日朝鮮人散住地域における教育戦略としての朝鮮学校選択: ポストコロニアルな社会的排除との関係において」, 北星学園大学大学院 社会福祉学 博士学位論文, 2017.

또한 야마모토 코스케(山本晃輔)는 오사카의 한 조선학교 학부모를 대상으로 인터뷰 조사를 실시하여, 학부모의 조선학교 인식과 이에 따른 학교의 존재 의의를 밝혔다. 조선학교를 '부모나 학부모가 이어받은 전통이나 문화를 그대로 인정할 수 있는 공간'으로 여기며, 재일조선인으로서의 이름, 역사, 그리고 문화를 지키는 공간이기 때문에 중요하다고 강조하였다. 특히 내부적으로 '(재일)커뮤니티의 지주'이자 '교사, 학부모 그리고 학생들이 맺는 신뢰관계의 결절점'으로 기능하는 학교를 단순히 민족의 언어와 긍지를 지키는 곳이 아니라 '살아가기 위한 관계'를 구축하는 공간으로 생각하였다.[27] 즉 언어와 민족정체성 형성뿐만 아니라 학교를 중심으로 구축될 인적 네트워크와 유대감을 중요시하여 조선학교를 선택한다.

다시 정리하자면 조선학교 선택이란 학부모에게는 고민사항이 아니라, 일본학교에서는 쉽게 얻지 못하는 '언어 획득'과 '정체성 형성'을 위해, 그리고 윗세대로부터 이어받은 문화와 역사를 계승하고 재일사회에서 연대감을 키우기 위한 '당연한 선택'이었다. 대체로 일본학교에 보내기 싫다는 부정적 의견이나 '소거법'으로 조선학교를 선택한 것이 아니었다.[28] 한편 초기 조선학교의 교육목적인 조국 귀국을 위한 국민교육이나 해외공민으로서의 교육이라는 부분은 현재 학교 선택에 아무런 영향을 보여주지 않았다. 일본사회에서 당당하게 재일조선인으로

27) 山本晃輔, 「夢を託し、託される場所: 北大阪朝鮮初中級学校」, 『未来共生学』 第4巻, 大阪大学未来戦略機構第五部門未来共生イノベーター博士課程プログラム, 2017, pp.273~285.

28) 그러나 '조선학교에는 이지메가 없다'는 소문이 자주 들릴 정도로 유명한 이야기이며, 이지메 문제가 빈번하게 일어나는 일본학교보다 걱정이 적다는 언급도 있었다(中島智子, 「朝鮮学校保護者の学校選択理由: 「安心できる居場所」「当たり前」をもとめて」, p.198).

서 살아가기 위해 긍지와 자신을 가지고, 학교를 중심으로 하는 네트워크를 구축하는 것을 목적으로 한 '자연스러운 학교 선택'이라 할 수 있다.

3. 조선학교를 선택하지 못했던 사람, 않았던 사람

1) 조선학교 떠나기(朝鮮学校離れ)

조선학교를 안심할 수 있는 거처로 여겨 선택하는 가정이 있는 반면 조선학교를 선택하지 않는 가정도 존재한다. 수(數)적으로 보면 조선학교 선택보다 비(非)선택하는 경우가 압도적으로 많다. 조선학교 존속문제와 직결하는 학생 수 감소와 관련해서 조선학교를 선택하지 않는 요인에 대해 선행연구를 토대로 정리해 본다.

첫째, 조선학교는 〈학교교육법〉 제1조 '법률에 정하는 학교(1조교)'가 아니라 '각종학교[29)]'로 정해져 있다. 각종학교이기에 일본에서 사회조성금을 충분히 지급받지 못하고, 학생들의 월사금과 재일사회에서의 기부금으로 학교를 운영할 수밖에 없다. 일본학교와 달리 급식 제도도 없기 때문에 매일 도시락 지참, 어머니회·아버지회와 같은 봉사활동 참가 등 학부모에 주어지는 부담은 경제적 측면에 그치지 않는다. 또한

29) 〈학교교육법〉 제1조에 게재된 학교, 즉 초·중·고등학교, 대학, 고등전문학교, 맹학교, 농학교, 양호학교, 유치원 이외의 학교로, 이에 유사한 교육을 실시하는 각종의 학교를 제134조에 각종학교로 규정하였다. 그러나 이들 가운데 일정요건을 갖추는 학교는 1975년 전수(專修)학교로 제도화되었다. 학교교육법이나 각종학교규정에 따른 교원 수, 수업 시수, 전수 연한 등의 규정 이외에 법적규정을 거의 받지 않는다. 따라서 사회의 현실적 요구를 수용하여, 독자적인 사회적 의의를 갖춘다.

학교교육법 상 '학교'가 아니라는 것은 각 교육과정을 수료하여도 공식적으로는 '졸업'으로 인정되지 않아 상급학교 진학에 장애가 된다. 특히 조선학교 고급학교의 교육과정을 수료하여도 일본 대학교의 입학자격이 부여되지 않기 때문에 '대학입학자격검정(대검)'을 합격하거나 조선학교 '졸업'을 인정하는 일부 대학교를 선택할 수밖에 없었다. 2003년 8월 〈문과성 방침 '대학교입학자격의 탄력화에 대하여'에 대한 견해〉에 따라 외국인학교 졸업자에게도 국립 대학교 수험 자격을 인정하는 방침을 내세우면서 상급학교 진학문제는 점차 완화되고 있다. 그러나 수험 자격 문제가 서서히 해결되고 있더라도 여전히 학습적 측면에서 문제가 남아 있다. 각종학교라는 장점을 살리고 민족과목을 중시하며 조선어로 이머전 교육을 실시하는 조선학교에서는 일본 대학교 수업에 필요한 과목(특히 국어, 일본역사 등)에 대한 학습시간과 내용이 부족할 수밖에 없다. 이를 보충하기 위해 예비교(학원)를 다니거나 일본 고등학교 야간부에 다니는 학생도 적지 않아 경제적 부담에 더하여 학습적 부담도 크다. 조선학교가 1조교가 아니라는 것은 또 하나의 큰 사회적 이슈를 일으켰다. 조선학교는 원래 일본 정부에서 교육조성금을 거의 받지 못하고 있을 뿐만 아니라 지방자치체로부터 받는 보조금조차 매우 소액이거나 지급대상외가 되는 경우가 많았다. 이에 더하여 한때 다른 외국인학교와 동일하게 〈고교수업료무상화법〉에 따른 혜택을 받게 되었음에도 불구하고 2013년에 갑자기 조선학교만 고교무상화 대상에서 제외가 되었다. 현재까지 각지의 법정에서 판가름하고 있는 상황이며, 재판 또한 결과적으로 각 가정에 부과되는 경제적 부담으로 돌아온다.

둘째, 조일관계와 일본 정부의 대(對)북한 시책으로 인해 조선학교의 입장 혹은 이미지가 악화되었다. 북한은 1948년 9월 한반도 북부를

실효 지배하는 사회주의공화국으로 탄생하였으나 현재까지 일본은 북한을 '국가'로 인정하지 않고 한 지역으로 취급하고 있다. 한편 한반도 남부에 탄생한 한국에 대해서는 1965년의 〈한일기본조약〉 체결을 통해 한반도의 유일한 국가로 인정한다는 비(非)평등적 시책을 취하고 있다. 교류와 소통이 어려운 상황에서도 북한은 재일조선인이 무권리 상태와 민족차별, 생활고에 허덕이며 폐색상황에 처해 있을 때 일본 정부의 재일정책을 비판하고 교육원조금·장학금을 송금하여 이들을 지원하였다. 이는 이후에 '생명의 물(生命の水)'로 표현이 되듯 큰 경제적 지원이자 정신적 지주가 되었다. 그러나 북한에 대한 긍정적 평가가 우세했던 시기는 이제 사라져, 2002년의 일본인 납치사건 인정, 2006년 이후 거듭된 핵실험의 실시, 미사일 발사실험, 제3국이나 테러리스트에 대한 핵병기 기술 이전 의혹 등이 잇따라 보도됨으로써 북한에 대한 부정적 이미지가 증폭하였다. 북한에 대한 일본사회의 이미지 악화와 혐오감은 조선학교 학생에 대한 직접적 공격으로 돌아와, 학교 폭파 예고, 장난 전화, '치마저고리 칼질 사건'으로 이어졌다. 이에 대해 조선학교는 안전성 확보, 일본사회와 격리된 학교 공간 재구축 등 대책을 세워 대응하였으나, 학생뿐만 아니라 학부모, 교사에게 주어지는 부담도 커졌으며 또한 불안에 떠는 고통스러운 상황에 머물렀다. 한편 일본 정부는 핵실험 이후 북한 선박의 입항금지, 유출입 금지와 함께 '북한 국적' 소유자의 일본입국을 금지하는 등 제재조치를 취하여 북한 관련 사항에 대한 감시와 배제를 강화시켰다. 이와 같이 북한에 대한 강경정책과 부정적 이미지의 형성은 결과적으로 조선학교의 안전성 문제로 이어졌으며, 조선학교를 기피하는 경우가 증가하였다.

셋째, 조국 '조선'의 분단은 재일조선인에게도 정치적 선택을 강요하게 되어, 재일사회 안에서도 '분단'을 초래하였다. 앞서 언급한 바, 북한에 대한 부정적 이미지가 나타남에 따라 김일성·김정일 부자에 대한 신격화나 사상교육 등 일부 지나친 교육에 대한 비판이 재학생이나 학부모 사이에서 점차 등장하였다.[30] 교육내용에 대해서는 교육과정 개편을 통해 일정한 변화가 이루어졌으며, 김일성·김정일의 초상화 또한 2002년 납치문제 발각 이후 초·중급학교 교실에서 내리거나 추상적 그림으로 변경하였다. 현재 그들의 얼굴을 보아도 김일성인지 김정일인지 판별할 수 없는 학생도 존재한다.[31] 그만큼 조선학교 안에서는 김일성·김정일의 숭배교육이나 사상교육이 약화되었고 북한에 대한 애국심도 약해지고 있다.[32] 이러한 상황에서 사상교육에 대한 거부감과 조일관계와 관련하여 김일성·김정일 부자에 대한 부정적 감정이 나타나 조선학교 기피라는 선택이 증가하고 있다.

또한 1965년 재일사회의 남북 분단은 큰 분기점을 맞이하였다. 1965년의 한일조약 체결을 계기로 일본 정부는 '한국국적' 소유자에게는 '협정영주자' 자격으로 영주권을 보장하였다. 그러나 조총련계 재일조선인은 '조선적(朝鮮籍[33])'으로 한국국적 소유자와 구별하였다. 이들은 '협정 영주권'을 신청할 수 없었으며, 1991년에 '특별영주자'의 체류자격이 인정될 때까지 법적으로 극히 불안정한 상태에 처해졌다. 체류자

30) 伊藤浩子, 「西脇朝鮮初級学校の変遷を通じてみた民族教育の意義: 時代·世代を超えて」, p.11.

31) 板垣竜太, 「朝鮮学校への嫌がらせ裁判に対する意見書」, p.130.

32) 그러나 한때 배제적인 일본사회에서 폐색상황에 처해 있던 재일조선인을 구해준 북한의 김일성에 대한 존경은 1세를 중심으로 현재까지 남아있다. 이는 단순히 개인숭배의 식이 아니라 한 역사적인 사실로, 즉 '기억의 터(場)'로 존재하고 있다고 해석할 필요가 있다(板垣竜太, 위의 글, p.130).

33) 일본에서 북한은 국가로 인정되지 않기 때문에 국적에 있어서도 북한국적은 존재하지 않는다. 그러나 조국 분단 전에 소유하였던 '조선'의 적(籍)을 현재까지 변경하지 않고 그대로 유지하고 있는 자에 한해 '조선적(朝鮮籍)'이라고 표현한다.

격의 차별화에 따른 노골적인 한국국적으로의 변경 권유는 민단계와 조총련계 간의 분열을 한층 깊게 하였다.[34] 그 결과, 재일사회에서는 편의성 높은 한국국적을 선택하고, 이에 따라 민족단체도 조총련에서 민단으로 이동한 '민족 대이동' 현상이 일어났다. 민단계를 선택한 가정에서는 조총련계 학교인 조선학교를 진학처로 선택하는 경우가 줄어들었다.

넷째, 정치적 및 경제적 원인에 더하여 시대적 변화에 따른 세대교체, 국제결혼의 증가, 혼혈 학생의 증가, 그리고 국적의 다양화가 진행됨으로써 재일사회 내부에서도 큰 변화가 이루어졌다. 특히 국적 및 민족의 다양성은 민족의식에도 큰 영향을 미쳤다. 한반도에서 태어나 도일한 1세는 빼앗긴 언어와 문화, 역사를 되찾고 해방된 조국으로 돌아가는 것을 당연시하였다. 고향도 정신적 기반도 모두 조선에 있기에 일본사회는 단지 '임시거처(仮の宿)'이며, 조국과의 연대 및 관계 속에서 살아가는 것을 중요시하는 조국지향적 및 귀국지향적 민족정체성을 가지고 있었다.[35] 한편 일본 정주화가 확장된 2세는 1세로부터 민족교육을 받아 조선인으로서 집단적 민족정체성을 형성함과 동시에, 일본사회에서의 차별적 처우로 인한 소외감이나 고독감, 그리고 추상화된 조국 사이에서 갈등을 경험하였다. 2세는 조선이나 일본이 아닌 '재일'이라는 동포사회에 거처를 찾아 재일지향적 정체성을 형성하게 되었다. 그러나 3세 이후는 실경험 없는 역사와 추상적인 조국, 출생지에 대한 애착, 일본사회의 구성원 의식 등 그 마지널(marginal)성으로 인해

34) 宋基燦, 『「語られないもの」としての朝鮮学校: 在日民族教育とアイデンティティ·ポリティクス』, p.32.

35) 小沢有作, 『民族教育論』, 明治図書, 1967.

민족정체성 또한 다양해졌다. 특히 1980년 이후 귀화자의 증가, 일본인과의 국제결혼에 따른 혼혈의 증가로 인해 재일조선인의 국적과 정체성은 복합성과 다양성을 지니게 되었다. 그 결과 공생지향형, 귀화지향형, 개인·능력지향형, 해외지향형 등 새로운 민족정체성을 가지는 재일조선인이 등장하게 되었다.[36] 이러한 민족의식의 변화는 조선학교뿐만 아니라 일본학교, 한국학교, 기타 외국인학교라는 다양한 학교 선택을 가능하게 하였다.

다섯째, 재일사회에서도 일본과 마찬가지로 저출산화가 진행됨으로써 학령기 인구가 감소하였다는 점이 그 원인의 하나라 할 수 있다.

그리고 마지막으로 조선학교의 감소 자체가 조선학교 비(非)선택의 원인이 되고 있다. 학생 수 감소는 조선학교의 통폐합으로 이어진다. 주거지 근처에 있던 조선학교가 없어지는 경우, 통합 대상인 다른 조선학교로 전학하는 학생도 있지만 물리적 거리 문제로 인해 조선학교 통학을 포기하는 경우도 발생한다. 장거리·장시간 통학을 하게 되는 조선학교보다 눈앞에 있는 무료의 일본 공립학교를 선택하는 가정도 증가하고 있다. 실제로 전국적으로 조선학교의 통폐합이 진행된 2000년 초, 효고현(兵庫県)의 한 조선학교에서도 폐교가 결정되며 당시 재학생의 반은 다른 조선학교로, 나머지 학생은 일본학교로 진학한 사례가 관찰되었다.[37] 물리적으로 먼 학교에 다니는 것은 경제적 부담뿐만 아

36) 福岡安則, 『在日韓国·朝鮮人: 若い世代のアイデンティティ』, 中央公論社, 1993.

37) 2000년 말에 폐교가 결정되었던 한 조선학교는 학교 내부 상황으로 인해 결국 이듬해 여름까지 폐교가 밀렸다. 그러나 2000년 말에 절반의 학생이 조선학교를 그만두고 일본의 공립학교로 전학하였고, 마지막까지 남은 7명 학생 가운데 4명도 폐교와 동시에 일본 공립학교로 전학하였다. 나머지 3명은 기타 조선학교에 전학하여, 1시간 이상 걸리는 길을 등하교하였다고 한다. 이 내용은 이토(伊藤, 2011)를 토대로, 당시에 실시한 조선학교 교사의 인터뷰 일부를 재구성하였다.

니라 학생의 체력적 측면에도 적지 않게 부담을 준다. 특히 어린 시절부터 혼자 대중교통을 이용하여 1시간 이상 등하교해야 하는 데에 학생뿐만 아니라 학부모의 걱정 및 부담이 크므로 주거지에서 가까운 일본학교를 선택하기도 하였다.

2) 어려운 조선학교 선택

(1) 케이스 1: 가고 싶어도 중간에 들어가기 어려운 문화적 공간

S(1988년생)는 효고현 고베시(神戸市) 재일조선인 집주지역에 거주하는 재일조선인 3세이다. 어린 시절부터 조선어와 일본어를 섞어 쓰는 조부모와 함께 생활하여, 음식, 제사 등 다양한 조선 문화를 접하면서 자랐기 때문에 재일조선인이라는 인식도 자연스럽게 갖게 되었다고 한다. 스스로 '순수 재일조선인'이라 표현할 정도로 조선인으로서 민족의식이 강하며, 한국국적을 유지하고 있다. 그러나 유치원부터 일본학교를 다녔으며 조선학교를 다닌 경험은 없다.

> "사실 조선학교 가보고 싶었어요. 어렸을 때부터 스스로 재일이라고 알고 있었고, 궁금하기도 했어요. 근처에 조선학교도 있으니까. 궁금해서 부모님한테 물어보기도 했어요. 거기는 재일조선인들이 다니는 학교라고 가르쳐주셨어요. 그럼 내가 가면 되는 학교잖아요? 그 말 듣고 더욱 가고 싶어졌어요. 그래도 결국은 안 갔어요. 못 갔어요. 계속 일본학교만 다녔어요."

누가 가르쳐준 것도 아니고, 어린 시절부터 스스로 재일조선인이라고 인식하게 된 S에게 조선학교는 궁금한 공간이며, 다니고 싶은 학교였다. 부모에게 '재일조선인이 다니는 학교'라는 것을 듣자마자 조선학교에 대한 관심이 증폭하였으나, 결국은 부모의 반대도 있어 다니고 싶다는 꿈은 이루어지지 않았다.

> "왜 안 갔냐고요? 안 가는 게 아니라 못 갔다…가 맞는 거 같아요. 나는 우리 할아버지, 할머니랑 조선어로 대화를 해보고 싶었어요. 재일조선인인데 하나도 못한다면 부끄럽잖아요. 그래서 배우고 싶었어요. 그런데 부모님도 그냥 일본학교 가라고 하셨고, 중간에 들어갈 수 없는 분위기라고 해야 하나… 뭔가 들어가지 못하는 거기만의 분위기가 있었어요. 반대하셔도 가고 싶었는데 중간에 조선어를 하나도 못하는 내가 들어가기가 애매한 분위기라고 해야 하나요."

S는 중학교 때부터 조선학교에 진학하고 싶어하였다. 그러나 조선학교에는 '중간에' 들어가기 어려운 분위기가 있었다고 한다. 대부분의 학생은 유치원 혹은 초등학교부터 조선학교에 다니는 경우가 많다. 고등학교부터 조선학교에 진학한 경우도 적지 않게 있으나, 어렸을 때부터 조선어와 문화, 역사 등 민족교육을 받지 않았던 S에게는 '중간부터' 조선학교로 전학하는 데에 어려움이 있었다고 한다.

> "궁금해서 부모님 몰래몰래 알아봤어요. 그런데 다들 조선어 하는 거예요. 나는 재일조선인이지만 (조선어는) 하나도 못해요. 그런데 다들 해요. 잘해요. 학교에서는 일본어 쓰면 안 되고, 조선어로만 생활해야 한대요. 그런데 나는 못하잖아요. 다들 뭔가 어렸을 때부터 언어를 배우고, 역사를 배우고… 달라요. 뭐라고 해야 하지… '재일조선인 엘리트'라고 해야 하나요? 나처럼 중간부터 하겠다고 하는 사람이 아니라… 처음부터 제대로 하는 사람들. 나는 엘리트 아니고… 그래서 학교에 들어가봤자 못 따라갈 것 같고… 혼자 가나다라부터 해야 하고… 집에서도 안 배워봤고… 그래서 못 갔어요. 중간에 들어갈 수 있는 분위기 아니에

요. 들어갔었으면? … 그럼 열심히 공부했었겠죠. 그런데 어렵지 않을까요? 언어는 열심히 하면 될 거 같기도 한데… 근데 그 문제가 아니라. 문화가 달라요. 조선학교를 다니는 학생이랑 나랑. 같은 재일조선이라 해도 달라요. 그쪽은 엘리트. 나는 그냥 (재일이라는) 인식만 있는 학생. 조선학교라는 다른 재일조선인의 문화권! 그래서 못 들어가죠."

S는 어렸을 때부터 조선학교에서 계속 공부하는 재일조선인을 '엘리트'라고 표현하였다. 한편 본인에 대해서는 절대 '엘리트'에는 들어가지 못하는 '다른 재일조선인'이라고 하였다. 재일조선인이라는 인식을 가지고 있어도 어렸을 때부터 조선학교에서 민족교육을 받지 못한 S에게는 '엘리트 집단이 다니는 학교'에 '중간부터' 들어가는 것은 어려운 일로 보였다. 본인의 노력으로 언어적 측면은 극복할 수 있다고 하면서도 같은 재일조선인이라 하여도 본인과 조선학교 학생을 '다른 재일조선인'이라고 구별 지었다.

(2) 케이스 2: 언어를 제대로 배울 수 없는 공간

M(1998년생)은 재일조선인 아버지와 한국인 어머니 사이에서 태어난 '혼혈'이다. 어린 시절부터 자신이 일본인이 아닌 것을 인식하고 살아왔으나 '순수 재일조선인'인 S와 달리 M은 '재일조선인과의 혼혈' 혹은 한국인이라는 표현을 다용하였다.

"내가 한국으로 (교환)유학 온 이유는 내가 한국인이니까. 한국어 제대로 공부하라고 엄마가 시키셨어요. 나는 별로 한국에 오고 싶은 것은 아니었지만… 사실 아빠는 재일조선인이거든요. 그래서 나는 한국인과 재일조선인의 혼혈이에요. 혼혈이라고 하면 뭔가 이상하지만 재일과 한국인, 같은 한민족이지만 좀 다르잖아요. 엄마는 진짜 한국인이지만 아빠는 재일이라서. 애매하죠? 특이한 혼혈이죠!"

한국인과 재일조선인의 '혼혈'인 M은 어머니의 모국인 한국에서 1년 동안 교환학생으로 유학생활을 보냈다. 그러나 본인은 한국에 대한 관심이 별로 없었고, 오히려 아버지의 재일조선인이라는 배경에 더욱 관심을 가지고 있었다. 따라서 일본 국내에 있는 민족교육기관에 대한 관심도 많아 고등학교부터는 조선학교 진학을 생각하기도 하였다.

> "나는 한국보다 오히려 재일이라는 것에 관심이 있었어요. 뭔가 잘 설명 못하는 민족? 한국도 아니고 북한도 아니고 재일. 일본에 학교가 있잖아요. 조선학교? 한국학교? 그런 학교 다녀보고 싶었어요. 나와 같은 혼혈도 있고, 진짜 재일도 있고. 그래서 엄마한테 고등학교부터 일본학교 아니라 조선학교나 한국학교 가보고 싶다고 했어요. 우리집 근처에는 한국학교는 없었지만 조선학교는 있었어요. 그래서 조선학교 가고 싶다고. 결국 나는 사립 고등학교 가게 되었는데 아무리 조선학교가… 비싸다고 해도 사립고랑 차이 없다고 생각해요. 근데 엄마는 안 된다고 하셨어요."

경제적 부담이라는 측면에서 보면 M의 가정에서는 조선학교를 선택해도 문제는 없어 보였다. 언어적 문제에 있어서도 어렸을 때부터 부모로부터 기초 '한국어'를 배웠기 때문에 기본적 대화도 가능한 수준이었다. 그러나 어머니의 반대로 결국은 조선학교 진학을 포기하게 되었다. 한국 출신의 어머니는 언어를 배우려면 한국에 가는 것이 중요하다고 생각했기 때문이었다.

> "엄마는 내가 한국인이라 조선학교는 아니라고 하셨어요. 조선학교는 조선인이 가는 곳인데 나는 한국인이라서 안 된대요. 조선학교 가면

조선어를 배우잖아요. 근데 엄마는 나한테 한국어를 배우라고 하셨어요. 거기 가면 한국어 못 배우니까 안 된대요. 이상한 말 배운대요. 한국에 가면 안 통한대요. 근데 나는 잘 모르겠더라고요. 내가 엄마 아빠한테 배운 게 한국어인지 조선어인지. 엄마는 결혼해서 한국에서 일본으로 온 진짜 한국인이지만 아빠는 재일이잖아요. 재일어? 북한어? 하시는 것 같기도 한데… 애매하긴 하죠. 그래도 (조선학교에는) 한국인과 일본인의 혼혈도 있다고 하니까 나도 그냥 학교 가서 거기서 그런 친구들이랑 사귀고 싶었는데."

한국인인 M의 어머니에게 중요한 것은 '한국어'였다. 현재 조선학교에서 가르치는 언어는 일반적으로 '조선어'라 부르며, 한국에서 쓰이는 언어체와 다소 다른 부분이 있다. 또한 '재일어(在日語)'라고 부르기도 하는 이 언어체는 현재 북한에서 사용되는 북한어와도 다를 가능성이 높다. 70년 이상 외국 땅인 일본에서 살아온 재일조선인들은 특유의 재일어(혹은 '짬뽕어')를 계승해왔다. 가정교육에 더하여 조선학교 교육은 언어 계승이라는 측면에서 큰 역할을 해오고 있다. 조선학교는 '계승어(Heritage Language) 교육[38)]'이라는 교육적 기능이 큰 기관으로, 부모의 언어 및 문화를 계승한다는 점을 고려해 보면 조선학교의 언어는 '한국어'가 아니다. 따라서 '순수 한국인'인 M의 어머니에게는 수용되지 못하는 언어교육이었으며, 조선학교에서는 제대로 된 한국어를 배

38) 계승어 교육은 이(異)언어 환경에서 부모의 언어, 문화를 키우는 교육이다. 따라서 세계각지에 있는 재외교육기관(일본인학교나 보습교)도 계승어 교육이고, 일계인의 손으로 만들어진 해외의 각종 일본어학교도 계승어 교육이다. 또한 일본 국내의 올드커머의 조선·한국인학교, 중화학교, 뉴커머의 모어교실(예를 들어 베트남어, 포르투갈어, 스페인어 등), 브라질인 학교, 페루인 학교도 모두 계승어 교육의 일종이다. 福田誠治, 「戦後日本における外国人の子どもの教育と外国人学校問題」, 福田誠治·末藤美津子 編, 『世界の外国人学校』, 東信道, 2005, pp.357~399.

우지 못한다고 생각하여 조선학교 진학을 반대한 것으로 보인다.

(3) 케이스 3: 입학조건에 맞더라도 조선학교는 '재일조선인의 학교'

K(2000년생)는 일본인 아버지와 한국인 어머니 사이에서 태어난 비(非)'재일조선인'이다. 초등학생 때 어머니와 학교 선생님의 대화가 잘 되지 않는 모습을 보고 어머니가 외국인이라는 것을 알게 되었다. 그러나 그 사실을 한 번도 부정적으로 생각해본 적 없었으며, 대학생이 되면 어머니의 모국인 한국으로 유학할 생각을 가지고 있다. K 본인은 일본사회에 조선학교와 같은 민족교육 기관이 있다는 사실을 몰랐다. 한편 K의 어머니는 집 근처에 조선학교가 있다는 것을 알고 있었다.

> "저는 (조선학교의 존재를) 알고 있었죠. 그런데 K도 그렇고 K 동생도 그렇고 보낼 생각이 없었어요. 생각해본 적도 없어요."

집에서 차로 15분 거리에 조선학교가 있는데도 K의 어머니는 조선학교 선택은 생각해 본 적도 없었다고 하였다.

> "조선학교 이야기는 들었어요. 누가 알려줬는지 기억 안 나는데 학생 모집한다고 (알려줬어요). K는 혼혈이고 한국의 핏줄이 있으니까 입학할 수 있다고. 한국어 배우는데 좋다고 추천해주셨더라고요. 그런데 핏줄이라고 해도 저는 한국인이잖아요. 조선학교에서 말하는 핏줄은 '조선'이죠? 재일조선인이잖아요? 저는 한국인이라. 당연히 K도 한국의 핏줄. 조선의 핏줄은 아니죠. 뭐 역사를 따지면 조선의 핏줄이지만… 그래도 다르죠."

조선학교는 조선의 피가 한 방울이라도 들어가 있으면 '조선인'으로 인정하는 철저히 '민족'주의적 입학 방침을 취하고 있다. 그러나 K의 어머니 또한 M의 어머니와 마찬가지로 한국과 조선을 구별해서 생각하고 있었다. 조선에 조상이 있으면 한국인이든, 혼혈이든, 어느 나라 국적이든, 조선학교에 대한 입학조건을 채운다. 그러나 '순수 한국인'인 어머니에게 '조선'과 한국은 다른 곳으로 여겨져, 조선학교는 '조선인'의 학교라 인식하였다.

> "만약에 K 아빠가 재일조선인이었으면, 내가 한국인이어도 조선학교로 보냈을 수도 있었어요. K한테는 조선의 핏줄이 있으니까. 근데 K 아빠는 일본사람이고 나는 한국인이고. 조선의 핏줄 하나도 없잖아요. 조선학교는 재일조선인의 학교. 조선의 학교. 한국이 아니라 조선이라고 하잖아요. 조선학교도 스스로 재일조선인의 학교라고 하잖아요. 거기에는 재일만 들어가요. 그래서 K를 보낼 학교가 아니라고 바로 생각했어요. 고민도 안 했죠. 선택할 수 없는 학교예요."

> "한국학교였으면 생각은 했을 수도 있어요. 저는 K가 나중에 한국에 가서 한국어 배우면 좋겠어요. 할 수 있는지는 모르겠지만 나의 꿈."

K 어머니는 M 어머니와 달리 '재일'이라는 핏줄과 그들의 역사를 중요시하였다. 만약에 재일조선인과 한국인 사이에 태어난 자녀였다면 조선학교에 보냈을 수도 있다고 하였다. 이는 '재일조선인을 위한 학교'의 입학조건에 맞다고 생각했기 때문이다. K 어머니에게 조선학교는 재일조선인을 위해 존재하는 학교이며, 아무리 한국의 핏줄이 있더라도 '재일조선인'으로서의 역사가 없는 경우에는 선택할 수 없는 학교라고 생각하였다.

(4) 케이스 4: 열심히 해야 하는 공간

N(1991년생)은 귀화한 '재일조선인' 아버지와 어머니 사이에서 태어난 '일본인'이다. 국적으로 보면 일본인으로 여겨지지만 원래 부모 모두가 재일조선인이며 핏줄로 보면 '순수 재일조선인' 3세이다. N은 지금까지 친구들에게도 재일이라는 사실을 밝히지 않고 살아왔다. 현재 한국에서 유학 중인 N은 일반 유학생 비자(D2, D4)가 아닌 재외동포 비자(F4)를 소지하고 있다. 재외동포 비자는 일반 유학생 비자보다 아르바이트 시간이나 갱신 시기 등이 유리하기 때문에 '전략적으로' 동포라고 했을 뿐 한국인 친구들에게도 동포라는 사실을 밝히지 않겠다고 하였다.

N은 유치원부터 계속 일본학교를 다녔기 때문에 재일조선인으로서의 민족정체성은 약하지만 '한국어'에 대한 관심은 있었다고 하였다.

> "나는 일본인이지만 원래 재일이에요. 할아버지가 일본으로 오셔서… 아빠가 귀화해서 일본인이 되었지만 핏줄을 따지면 한국인. 그래서 그런지 한국어는 해보고 싶었어요. 유학 온 이유도 그렇고. 한국어를 배우고 싶었어요."

그러나 근처에 있는 조선학교를 다니지 않았다. 부모의 반대라기보다 N 스스로가 조선학교 학생과 본인 사이에 차이점을 느꼈기 때문이었다.

> "조선학교는 사실 생각해 본 적 있어요. 전차타고 1시간 내로 갈 수 있으니까. 궁금하기도 하고 나처럼 역사도 언어도 잘 모르는 재일도 다닌다고 했으니까. 민족이나 정체성이나 이런 거는 모르겠고 그냥 한국어 배울 수 있다고 해서. 나한테는 입학자격이 있잖아요. 그래도

『우리학교』를 보고 절대 못 간다는 느낌도 확실히 생겼어요. 조선학교 다니는 순간부터 '나는 재일이다!'라고 외치는 거랑 같잖아요. 그것도 싫고. 한국어는 배우고 싶어도 재일이라고 스스로 공개하고 싶지도 않았어요."

"나는 (영화에 나타나는 학생처럼) 그렇게 열심히 못해요. 조국을 위해, 조선학교를 만들어준 1세를 위해… 노력하고 훌륭한 재일이 되겠다는 게… 나한테는 안 맞았어요. 나는 그 학생처럼 절대 못할 것 같았어요. 단순히 재일이라는 느낌? 의식? 이런 거만 있어도 안 된다는 느낌? 나는 지금 일본 국적이고 이름도 일본 이름이고. 그냥 이대로는 입학할 수 없는 느낌도 들었고. '우리학교', '우리말', '우리민족'… 다 '우리'잖아요. 나는 그냥 한국어에 관심 있는 거고. 재일의 역사? 그런 거 관심 없고. 따라갈 수 없을 거 같아서 안 갔죠. 어떻게 표현하면 될지 모르겠는데 달라요. 조선학교 다니는 재일과 나 같은 재일. 다른 종류의 재일."

N 또한 앞서 살펴본 S와 비슷한 소감을 밝혔다. S와 달리 국적 상으로 '일본인'이 된 N에게 조선학교는 본인과 '다른 종류의 재일'이 다니는 학교라고 생각하였다. 특히 다큐멘터리 영화 『우리학교』에서 나타난, 조선어를 열심히 배우고 조국에 대해 깊이 생각하는 동세대 학생의 모습을 보고 '절대 다니지 못할 곳'으로 인식하게 되었다. 또한 조선학교에서 흔히 사용되는 '우리'라는 표현에 대해서 거부감을 표시하여, '조선'이 아닌 '한국'이라는 표현을 다용하였다. 조국과 윗세대를 위해 열심히 노력하는 조선학교 학생과 달리 본인 스스로는 그 정도로 재일에 애착을 가지지 못했고, 공부를 위한 하나의 틀로 학교 선택을 생각했다. 그러나 결과적으로는 재일조선인 안에서도 조선학교를 선택한 '열심히 노력하는 재일'과 본인의 차이를 깨달았고 일본학교 진학과

향후 한국유학을 선택하게 되었다.

4. 마치며 - 조선학교의 보이지 않는 경계선

폐쇄적인 일본사회에서 해방 이후 재일조선인의 교육기관으로 존속해 온 조선학교는 현재 학생 수 감소에 따른 존속 위기에 직면하고 있다. 초기 조선학교는 조국 귀국을 목적으로 한 교육공간으로서 조국지향적 교육을 진행하여 학생들의 민족정체성에 기여하였다. 그러나 세대교체와 일본정주화로 인해 조선도 일본도 아닌 동포사회를 중요시하는 경향이 우세하게 되면서 학교 또한 재일지향적 성격을 지니게 되었다. 3세가 재일사회의 중심이 되고, 글로벌 사회를 맞이하여 조선학교 내부에서도 큰 변화가 이루어졌다. 민족의 언어, 문화, 역사 등 민족과목을 강화하면서도 세계에서 활약할 수 있는 인재 양성을 목표로 트라이링구얼 교육과 정보교육을 중시하였다. 지금까지 일본 정부의 조선학교에 대한 배제적인 차별정책은 남아있으나 학교는 재일조선인 자녀를 위해 민족교육과 시대적 흐름에 맞는 글로벌 교육을 병행하는 교육기관으로 꿋꿋이 유지되어 왔다. 그러나 한편으로 '조선학교 떠나기' 현상은 매년 심각해지며 한때 100개교를 넘었던 학교도 지금은 60여 개교에 불과하다.

최근 축구가 강한 조선학교를 동경하여, 축구를 위해 조선학교 입학을 희망하는 일본인도 존재한다[39]. 그러나 중화학교나 일부 한국학교와 달리 조선학교에서는 '순수 일본인'의 입학은 허가되지 않는다. 이

39) 金漢一, 『朝鮮高校の青春 ボクたちが暴力的だったわけ』, 光文社, 2005.

는 조선학교가 본질주의에 기초한 민족주의의 공간이기 때문이다[40]. 현재 조선학교에는 귀화자나 혼혈 등 '일본인' 학생은 적지 않게 존재한다. 송기찬(宋基燦)은 '조선학교의 이질자(異質者)'라는 소제목으로 다양한 조선학교 학생에 대해 언급하고 있다. 귀화로 '일본인'이 된 학생, 한국에서 온 전학생, 중국조선족 등은 모두 조선의 핏줄을 가지는 '재일조선인'이지만 조선학교 내부에서는 이질자로 그려져 있다.

조선학교가 조선의 핏줄을 가지는 '조선인'의 학교라면 학교 존속은 어려운 문제가 아닐 수도 있다. 문제는 조선학교가 '재일조선인을 위한 학교'라는 인식이 크다는 점이다. 이 글에서 등장한 S, M, K, N은 모두 조선학교 입학조건을 충족하는 '재일조선인'이다. 이들은 모두 조선의 핏줄을 가지고 조선학교에 대한 관심 혹은 정보를 수집하던 사람들이며, '조선학교의 이질자'조차 되지 못한 사람들이다. 이들과의 인터뷰를 통해 조선의 핏줄을 가지고 있어도 쉽게 들어갈 수 없는 '무엇인가'가 조선학교에는 존재하고 있음을 확인하였다.

모두가 조선학교에 보이지 않는 경계선을 느끼고 있었다. '순수 재일조선인'인 S와 N은 조선학교 진학에 관심을 보였지만 조선학교 학생과 본인 사이에 차이를 느끼고 구별을 하였다. S는 이를 '엘리트 재일조선인과 비(非)엘리트 재일조선인', N은 '다른 종류의 재일'이라고 표현하였다. 같은 재일조선인 내부에도 경계선이 있다는 것을 암암리에 보여주고 있었다. 한편 재일조선인과 한국인이 '혼혈'인 M에게는 한국어를 제대로 배울 수 없다는 언어적 측면이 큰 장벽이 되었다. 조선학교가 조국의 언어를 가르쳐주는 교육기관임에도 불구하고 순수 한국인인

40) 宋基燦, 『「語られないもの」としての朝鮮学校: 在日民族教育とアイデンティティ·ポリティクス』, p.180.

M의 어머니에게는 한국어가 아닌 조선어를 가르치는 공간으로 보여 거부감을 표하였다. M의 어머니는 한국과 '조선'을 구별 지었으며 이에 따라 M 스스로도 '혼혈', '(조선어가 아니라) 한국어'라는 표현을 다용하였다. 마지막으로 순수 한국인인 K의 어머니 또한 한국과 '조선' 사이에 구별을 지었다. 딸인 K의 진학처로 조선학교를 선택하지 않았던 이유에 대해, 조선학교는 '재일의 핏줄'이 필요한 학교이며 '한국의 핏줄'밖에 없는 K가 다닐 수 있는 곳이 아니라고 생각하였다. 순수 한국인인 M의 어머니와 K의 어머니는 모두 한국과 '조선' 사이에 경계선을 두었다.

현재 '순수 재일조선인'이 감소하고 있는 상황에서 조선학교 존속을 위해서는 다양한 '재일조선인' 확보가 필수적이다. 그러나 인터뷰 결과와 같이 입학조건을 채우는 경우에도 정보수집 과정에서 학교 입학을 포기하거나 주저하는 케이스가 존재하고 있다. 조선학교가 '재일조선인(자녀)을 위한 교육공간'이라는 이미지가 선행하여, 조선학교와 현재 거리를 두고 있는 다수의 '재일조선인'에게는 보이지 않는 경계선이 존재하였다. 앞으로 조선학교가 존속을 위해 노력해가는 과정에서, 이와 같은 '경계선'을 느끼고 있는 '재일조선인'에 대한 접근법과 의식 변환, 그리고 경계선 극복이 중요한 과제가 될 것이다.

이 글은 재외한인학회의 『재외한인연구』 제46집에 실린 논문 「조선학교 선택에 있어 보이지 않는 경계선」을 수정·보완한 것임.

참고문헌

권준희, 「재일조선인 3세의 '민족'정체성에 관한 연구: 조선학교 출신 '조선적'을 중심으로」, 연세대학교 대학원 사회학과 석사학위논문, 2002.

김명희, 「재일조선인 교육에서의 집합적 정체성 형성」, 홍익대학교 대학원 교육학과 박사학위논문, 2017.

김희정, 「재일조선학교 교육변화에 관한 연구: '도꾜조선제1초중급학교'의 사례를 중심으로」, 이화여자대학교 대학원 지역연구합동과정 석사학위논문, 2008.

손애경, 「총련계 재일조선인 커뮤니티와 조선학교」, 서울대학교 대학원 인류학과 인류학전공 석사학위논문, 2006.

심성보, 「민족교육론의 전개와 반성」, 고려대학교 교육사철학회(편), 『민족교육의 사상사적 조망』, 집문당, 1994.

정병호, 「문화적 저항과 교육적 대안: 재일 조선학교의 민족 정체성 재생산」, 『비교문화연구』 제9집, 서울대학교 비교문화연구소, 2003.

정진성, 「재일동포 민족학교: 분단과 탈식민의 역사」, 『일본비평』 제16집, 서울대학교 일본연구소, 2017.

宮崎理, 「在日朝鮮人散住地域における教育戦略としての朝鮮学校選択: ポストコロニアルな社会的排除との関係において」, 北星学園大学大学院 社会福祉学 博士学位論文, 2017.

金漢一, 『朝鮮高校の青春 ボクたちが暴力的だったわけ』, 光文社, 2005.

福岡安則, 『在日韓国·朝鮮人: 若い世代のアイデンティティ』, 中央公論社, 1993.

福田誠治, 「戦後日本における外国人の子どもの教育と外国人学校問題」, 福田誠治·末藤美津子 編. 『世界の外国人学校』, 東信道, 2005.

山本かほり, 「朝鮮学校で学ぶということ」, 『移民政策研究』 第6号, 移民政策学会, 2014.

山本晃輔, 「夢を託し、託される場所: 北大阪朝鮮初中級学校」, 『未来共生学』 第4巻, 大阪大学未来戦略機構第五部門未来共生イノベーター博士課程プログラム, 2017.

小沢有作, 『民族教育論』, 明治図書, 1967.

宋基燦, 『「語られないもの」としての朝鮮学校: 在日民族教育とアイデンティティ·ポリティクス』, 岩波書店, 2012.

呉永鎬, 「朝鮮学校の教育の成立過程に関する教育学的研究: その理念、内容、場の検討から」, 『教育と社会研究』 第22巻, 一橋大学〈教育と社会〉研究会, 2012.

伊藤浩子, 「西脇朝鮮初級学校の変遷を通じてみた民族教育の意義: 時代·世代を超え

て」, 兵庫県立大学大学院 環境人間学研究科 修士学位論文, 2011.

田中宏, 「在日外国人の民族教育権に関する一考察」, 『龍谷大学経済学論集』第45巻, 龍谷大学経済学会, 2006.

中島智子, 「朝鮮学校の二つの仕組みと日本社会: 〈自己完結統一システム〉と〈朝鮮学校コミュニティ〉に注目して」, 『〈教育と社会〉研究』第23巻, 一橋大学〈教育と社会〉研究会, 2013.

________, 「朝鮮学校保護者の学校選択理由: 「安心できる居場所」「当たり前」をもとめて」, 『プール学院大学研究紀要』第51巻, プール学院大学国際文化学部 短期大学部, 2011.

板垣竜太, 「朝鮮学校への嫌がらせ裁判に対する意見書」, 『評論·社会科学』第105巻, 同志社大学社会学会, 2013.

「〈独自〉朝鮮学校補助金 下げ止まり 令話2年度2.1億円 見直し機運低下」, 2021.12.6., 『産経新聞』.

「総連結成以降の教科書変遷の歩み」, 2013.1.23., 『朝鮮新報』.

「新潟朝鮮学校、4月から休校状態: 児童·生徒数ゼロに」, 2018.3.30., 『新潟新報』.

Balibar, Etienne, "Nation Form: History and Idelogy", Fernand Braudel Center, Vol.13, No.3, Summer, 1990.

제3장

다문화공생과 재일디아스포라 민족교육의 진로

재일동포의 「민족교육」과 「공생」 추구의 주체적 선택

이수경 · 권오정

1. 들어가며

이 연구는 재일동포의 「민족교육」과 그 주변 상황의 변천과정의 검토를 통하여 재일동포가 선택제한정황(選択制限情況) 속에서도 이를 극복하면서 주체적으로 일본 사회와의 공생을 선택하기 시작한 변화를 고찰해 보려는 목적으로 이루어진 서설적 접근이다. 지금까지 '다문화 공생'이란 바르고 좋은 것이라는 전제 아래 메이저리티의 제도적, 윤리적 차원의 문제나 과제를 다루는 것이 일반적이었다. 또한 공생이란 복수 '집단'의 더불어 살아가기를 의미한다는 생각이 주류를 이루어왔고, 공생을 위한 정책을 세우는 측도, 공생에 대해 비판적이거나 반대하는 측도 '집단적 속성'으로 인한 충돌은 어쩔 수 없다고 보아왔다. 이때, 어느 편이든 폐쇄적이고 배타적인 단일 기준으로 집단적 속성을 판단해 왔으며 그것이 충돌의 근본 원인이 될 수 있다는 사실에는 그다지 주의하지 않았다. 본 연구에서는 공생을 배타적 속성에 속박된 '집단'끼리의 단순한 물리적 동거로 보지 않고, 집단적 속성으로부터 해방된 주체적 '개인'의 상호작용(계약)으로 성립, 발전해가는 것으로 보고 있다. 이문화 능력(inter-cultural competence) 혹은 다문화 능력

(multi-cultural competence)을 갖춘 주체적 개인의 존재를 전제로 한다는 발상이다. 이 점을 염두에 두고, 본 연구에서는 집단적 속성-동질성(아이덴티티)의 육성을 중시해온 재일동포의 「민족교육」과 그 주변 상황의 변천과정을 살핌으로써 재일동포가 어떻게 집단적 속성으로부터 해방되어 주체적 개인으로 성숙해 왔는가를 찾아보기로 한다. 이는, 양자의 상호작용에 의해 성립, 발전해가는 일본 사회 안에서 공생의 일익을 담당하는 마이너리티-재일동포의 공생 구조에의 참여와 공헌 가능성을 밝히고, 공생 사회의 실현을 위해서는 마이너리티도 일정한 역할을 수행해야 한다는 보편적 요구에 대한 대답을 찾으려는 작업이기도 하다. 본 연구는 우선 이번의 서설적 접근을 통해 재일동포의 공생사회 구축에의 참여 가능성을 진단해 보고, 다음 연구에서는 재일동포가 공생사회에 참여, 공헌하고 있는 구체적인 사례와 실상을 조사·분석하려고 구상하고 있다. 이번에 사실 확인을 위해 이용하고 있는 데이터 중에는 2016년 필자 등이 수행한 「2015 재외동포재단 조사연구용역 재일동포 민족교육 실태심화조사 및 정책방향 제시」(재외동포재단 2017년 3월)에서 빌린 게 많음을 밝혀둔다.

2. 「민족교육」의 의미

1) 세대교체와 「민족교육」의 의미 변화

주지하는 바와 같이 재일동포의 「민족교육」은 한반도가 일본의 식민지로부터 해방되었을 때 일본에 잔류하고 있던 재일동포들의 귀국 준비의 일환으로 시작되었다. 해방 당시 재일동포들은 일본에 생활 기반을 가지고 있었지만 당연히 '조국'으로 돌아가야 한다는 의식을 가지고 있었다. 그러나 꿈에 그리던 조국으로의 귀환에 설레이는 마음과는 달리 아래와 같은 근심 또한 없지 않았다.

> "차별, 탄압, 멸시의 눈에서 벗어나 사람답게 살고 싶다는 단 하나의 바램을 실현하기 위하여 감옥 같은 일본 생활을 청산, 오랫동안 살아온 생활 터전을 내던지고 고국으로의 귀환을 서둘렀던 것이다. 일부 사람을 제외하고 거의 대부분 일본인 학교에 다니고 있던 자식들을 퇴학시켰다. 그리고 테라코야(寺子屋)[1]같은 작은 학교를 만들어 자식들에게 조선어, 우리의 문자와 말을 가르쳤다. 귀국을 서두르는 부모들이 안고 있던 최대의 고민은 자식들이「벙어리」(원문대로 번역 표기)처럼 조국의 말(국어)을 모른다는 것이었다."(조선인교육대책위원회 『재일조선인교육의 실정-그 과거와 현재-』)[2]

귀환의 기대와 기쁨을 안고 있던 동포들이었지만 모국어 조차 제대로 할 줄 모르는 자식들에 대한 고뇌와 걱정이 앞섰던 것이다. 오랜 식민지 통치지배 아래 '황국 신민화'를 강요하면서도 결코 '천황의 자식'으로 평등하게 취급하지 않는 불평등 구조 속에서 살아온 재일동포들에게, 조국과 민족의 해방은 차별·탄압·멸시로부터의 해방이었고 그만큼 조국으로의 귀환 욕구는 절실했던 것이다. 그 귀환의 준비로 조국과 조국의 언어를 가르쳐야 했던 것이다. '망국의 자식'들에게 '조국 찾기' 교육을 실시한 것이 곧 재일동포의 「민족교육」의 출발이었던 것이다. 최초의 「민족교육」을 준비하고 있던 재일동포는, 초기에는 일

1) 15~19세기 무사, 승려, 의사 등 지식인들이 주로 서민 어린이를 대상으로 가르치던 사설 교육기관.

2) 藤島宇内·小沢有作, 『民族教育－日韓条約と在日朝鮮人の教育問題－』, 青木新書, 1966, pp.42~43 참조.

본에서 일자리를 구할 수 있다는 모집 혹은 알선에 의해, 전쟁 말기에는 징용 혹은 그 밖의 전시노동력이란 명분 아래 강제연행 등으로 일본에 온 사람들이었다. 식민지 치하, 자신들이 살아왔던 토지에서 쫓겨나 도시 빈민으로 전락하는 빈곤의 구조에 견디지 못하고 조국을 떠나 일본으로 올 수밖에 없었던 디아스포라였다. 하지만 그들의 삶은 일본에 와서도 빈곤에서 벗어날 수 없었을 뿐만 아니라 차별까지 받아야 했기 때문에 일본에서의 생활에 지쳐있던 상황이었다. 당시의 재일동포들에게 해방은 쌓인 한을 풀 수 있는 기회였던 것이다. 귀국 준비로서의 「민족교육」에 대해 그들이 특별한 열정을 쏟은 까닭이 여기에 있었던 것이다.

재일동포의 당초의 「민족교육」이 황국신민화를 강제하는 일본으로부터의 이탈과 조국으로의 회기를 위한 준비로서 출발했다 하더라도, 오늘날 한국에서 볼 수 있는 것과 같은 배타적 국가주의를 바탕으로 한 내셔널리즘 교육의 성격이 강했다고 보기는 어렵다. 재일동포들이 가슴에 품고 있었던 「민족」이나 「조국」은 향수로 가득찬 희망이었고, 정신적 지주였기 때문에 그들의 「민족교육」은 원초적 내셔널리즘(proto nationalism)에 토대하고 있었다고 보아야 할 것이다.[3] 그렇기 때문에 재일 동포들의 「민족교육」에 대한 애착과 열정이 더욱 강했었다고 볼 수 있다. 당시 재일동포들은 지속되어온 이국 속에서의 빈곤·편견과 차별·억압으로부터 풀려나 희망에 찬 귀국을 위한 준비였기 때문에 「민족교육」에 필사적이었던 것이다. 그러나 막상 귀국길에 오

3) proto nationalism은 체제유용성을 위해 의도적으로 교육(주입)되는 배타적 내셔널리즘과 달리 일정한 집단 안에서 자연발생적으로 형성된다고 본다. Zimmer, Oliver, "*Nationalism in Europe 1890-1940*", 2003(福井憲彦訳, 『ナショナリズム 1890-1940』, 岩波書店, 2009.) 참조.

르려는 재일동포들에게 "통화 1000엔, 짐 250 파운드(113 kg) 이상은 지참할 수 없다"[4]는 당국의 어처구니 없는 제한 조건이 시달되었다. 빈곤에 시달리면서 모아온 재산을 다 내려놓고 빈몸으로 혼돈과 불안이 계속되는 한반도로 돌아가라는 것이었다. 그런 상황에서 돌아가도 생활 기반이 되어 있던 사람은 귀국길에 올랐지만, 그렇지 못한 사람은 귀국을 단념하고 어렵사리 가꾸어온 일본의 생활 기반에 매달려 살 수밖에 없었다. 그 때 일본에 남은 사람들이 구정주자로서 오늘의 재일동포사회의 기반을 만들게 된다.

종전 직후, 전장에서 돌아온 일본인의 복직으로 재일동포의 노동의 기회는 급감하였다. 이런 상황이 지속되어 1952년 당시 53만 5803명의 재일동포 중 61%가 무직자였고, 유직자의 6.6%는 3K(위험, 저임금, 불결) 직종의 일용직 노동자였다[5]. 이처럼 어려운 상황에서, 일단은 귀국을 보류했던 사람들도 귀국의 꿈을 버리지 못하고 기회를 엿보고 있었을 때 한반도에서 소위 미소 대리전쟁이라는 동족간 전쟁이 일어났다. 그들은 일자리도 변변히 구하기 어려운 일본에서 조국의 정세를 지켜볼 수밖에 없었다. 악조건이 교차되는 가운데 재일동포들은 일본과 조국 사이에서 인내의 시대를 살아야 했던 것이다.

악조건은 밖과 연동하여 안에서도 발생했다. 1945년 10월에 결성되어, 잔류를 택한 재일동포사회를 결집하고 민족학교의 확대에 힘을 기울여온 「재일본조선인연맹(조련)」이 북한을 지지하는 움직임을 분명히 하면서 디자인된 민족주의와 김일성 사상에 경사되어 간 것이다.

4) 당시 1000엔의 가치는 4인 가족 3주일의 생활비에 지나지 않았고 전후의 격심한 인플레이션 때문에 물가는 지극히 불안정한 상태였다. 在日コリアンの歴史教科書作成委員会編, 『歴史教科書在日コリアンの歴史』, 明石書店, 2006, pp.66~67 참조.

5) 위의 책, p.80 참조.

일본 정부와 GHQ(일본 점령 연합국군총사령부)는 조련을 중심으로 「민족교육」을 전개하는 재일동포 학교의 확대를 두려워하여 일본인 학교에서의 '동화교육'의 충실화를 요구하는 한편, 민족학교의 폐쇄를 의미하는 통달을 내었다. 조련은 곧 반발하였고 1948년 4월 24일에는 오사카(大阪), 고베(神戸) 지역에서 대규모 투쟁을 벌였다. 그 투쟁 과정에서 당시 16세의 김태일(金太一) 소년이 사살되는 사건이 발생했다. 이처럼 재일동포들의 반발과 투쟁은 거세었지만 일본 정부와 지자체의 강력한 공권력에 의해 많은 동포와 이 투쟁을 지지했던 일본인들은 검거당했고 대부분의 민족학교는 폐쇄되고 말았다. 민족학교에 다닐 수 없게 된 어린이들은 일본의 공립학교에 분산될 수밖에 없었다. 그 때 폐쇄를 면한 민족학교들이 1955년에 결성되는 「재일본조선인총연합회(총련)」 산하 조선학교의 전신이 된다.(후술하는 「한신교육투쟁」에서 다시 보기로 한다.) 조련이 공산주의 사상운동체로 변질되자 한국계 재일동포들은 1946년 10월 3일에 재일조선거류민단을 결성하였다.[6] 그 후 1950년부터의 한국전쟁, 1959년 12월 부터 시작되는 동포들의 북송운동(조총련 측은 「귀국운동」이라고 함.), 1965년의 한일 국교정상화 등을 거치면서 한반도에서의 정치적 군사적 이데올로기적 대립과 갈등은 그대로 재일동포사회에 투영되었고 동포사회의 분열은 점점 심화되어갔다.

그와 동시에 재일동포사회 내부의 세대교체도 이루어지기 시작했다. 민족·조국을 꿈에 그리며 억척같이 살아온 1세, 2세와 달리 비교적 안정된 생활 환경에서 태어나고 자란 자손들에게는 민족·조국이 정신적 지주가 될 수 없었다. 오늘날에도 일본사회의 바탕에는 구조적인

6) 민단은 시대상황 혹은 사회적 변천과 더불어 아래와 같은 명칭 변경을 거치게 된다. '재일조선거류민단→재일본대한민국거류민단→재일본대한민국민단(민단)'.

문제와 모순이 산적해 있지만 조국으로의 회귀를 위하여 필사적으로 접근해야 했던 「민족교육」의 의미는 흐려지고 말았다. 한을 풀어 주고 꿈을 실현해줄 수 있다는 「민족교육」에 대한 기대도 엷어졌다. 세대교체가 이루어진 오늘날의 재일동포들에게는 꿈에도 그리던 조국과 일본이 갖는 의미가 근본적으로 달라졌다는 사실을 부인하기 어렵게 된 것이다.

교토(京都)대학 교육학부 비교교육학연구실에서 실시한 「재일한국·조선인의 민족교육의식」 조사에서 오사카부 토요나카시(大阪府豊中市)에 거주하는 한 어머니는 다음과 같이 본심을 털어놓고 있다.

> "한국적이라고 해도 일본에서 태어난 자식들의 고향은 일본일 수밖에 없다. 성장해서 취직이나 결혼을 할 때 차별을 받더라도 돌아갈 곳은 일본 이외에 어디에도 없다. 일본에서 낳아 자랐으니… 자식들에게 한국은 외국일 뿐이다."[7]

조국이 '외국일 수밖에 없는' 존재가 되고 말았다. '민족·조국을 찾기' 위하여 이루어지고 있던 「민족교육」도 '자기 찾기'를 위해 필요하다고 인식하게 되었다. 위에서 본 교토대학 비교교육학연구실의 조사에 따르면 「민족교육」을 통해 가장 가르치고(배우고) 싶은 내용이 「조국의 역사」에서 「재일 코리안의 역사」로 바뀌고 있다. 1979년의 조사에서는 34.6%의 선택을 보였던 「재일 코리안의 역사」가 1989년에는 64.2%의 선택을 보이고 있다. 조국의 역사보다 자신들의 역사 학습을 원하는 자가 10년간에 30%나 늘어난 것이다. 세월과 함께 사회 상황도 바뀌었

7) 京都大学教育学部比較教育学研究室編, 「在日韓国朝鮮人の民族教育意識」, 明石書店, 1990 참조.

고 「민족교육」에 대한 요구도 그 의미도 바뀌었다.

2) 국가주의 「민족교육」의 한계

앞에서 본 것처럼 재일동포의 「민족교육」은 조국으로의 귀환을 위해 모국어를 모르는 자식들에게 국어 교육을 시작한 데서 시작됐으며, 거기에는 '조국으로의 회귀'라는 소망이 담겨져있었다. 「민족교육」은 민족, 조국에 대한 정서적, 심리적 지향성이 강한 의미를 갖고 있었으며 그 의미는 재일동포들에게 공유되어 있었다. 그런데, 세대교체가 이루어지면서 의미의 공유 시스템이 깨어져갔다. 뿐만 아니라 「민족교육」의 주체인 재일동포가 자주적으로 행해온「민족교육」이 밖으로부터의 요구나 방침(방향 설정)에 좌우되기 시작했다. 이 현상은 「민족교육」의 운영뿐만 아니라 교육의 내용이나 방법을 포함한 교육실천의 차원에서도 나타났다. 총련계 조선학교는 북한 정부의 국가주의적 이데올로기에 따른 교사 연수 및 「민족교육」을 실시하고 있으며,[8)] 한국계 학교도 일률적이지는 않지만 지원하는 한국 정부의 요구와 지시에 따르고 있는 것이다. 결국 재일동포의 「민족교육」은 한국계도 총련계도 국가주의적 문맥에서 이루어지는 부분이 커져왔다. 한국도 북한도 재일동포에 대한 「민족교육」을 통해 각각 자기편의 「국민형성」을 추구해왔음을 엿볼 수 있다. 그러나, 재일동포의 신세대가 한국이나 북한의 국민으로서의 아이덴티티(정체성)를 원하고 있는지는 의문이다. 한국

8) 2003년 이후 신 과정안 및 교과서 개편, 재일동포론 인정의 분위기와 더불어 최근 총련계 학교에서는 김일성, 김정일의 초상을 철거하는 등 점차 변화를 보이고 있지만, 총련계 학교의 교육방침이 근본적으로 바뀌었다고 보기는 어렵다.

인 혹은 조선인으로서 살아가기를 바라는 사람이 그다지 많지 않다는 것이 여러 면에서 확인되고 있기 때문이다. 귀화자도 이중국적을 갖는 사람도 늘고 있다. 민단이 준비하는 모국수학에 참가한 젊은이 중에는 "나는 한국인이 아니다. 「자이니치」[9]일 뿐이다."라고 단언하는 사람도 있다. 고교생을 대상으로 한 조사에서는 한국인으로 살아가겠다는 응답자가 15%밖에 안되며, '세계인'[10]으로 살아가고 싶다는 응답자가 48.7%에 이르고 있다.[11]

위에서 보듯이 「국민형성교육」차원·의미에서의 「민족교육」의 이해나 실천은 이미 한계에 달해 있음을 알 수 있다. 재일동포(특히 신세대)와 「민족교육」과의 거리는 멀어지고 있으며 그 거리가 좁혀지지 않는 이유 중의 하나로서, 애매한 채로 학습자의 요구나 현실에 맞지 않게 절대로 올바르다는 규범적 전제 아래 「민족교육」을 추진해왔다는 사실을 지적할 수 있다. 이 「민족교육」은 어떤 상황이나 경우에도 '포괄적 정의'인 '우리 집단(민족·국민)'에 대한 귀속감을 갖게 하려는 정치적 내셔널리즘의 색채가 농후하다. 정치적 내셔널리즘은 본질적으로 배타적 성격이 강하기 때문에 이에 토대한 교육은 필연적으로 배타적 집단의식을 갖는 배타적 밀착집단 (cohesive group) [12]을 육성할 수

9) 일본에서 재일동포를 「자이니치(在日)코리안(혹은 한국인, 조선인)」이란 용어를 줄여서 통칭 「자이니치」라고 호칭하는 경우가 많다.

10) 여기서 말하는 세계인이란 한반도에 뿌리를 갖고 일본에서 생활 능력과 지혜를 길러 세계를 무대로 활동하는 글로컬 시티즌(glocal citizen)을 의미한다고 보아야 할 것이다.

11) 이 단락은 다음 보고서에 토대하여 기술하고 있다. 이수경(연구대표)·권오정·김웅기·김태기·이민호, 『2015 재외동포재단 조사연구 용역보고서-재일동포민족교육의 실태심화조사 및 정책방향 제시-』, 재외동포재단, 2017.

12) 정치적 공동체인 국가는 기본적으로 배타적 밀착집단인 cohesive group을 중심으로 국가적 통합을 꾀해왔다. Heater, Derek, "*A History of Education for Citizenship*", Routledge Falmer, 2004 참조.

밖에 없다. 하나의 정치 공동체인 국가 안에서도 배타적 집단의식을 자극·강화하는 교육은 다양하게 존재하는 마이너리티를 배척·억압하는 시대 역행적 모순을 낳을 수 있다. 하물며 정치적 공동체의 외적 존재, 즉, 일본 속의 마이너리티일 수밖에 없는 재일(외)동포에게 배타적 내셔널리즘을 주입한다는 것은 매우 심각한 불행을 자초할 수도 있다. 재일동포가 생활의 터전인 일본 사회 안에서 스스로 배타적인 소외집단의 길을 선택하는 것과 같기 때문이다.

3) 민족교육의 의미 분화(分化)

오늘날 재일동포의 「민족교육」은 국가주의적 문맥 위에서 이루어지고 있지만, 개념적 의미를 명확히 하지 않은 채 논하는 경우가 많다는 것은 앞에서 지적한 대로이다. 『2015 재외동포재단 조사연구 용역보고서』에서는 재일동포 「민족교육」의 의미가 여러 갈래로 분화되어 있음을 지적하고, 교육의 주체(학습자)와 객체(주로 국가가 정하는 교육의 내용) 어느 쪽을 중시하는가, 교육(학습) 혹은 생활의 공간을 어떻게 설정하는가라는 것을 기준으로 다음과 같이 「민족교육」을 유형화할 수 있다고 보고하고 있다.[13)]

① 지역사회에서 이웃사람과의 공동생활에 필요한 자질을 함양하려는 교육(공공적 자질)

② 외국인과 구별되는 한국인(한민족)으로서의 독자성을 높이려는 교육(독자성)

13) 이수경 외, 『2015 재외동포재단 조사연구 용역보고서 - 재일동포민족교육의 실태심화 조사 및 정책방향 제시 -』.

③ 본국 혹은 다른 지역의 한국인과의 일체감을 갖도록 하려는 교육(일체감)

④ 한국인·한민족으로서의 애국·애족의 심성을 기르려는 교육(애국·애족심)

⑤ 한국인으로서의 높은 발신력을 갖고 세계를 무대로 활약할 수 있는 능력을 기르려는 교육(인재 육성)

⑥ 다문화사회에서의 공생 능력과 자질을 기르려는 교육(glocal citizenship education)

여기서 보는 유형은 이념형이기 때문에 현실적으로 이들과 완전히 일치하는 「민족교육」이 이루어질 것이라고는 볼 수 없다. 단지, 서로 다른 목표를 갖는 다양한 「민족교육」이 이루어질 수 있음을 확인할 수 있고, 세대교체에 따른 학습자 욕구의 다양화, 정보 기술의 발달이나 사회구조의 변화에 따른 교육 내용과 방법의 다양화, 교육 실천의 장이나 프로그램의 다양화 등으로 「민족교육」이 더더욱 다양화 될 수 있다는 것도 알 수 있다.

재일동포의 「민족교육」은 교육 일반에서 볼 수 있는 것처럼 가정, 학교, 사회에서 이루어져왔다. 그러나 재일동포사회의 변화에 따라 가정, 사회에서의 교육력은 크게 약화되고 말았다. 부모의 한국어 능력이 떨어짐에 따라 가정에서의 모국어 학습이 거의 불가능해졌고, 동포들의 사회적 연대가 약화되어 자연발생적 사회교육은 기대할 수 없다는 것이 현실이다. 결국 학교나 공공시설에서 이루어지는 「민족교육」이 중심이 될 수밖에 없다. 재일동포의 「민족교육」은 한국계, 총련계로 나뉘어져 이루어지고 있는데. 한국계의 「민족교육」은 한국계학교의 수업, 한글교실의 수업, 관서지역의 일부 공립학교에서 전개되고 있는 「민족학급」의 활동, 민단이 주관하는 모국수학을 통하여 이루어지고 있다. 이들 「민족교육」을 담당하는 기관, 시설, 프로그램은 각각 성격이나 목표가 다르고, 상호 연계된 교육 활동도 보이지 않는다. 그렇기에 「민족교육」의 의미 분화가 더욱 심하게 이루어져 그 개념이 애매해진 가운데, 한국계 기관이나 시설 혹은 프로그램에서 이루어지는 교육 활동을 통틀어 「민족교육」이라고 부르는 경향이 생겼다.

3. 동서냉전체제하의 「민족교육」의 구조 변화

1) 일본의 동화정책과 교육투쟁

해방과 더불어 귀국의 꿈에 부풀어 있던 재일동포들 중 일본 정부와 GHQ의 일관성 없고 비현실적인 정책과 한반도의 불안한 정세 때문에 귀국을 단념할 수밖에 없는 사람이 많았다는 것은 앞에서 본 바와 같다. 해방 당시 일본에 남아 있던 240만의 동포 중 1946년 말까지 귀국한 것은 130만이었고 나머지는 일본에 잔류한 것이다. 귀국 준비를 위해 국어강습소[14]로 시작했던 「민족교육」도 장기적인 학교체제로 바꾸어 갔다. 조련이 중심이 되어 1946년 3년제의 첫 소학교를 만들었고 1947년 10월까지, 소학교541(학생 56,961명, 교원 1250명), 중학교 7(학생 2791명, 교원 95명), 청년학교 22, 고등학교 8(학생 358명, 교원 59명) 개 교를 설립했다. 이들 학교는 일본 당국으로부터 「각종학교」로서 인가를 받

14) 「국어강습소」는 효고켄(兵庫県) 만 하여도 78개소가 있었다고 한다. 이것만 보아도 당시 재일동포의 귀국 준비와 「민족교육」에 대한 열의가 얼마나 높았었는지 추측할 수 있다. 「4·24を記録する会」 編, 『4·24民族教育を守った人々の記録 阪神教育闘争』, ブレーンセンター, 1988 참조.

기도 했다.[15] 일본 정부는 조선인의 「민족교육」이 시작되는 시점에서는 귀국 준비의 일환으로 보고 비교적 관대한 입장을 취했지만, 한반도의 정치적 혼란으로 인해 귀국을 포기하는 사람이 늘며, 장기적이고 안정된 「민족교육」체제가 갖추어지기 시작하자 이에 대해 억압 정책을 쓰기 시작했다. 식민지주의적 동화정책으로 전환한 것이다. GHQ도 일본 편을 들어 조선인 학교는 일본의 법령에 따라야 한다는 입장을 밝혔다. 일본 정부와 GHQ는 1947년 후반부터 재일동포의 「민족교육」에 대해 본격적으로 억압하기 시작했고, 이 억압 정책은 드디어 조선인 학교에 대한 폐쇄령으로 발전했다. 1948년 4월 야마구치(山口), 고베, 오사카의 조선인 학교에 폐쇄를 명했던 것이다. 이에 대해 재일동포는 목숨을 잃는 희생까지 겪으며 강경한 저항운동을 전개했다. 이「한신교육투쟁」에 대해 GHQ는 비상사태를 선언하고 무력 진압에 나섰다. 결국, 「민족교육」을 지키려는 재일동포의 저항은 무력에 의해 진압되었고, 그 과정에서 오사카시와 나눈 각서만 남았다. 이 각서에 따라 오늘날까지 오사카 지역을 중심으로 운영되고 있는 「민족학급」이 설치된 것이다.[16]

2) 한·미·일의 반공체제와 「민족교육」의 약화

전후 국제질서의 기본적인 프레임은 동서냉전체제였고, 이 대립구

---

15) 각종학교(各種学校)란 학교교육법 제1조에서 말하는 (1조)학교 이외에, 학교교육에 준하는 교육을 실시하는 모든 시설을 말한다. 당시 조선인의 학교 설립에 대해 관대했다고는 하지만 일본의 정식 학교와는 차별하고 있음을 알 수 있다. 권오정, 『재외동포차세대 '육성' 방향(재외동포재단 20주년 기념 2017 세계한인학술대회 발제문)』, 재외동포재단, 2017, pp.109~123 참조.

16) 「4·24を記録する会」編, 『4·24民族教育を守った人々の記録 阪神教育闘争』, pp.277~279 참조.

조가 가장 현저하게 표출된 것이 한반도였다고 볼 수 있다. 남북 분단과 전쟁, 그리고 그 이후에도 갈등과 대립은 계속되었다. 이러한 대립구조 안에서 한·미·일은 각각 혹은 연대를 통해서 반공체제를 강화했고, 그것은 곧 재일동포사회와 「민족교육」을 크게 변화시키는 근본요인이 되었다.

1950년의 한국전쟁 전후부터 1965년 한일국교정상화조약 체결 전후까지 재일 동포의 「민족교육」 내지 재일동포사회 그 자체가 가장 큰 변화를 경험한 시기였다. 한국과 일본은 국가의 안전보장을 위해 미국과의 동맹관계를 공고히 했고 공산주의에 대해서는 과민할 정도로 반공체제를 강화해갔다. 이러한 상황 속에서 재일동포 사회도 체제적 분열을 겪게 되는 것이다. 하나의 민족이라는 기치 아래 결성된 조련은 공산주의 이데올로기로의 방향을 명확히 하였다. 그 결과, 한국전쟁 발발 전부터 이미 친북 조직으로 변모하여 한국계 임의 단체(민단의 전신)와도 강한 대립을 보이게 된다. 북한 정책하에서 움직이던 조총련이 주도적으로 운영하는 민족학교 혹은 「민족교육」은 일본 측에서 보자면 위험하기 그지 없는 반체제적인 것이었다. 바꾸어 말하자면, 반체제적인 공산주의 조직이 주도하는 「민족교육」은 반국가적인 것이므로 일본 정부는 당연히 이를 억제할 수 있으며, 조선인에 대한 동화정책의 강화를 정당화할 수 있었던 것이다. 결국, 국가 안전 보장–반공체제–반일·반체제 세력의 제거–동화정책의 추진–민족교육의 부정·조선인학교의 억제·폐쇄를 한 세트로 한 정책을 추진해갔다. 이 정책으로 앞에서 본 민족학교 폐쇄령이 나왔고[17] 1949년에 조련은 해산하게 되

17) 이수경 외, 『2015 재외동포재단 조사연구 용역보고서－재일동포민족교육의 실태심화조사 및 정책방향 제시－』, pp.277~279.

었다. 일본 정부는 한일국교정상화조약의 교섭, 비준 과정에서 재일동포에 대한 동화 정책을 본격적으로 추진해갔다. 「이민족」의 영주는 치안·안보를 위태롭게 하므로, "남북 어느 쪽이든 그들이 행하는 민족교육에 대한 대책을 서둘러 확립하지 않으면 안된다."[18]는 방침 아래 동화정책의 강화를 꾀했던 것이다. 한일회담이 진행되는 과정에서, 재일동포의 법적지위협정의 하나로 「재일 조선인 청소년의 일본인 학교 취학 촉진에 관한 건」을 협의했다. 협의 내용의 골자는 ①영주권을 획득한 한국인 자녀의 의무교육과정은 일본인과 동등하게 대우한다. ② 고등학교, 대학 진학은 기회균등의 원칙에 따른다는 것이었다. 이는 표면상 재일동포의 교육권을 보장하는 것으로 보였기 때문에 한국 정부도 이를 승인했다. 그러나 이 승인은 결과적으로 재일동포 「민족교육」의 포기를 의미하는 것이었다고 볼 수 있다. 실제로 1965년 12월 17일 한일조약이 비준되자마자 문부성 차관은 마치 기다렸다는 듯이 12월 28일에 다음과 같은 통달을 내고 있다.[19]

① 한국 국적을 가진 조선인 청소년의 일본인 학교 취학을 제도화한다.
② 조선인 학교에 일본의 교육법령을 적용한다.
③ 모든 조선인 청소년에게 일본인화를 위한 동화교육을 확대 실시한다.
④ 장기적으로, 조선인을 형식면에서나 내용면에서나 일본 민족으로 융화해간다.

이 통달에서 말하는 「형식」이란 법률적(국적)인 것이며 「내용」이란 정신적(민족·국민의식)인 것을 의미한다. 조선인 청소년의 일본인 학교

18) 内閣調査室, 『調査月報』 7월호, 1965.
19) 藤島宇内·小沢有作, 『民族教育 - 日韓条約と在日朝鮮人の教育問題 -』, p.96.

취학은 동화교육정책에서 나온 것이고 결국 재일동포의 「민족교육」을 부정하는 것임을 쉽게 알 수 있다. 당시 재일동포 청소년의 일본인 학교 취학의 필요성과 민족학교에 대한 탄압의 합리적 정당성을 주장하는 정부의 홍보활동도 활발했다. 홍보 내용을 요약하면 다음과 같다.

① 이민족에 의한 반일 교육이 일본 안에서 이루어지고 있는 현실을 눈감아줄 수 없다.
② 공산주의 성향이 분명한 조선인 학교의 교육이 지속될 경우 일본의 치안 내지 안보가 위태로워진다.
③ 조선인 학교를 억제하고 조선인 청소년을 일본인 학교에 취학시켜 일본인으로 동화시키지 않으면 안 된다는 것이었다.[20]

한편 자본주의적 경제활동을 선호하고 실용적 성향이 비교적 강한 민단은 공산주의에 반대하는 입장이었고 재일동포의 의무교육을 보장하는 일본인 학교 취학을 긍정적으로 받아들였다. 재일동포의 일본인 학교 취학을 재일동포의 법적 지위의 향상으로 이해하여 일본측의 제안을 승인한 한국 정부와 마찬가지로 민단도 이를 받아들였던 것이다. 일본의 동화교육정책-재일동포의 「민족교육」 억제정책에 한국 정부와 민단까지 동조자가 된 셈이다. 동서대립의 첨예화, 한일 양국의 반공체제의 강화라는 경직된 상황 속에서 살아 남아야 했던 민단으로서는 민족에 우선하여 반공의 깃발을 들어야 했고 자연히 민단의 「민족교육」은 총련계에 비하여 느슨해질 수밖에 없었다. 마이너리티 집단 재일동포의 선택에는 한계가 있었던 것이다.

20) 藤島宇内·小沢有作, 위의 책, p.96.

4. 한국에서의 재일동포의 위상 변화와 갈등

1) 재일동포사회의 갈등구조의 표면화

한일국교정상화를 거치면서 재일동포사회가 경험한 변화란,

① 민단계 총련계로의 분열의 심화
② 본국과의 관계 변화(특히 개인적 차원에서도'보통'관계가 이루어지고 있는 한국계)
③ 한국계의 경우 new comer의 증가에 따른 신·구 정주자간의 알력
④ 거주국 일본(인)과의 관계 변화

등으로, 이들은 구조적으로 연계되어 일어나 왔다고 보아야 할 것이다. 이데올로기와 체제를 달리하는 각각의 본국이 적대하고 있어 별개의 배타적 집단이 된 민단계와 총련계 재일동포는 정치적 사상적 차원에서 뿐만 아니라 일상생활의 장에서도 대립과 갈등을 전개하면서 심리적 차원에서조차 거리를 두게 되었다. 한 민족으로서 공유하는 부분보다 공유할 수 없는 부분이 더 커지게 된 것이다. 이러한 대립과 갈등은 양 집단을 배타적 밀착집단으로서 강화하는 측면과 약화시키는 측면을 함께 갖고 있어왔다고 볼 수 있다. 하나의 동질 집단으로 여겨온 재일동포사회가 서로 이질적인 두 개의 집단으로 나뉘어짐으로써 상대적으로 약해진 자기 집단을 지키기 위하여 배타적 밀착도(cohesion)를 강화할 수도 있겠고, 본래의 동질 집단에서 이질성을 발견한 대신 제3의 이질집단(일본인 집단)에 대한 이질감이 상대적으로 경감되어 배타적 밀착도가 약화될 수도 있다는 것이다. 일본인에 대한 이질감의 경감으로 인한 배타적 밀착도의 약화는 재일동포사회를 근본적으로 변화시킬

요인이 될 수도 있었을 것이다.

한국과 북한은 국가로서의 체제가 갖춰지자 서로 자기편 조직과의 관계 강화에 주력하게 된다. 1959년부터 1984년까지 계속되는 재일동포의 북한으로의 「북송사업(북은 귀국사업으로 명칭)」도 그 중의 하나였다고 볼 수 있다. 다만 한일국교정상화, 동서냉전체제의 붕괴, 북한을 둘러싼 국제사회의 정세 변화 등으로 북한과 재일동포 개개인의 관계는 멀어져왔다. 한일국교정상화 이후, 한일교류, 특히 경제와 대중문화교류의 활성화, 한국 경제의 발전과 군사독재정권의 종식, 한국사회의 민주화 등이 복합적으로 작용하여 재일동포와 한국의 관계가 대단히 밀접해졌다. 재일동포·한국·일본의 삼각관계가 연동하면서 변화해온 것이다. 또 재일동포가 민단을 중심으로 한국의 경제 발전에 크게 공헌해온 것에도 주목할 필요가 있다.[21] 한국 정부는 재일(외)동포에게 선거권을 줌으로써 국민으로서의 일체감을 높이고 있으며 「민족교육」 기관이나 시설에 대한 지원을 계속하고 있다.[22] 다만 한국과 재일교포와의 관계가 모두 원만히 이루어 지고 있는 것은 아니다. 후술하는 바와 같이 많은 문제와 과제가 산적해있다. 같은 한국계 재일동포사회 안에서도 신·구 정주자 사이에 알력·갈등이 나타나고 있다. 특별영주권을 갖는 old comer와 주로 1990년대 이후에 일본에 온 new comer간

21) 다음 책에서 상세히 확인할 수 있다. 이민호, 『모국을 향한 재일동포의100년의 발자취』, 재외동포재단, 2008.; 이민호, 『민단은 대한민국과 하나다』, MINDAN, 2014.; 李修京, 「在日韓国人の母国への教育·奨学事業の貢献について」, 『学校法人金井学園秀林外語専門学校 創立30周年記念誌』(学校法人金井学園), pp.42~63 참조.

22) 민족교육에 대한 지원은 도쿄한국학교, 1조학교, 한글학교, 모국수학(국내 대학의 재외동포 교육원 포함) 등 다기에 걸쳐 이루어지고 있어 일목요연한 파악은 쉽지 않다. 이수경 외, 『2015 재외동포재단 조사연구 용역보고서 - 재일동포민족교육의 실태심화 조사 및 정책방향 제시 -』 참조.

에 충돌 현상이 일고 있으며, new comer를 중심으로 「한인회」가 조직되어 민단과 조직적 불협화음이 일어나는 사례도 알려지고 있다. old comer와 new comer간의 알력이 표면화된 대표적인 사례로 도쿄한국학교의 예를 들 수 있다. 도쿄한국학교는 old comer의 차세대 교육을 위해 민단이 설립한 학교이며, 학교법인은 민단이고, 민단장(역임자 포함)이 이사장이다. 다만 현재는 한국 정부의 지원을 받고 있으며, 교장 이하 교원의 일부는 한국 정부로부터 파견되고 있다. 도쿄한국학교의 초·중등별 재학생 현황은 다음의 표1 및 표2와 같다.

〈표1〉 도쿄한국학교 초등부 재학생 (재류자격별)

재류자격	특별영주	일반영주	정주자	일시재류	이중국적	외국적	합계
학생수	71	137	218	171	96	23	716

(도쿄한국학교, 『2016학년도 학교교육계획』, 민단웹사이트: 2017.5.13)

〈표2〉 도쿄한국학교 중등부 재학생 (재류자격별)

재류자격	특별영주	일반영주	정주자	이중국적	외국적	합계
학생수	38	88	454	37	14	631

(도쿄한국학교, 『2016학년도 학교교육계획』, 민단웹사이트: 2017.5.13)

초등부의 경우, old comer(특별영주자)는 new comer(일반영주자)의 5분의 1밖에 되지 않으며, 중등부는 14분의 1도 되지 않는다. 본래 old comer가 자신들을 위해 만든 학교였다지만 현재의 상황에서 보자면 자신들의 자리가 대단히 좁아지고 말았다. 더구나 도쿄한국학교의 교육 운영 방향이 new comer 중심으로 되어있어 old comer의 입지는 점점 더 좁아지고 있다.

도쿄한국학교는 주로 한국의 상급학교 진학을 목표로 하는 new comer에 맞추어 기본적으로 한국의 커리큘럼에 따른 교육을 하고 있으며 immersion education이라는 엘리트 언어교육을 실시하고 있다.[23] 주로 일본의 상급학교 진학을 목표로 하는 old comer로서는 비싼 수업료 등이 부담스러워 이들로부터 점점 멀어져가는 학교가 되고 있다.

재일동포사회의 근본적 변화에도 주목할 필요가 있다. 무엇보다 현저한 인구 감소가 눈에 띈다. 1991년까지는 70만명 이상이었던 인구가 2014년에는 약 36만 명으로 줄고 말았다. 24년간에 34만명이나 줄고, 매년 1만 4천명 이상 줄었다는 계산이다. 이렇게 재일동포의 인구가 줄어든 것은 저출산의 시대적 현상도 있으나 무엇보다 일본으로의 귀화자와 이중국적자의 증가를 지적할 수 있다. 일본 정부는 이중국적자를 단순히 일본의 국적자로 계산하므로 이중국적자가 늘면 통계상 재일동포수는 줄어든다.[24] 한일 이중국적자가 늘고 있는 것은 일본인과 결혼하는 재일동포가 많아지고 있기 때문이다. 재일동포 결혼자 중 일본인과 결혼하는 자가 1955년에 30.5%였던 것이 1975년에는 48.9%로 증가하였고, 2013년에 이르면 87.7%나 된다.[25] 일본은 1985년에, 한국은 1998년에 국적법을 부계혈통주의에서 부모양계혈통주의로 바꾸었기 때문에, 한일간 국제결혼을 할 경우 태어나는 어린이는 이중국적자가 될 수 있는 것이다.[26] 재일동포사회 자체 안에서의 변화, 재일동포와 본국 및 거주국 일본과의 관계 변화를 경험하면서 재일동포의

23) 도쿄한국학교는 한국어, 일본어뿐만 아니라 영어도 고급 이머젼 프로그램을 활용한 최고 수준의 교육을 지향하고 있다.

24) 殷勇基, 「韓日関係の発展的課題と展望−戦後責任、植民地責任としての在日韓国朝鮮人の問題−」, 李修京編, 『誠心交隣に生きる』, 合同フォレスト, 2016, pp.154~74.

25) 「민단중앙본부 웹사이트 통계」, http://www.mindan.org/shokai/toukei.html#04 (검색일: 2017.5.13.)

26) 殷勇基, 「韓日関係の発展的課題と展望−戦後責任、植民地責任としての在日韓国朝鮮人の問題−」 참조.

새로운 선택 가능성이 보이기 시작했다.

2) 정체성의 유동화

재일동포의 역사는 스스로의 주체적 선택에 의해 형성되어왔다고 보기 어려운 부분이 많다. 재일동포의 전후의 역사만 보더라도, 귀국의 단념과 일본 잔류, 동포사회의 분열과 갈등, 반공체제 아래서의 「민족교육」의 방향 전환, 신·구 정주자간의 알력 등 모든 것이 재일동포 스스로의 선택에 의한 것이 아니라 국제정세와 국가공권력의 틀 안에서 어쩔 수 없이 받아들여진 결과였다. 이렇게 납득하기 어렵고 부조리까지 한 선택이 한국과의 관계에서 계속되고 있다. 1970년대까지만 해도 한국에서 「재외동포」라면 거의 「재일동포」를 의미하는 것이었다. 그러나 오늘날, 720만의 재외동포가 세계에 퍼져있고, 각 거주지역에서의 존재감도 높아지고 있어 재일동포의 위상은 상대적으로 낮아지고 있다. 되려 국내에서는 재일동포가 외국 영주권자라는 이유로 차별의 대상이 되고 있다는 지적도 있다.[27)]

재일동포가 한국의 경제발전에 크게 공헌했다는 사실은 앞에서도 언급하였다. 한국도 민단의 요구를 받아들여 재일동포에게 한국 유학의 기회를 만들어주는 등 재일동포 사회의 발전에 관심을 보였다. 재일동포의 한국 유학제도는 조총련에 대항할 수 있는 한국계 동포사회의 리더를 육성하고 일본에서의 한국의 입장을 높이려는 의도에서 만들어

27) 金雄基, 「韓国国民としての属性を持つ存在としての在日コリアン－日本における 権益伸張における限界と克服のための試論－」, 李修京編, 『誠心交隣に生きる』, 合同フォレスト, 2016, pp.97~114 참조.

졌다고 볼 수 있다.[28] 그러나 재일동포의 한국유학이 결과적으로 재일동포와 한국 사이에 커다란 불신의 골을 만들고 만 측면도 있다. 군사독재시절 고국을 알기 위해 한국에서의 유학 생활을 선택했던 재일동포 청년들을 북한의 스파이로 날조하여 그들을 정치적 희생물로 삼은 사건이 적지 않게 일어났다.[29] 이 사건은 재일동포와 한국을 단절시켰고 한국에서 재일동포의 존재를 희박하게 만드는 '2차적 범죄'의 원인이 되어왔다고 지적할 수 있다.

한국계 「1조학교」(백두학원건국학교·금강학원·교토국제중고등학교)에 취학하고 있는 한국계재일동포 어린이는 초등(소)학교 99명, 중학교 83명, 고등학교 201명에 불과하다.[30] 한국계 재일동포 어린이의 대부분은 일본인 학교에 다니고 있는 것이다. 이를 다문화교육의 시점이 결여되어 있는 일본인 학교의 실상과 아울러 보면 한국계 재일동포의 어린이가 문화의 자유와 평등이 보장되는 「민족교육」을 받을 가능성은 극히 희박하다고 볼 수밖에 없다. 한국어를 모르는 한국계 재일동포가 많은 현실에 납득이 가는 부분이기도 하다. 재일동포와 한국 사이에 불신·단절의 골이 없었다면 재일동포의 「민족교육」, 한국 학습의 사정

28) 이수경 외, 『2015 재외동포재단 조사연구 용역보고서-재일동포민족교육의 실태심화조사 및 정책방향 제시-』, p.414.

29) 이 사건의 희생자들이 최근에 와서야 무죄 판결을 받고 있다. 다음 문헌에서 상세히 확인할 수 있다. 김효순, 『조국이 버린 사람들-재일동포 유학생 스파이사건의 기록-』, 서해문고, 2015 참조.

30) 「1조학교」란 일본의 교육법 제1조에 열거되어 있는 학교를 말한다. 1조학교는 일본의 법령 (커리큘럼)에 따라 운영되므로 한국계 1조학교도 예외가 될 수 없다. 다만, 한국계의 학교법인이 설립 운영하는 사립학교로 한국어, 한국사 등 한국 관련 교과목을 가르치고 있다. 본문의 재일동포 재학생 수는 백두학원, 『2016년도 교육계획』·금강학원, 『2016년도 학교경영계획서』·교토국제 중고등학교 편, 『교토국제중고등학교 현황 2016』에서 추출하고 있으나 「한국계」로 분류한 근거에 의문이 남는다.

도 달라졌을 것이라고 생각할 수 있다.

재일동포와 한국 사이에는 여러가지 불합리, 부조리한 요인들이 복합적으로 얽혀 있어 재일동포를 점점 희박한 존재로 만들었고, 그들을 「투명인간」으로까지 부르게 되었다.[31] 투명인간이기 때문에 재외동포에 관한 정책 설계에서도 재일동포의 문제·정보는 반영되지 않았다. 그 결과 재일동포가 차별의 대상이 되고 만 것이다. 일본의 영주권을 유지하는 한 재일동포는 한국에 거주하여도 한국의「주민」이 될 수 없다. 한국에서 행정 서비스를 받기 위해서는 주민이라는 조건을 갖추어야 하기 때문에 재일동포는 한국에서 취직하기 어렵고, 은행의 융자를 받을 수도 없다. 최근까지는 외국 영주권 취득 재외국민 영유아는 주민이 아니기 때문에 육아수당도 받지 못했다.[32] 한국의 내셔널리즘 혹은 내셔널아이덴티티는 '반민족 집단'인 일본을 의식하면서 모양새를 갖추고 강화해온 측면이 있어왔음을 부정하기 어렵다. 그렇기 때문에 재일 동포의「민족교육」강화가 특별히 강조되어왔으며, 「민족교육」을 지원하는 조건으로 한국인으로서의 아이덴티티-동질성 육성을 요구해왔다.[33] 그러나 이는 대단히 큰 위험성을 내포하고 있다. 단일 기준(재일동포의 경우 혈통)에 토대한 배타적이고 비뚤어진 동질성의 공유의식은 타자를 공격하는 무기가 될 수 있기 때문이다.[34] 원래 재일동포

31) 趙慶喜, 「在韓在日朝鮮人の現在－曖昧な"同胞"の承認に向けて－」, 『インパクショ ン』 185号, インパクト出版会, 2012, p.6.

32) 「국내거주 재외국민 보육료 양육수당 지원 배제는 평등권 침해」, 2018.1.25, 『법률신문』, https://www.lawtimes.co.kr/Legal-News/Legal-News-View?serial=139729 (검색일: 2023.4.1.)

33) 이 내용에 대해서는 다음 논문에서 언급한 민족교육용 교과서에서 다소 확인할 수 있다. 李修京, 「在日コリアン学校の教科書にみる'在日論'の一考察」, 『東京学芸大学紀要 人文社会科学系 I』 71号, 東京学芸大学学術情報委員会, pp.127~142 참조.

와 한국인을 혈통이라는 기준 하나만으로 동질집단, 아이덴티티의 공유 집단으로 보는 것 자체가 무리일 수도 있다. 재일동포의 집단적 속성은 혈통 이외에도 생활양식으로서의 문화, 교육, 직업 등 거의 대부분 일본인과 함께 만들어왔고 공유할 수 있는 것들이다. 일본인을 공격해야 할 타자로 보기 어렵다는 것이다. 아이덴티티는 타집단과 구별되는 동질성의 공유가 확인될 수 있는 집단 안에서 가질 수 있는 심정 혹은 논리적 사고의 결과 형성되는 것으로, 학교교육 속에서 한정적으로 이루어지는 「민족교육」으로 육성될 가능성은 극히 낮다고 볼 수밖에 없다. 무엇보다, 재일동포에게 아무리 한국적 정체성을 요구하여도 한국 안에서 공평·동등한 자기 존엄성을 보장하는 동질성이 발견되지 않는다면 한국인으로서의 정체성이 정립되기란 쉽지 않다. 동질성의 공유는 커녕 차별의 대상이 되어 있는 재한 재일동포는 스스로 투명인간이 됨으로써 아이덴티티의 질곡으로부터 자유스러워지고 싶을지도 모른다. 재일동포의 아이덴티티는 유동적이 되고 있다. 귀화를 선택한 사람처럼 '한국으로의 귀속·일본으로부터의 이탈'을 포기할 수도 있고, '한국인으로부터 자이니치로'의 아이덴티티를 선택할 수도 있다. 한국, 일본, 자이니치를 넘어 세계의 무대 위에서 「자기찾기」에 도전하는 선택도 가능할 것이다.

34) アマルティア·セン, 東郷えりか 訳, 『アイデンティティと暴力: 運命は幻想で ある』, 勁草書房, pp.8~9.

5. 나가며 - 재일동포의 주체적 선택

재일동포는 선택제한정황 속에서 살아왔다. 자신의 운명을 스스로 결정하지 못하는 정황 속에서 살아올 수밖에 없었던 것이다. 그러나 이와 같이 쓰라린 선택제한정황이 자기결정의 능력과 자질을 길러준 측면이 있었다고 볼 수도 있다. 어려운 상황이었기에 오히려 자기를 찾는 고뇌와 숙고를 거듭해올 수밖에 없었고 그 결과 성숙할 수 있었던 부분도 있었을 것으로 사료된다. 재일동포의 「민족교육」은 「민족·조국 찾기」로부터 시작되었지만 지금은 「자기 찾기」의 기회로 삼고 있다고 볼 수 있다. 예컨대, 「민족교육」이 시작될 당시 모국어의 교수-학습은 「민족의 얼」을 가르치고 배우는 것으로 받아들여졌다. 그러나 지금의 교육내용은 시대와 더불어 변화하였다. 필자들이 「2015 재외동포재단 조사연구」에서 확인한 한국어 학습 목적순을 보면 다음과 같다.

① 한국의 드라마나 영화를 자신의 귀로 듣고 즐기고 싶다(응답자 390인 중 66.6%).
② 가족·친족·친구들과 한국어로 대화하고 싶다(54.8%).
③ 한국의 신문·잡지 등을 읽고 필요한 정보를 얻고 싶다(38.2%)

이에 대하여 한국인으로서의 자긍심을 갖고 싶어서라고 답한 사람은 불과 12.5%에 지나지 않았다.[35) 민족이나 조국에 대한 심정적 경사보다 생활에 필요한 실천적 유용성을 찾는 경향이 훨씬 강하다는 실상을 분명히 읽을 수 있다. 모국수학 참가자들에서도 같은 경향을 볼 수

35) 이수경 외, 『2015 재외동포재단 조사연구 용역보고서 - 재일동포민족교육의 실태심화조사 및 정책방향 제시 -』, p.392 참조.

있다. 모국수학에 참가하는 목적은 민족이나 조국을 알고 소속의식을 높이기 위해서가 아니라 「이웃나라」 한국에 흥미를 갖고 있기 때문에 같은 세대와 교류를 하고 싶어서라고 답한 사람이 응답자 411 명 중 63.7%였다. 오히려, 민족·국가주의적 내용이 많았고 이를 주입하려고 했다는 불만이 많았다.[36] 1990년대부터 늘어나기 시작한 「본명」(한국이름) 사용자의 증가에서도 재일동포의 자기 주장, 표현의 동향 변화를 읽을 수 있다. 재일동포는 오랫동안 일본사회에서의 편견과 차별을 피하고, 생활상의 편리를 얻기 위하여 「통명」(일본식 이름)을 사용해왔다. 통명을 사용하는 한 외형상 일본인과 구별이 안되었기 때문이다. 그런 재일동포가 본명을 사용하기 시작한 것이다. 본명의 사용이 단순히 한국·조선으로의 회귀를 의미한다고 보기는 어렵다. 편견·차별의 중압에 지고 있었던 자신의 표현이고 「자기찾기」, 「뿌리찾기」의 문맥에서 이해해야 할 변화이다. 뿌리찾기는 민족·국민의 집단적 아이덴티티가 아니라 「개인」으로서의 자기 특성의 근원을 확인하는 작업이기 때문이다. 본명을 사용하게 된 배경에 한국의 발전, 특히 세계적으로 유행한 한류문화가 재일동포에게 자신감을 갖게 했다는 점을 간과할 수 없다. 일본의 예능인 중에 재일동포가 많다는 건 널리 알려져 있지만 대부분 일본명을 사용하고 있다. 이런 상황에서 한류 드라마가 일본의 안방을 차지하면서 한국계 연예인들이 표면에 나서기 시작했고 유명한 가수 와다 아키코(和田アキ子)가 자신이 재일동포임을 밝혀서 뉴스가 되었다. 한류문화가 순조롭게 일본인에게 받아들여지기까지 조선

36) 모국수학에서도 민족·조국으로의 경사는 거의 보이지 않았고 응답자 411인 안에는 '국적만으로 볼 때' 일본 국적자(131인), 2 중국적자(19인)도 포함되어 있음. 「자기찾기」에 열중하는 개인이 눈에 띄었다.

적을 포함한 재일동포의 원격지원도 크게 작용했음에 주목할 필요가 있다.[37] 또 대중문화인 한류문화는 국민통합을 의도해 만들어진 국민 문화와 달리 배타성을 띠지 않고 있기 때문에 보편적 인기를 확보할 수 있었다는 점도 기억해 두어야 할 것이다.

최근 자신의 주체적 의사결정-선택에 따라 귀화하는 재일동포가 늘고 있다. 재일동포의 귀화는 재미동포가 미국의 시민권을 취득하는 것과는 다른 눈으로 보아왔다. 재일동포의 귀화에 대해서는 비난도 했다. '반민족 집단'에의 귀속이라는 비난이었다. 그러나 이와 같은 부정적 시각에 대해,

> 첫째, 지난날 재일동포가 받아들일 수 밖에 없었던 모든 선택에 대해 재일동포에게 책임을 물을 수 없다.
>
> 둘째, 귀화는 일본인의 집단적 속성에 귀속하는 게 아니라 개인으로서 법률상 동등한 권리를 취득하는 행위이다,
>
> 셋째, 그 권리는 일본인과 동등한 공생을 추구할 수 있는 기본적인 조건이라는 반론이 제기될 수 있다.

귀화는 한국·조선인의 집단적 속성으로부터 독립하여 개인으로서 일본인과의 공생에 참가하는 주체적 선택으로 해석할 수 있다. 귀화와

---

37) 필자의 독일인 제자가 일본 유학 중에 조사한 내용에 따르면, 재일동포가 한국어의 음악, 드라마 등을 번역하여 브로그에 소개하거나 평론을 써 한류문화가 일본인들에게 다가가기 쉬운 여건을 만든 측면을 경시할 수 없다. 이러한 활동에는 조총련계 조선대학교 학생, 조선적 동포도 참가하고 있다. 독일인 제자는 귀국 후 이 결과를 정리해 석사학위를 취득하였고, 필자는 다음 글에 이러한 내용을 소개한 바 있다. 이수경, 「독일 청년이 일본에서 조사한 "일본 속의 한류문화와 재일동포론"」, 2015.1.5, 『서울문화 Today』, http://www.sctoday.co.kr/news/articleView.html?idxno=19824. (검색일: 2017.5.14.)

는 별도로 일본인과 인생을 함께하는 길을 선택하는 재일동포도 있다. 일본인과 결혼하는 재일동포의 증가도 간과할 수 없다. 지금 동포의 90% 가까이 일본인과 결혼하고 있다. 공생은 주체적으로 성숙한 개인이 존재하지 않는 한 성립할 수 없다. 집단적 속성은 본질적으로 배타적 성격을 갖기 때문에 메이저리티의 구성원도 마이너리티의 구성원도 집단적 속성으로부터 해방되어 주체적인 개인으로서 상호작용을 거듭할 때 비로소 공생의 길을 찾을 수 있을 것이다. 오랜 세월 선택제한정황을 경험해온 재일동포들이 자기찾기의 고뇌와 숙고를 거쳐 이제 공생의 길을 선택하기 시작했다. 배타적 마이너리티로 취급받아온 재일동포들이 스스로 집단적 속성이라는 틀을 깨고 '주체적 개인'으로 성숙해온 결과다. 재일동포는 앞으로도 주체적 개인으로서의 자기찾기를 계속하며 자신의 특성과 자질의 바탕이 되어온 한국(roots)과 삶의 능력을 개발하는 장이 되어온 재일동포사회를 포함한 일본(local), 그리고 이제부터 살아갈 무대(global society)를 오가며 glocal citizen으로서 성숙을 거듭해갈 것이다. 향후 실제 사례를 찾아 그 가능성을 확인하는 것이 남은 과제이다.

이 글은 東京学芸大学学術情報委員会의
『東京学芸大学紀要 人文社会科学系 I』 제69집에 실린 논문
「在日コリアンの'共生に生きる'という主体的選択(1)
－在日コリアンの「民族教育」の変遷過程を辿って－」과
재외한인학회의 『재외한인연구』 제43집에 실린 논문
「재일동포의 "더불어 산다"라는 주체적 선택」을 수정·보완한 것임.

참고문헌

교토국제중고등학교, 『교토국제중고등학교 현황 2016』, 2016.

권오정, 『재외동포차세대 '육성' 방향(재외동포재단 20주년 기념 2017세계한인학술대회 발제문)』, 재외동포재단, 2017.

금강학원, 『2016년도학교경영계획서』, 2016.

김효순, 『조국이 버린 사람들-재일동포 유학생 스파이사건의 기록-』, 서해문고, 2015.

백두학원, 『2016년도 교육계획』, 2016.

이민호, 『모국을 향한 재일동포의100년의 발자취』,재외동포재단, 2008.

______, 『민단은 대한민국과 하나다』, MINDAN, 2014.

이수경·권오정·김웅기·김태기·이민호, 『2015 재외동포재단 조사연구 용역보고서-재일동포민족교육의 실태심화조사 및 정책방향제시-』, 재외동포재단, 2017.

「4·24を記録する会」編, 『4·24民族教育を守った人々の記録阪神教育闘争』, ブレーンセンター, 1988.

アマルティア·セン, 東郷えりか訳, 『アイデンティティと暴力: 運命は 幻想である』, 勁草書房, 2011(Amartya Sen, "*dentity and Violence: Illusion of Destiny*", W.W. Norton, 2006.)

京都大学教育学部比較教育学研究室編, 「在日·韓国朝鮮人の民族教育意識」, 明石書店, 1990.

金雄基, 「韓国国民としての属性を持つ存在としての在日コリアン−日本 における権益伸張における限界と克服のための試論−」, 李修京編『誠心交隣に生きる』, 合同フォレスト, 2016.

内閣調査室, 『調査月報』 7월호, 1965.

藤島宇内·小沢有作, 『民族教育−日韓条約と在日朝鮮人の教育問題−』, 青木新書, 1966.

李修京, 「在日コリアン学校の教科書にみる'在日論'の一考察」, 『東京学芸大学紀 要 人文社会科学系 I』 71号, 東京学芸大学学術情報委員会.

李修京, 「在日韓国人の母国への教育·奨学事業の貢献について」, 『学校法人金井学園秀林外語専門学校 創立30周年記念誌』, 学校法人金井学園, 2019.

山本晃, 「在日コリアン学校の教科書にみる'在日論'の一考察」, 『東京学芸大学紀要 人文社会科学系 I』 71号, 東京学芸大学学術情報委員会, 2020.

殷勇基, 「韓日関係の発展的課題と展望−戦後責任、植民地責任としての在日韓国朝鮮人の問題−」, 李修京 編, 『誠心交隣に生きる』, 合同フォレスト, 2016.

在日コリアンの歴史教科書作成委員会 編, 『歴史教科書在日コリアンの歴史』, 明石書店, 2006.

趙慶喜,「在韓在日朝鮮人の現在 - 曖昧な"同胞"の承認に向けて−」, インパクション』185号, インパクト出版会, 2012.
Heater, Derek, "*A History of Education for Citizenship*", Routledge Falmer, 2004.
Zimmer, Oliver, "*Nationalism in Europe 1890~1940*", 2003(福井憲彦訳,『ナショナリズム 1890~1940』, 岩波書店, 2009.

「민단중앙본부 웹사이트 통계」, http://www.mindan.org/shokai/toukei.html#04 (검색일: 2017.5.13.)
「독일 청년이 일본에서 조사한 "일본 속의 한류문화와 재일동포론"」2015.01.05.,『서울문화Today』http://www.sctoday.co.kr/news/articleView.html?idxno=19824 (검색일: 2017.5.14.)

정체성의 정치에서 정체성의 관리로

조선학교의 민족교육과 재일코리안의 정체성

송기찬

1. 들어가며

흔히 일본을 '가깝고도 먼 나라'라고 한다. 일본에 의한 식민 지배의 역사를 기억하는 한국인들에게 일본은 지리적이나 문화적으로는 가깝지만, 감정적으로는 먼 나라일 수밖에 없다. 그러나 문화를 연구하는 인류학자의 시선에서 보면 일본은, 지리적 거리의 가까움이나 사회현상에서 관찰되는 많은 유사성이 무색할 만큼, '(한국과) 닮았지만 (전혀) 다른 나라'이기도 하다. 이러한 측면은 일본 사회의 외국적 소수자 문제를 살펴볼 때에도 확인할 수 있다. 90년대 이후 급증하고 있는 외국인 인구로, 지금 일본 사회는 싫든 좋든 '내적 국제화'의 길을 걷고 있다. 이것은 세계화의 진전으로 인해 국경을 넘는 인적 교류가 증가한 결과이며 현재 한국에서 일어나고 있는 다문화적 현상과 닮은 부분도 있다. 하지만 일본의 외국인 문제의 중심에는 항상 '재일코리안'[1]이라는 식민

1) 그 기원에 일본의 식민 지배와 그것에 기인하는 한반도 근현대사의 혼란기를 통해서 형성된 일본내 한반도 출신 인구집단을 지칭하는 개념으로서 최근 일본 사회와 학계에서 시민권을 얻고 있는 용어이다. 한반도의 정치상황에 대해서 중립적인 개념이기도 하고, 하나의 에스닉그룹으로서의 의미가 강하기 때문에 일본에서는 매우 보편화된

지 지배의 결과 형성된 소수자 집단이 있다는 점은 한국과 일본의 소수자 문제를 동일선상에 놓고 비교할 수 없음을 의미한다. 굴절된 한일간의 근현대사 속에서 아직 완전히 해방되지 못한 식민후기적(postcolonial) 존재로서, 재일코리안은 늘 일본 사회의 제도적인 억압과 일상적인 폭력에 노출되어왔다. 그리고 이러한 재일코리안에 대한 억압과 폭력의 구조는 식민주의와 함께 자라난 타민족에 대한 일본 사회의 인종주의적 태도에서 비롯된 것이다. 최근 활발한 움직임을 보이고 있는 우익단체 '자이토쿠카이(在特会, 재일코리안의 특권을 허용하지 않는 시민의 모임)'의 활동이나, 고등학교 무상화(無償化) 대상에서 조선학교를 제외시키려는 일본 정부의 움직임 등은, 일본 사회 내부에 깊숙이 뿌리내리고 있는 식민주의와 인종주의의 관성을 대변한다. 그러나 현재 일본 사회에는 이처럼 민족에 대한 본질주의적 이해에 기초한 인종주의가 상존함과 동시에, 외국인 인구유입의 증가에 따른 다문화적 상황의 대두와 함께 '민족' 개념 자체에 대한 해체도 진행 중에 있다. 이 같은 상황 속에서 일본 내의 민족적 소수자(ethnic minority)로서 재일코리안이 구사하는 정체성의 정치(identity politics)로서의 민족교육 또한 구심력의 약화와 지향점의 상실과 같은 위기상황을 맞이하고 있다.

지금까지 재일코리안의 민족교육운동에 관한 논의는 크게 나누어,

개념이라는 이유와, 한국 내에서는 여전히 '재일동포'라는 용어가 일반적이지만, 최근의 한국 사회 내부의 다문화적 현상을 바라볼 때, '동포'라는 용어에 내포된 배제가 한국 사회를 구성하는 다른 민족그룹에 대한 억압으로 작동할 수 있다는 점을 생각해서, 이 논문에서는 '재일코리안'을 연구대상에 대한 기본 용어로 사용하고자 한다. 단, 식민지 시기와 해방 전후의 역사적 서술에서는 상황에 따라 '재일조선인'이라는 용어도 병용할 것이다. 총련과 북한의 자료 가운데 '재일동포'가 사용된 부분은 원문을 그대로 제시하기로 한다. 또한 이 논문에서 말하는 '재일코리안' 개념에 필자와 같은 '뉴커머'는 포함되지 않는다는 점을 분명히 해둔다.

'민족'이라는 개념을 본질주의적으로 파악하고 있는 공동체주의(communitarianism)적 입장과, 정형화된 민족아이덴티티를 개인에게 강요하는 것을 거부하는 자유주의(liberalism)적 입장[2)]으로 대별된다고 할 수 있다. 그러나 일본 사회의 '내적 국제화'와 전체적인 재일외국인 인구의 증가에 의한 재일코리안을 둘러싼 민족경계(ethnic boundary)의 변화는 민족교육에 대한 공동체주의적 입장의 약화를 초래했고, 다문화주의의 유행에 따라 민족교육 현장의 주된 담론은 '다문화공생 민족교육'을 표방하기 시작했다. 그러나 최근 가속화된 일본 사회의 우경화 속에서 이러한 움직임은 자칫 다수자집단에 대한 동화로 이어질 위험이 있으며, 이러한 동화는 포섭과 배제의 이중구조 속에서 재일코리안들의 정체성 위기[3)]를 새롭게 유발하는 순환적 구도를 그려낼 가능성이 높아 보인다.

이 논문은, 이 같은 상황에 대한 인식을 체계적으로 정리하고, 이러한 상황 속에서도 여전히 '민족'이라는 본질주의에 충실한 교육을 하고 있는 것처럼 보이는 총련계 조선학교의 민족교육이 재일코리안 사회

2) 자유주의적 입장에 관한 연구로서는 여기서 언급하고 있는 김태영과 정영혜(1994, 1996) 등의 연구가 대표적이다. 정영혜는 지금까지의 재일코리안의 민족운동이 말하는 '민족'이 '민족적 전통'이라는 미명 하에 재일코리안 여성들에게 매우 억압적인 상황을 제공해 왔고 동시에 귀화나 국제결혼에 의해 생겨난 재일코리안 내부의 '이질자'들을 배제해 왔음을 비판하고 있다. 정영혜는 이러한 '민족' 개념의 해체를 위한 개인적 실천으로서 국제결혼과 속지주의 국가에서의 출산을 통해 스스로 가족 내부의 국적과 민족을 중첩시키는 실천을 하고 있기도 하다. 그 밖에 재일코리안의 민족 개념에 대한 '파기'를 주장하는 연구(정대균, 2001)도 있으나 일본이라는 공동체로의 통합을 의미한다는 점에서 기본적으로 공동체주의적 담론의 재생산이라고 평가할 수 있다.

3) 재일코리안의 정체성 위기의 구조에 대해서는 윤건차의 재일코리안의 '내면적 천황제'(尹健次, 1987) 논의가 가장 탁월한 설명을 제공해 준다. 윤건차에 따르면, 일본에서 사회화된 재일코리안은 일본문화를 내면화하는 과정에서 천황을 정점으로 한 일본적 위계구도 또한 내면화하게 된다. 재일코리안이 내면화된 천황제에 의해서 자기 자신을 대상화하여 바라보게 될 때, 본원적인 열등감에 빠져들게 되는 것이 재일코리안의 정체성 위기의 실체이다.

속에서 가지는 의미를 재고하여, 소수자의 현실인식과 실천에 있어서 정체성의 정치에 내재된 공동체주의의 본질주의적 억압을 극복하면서도 자유주의적인 해체를 회피할 수 있는 '정체성의 새로운 가능성'에 대해서 생각해 보는 것을 목적으로 한다.

주된 연구현장인 조선학교는 재일코리안 사회에서는 가장 역사가 오래된 정체성의 정치(민족교육) 현장이지만, 정치적으로 북한을 지지하고 있는 폐쇄적이고 분리주의적인 교육현장이기도 하기 때문에 그 교육실천의 구체적인 내용에 대해서 잘 알려지지 않았고, 알려지더라도 일면적이거나 부분적인 분석에 그치는 경우가 많았다.[4] 이 논문은 조선학교에 대한 인류학적 연구를 통하여, 표면적으로는 매우 억압적으로 보이는 조선학 교의 교육과정과 실천이 오히려, 정체성의 정치에 노정된 공동체주의의 한계를 극복하면서도, 조선학교의 민족교육이 '민족'이라는 본질주의의 '숭고함'을 넘어 다면적 상황 속에서 자신의

4) 최근에 들어서 조선학교에 대한 다큐멘터리 영화 『우리학교』(김명준, 2007) 이후로 한국 사회에서 조선학교에 대한 관심이 꾸준히 늘고 있다. 『우리학교』 이전에도 김대중 노무현 정권시기에 북한과의 정치적 데탕트 상황 속에서 조선학교에 대한 연구관심은 있었고, 그 가운데 권준희(2002), 정병호(2003), 정희선(2005), 손애경(2006) 등의 연구가 대표적이라고 할 수 있다. 그 중 손애경의 연구는 한국인 연구자에 의해서 직접 조선학교에 대한 본격적인 현장연구를 수행해서 한국어로 발표한 최초의 논문이라는 점에서 의의가 있다고 하겠다. 『우리학교』 이후에는 조선학교에 대한 관심이 보다 구체적인 양상을 보이게 되지만, 북한과 조총련에 대해서 적대적인 자세를 유지했던 이명박·박근혜 정권 아래서는 조선학교에 대한 접근 자체가 제한되었기 때문에 조선학교 현장에 대한 구체적이고 실증적인 연구는 그다지 많지 않았다. 이 같은 이유는 본 연구에서 소개하는 민족지적 연구수행 시기에 비해 본 연구의 국내발표가 늦어진 이유이기도 하다(전체적인 연구기간으로 보면, 필자의 조선학교에 대한 현장연구는 최근까지 수행되고 있지만, 본 논문에 사용된 민족지 자료는 주로 2001년부터 2005년 사이에 수행된 현장연구에서 수집된 것이다). 『우리학교』 이후의 조선학교 관련 연구는 박재홍(2011), 김인덕(2012), 이지연(2013), 김명희(2017), 정진성(2017) 등이 있으며, 한국내 독자들에게 조선학교에 대해서 알기 쉽게 설명하고 있는 단행본 서적(지구촌동포연대, 2014)도 출판되었다.

정체성을 관리해 나갈 수 있는 능력을 그 교육의 수혜자들에게 주고 있다는 사실을 구체적으로 보이게 될 것이다.

2. 정체성의 정치와 재일코리안의 민족교육

1) 정체성의 정치를 넘어서 - 다양한 재일코리안 정체성의 가능성을 향하여

재일코리안 교육사회학자 김태영은 오사카부(大阪府) 다카츠키시(高槻市)의 재일코리안 아동 모임인 '다카츠키 무궁화의 모임(高槻むくげの会)'에 대한 참여관찰을 통해서, '크레올(creole)'이나, '디아스포라(dias-pora)'와 같은 재일코리안의 포스트모던적 정체성의 가능성을 높이 평가했다(金泰泳, 1999). 그는 중학교까지는 본명으로 생활하며, 민족클럽의 활동도 열심히 하던 '순자'라는 이름의 재일코리안 소녀가 고교 진학을 계기로 자신의 이름을 '통명'[5]으로 되돌린 사례와 그 경위를 소개하면서, 그때까지 민족교육이 간과했던, 혹은 일부러 외면해왔던 '민족정체성의 다양성'에 주목할 필요성을 역설했다.

그에 따르면, 과거, 1세들에게 있어서 '자유'로서 기능했었던 '민족'

5) 호적이나 외국인 등록 서류에 기재되어 있는 본명과 달리 생활세계로서의 일본 사회에서 일상적으로 사용하는 일본식 이름을 말한다. 재일코리안이 일본인으로서 '패싱'을 할 수 있게 해주는 '제도적 장치'이자 개인이 그 사용을 선택할 수 있는 '의사표현의 기호'이기도 하다. '제도적 장치'라 함은 재일코리안의 통명이 일본 사회의 공공권의 일정 영역에서 제도적으로 인정되어온 역사적 경위가 있기 때문이다. 그런 의미에서 유명 연예인 등이 사용하는 예명과는 전혀 차원이 다르며, 이 부분이 "재일의 특권을 용서하지 않는 시민의 모임(재특회)"와 같은 우익단체가 재일코리안의 '특권'이라고 비난하는 이유이다. 그러나 이러한 재일코리안의 통명은 1940년의 창씨개명 정책이라는 식민지 지배의 경험이 그 배경에 자리잡고 있다는 사실을 잊어서는 안 될 것이다.

이 2,3세 재일코리안들에게 있어서는 '부자유'로서 기능하는 것은, 시대의 변화에 따라서 개인을 억압하는 이데올로기로 변질된, 민족정체성에 과도하게 집착하는 종래의 민족교육 담론에 그 원인이 있다는 것이다. 따라서 그는 민족교육의 정체성의 정치를 넘어서는 '전술'로서의 개인의 실천에 주목한다. 즉, 그때그때의 필요에 의해서 개인이 편의적으로 선택하는 '전술적 정체성'에서 '유연하고도 탄력적인 정체성'의 가능성을 그려내고 있다.

이 점에서 김태영은 재일코리안의 정체성 연구에서 새로운 지평을 열었다고 볼 수 있다. 즉, 재일코리안의 민족운동 내부에 자리잡은 본질주의적 민족관의 담론에서 벗어나 개인적인 실천이 갖는 가능성을 이론적으로 제시하고 있기 때문이다. 그러나 그는, 개인으로서 한 사람의 재일코리안이 그러한 '전술'을 구사하기에 이르는 경위와 그 외부에 놓여진 사회적 구조를 놓치고 있다. 김태영이 말하는 것처럼, 재일코리안에게 있어서 정체성이란 항상 가변적인 것이었다. 그러나 그 정체성에 변화를 가져오는 환경이나 자극이, 언제나 그 가변적 정체성을 가진 주체의 외부에 '강자'로서 자리 잡고 있었다는 것을 잊어서는 안 될 것이다.

오사카부 교육위원회가 작성한 '재일외국인생도 진로추적 조사보고서'[6]에 의하면, 본명을 사용하다가 통명을 사용하게 되는 학생 중에서 42.6%가 고등학교에 진학할 때 통명으로 바꾸고 있다. 거기에 고등학교 졸업 이후 통명을 사용하게 된 사람을 포함시키면, 본명에서 통명으로 바꾼 학생 중 고등학교 이후부터 통명을 사용하는 사람들이 전체의 73.6%에 달한다. 또한 이름을 바꾸는 이유에 대해서는 '취직 때문에'라고 대답한 사람(20%)이 가장 많았던 것과, 아르바이트 등 경제활동이

6) 大阪府教育委員会, 『在日外国人生徒進路追跡調査報告書』, 大阪府, 2000.

가능한 고등학생 시기부터 통명을 사용하는 사람이 많다는 것을 보면, 본명이 취직의 장애가 되는 일본 사회의 현실을 나타내고 있다. 이 경우, 통명이라는 선택은 일종의 전술로 볼 수도 있겠지만, 앞서 김태영이 '유연하고도 탄력적인 정체성'의 가능성으로 해석하여 소개한 순자라는 학생의 고백 중에는 본명을 사용하던 시절의 자신에 비해서 통명을 사용하여 일본인으로 패싱(passing)을 하고 있는 자신에게 '비굴한 조선사람'의 이미지를 발견한다는 내용이 있다. 이 것은 결국, 그 '전술'의 선택이 주체적일 수 없음을 여실히 보여주고 있는 것이다.

또한 〈표1〉에서도 알 수 있는 것처럼, 재일코리안 학생의 본명 사용률이 다른 외국인 학생들에 비해서 현저하게 낮은 실태의 배경에는 피식민지경험과 창씨개명의 기억, 차별과 적응, 일본문화에 대한 동화 등 역사문화적 요인이 있다는 것을 부인할 수 없다.

<표1> 오사카부(大阪府)내 학교에 재적중인 외국인 아동 현황과 본명 사용률 (2001.11)[7]

(단위 : 명)

	전체 재적 학생 수	한국조선인아동 재적수와 본명 사용률		기타 국적 아동 재적수와 본명 사용률	
초등학교	353,489	2,457	9.6%	1,023	65.9%
중학교	176,018	1,470	11.6%	517	74.9%
고등학교	141,059	2,254	15.7%	415	58.3%

[민족교육네트워크, 2002]

7) 이와 같이 재일코리안을 특정한 조사는 현재 일본 사회에서 수행하기 어렵게 되었다. 그 이유는 재일코리안이 더이상 일본내 최대의 외국인 인구집단이 아니라는 사실과 국제결혼에 의해서 태어난 아동의 경우 그 국적을 판단하기가 실무적으로 어렵다는 점을 들 수 있다. 2017년 현재 오사카부의 등록 초등학생수(공립, 사립학교의 학생수, 조선학교 불포함)는 42만 5,648명이며 이 중 3,934명의 외국국적의 아동이 있는 것을 확인할 수 있으나 이 가운데 국적만을 가지고 재일코리안의 비율을 정확하게 확인하는 것은 매우 어렵다.

민족교육의 경직성을 해체하여, '유연한 정체성'의 가능성을 찾는 작업은 변화하고 있는 재일코리안 사회를 생각할 때, 당연히 의미 있는 작업이다. 그러나 그것이 보다 현실적인 것이 되기 위해서는, '유연한 정체성'을 향한 실천이 다시금 새로운 '정체성의 위기'를 불러오는 것이 되어서는 안 될 것이다. 결국, 문제는 '긍정적 자아인식'의 재생산에 있으며, 논의는 다시금 민족교육 현장을 향하게 된다.

2) 다민족공생과 민족교육

일본의 내적 국제화에 따라서 재일코리안을 둘러싼 민족경계의 지형도가 급속히 변화하는 가운데, 일본 사회 내부에서도 다문화주의, 다문화 교육을 향한 움직임이 활발해지고 있으며, 재일코리안의 민족교육도 "빼앗긴 것을 되찾는다"는 전투적인 민족교육에서 "다름을 풍부함으로(違いを豊かさに)"라는 다민족공생을 지향하는 민족교육으로 그 모습을 서서히 바꿔가고 있다. 그러나 한편, 일본 사회의 현실은 국기국가법(国旗国歌法)의 통과와 그 실천이 보여주는 것처럼, 공식적인 교육현장에서의 국가주의의 강화와, '코코로노노트(心のノート)'[8]와 같은 부교재를 통하여 공식적 교육과정과 잠재적 교육과정의 모든 영역에서 애국심이라는 공동체적 가치의 주입을 시도하는 등, 교육과정에 대한 공동체주의적 지배양식이 점차 확대되고 있다. 교육현장의 다문화주의 담론이 '이질적인 존재'에 대한 포섭을 담당하고 있다면, 교육현장

8) 일본의 문부과학성이 2002년부터 소학교와 중학교 교육과정에 도입한 부교재. 개인과 사회와의 관계를 이해함에 있어서 공동체주의적 가치관에 중점을 두어, 어린이들이 자신이 속한 공동체로서 가족, 학교, 국가를 사랑하는 사람으로 성장하도록 지도하고 있다.

의 공동체주의 담론은 '이질적인 존재'에 대한 배제의 역할을 담당하고 있는 것이며 그 둘은 상호보완적이라고 할 수 있다.

재일코리안 측에서 새롭게 주장하는 다민족공생의 민족교육은, 위와 같은 포섭과 배제의 프로젝트에 스스로 참가한다는 새로운 동화의 위험을 안고 있다. 즉 재일코리안의 민족교육은 다민족공생을 지향하기 위해서 민족교육 내부의 공동체주의적 요소들을 포기하는 것을 통해서 결과적으로 일본 사회의 공동체주의 이데올로기를 강화하게 되는 것이다. 이러한 상황에서 "다름을 풍부함으로"를 표방하는 재일코리안의 "다민족공생 민족교육"은 심각한 위기에 직면하게 된다. "다름을 풍부함으로"라는 이상을 실현하기 위해서는 먼저 '다름'을 발견해야 하는데, 이미 일본적 위계질서를 내면화한 재일코리안 학생들에게 자기 안에 있는 '다름'을 인정하도록 하는 일은 쉬운 일이 아니며, 그 다름을 통해서 긍지를 갖게 하는 일은 더더욱 어려운 일이다. 더구나 다민족공생을 지향하는 민족교육은 억압적 민족정체성의 강요를 포기하고 있고, 공식적인 학교 교육을 통해서 '일본인'의 공동체주의적 교육이 강화되어가는 현실 속에서는 더 말할 필요도 없을 것이다. 게다가 귀화의 증가와 국적인정에 있어서 부모양계를 인정한 1985년의 국적법 개정에 의해, 그동안 재일코리안과 일본인 사이에서 그나마 유지되어왔던 '국적'이라는 내적 국경마저 애매하게 되었다. 재일코리안의 80% 이상이 일본인과 결혼하는 현실 속에서 그 자녀들이 잠재적 일본국적자로 간주되는 상황은 재일코리안의 민족교육 중에서도 특히 민족학급형 민족교육[9]에 커다란 영향을 미쳤다.

9) 오사카 지역을 중심으로 재일코리안의 민족교육을 위하여 공립학교에 설치된 민족교육 전문 특별학급을 말한다. 재일코리안의 민족학급에 관한 실증적 연구로서는 필자의

민족학급은 재일코리안의 민족교육 중에서 일본의 공교육현장에 가장 밀착한 민족교육의 한 형태라는 점에서, 필연적으로 일본의 공교육현장의 변화에 영향을 많이 받지 않을 수 없다(金光敏, 2005).

> ○○는, ○○중학교조선어린이회의 활동을 통해서, 자신의 루트[10]를 알고, 그리고 같은 루트를 가지는 친구들을 소중히 하며 자신감을 가지고 살아가는 것을 배웠습니다. 친구들과 선생님들과 함께 고민한 일들, 함께 웃었던 일들을 잊지 말고, 꿈과 용기를 가슴에 지니고 살아나가기를 바랍니다.

위의 글은 오사카 시내의 한 민족학급의 2005년도 수료증서의 내용이다. 이 문장은 지금 민족학급이 놓인 상황을 잘 대변해주고 있다고 할 수 있다. 즉 귀화와 국제결혼으로 인한 일본 국적의 재일코리안 학생들이 늘어난 상황 속에서 '민족학급'은 더이상 당당하게 '민족'을 말하지 못하게 된 것이다. 이제 민족학급에서 '민족'이라는 말은, '조선어식' 한자발음으로 읽는 방식의 이름을 의미하는 '민족명'[11]이라는 말에서나 그 명맥을 유지한다. 위의 수료증서가 보여주는 것처럼 '민족'

석사학위논문(송기찬, 1998)과 金兌恩(2008), 홍리나(2016), 김웅기(2017), 오혜경(2018) 등의 연구가 있다.

10) 뿌리(root), 민족학급 현장에서 '민족'을 대신하는 개념으로 사용되고 있는 용어이다. 민족의 대체어로 사용되는 원문의 느낌을 최대한 살리기 위하여 '뿌리'로 번역하지 않기로 한다.

11) 원래는 재일코리안이 일상적으로 사용하는 일본식 이름인 '통명'에 대하여, 호적(혹은 주민표, 재류카드 등의 공식문서)에 기재된 이름이라는 의미가 포함되어 있는 '본명'이라는 용어가 사용되었지만, 85년의 국적법 개정 이후 '일본 국적자'로 간주되는 일본인과의 국제결혼 출생 아동들의 경우 공식문서에 기재된 이름이 일본식 이름이 되기 때문에 이런 아동들의 경우 '본명'은 일본식 이름이 된다. 이러한 모순에 대처하는 의미에서 최근의 민족교육 현장에서는 '민족명'이라는 용어가 사용되고 있다.

은 "자신의 루트를 아는 것"으로 대치되고 있다. 재일코리안의 자녀들에게 자신의 루트를 알고 그것에 대한 자긍심을 가질 것을 다문화 상황 속의 재일코리안 민족학급은 요구한다.

하지만, 과연 '자신의 루트에 대한 자긍심'이, 공식적 교육과정을 통해서 강화되는 국민국가의 정통적 '국민'으로서의 '일본인'의 이미지를 넘어설 수 있을까? 유감스럽게도 그 가능성은 매우 낮아 보인다. 이처럼 다민족공생의 민족교육이 도달한 한계점에서, 민족교육의 새로운 가능성을 찾기 위하여 여전히 '민족'이라는 신화의 주술적 효과를 굳게 믿고 분리주의적 교육실천을 하고 있는 것 처럼 보이는 조선학교에 관심을 가지게 되는 것은 어떤 의미에서 당연한 결과라고 할 수 있을 것이다.

3) "민족" 개념의 해체와 조선학교의 새로운 가능성

데리다(Jacques Derrida)에 의하면, 언어의 상징체계 속에서 기의(signifié)는 고정되는 것이 아니라 생성 변화하는 자연계 속에서 항상 변용하는 것이다. 그렇다면 우리들의 일상적 언어실천에서 어떤 기표(signifiant)를 입에 올리는 순간, 그 기표에 조응하는 기의는 최초 우리들이 본(안) 것이 아니라, 거기에는 최초의 것에서 변용된 어떠한 '차이'가 존재하게 된다. 이처럼 기의 자체에 존재하는 공간적 차이와 시간적 지연을 데리다는 '차연(différance)'이라고 명명하고, 이와 같은 차연을 무시하고 의미체계의 안정화를 꾀하려는 행위, 즉 '거짓'에 눈을 감는 것을 데리다는 '현전(現前)의 형이상학(metaphysics of presence)'이라 비판했다.

데리다의 '차연'은 재일코리안의 민족교육 현장에서 '민족'이라는 개념의 변용을 생각할 때 매우 유용한 개념이기도 하다. 김태영은 재일코리안 1세들에게 '자유'라는 의미를 가졌던 '민족'이 젊은 세대의 재일코리안들에게는 '부자유'가 되는 과정을 추적하여 재일코리안 공동체에 있어서 '민족'이라는 기의에 내재하는 '차이'와 그것이 재일코리안 사회에서 가지는 의미'에 대하여 매우 훌륭하게 설명해내었다. 이러한 '차이'를 무시하고, 의미의 본질화를 꾀하는 재일코리안의 민족교육운동에 내재된 공동체주의의 억압에 대하여 저항을 꾀하는 자유주의자로서 김태영은, '크레올'이나 '디아스포라'와 같은 재일코리안의 포스트모던 정체성의 가능성을 옹호하는 입장에 서 있는 것이다.

한편 그러한 자유주의의 실천은 현존하는 민족 간의 문제를 '개인'의 차원으로 환원해 버림으로서, 재일코리안의 민족교육운동의 약화, 더 나아가서 해체를 불러올 수 있으며, 그것은 결국 '개인'으로서의 재일코리안에게 새로운 억압으로 작용하게 될 위험이 있다. 김태영이 제시한 것처럼, 재일코리안의 '민족'개념에는 시간의 흐름과 외적환경의 변화에 의한 객관적, 주관적 '차이'가 존재하는 것은 분명한 사실이지만, 그러한 '차이'는 '민족'으로서의 재일코리안의 외적 환경을 구조적으로 규정하고 있는 '일본 사회'에도 존재하는 것이고, 또 그러한 '차이'가 존재한다고 해서 양자 간의 관계성이 근본적으로 변하는 것은 아니다.

데리다의 시도는 완강한 강철 틀과 같은 구조주의적 언어관(세계관)을 해체(탈구축)하는 획기적인 것이기는 하지만, 데리다 자신도, 그 자신이 발견한 '기의에 존재하는 공간적 차이와 시간적 지연'이라는 개념을 표현하기 위하여 'différance'라는 기표를 만들어내지 않으면 안되었다는 사실은 흥미로운 아이러니가 아닐 수 없다. 이처럼 구조를 완전히 해체하는 방법은 아직 발견되지 않았다. 그렇다면, 그 구조 안에서 '개인'이 '능동적인 주체'가 되어, '차연'을 근거로 '주관적으로(subjectively)'구조를 해체한다는 것이 과연 가능한 것일까? 언어의 내면화 과정을 중시하는 구조주의 철학에서 '주체'란, 언어라는 타자의 질서에 편입되는 것에 의해 '주체화'되는 '종속적(subject)인 무엇'이기 때문에, 언어가 존재하는 한, 원리론적으로 말하자면, 주체에 있어서 저항의 가능성은 존재하지 않는다.

식민후기의 억압 속에 놓여있는 재일코리안이라는 인간 존재는, 이와 같은 구조 속에서 언어에 의한 주체화 과정을 통하여 자아의 분열을 강요당하는, '보다 종속적인 주체(subaltern)'이다. 이러한 현실인식 없이, '개인'을 마치 '완전한 능동성을 가진 주체'로 이끌어 그 가운데에서 포스트모던적 가능성을 찾아보려는 기획은 너무나도 낙관적이고 소박한 주의주의(voluntarism)에 불과하며, 행위주체로서의 '개인'을 허무주의로 이끌 위험성이 있다. 만일 재일코리안의 민족교육운동 내부에 존재하는 '민족' 개념의 '차이'에 눈을 감는 행위가 데리다가 비판하는 '현전의 형이상학'이라면, 그 '민족' 외부에 엄존하는 '구조적 억압'에 눈을 감는 것 또한 같은 비판을 받아야 할 필요가 있다.

정체성의 정치로서 민족교육은, 민족운동 내부에 존재하는 '민족' 개념의 '차이'를 인정하지 않는 한, 다양한 '개인'을 억압하는 공동체주의의 폭력으로 전락해 버리게 된다. 그러나 그렇다고 해서 그 '차이'를 인정해, 그것에 의거한 전략변경을 실천하게 된다면, 소수자의 방어기획으로서의 의미를 가진 정체성의 정치는 무장해제의 길을 걷게 된다. 이와 같은 모순을 넘어서 어느 정도의 능동성을 가진 '주체'의 가능성을 찾는 것이 재일코리안의 민족교육이 직면한 과제이지만, 조선에 대한 식민지배 역사의 연속성이 남아 있는 일본에서 태어나 살면서 일본어라는 '국가어'에 의해 주체화될 수밖에 없는 재일코리안들에게 그러한 가능성은 거의 없는 것처럼 보인다.

그러나 여기에, 완벽하지는 않지만, 또 하나의 '국가어'에 의해서 구축되는 구조를 상정해 본다면, 해결의 실마리가 보이게 되는 것은 아닐까? 즉, 주체가 편입되는 언어질서에 있어서 또 하나의 '국가어'에 의한 이중구조의 창조가 가능하다면, 각각의 구조에서 교차적으로 주체화되고 또, 각각의 구조를 자유롭게 오갈 수 있는 주체의 능력을 통해서, 공동체 내부에 존재하는 개인에 대한 억압을 회피하면서도, 자유주의의 전개에 의해 개인이 파편화되는 일도 없으면서, 보다 유연하게 정체성을 실천할 수 있는 주체의 가능성이 열리지 않겠는가 하는 것이다.

그런 의미에서, 본질주의에 입각한 '강경한 민족주의'의 본거지이자 언어와 문화에 의한 정치적 분리주의의 공간을 구성하고 있는 조선학교라는 현장은 재일코리안의 민족교육이라는 정체성의 정치가 도달한 위기상황을 넘어설 수 있는 '주체'의 새로운 가능성을 찾기에 적합한 연구현장이라 할 수 있을 것이다.

3. 교육적 자치공간으로서의 조선학교

1) 분리주의적 교육공간의 탄생

1945년 일본패망 직후 일본에서 살고 있던 조선인은 일본 각지에 '국어(조선어)강습소'를 세우기 시작했다. 이 '국어강습소'는 일본에서 태어나 조선어를 모르는 아이들을 위해 귀국을 준비하는 임시교육기관의 성격을 갖는 것이었다. 조선학교에서는 이를 조선학교의 전신으로 간주하고 있다. 1945년 10월 15일 '조선인연맹(조련)'의 결성은 이러한 국어강습소를 '학교'로 전환시키는 전기가 되었다. '조련'은 "새로운 민주주의국가를 건설하는 것에 공헌할 수 있는 조선의 국민을 양성한다"는 민족교육 이념을 정하고 독자적인 '학교인가제'를 가지고 '민족학교'를 체계화한다. 그 결과 1946년 4월에는 '초급학교'가, 그 해 10월에는 중학교가 설립되었다. 조련과 재일조선인들은 패전 후의 어려운 생활 속에서 학교 건설에 큰 힘을 기울였다. 당시 조선인의 학교 건설 슬로건은 "돈 있는 자는 돈으로, 힘 있는 자는 힘으로, 지혜로운 자는 지혜로"라는 것이었다. 이러한 노력의 결과, 수적인 성장도 눈에 띄게 늘었다. 1946년에는 525개의 초급학교(아동 4만 2,182명, 교사 1,022명), 4개의 중급학교(학생 1,180명, 교사 52명), 12개의 청년학교(학생 714명, 교사 54명)의 학교망이 창설되었다. 또 조선어 교과서도 독자적으로 만들어 사용하였다(小沢, 1973:195).

그러나 당시 일본공산당의 산하조직으로서 일본공산당의 지도를 받던 조련이 운영하는 조선인학교의 이 같은 급속한 성장은 일본 정부와 점령군에게는 심각한 위협으로 비추어졌고, 1948년 1월 문부성은 조선인학교 폐쇄령을 발령했다. 그 이유는 일본에 남은 재일조선인은 일본 국적을 가진 자로 간주되므로 일본의 공교육을 받아야 한다는 것이었다[12]. 이에 대해 조선인들은 나중에 '한신교육투쟁'이라고 불리는 거센

12) 공식적으로 일본 정부는 당시의 문부성 학교교육국장 통달(雑学123号, 1947년 4월)을 통해서 다음과 같이 말하고 있다. "현재 일본에 재류하고 있는 조선인은 일본의 법령을 준수해야 한다. 따라서 조선인 아동이라 하여도 일본의 아동과 같이 취학시켜야 할 의무가 있으며 또한 실제로 일본인과 다른 불이익을 받아서는 안 된다." 물론 이 통달에서도 알 수 있는 것처럼, 당시 일본 정부는 재일조선인을 일본 국적자로 보고 있지 않았다는 것은 명백하다. 다만, 당시 연합국사령부(GHQ)의 지배하에 놓여있던 일본 정부로서는 일본에 잔류한 재일조선인을 일본 국적자로 이해하고 있던 연합국사령부를 설득하기 위해서도 재일조선인을 일본 국적을 가진 자로 간주하는 척을 할 수 밖에 없었다. 실제로 이 통달에서 "일본인과 다른 불이익을 받아서는 안 된다"라고 명기한 것은 연합국사령부를 의식한 것이라고 할 수 있다. 그러나 이 통달이 발표된 지 한

저항을 벌인다. 그 과정에서 16세의 김태일 소년이 경찰의 발포에 의해 사살되는 등 조선인 측의 희생도 컸다. 격렬한 투쟁에 의해 조선인 측은 일시적인 승리를 거두었고 조선인학교는 잠시 동안의 평화와 안정을 누릴 수 있었다. 하지만 문부성은 조련이 강제 해산된 직후 1949년 10월 13일 '제2차 조선인학교 폐쇄령'을 내리고 조선인학교를 다시 강제로 폐쇄한다. 그 배경에는 같은 해 9월 조선 민주주의인민공화국이 수립되었고 조선인학교가 북한 국기를 달면서 북한에 대한 지지를 공식적으로 밝힌 것을 들 수 있다.

폐쇄령 이후 조선인학교는 이에 반대하고 끝까지 '미인가학교'로 남

달 후, 일본 정부는 외국인등록령(1947년 5월 2일)을 발령해서 '일본 국민'에서 재일조선인을 분리하는 절차를 실시한다. 이 과정에서 서류상의 기호로서 등장한 것이 '조선적'이다. 즉 1947년 5월의 시점에는 대한민국도 조선민주주의인민공화국도 건국 이전이었기 때문에, '조선적'이라는 표기는 국적 표기가 될 수 없었고, 따라서 이후 '조선적'은 무국적 상태에 놓이게 된다. 이 외국인등록령은 현재의 일본국 헌법의 발효일인 1947년 5월 3일을 하루 앞두고 기습적으로 이루어졌는데, 이것을 보더라도 당시의 일본 정부가 연합국사령부 지배하에서는 재일조선인의 일본 국적을 적극적으로 부정할 수 없었다는 것을 알 수 있다. 이 외국인등록령은 히로히토 천황의 마지막 '칙령'이었기 때문에, 점령하의 일본에서는 천황의 정치적 지위를 인정한 구일본제국헌법의 효력이 정지된 것으로 본다면, 이 명령의 법적인 효력에 대해서는 논쟁의 여지가 있다. 또한 이 '칙령'은 부칙에 "공포와 동시에 시행된 것으로 간주한다"라고 명기되어, 근대적 법률의 공포와 시행에 관한 일반적인 절차를 위반한 행정명령이기도 했다. 이렇게 급하게 이 명령을 발동시키지 않으면 안 될 이유가 일본 정부에게는 있었는데, 그것은 그대로 1947년 5월 3일을 맞이하게 되면 재일조선인들에게 현행 일본국 헌법 제 14조 "すべて国民は、法の下に平等であつて、人種、信条、性別、社会的身分又は門地により、政治的、経済的又は社会 的関係において、差別されない(모든 국민은 법 아래에서 평등하며, 인권, 신조, 성별, 사회적 신분 혹은 출신에 의해서 정치적, 경제적 혹은 사회관계에 있어서 차별받지 않는다)"에서 규정한 '일본 국민'의 권리가 부여되기 때문이었다. 이 같은 임시 조치의 배경에 재일조선인이 국제법상으로 일본 국적을 보유하고 있다는 일본 정부의 이해가 있었다는 사실은 1952년 4월 샌프란시스코강화조약 이후 다시 한번 정식으로 재일조선인의 일본 국적 박탈이 이루어지는 것을 통해서도 잘 알 수 있다.

은 자주학교와 일본의 공교육체제 안에 편입된 공립조선인학교, 일본의 학교 내에서 방과 후에 민족교육을 보장받는 민족학급, 보호자들에 의한 야간강습회 등의 형태로 분열되었다. 정식으로 일본 국적을 박탈당하고 재일조선인에 대한 취학의무가 없어진 1952년 당시 자주학교는 44개교가 여전히 오카야마(岡山), 효고(兵庫), 아이치(愛知), 히로시마(広島) 등에 존속했다. 그러나 자주학교는 무인가학교였기 때문에 심각한 재정난 속에서 학교를 운영해야 했다. 지금도 조선학교에 전설처럼 계승되는 '조선학교 수난사'에는 조선학교의 교사가 먹을 것이 없어 식사 때마다 학생들의 집을 전전하며 식사를 했다는 이야기가 나오는데 이는 자주학교 시절의 이야기이다.

한편 일본의 공교육체제 속에서 민족교육을 유지하려는 입장은 주로 민전[13]의 활동가들로부터 제기되었다. 즉 일본의 혁명을 성공시키기 위해 일본의 교육체제 속으로 적극적으로 들어가 공교육을 민주화시킨다는 생각이었다. 그러나 현실은 훨씬 엄혹했으며 민전의 지도를 받던 공립조선인학교는 이후 일본 정부에 의한 극심한 탄압을 받게 되며 민전의 운동에 대한 강한 비판으로 이어졌다.

원래 공립조선인학교는 일본의 문부성이 생각하고 있던 동화교육 정책은 아니었다. 조선인학교 폐쇄령 이후 모든 조선인 학생을 취학의무에 의해 일본 학교로 분산 수용한다는 것이 문부성의 방침이었지만 이 방침은 기존의 일본 학교들의 반발에 직면했다. 조선인학생이 일본 학교로 집단적으로 전학하는 것을 두려워한 일본 학교 교사와 학부모

13) 조련이 해산된 이후에 과도적인 조련의 후계기관으로서 재일조선인단체 중앙협의회가 구성되었지만, 한반도에서 전쟁이 발발함에 따라서 보다 전투적인 투쟁조직으로서 발족한 것이 '재일조선통일민주전선(민전)'이었다(카지무라 히데키, 1994:61).

의 반대로 결국 조선인 밀집지역을 중심으로 공립조선인학교나 일본 학교의 분교 형식으로 조선인 학생만을 수용하는 학교를 만들게 된 것이다.

도쿄도의 경우 도내의 15개의 조선인학교를 도립으로 이관하여 공식적으로 도립조선인학교를 출범시켰다. 이것은 이관이라는 단어로 표현되었지만 실제로는 당시 조련의 재산이었던 조선인의 부동산과 비품 등을 그대로 계승한 것이었다. 또 교장을 비롯한 교직원은 일본인을 임명하였고 조선인교사는 전임 강사로 채용되어 과외수업에서 민족교육을 담당하도록 하였다. 조선어와 조선의 역사 등은 과외수업이 되었기 때문에 수업은 당연히 일본어로 이루어졌다. 오자와(小沢)는 이러한 '조선인학교의 도립화'를 조선인학교를 "무혈 점령하고 거기서 '점령지 교육'을 강요한 것에 불과했다"라고 비판하고 있다(小沢, 1973:308).

그러나 이러한 민족차별적 동화교육 속에서도 공립조선인학교는 민족교육의 거점으로 남을 수 있었다. 하지만 그것은 민전의 조직적인 투쟁과 차별적인 대우 속에서도 학교에 남은 아이들을 가르친 조선인 교사들의 노력이 있었기에 가능했다. 민전은 사실상 공립조선인학교의 주도권을 장악하고 학생들에게 북한을 조국으로 하는 민족교육을 실시했는데, 이는 '조선인학교=빨갱이 학교'라는 이미지를 일본 사회에 정착시키는 계기가 되었다. 1950년 6월 한반도에서 전쟁이 발발하자 일본 정부는 조선인학교를 일본 국내에 있는 '빨갱이의 근거지'로 간주하고 직접적인 탄압을 시작했다.

그러던 가운데 1952년 샌프란시스코강화조약이 발효되자 일본 정부는 외국인등록법을 제정해 재일코리안의 일본 국적을 일률적으로 일제히 박탈한다. 즉 이제, 재일코리안은 '일본 국적의 외국인'이 아닌 '완전한 외국인'이 된 것이다. 외국인이 됨으로써 재일코리안에게는 취학의

무가 없어졌고, 일본 정부는 외국인의 교육에 세금을 사용할 수 없다는 이유로 공립조선인학교를 폐쇄하게 된다.

그러한 혼란기에 1955년 재일조선인총연맹(이하, 총련)이 결성되고 총련의 조직적 지원에 의해 조선학교는 조금씩 재건의 길을 걷게 되었다. 1945년부터 총련이 결성된 1955년까지 10년간 재일조선인의 민족교육에 대한 일본 정부의 태도를 돌이켜보면, 처음에 일본 정부는 재일조선인은 일본 국적자로 간주해야 한다는 이유로 조선인학교를 폐쇄했고, 1952년 이후에는 외국인이니까 공립학교는 불필요하다는 이유로 다시 조선학교를 폐쇄했다. 이러한 일본 정부의 편의주의적인 배제와 탄압정책을 경험한 재일조선인이 새로 지은 민족학교를 지키기 위해서 일본 정부의 간섭을 피하려고 한 것은 지극히 당연한 일이었을 것이다.

총련의 결성과 함께 재일코리안 운동의 노선전환을 통해 재일조선인의 권익과 관련된 문제가 아니라면 일본의 내정에는 관여하지 않는다는 분리주의의 논리가 확립되었고 다음으로 학교라는 공간을 통해 그것을 실천하려 했는데 결성된 직후의 총련에 있어서 학교를 재건하는 것은 매우 힘든 일이었다. 이 곤란한 시기에 북한에서 온 "교육원조비와 장학금"은 민족학교를 재건하려던 총련에게 생명수와도 같은 것이었다. 1957년 4월 8일 북한에서 첫 교육원조비가 보내져 왔고 당시의 금액으로 1억 2,000만 엔이라는 거액의 지원금으로 인해 총련이 조선학교를 짓는 데에 큰 힘이 되었다. 당시 북한은 전쟁 후의 복구사업이 한창이어서 여유가 없었음에도 불구하고 이처럼 막대한 교육원조비를 보냈다는 사실은 재일코리안들에게 커다란 감동을 주었고 '조국'의 존재가 자신들에게 큰 힘이 된다는 것을 경험하는 결정적인 계기가 되었다. 당시의 감동은 이후 노래로 만들어져 지금까지 조선학교에서 애창되고 있다. 다음은 그 노래의 가사이다.

나라에서 나라에서 돈을 보낼 줄은
꿈결에도 꿈결에도 생각을 못했지요
교육원조비 장학금의 많고 많은 귀한 돈을
바다 너머 저 멀리 조국에서 보내왔어요
아- 수령님의 높고 큰 이 사랑을
산이나 바다에 그 어이 비기랴

이역에서 이역에서 나서 자라는
아들 딸도 아들 딸도 지덕체 갖추어서
사회주의 조국의 역군이 되어라 어버이
심정으로 수령님이 보내셨어요
아- 수령님의 높고 큰 이 사랑을
천만년 대를 이어 영원히 전해가네

-〈조국의 사랑은 따사로와라〉 가사 전문

이처럼 북한으로부터의 재정지원을 배경으로 조선학교 교육과정은 북한의 영향을 강하게 받게 되었다. 그것은 일본의 교육체계에서는 물론 일본 사회에서도 분리된 새로운 민족교육 공간이 형성되기 시작했음을 의미한다.

2) 조선학교의 정착과 성장

북한에서의 교육원조비는 조선학교 교육에 대한 북한의 실질적인 지배를 가능하게 했다. 따라서 교육원조비를 받은 뒤 조선학교의 전반적인 교육노선은 북한의 지배관리 체제에 종속적인 것이 되었다고 평가할 수 있다. 조선학교 교육에 관한 북한의 견해는 김일성이 1960년 1월 8일 조선노동당 중앙위원회 임원들에게 한 담화에 잘 나타나 있다.

총련의 교육사업은 일본에 사는 우리 동포들에게 조선민족의 혼을 주입하여 그들이 일본인이 되지 않도록 하는 민족재생운동입니다.

첫째, 재일동포들에게 민족적 형식에 사회주의적 내용을 담은 교육을 시켜야 합니다. 재일동포들에게 민족적 형식에 사회주의적 내용을 담은 교육을 시킨다는 것은 조선어와 조선의 역사, 조선 경제, 조선 지리, 조선 문화를 비롯한 조선에 대한 교육을 우리 당의 사상, 사회주의 사상에 의해서 일관시켜 실시하는 것을 말합니다. 둘째, 현재의 재일조선인 교육제도를 그대로 보존하도록 해야 합니다. 지금 총련의 학제는 일본의 학제와 같습니다. 일본의 학제는 소학교 6년, 중학교 3년, 고등학교 3년으로 되어 있고 총련의 학제도 초급학교 6년, 중급학교 3년, 고급학교 3년으로 되어있습니다. 총련에서는 조국의 교육제도를 모방하지 말고 현재의 교육제도를 그대로 보존하는 것이 좋겠습니다. 총련의 민족교육사업은 조국과는 실정이 다른 일본에서 이루어지므로 조국의 교육제도가 총련의 실정에 맞지 않습니다.

셋째, 재일조선인 교육사업에 있어서 민족간부를 양성하는 것에 중점을 두도록 해야 합니다. 지금 시기 재일조선인의 교육사업에 중요하게 나타나는 문제는 총련간부들과 조선학교 교원을 양성하는 것입니다. 자연과학계통의 기술자를 양성하는 문제는 일본의 대학을 통해 해결할 수 있지만 총련간부와 조선학교 교원들은 일본의 대학을 통해 양성할 수 없습니다. 총련간부와 조선학교 교원들은 어디까지나 총련의 민족교육을 통해 길러내야 합니다. 그러기에는 조선대학교를 사범대학체계로 만들어야 합니다.

넷째, 학교를 새로 세우거나 확장시키지 않도록 해야 합니다. 현재 재일동포들의 생활이 곤란하여 학교를 새로 세우거나 확장하게 되면 그들에게 부담을 주게 됩니다. 따라서 총련에서 학교를 새로 짓거나 확장하는 것을 최대한 제한하도록 해야 합니다. 물론 우리 동포들은 자신의 아이들을 공부시킨다면 생활이 힘들어지더라도 돈을 낼 겁니다. 그렇다고 그들에게 부담을 주면서까지 학교건설을 벌려서는 안됩니다.

> 다섯 번째로 장학생과 급비생을 바로 선정해야 합니다. 대학에 진학한 학생들을 모두 장학생과 급비생으로 할 수는 없습니다. 극빈자이며 전망있는 대상을 골라서 장학생, 급비생으로 선정해야 합니다
>
> (김일성, 1997: 77~82,
> "재일조선인 교육사업 방향에 대해" 1960.1.8일자).

김일성은 이렇게 5개의 방향을 설정했는데, 김일성이 네 번째로 언급한 내용을 제외하고 나머지는 모두 지금까지 조선학교의 기본적인 방향성을 규정하고 있다고 할 수 있다. 김일성이 제시한 네 번째 방향성은 귀국사업이 진행되고 있다는 점을 염두에 둔 것이어서 귀국사업이 종료되고 일본 사회에서 정주가 기정사실화됨에 따라 현실에 맞지 않게 되었다.

김일성의 이같은 발언은 조선학교의 민족교육에 대한 새로운 이해의 실마리를 제공한다. 극단적인 분리주의적 교육을 하고 있기 때문에 조선학교의 민족교육은 '민족'이라는 것을 본질주의적으로 이해하고 있는 것처럼 보이며 조국으로서의 북한을 절대적으로 추종하고 있는 것처럼 보이기도 한다. 사실, 조선학교의 교육과정이나 교육실천을 보면 본질주의적 민족관을 쉽게 찾아낼 수 있다. 그러나 동시에 조선학교와 총련의 교육 사업은 "조선인이 일본인으로 되지 않도록 하는 것"이라고 발언한 김일성의 말처럼 어떤 의미(방치하면 재일코리안이 일본인화된다는 뜻에서)에서는 매우 구성주의적인 민족관을 바탕으로 교육하고 있는 곳이기도 하다. 지금도 조선학교에 가면 "말이 곧 민족이다"라는 김일성의 교시가 액자에 넣어져 벽에 걸려 있는 것을 자주 접하게 되는데 이것도 일견 본질주의적으로 보여도 실은 구성주의적인 면이 공존하는 북한에 완전히 종속적이지 않은 조선학교의 민족관을 잘 드러내는 담론이라고 할 수 있다.

한편 교육원조비에 힘을 얻은 총련은 학교건설에 박차를 가했는데, 이 부분은 김일성의 1960년 1월 8일 담화에서 언급한 네 번째 지시사항과 배치되며, 조선학교의 정치적 독자성을 가늠할 수 있는 부분이라고 할 수 있다. 이렇듯 조선학교는 1960년대 이후 각지에서 급속히 재건되어 민족교육은 새로운 고양기에 들어갔다. 이런 노력에 힘입어 조선학교의 수는 1966년에는 142개 교로 늘어났고 학생 수는 3만 4,388명에 달했다. 조선학교의 양적 확대의 배경에는 학교의 재건과 신축에도 관계가 있었지만 1959년부터 시작된 귀국운동이 가장 크게 작용했다. 따라서 당시의 조선학교의 교육내용은 귀국을 위한 준비교육이라는 성격이 가장 컸으며 이러한 경향은 귀국사업이 끝난 1970년대 중반까지 지속되었다. 그러나 재일코리안의 정주 경향이 본격화되는 1970년대 중반 이후부터는 일본에서의 생활을 염두에 둔 교육내용으로 서서히 변화하게 된다. 이런 경향은 총련의 교과서 개편작업의 변천을 보면 명확해진다.[14)]

> ① 55~57년: 사회주의 조국건설에 기여할 수 있는 인재육성을 목표로 국어교육과 애국주의 교육을 강화한다. "사상적으로는 고상한 국제주의적 애국사상을 가지고 무장시키고 생활면에서는 자각적인 규율과 민주적인 도덕을 확립시키고 학식면에서는 읽기, 쓰기, 계산을 중심으로 하는 기초학력을 향상시킨다"(1955년 5월 총련 결성대회에서 채택된 활동 방침).
>
> ② 63~64년: 조선의 해외공민으로서의 주체성을 앞세운다. 조국의 교과

14) 총련 홈페이지: http://www.chongryon.com 2009.5.3. 접속.(참고로 한국에서는 접속이 안 된다.)

서와 자료를 대량으로 입수하여 그것들을 참고로 교과서를 개편한다. "조선민족으로서의 주체성을 확립하며 조국의 건설과 미래를 담당하는 전세계 사람들과 우호를 도모하는 조선인으로 키운다"("재일조선인의 민족교육을 지키기 위해" 재일조선인 민족교육 대책위원회, 1966년).

③ 74~77년: 조선과 연대하면서도 시대의 변화에 따라 일본에서 나고 자란 동포의 아이들의 실정을 한층 고려한다. 총련 애국사업을 토대로 교과서 개편한다. 또 고급부 이과 교과서를 사회과학계반(가반), 자연과학계반(나반)으로 나누어서 편성한다. "국어교과서에는 아동, 학생들이 흥미를 느낄만한 재일동포 작가, 해방전 현대작품 등을 폭넓게 받아들였다"(『조선신보』 1996년 7월 30일).

④ 83~85년: 민족교육의 실효성을 보다 높이기 위해 특히 사회, 일본어교육을 강화한다. "민족교육이 지향하는 이상적인 인간상은 민족적 자주성이 확립되고 조국과 일본 및 국제사회의 각 분야에서 충분히 활약할 수 있는 창조적 능력을 겸비한 조선인이다. 민족교육의 현행 커리큘럼은 이런 이상적 인간상을 구현하는 것이다" ("진정한 조일친선을 지향하는 민족교육", 1989년).

⑤ 93~95년: 21세기를 전망하고 조선학교 아동, 학생의 보호자들의 요구에 맞는 내용으로 개편한다. 국제화, 정보화 시대의 재일동포상을 염두에 두고 122점의 모든 교과서를 일신한다. "과목 배열과 내용, 편성에서 민족적 주체성의 원칙을 견지하면서 재일조선인 자녀의 실정에 맞도록 개편한다"("민족교육편지", 1993년 9월).

⑥ 03~06년현재: 민족성을 갖추고 21세기의 동포사회를 계승발전시켜 나갈 수 있는 인재, 남북조선과 일본과 국제사회에서 특색 있는 활약을 할 수 있는 높은 자질과 능력을 겸비한 인재육성을 목표로 교과서를 개편한다(『조선 신보』, 2003년 1월 23일).

"사회주의 조국건설에 기여할 수 있는 인재육성", "조국건설과 미래를 담당하는 인재육성"을 목표로 하고 있던 제1차·2차의 개편과는 달리 제3차 개편부터는 "일본에서 태어나고 자란 동포의 아이들의 실정을 한층 고려한다", "민족교육의 실효성을 보다 높이기 위해 일본어 교육을 강화한다"처럼 앞으로 일본에서 살아갈 아이들을 위한 교육내용으로 바뀌고 있는 것이 엿보인다. 특히 80년대부터 일본어 교육이 강화되는 것은 조선학교 졸업생의 한자 실력이 부족하다는 조선학교 교육과정에 대한 비판이 있었기 때문이었고 그것에 대한 반응이었다.

이처럼 재일코리안의 정주지향이 강해지는 가운데에서 조국에 돌아가기 위한 교육은 현실에서 벗어나고 있다는 비판과 저출산 경향에 따라 조선학교의 학생 수는 1970년대부터 조금씩 감소하고 있었다. 2017년 현재 조선학교는 전국에 102개교[15], 학생수는 6,185명이다.[16] 학교구성의 측면에서 보면, 조선학교는 유치원에서 대학까지 갖춘 일본에서 가장 큰 외국인학교 체계라고 할 수 있다. 학교수를 기준으로 그 구성을 살펴보면 2017년 현재 1개의 대학, 10개의 고급학교, 33개의 중급학교, 55갱의 초급학교와 3개의 유치원이 있다.

조선학교의 교육체계는 유치반(1~3년간 보육), 초급부(6년제), 중급부(3년제), 고급부(3년제), 조선대학(2년제, 3년제, 4년제), 조선대학 연구원(대학원 과정)으로 일본의 일반교육체계와 큰 차이가 없다. 조선학교의 입학·편입학의 기본조건은 '조선인'이나. 여기서 '조선인'이란 반느시 조선적(朝鮮籍)의 재일코리안을 의미하는 것은 아니고, 부모 가운데 한

15) 초급부와 중급부가 같이 설치된 부설학교가 많아서 장소 기준으로는 66곳, 그 중 5곳은 휴교중이다.

16) 朝鮮学校無償化, 「母校が認められた」, 全面勝訴に大歓声, 『毎日新聞』, 2017.12.29.

쪽이 한국·조선인인 사람도 포함되어 있다. 국적은 묻지 않기 때문에 학생 중에는 조선적(약 60%), 대한민국 국적(약 40%) 외, 일본 국적을 가지고 있는 학생도 물론 있다.

조선학교의 학교체계를 유지하는데 있어서 가장 중요한 교원을 양성하는 기관인 '조선대학교'는 북한에서 교육원조를 받기 이전인 1956년에 창립되었다. 조선학교는 일본어를 제외한 모든 과목을 조선어로 가르치고 또 조선의 역사, 지리, 음악 등을 중심으로 가르치기 때문에 일본의 대학을 졸업한 것만으로는 조선학교의 교원이 되기 어렵다. 따라서 총련은 조선학교 교원을 독자적으로 양성할 필요가 있었다. 조선대학교는 그런 목적, 즉 조선학교 교원을 양성하고 총련간부를 키우기 위해 창설되었다. 초기는 2년제였으나 1958년부터 4년제 대학이 되고 1959년에는 현재의 도쿄도(東京都) 고다이라시(小平市)로 이전했다.

현재 학부구성은 정치경제학부(정치경제학과, 법률학과), 문학역사학부(문학과, 역사지리학과), 경영학부(경영학과), 외국어학부(영어학과, 일본어학과), 이공학부(이학과, 전자정보공학과), 체육학부(체육학과), 단기학부(생활과학과, 정보경리과), 교육학부(4년제, 3년제 교육학과, 2년제: 보육과, 음악과, 미술과), 모두 8개 학부 15학과가 된다. 학생 수는 약 600명(2016)으로 전원 기숙사제이기 때문에 재학생은 기본적으로 기숙사 생활을 하고 있다. 조선대학의 입학 자격은 "재일코리안의 자제로 해당년도 3월에 조선고급학교 또는 일본의 고등학교 졸업이 예정된 자와 졸업한 자"로 규정하고 있다. 다만 교육학부의 교육학과는 교원을 양성하는 코스이기 때문에 응모할 수 있는 사람은 조선고급학교를 졸업자에 한정되어 있다. 정치경제학부는 총련의 간부양성 코스이기 때문에 4학년이 되면 6개월 정도 북한에서 생활을 하면서 배우도록 의무화되어있다. 이렇게 해서 조선학교는 일본의 교육체계에서 완전히 독립된 독자적인 교육체계를 만들고 있다. 학생들 중에는 조선대학을 졸업하고 조선학교 교사가 되는 사람도 적지 않고 따라서 교육현장의 순환시스템도 효율적으로 기능하고 있다.

4. 조선학교의 현장에서 - '민족'을 일상적으로 실천해 가는 장소

1) 두 개의 학교

학교현장에 대한 현장연구는 간사이 지역의 조선학교를 중심으로 했다. 간사이 지역의 조선학교를 연구대상으로 결정한 이유는 간사이 지역이 일본에서 재일코리안의 인구가 가장 많은 지역으로 가장 일반적인 조선학교의 현상을 볼 수 있다는 점과 간사이 지역의 조선학교가 다른 지역에 비해 비교적 개방적이라는 사정에 의해서였다. '주요 현장'은 간사이 지역의 조선학교 중에서도 J조선초급학교와 T조선중급학교로 했다. J조선초급학교는 오사카시 동북쪽에 위치한 조선초급학교이다. 1959년 창립 당시에는 학생 수가 600명을 넘었다고 하지만 2003년 현재 이 학교는 유치반 학생들을 포함해 93명, 교원은 11명의 작은 학교이나. 조선학교의 경세적 어려움을 내변하는 것처림 학교의 시설환경은 열악하며 교실도 1960년도에 지어진 목조 2층과 체육관을 아직 그대로 사용하고 있다. 1980년에 증축한 콘크리트 2층 교사가 있지만 규모가 작아 현재 1학년부터 3학년까지 저학년이 쓰고 있다. 이것은 오사카시내의 다른 조선학교에 비해서도 교육환경이 열악한 것이었다.

J조선초급학교를 주요 현장으로 택한 이유는 이 학교가 유치반과

초급학교가 하나로 되어있고 학생 수가 100명도 안되는 전형적인 '작은 조선학교'이기 때문에 조선학교를 중심으로 한 재일코리안 공동체의 전체상을 파악할 수 있기 때문이다. 또 학생 수가 적기 때문에 학생들 개개인과 개인적인 관계를 구축하는 것도 가능했다. 따라서 초급학교의 학생들의 조선어 습득과정과 아이덴티티 형성의 초기단계를 추적하는 것이 비교적 용이했다. 또 교장선생님을 포함한 교원들이 연구자에 대한 허용도도 크고 그들의 따뜻한 이해와 지원을 기대한 점도 이 학교를 현장으로 정한 이유이다.

J조선초급학교가 있는 지역은 재일코리안의 집주지역은 아니다. J조선초급학교에 다니는 학생들의 거주지는 오사카 시내쪽으로는 교오바시(京橋)에서부터 시의 외곽쪽으로는 모리구치시(守口市), 네야가와시(寢屋川市), 히라카타시(枚方市) 등으로 퍼져 있다. 따라서 스쿨버스와 전차 등을 이용한 장거리 통학이라는 조선학교의 특수한 상황을 관찰할 수 있었다. 또 하나의 주요 현장인 T조선중급학교는 오사카 시내에서도 가장 재일코리안의 인구가 많은 이쿠노구(生野区)에 있는 학교이다. 여기에는 나라(奈良), 미에(三重), 와카야마(和歌山) 등에서 통학을 하는 소수의 장거리 통학생들을 제외하면 대부분의 학생들이 자전거를 이용하거나 도보로 통학하고 있다. 일본 최대의 재일코리안 집단주거 지역인 이쿠노구에 있는 관계로 T조선중급학교는 그 규모 면에서 일본 최대의 조선중급학교이다. 대부분의 조선학교가 학생 수 부족으로 초급학교와 중급학교, 혹은 중급학교와 고급학교를 통합하는 데 비해 T조선중급학교는 조선학교 중에서 유일한 단독의 중급학교이기도 하다. 1961년 학교 창립 당시의 학생수는 모두 1,117명, 교원수는 37명이었지만 2003년 현재 이 학교 학생 총수는 432명, 교직원은 28명(교육회 직원 3명 포함)으로 다른 지역의 조선학교가 직면한 축소경향에 비하면

여전히 안정된 학교운영이 가능한 곳이다. 물론 이것은 이쿠노지역에 위치한 학교라는 점이 가장 크게 작용한 결과이다.

시설면에서도 T조선중급학교는 비교적 잘 정비된 환경을 가지고 있다. 1961년 당시 교실 21실의 2층 목조로 출발한 T조선중급학교는 1968년에는 2,317평(7,659.5㎡)의 부지에 34개의 교실을 갖춘 철근콘크리트 5층의 교사를 가지고 있었다. 체육관은 없지만 당시에는 일본의 공립중학교에 비해 손색이 없는 훌륭한 시설이었다. 현재도 이 건물을 쓰고 있지만 노후화된 화장실을 제외하면 별로 불편하지 않다.

T조선중급학교를 주요 현장으로 선택한 최대의 이유는 학교의 규모에 있었다. 충분한 인원의 학생의 존재는 조선학교 교육실천의 일반적 경향을 이해할 수 있었고 학생이 많다는 것은 학생이 적은 학교에 비해 다양한 형태의 교육실천이 가능하다는 것을 의미하기 때문이었다. 또 학생들 사이의 상호 작용도 '작은 우리학교'에 비해 훨씬 복잡하고 다양한 형태로 성립한다. 특히 조선학교 문화의 핵심중에 하나인 집단주의와 조직생활에 대한 관찰에서 다양하고 복잡한 사회관계를 나타내는 T조선중급학교는 흥미로운 현장이었다. 또 중학생 시기가 일반적으로 유년기부터 청소년기로 이행하는 시기라는 점을 감안할 때 학생들이 느끼는 아이덴티티에 대한 불안감과 아이덴티티를 내면화하는 과정을 관찰하는 데도 이 학교에서의 조사는 가치가 있었다.

조선학교 현장에 접근하여 주요한 현장을 결정하기까지는 많은 시간이 걸렸다. 현장 관계자, 학생들과의 친밀한 인간관계를 구축하여 '한국인'이라는 정치적 존재가 조선학교 안에서 가지는 부정적 이미지를 뛰어넘기 위해서 현장에 대한 접근이 매우 천천히 이뤄졌기 때문이었다. 따라서 조선학교에 대한 현장조사는 3년 이상의 오랜 기간에 걸쳐 실시되었다. 시기적으로 2001년 8월부터 2002년 12월까지의 예비 조사기간, 2003년 1월부터 2004년 3월까지의 집중 조사기간, 2004년 4월부터 2005년 3월까지의 보충 조사기간으로 구분된다.

제1단계인 예비 조사기간에는 직접적인 조사보다는 졸업식과 입학식, 운동회와 문화제, 예술 발표회 등 학생들과 학교의 주요 행사에 참가하여 조선학교의 전체적인 분위기와 문화, 조선학교식 조선어의 특징 등을 관찰했다. 그리고 그런 과정을 통해 조선학교 교원들과 학생들과의 개인적인 신뢰관계를 맺는 데 역점을 두었다. 그 결과 연구현장인 두 학교에서 비공식적으로나마 강사 의뢰까지 받을 수 있었다. 그로 인해 J조선초급학교에서는 고학년 학생들을 상대로 1주일에 한 번씩 영어를 가르치게 되었고 T조선중급학교에서는 방송 구연부의 학생들을 대상으로 '자연스러운 우리말(조선어) 강사'를 하게 되었다. 이는 당시의 남북관계의 영향도 있었지만, '남조선' 연구자에게 강단을 개방한다는 것은 조선학교로서는 큰 결단이었고 참여관찰을 실시하는 현장 조사자로서는 대단히 큰 행운이었다.

2) 공식적 교육과정과 조선학교의 문화

홋카이도에서 규슈까지 조선학교는 일본 전국에 산재해 있지만 모든 학교 하나하나는 모두 총련본부의 교육국에서 관리되는 중앙집권적 교육 체계 속에 위치하고 있다. 조선학교는 스스로를 북한의 해외공민으로 표방하는 총련의 교육방침이 반영된 '국민화 교육'으로서 같은 교과서를 사용하고 거의 비슷한 시간표로 수업을 실시하고 있다. 국가적 배경을 가지고 실시한 '국민화 교육'의 교육 기관으로서 각각의 조선학교 교육과정과 환경에는 공통점이 있다. 여기에서는 조선학교에 공통된 특유의 요소에 대해 살펴보기로 한다.

조선학교의 교육환경을 구성하는 요소는 총련에 의해 통일된 교육이념과 목표, 같은 교과서, 자주적으로 양성된 교원, 교복으로서의 치마저고리(민족의상), 조국의 아이콘으로서의 '수령'과 '조선민주주의인민공화국의 국기' 등을 들수 있다. 이러한 요소는 전국의 조선학교에 공통으로 나타나는 것이며 조선학교의 교육환경을 구성하고, 조선학교의 표면적 커리큘럼을 결정한다.

우선 조선학교의 공식적인 교육이념과 목표를 보기로 한다. 조선학교가 내걸고 있는 교육이념을 관통하고 있는 것은 "일본 사회에서 재일코리안이 사람답게 살아가는 것은 조선인으로서 살아가는 것이다"라는 생각이다. 총련은 조선학교의 교육목적을 "모든 재일동포의 자제들을 주체의 세계관 위에 지·덕·체를 겸비한 진정한 조선인으로서 자신의 조국과 민족의 번영과 동포사회의 발전을 위해 공헌할 유능한 인재로 육성하는 것"이라고 정하고 있다. 이에 따라 조선학교의 교육과정은 '민족·동포애', '지·덕·체', '집단주의'를 철저하게 강조하면서 이런 내용이 학생에게 내면화될 수 있는 제도를 만드는 것에 주력하고 있다.

조선학교에서 사용되고 있는 모든 교과서는 총련 중앙상임위원회 산하의 교육국에서 발행하고 있다. 일본어의 교과서 이외에는 모두 조선어로 쓰여 있는 조선학교의 교과서는 총련이 운영하는 '학우서방'이라는 출판사를 통해 일본에서 만들어지고 있지만, 교과서의 내용을 정할 때는 조선학교의 교원으로 구성된 교과서 집필위원을 북한으로 파견하여 북한의 전문위원들과 공동으로 교과서의 내용을 연구해 결정한다. 북한에서 교과서 집필 작업에 참여했던 교사는 연구자와의 인터뷰에서 "북한 사람들은 이쪽(일본)의 사정을 잘 몰라서 교과서의 내용을 결정할 때 의견이 맞지 않을 때도 많고 그들을 설득하는 것도 힘들었다"고 대답했다. 이를 보면 조선학교의 교과서 간행에서 현장 교원의 목소리도 반영되고 있지만 북한의 영향도 무시할 수 없다는 것을 알 수 있다. 교과서의 내용도 특히 국어나 사회과의 과목은 총련과 재일코리안, 조국, 조선학교의 일상 등이 배경이 된 내용이 많다. 교과서를 만드는 것 외에 총련 중앙교육국이 담당하는 일에는 각 지방 교육국의 상급기관으로서 교장을 비롯한 조선학교 교원의 인사, 커리큘럼 작성, 각종 경연대회 등의 주최 등이 있다.

조선학교의 교원이 되려면 기본적으로 도쿄의 조선대학을 졸업해야만 한다. 음악이나 미술 등의 특수한 과목을 담당하고 있는 교원 중에는 일본의 대학을 졸업한 사람도 있지만 조선학교 교원의 대부분은 조선대학 출신이다. 유치반의 경우 조선대학 교육학부의 보육과(2년제)의 졸업생, 초급부 교원은 교육학과(3년제, 4년제)의 졸업생으로 구성된다. 중·고급부의 교원은 조선대학의 일반학부를 졸업한 사람 중에서 선발한다. 음악·미술은 2년제의 음악과·미술과의 졸업생, 체육과목 담당교사는 체육학부(4년제)의 졸업생 중에서 선발한다.

교원에 대한 복리후생은 매우 열악하며 근무시간은 길고 임금은 낮다. 이런 근무조건은 중년층 교원의 학교 이탈 현상으로 나타나서 현재의 조선학교 교원의 연령구성을 보면 조선대학을 갓 졸업한 젊은 교원과 50대 이상의 베테랑 교원으로 양분되는 경향을 보이고 있다. 조선학교 교원의 열악한 근무조건은 조선학교 교원에게 상당한 자기희생을 요구하기 때문에 대체로 조선학교 교원은 자기 일에 확고한 신념을 가진 사람으로 보면 틀림없다. 이 점은 학생을 비롯한 학부모도 알고 있으며 조선학교 교원에 대한 존경심의 근거가 되고 있다.

조선학교의 여성 교원과 중급학교 이상의 여학생은 교복으로 치마저고리를 입게 된다. 치마저고리가 여학생의 교복이 된 것은 1961년부터이다(韓東賢, 2006). 확실히 치마저고리는 조선학교의 민족성을 강화하는 효과가 있지만 여성에게만 강요된 '민족'이라는 의미에서 남성은 근대화되어 민족의 미래를 담당하지만 여자는 민족의 현재와 전통을 지켜야 한다는 근대 이후 남녀의 역할분업 고정관념에 빠질 위험이 잠재되어 있다. 실제로 조선학교의 남학생과 여학생 사이에는 성별에 따라 역할분담이 뚜렷이 나타난다. 그러나 치마저고리에 의해 조선학교의 여성은 '민족경계'를 보다 일상적으로 경험하고 남성보다 강한 '민족의식'을 갖는 경향이 있는 것도 사실이다.

여름은 흰 저고리와 검은 치마, 겨울은 위아래 모두 검거나 진한 감색의 일반적인 치마저고리의 형태이다. 그런데 치마저고리는 조선학교의 통일된 교복이지만 통일된 것은 치마저고리라는 민족의상의 대략적인 형식이며 치마저고리의 자세한 형태는 통일되지 않았다. 그래서 전국의 조선학교 학생이 한곳에 모이는 '중앙예술경연대회' 등에 참가해 보면 각 학교의 치마저고리 디자인의 미묘한 차이를 볼 수 있다. 예를 들면 치마저고리의 치마색이 검은색이 아닌 감색이나 파란색이기도 하고 치마의 길이나 치마 주름의 폭 등 세부적인 차이가 있다. 학생들은 그것을 가지고 자신의 학교에 대한 소속감을 표명하거나 서로를 평가하고 차별화하기도 한다.[17)]

17) 예를 들어 간사이 지역의 조선고교 사이에서는 치마가 길고 주름이 가는 특징이 있는 교토조선고교의 치마저고리 보다는, 치마가 짧고 주름이 넓은 고베조선고교의 치마저고리가 멋있다는 평가가 일반적이다. 이렇게 치마저고리는 조선학교에서 학교 단위의 문화를 만들어내는 하나의 요소로서 기능한다.

〈사진1〉 치마저고리와 제2교복

〈사진2〉 학교 밖에서 "사먹기"를 하고 있는 학생들.
공식적으로는 하굣길의 "사먹기"는 교칙위반이다.

치마저고리는 민족경계를 일상화하는 눈에 띄는 아이콘이기 때문에 치마저고리를 입은 채 일본의 거리를 활보하는 것은 상당한 용기가 필요한 행위이다. 또 치마저고리는 북한과 일본 사이의 정치적 국면의 변화에 따라 일본 민족주의자에게 폭력의 대상이 된다. 이러한 폭력은 조선학교 학생들에게 저항적 민족성을 가져오는 효과도 있지만, 신체에 대한 폭력은 생명에 관련된 위협이다. 그래서 조선학교에서는 등하교용의 교복으로 어디서나 있을 법한 평범한 교복을 '제2교복'으로서 지정하고 있다. 학교 측은 등교 후에는 치마저고리로 갈아입을 것을 권하고 있지만 별로 지켜지지 않고 있다. 특히 북한에 의한 일본인 납치 의혹에 대해 북한이 사실을 인정한 이후에는 치마저고리로 통학하는 학생은 현저히 줄어들었고, 현재는 안전상의 이유로 치마저고리 통학이 학교차원에서 금지되고 있다. 여자 교원의 치마저고리는 학생의 것과 달리 밝은색이나 화려한 무늬가 있는 것이 많다.

조선학교의 건물에 장식된 '수령님(김일성)'과 그의 아들 김정일(위대한 지도자 동지)의 초상화는 조선학교와 북한과의 관계를 단적으로 나타내는 존재이다. 그러나 조선학교에서 '수령'이 가진 의미는 북한에서의 그것과는 다르다. 즉, 조선학교의 '수령'은 정치적 실체가 아니라 항일민족투쟁의 영웅이라는 역사를 가지며 조국과의 연결을 담보하는 특수한 상징이라고 할 수 있다. 그런데 사실은 조선학교의 일상생활에서 그 존재가 거의 의식되지 않는다. 또한 모든 조선학교에는 '수령'의 사상교육을 위한 방이 준비되어 있지만, 고급학교를 제외한 대부분의 경우, 그 방은 학교의 여러 가지 비품을 넣어두는 창고로 이용되고 있다. 특히 졸업식이나 입학식 같은 큰 행사가 있을 때 반드시 등장하는 대형 초상화는 평소 늘 여기에 '안치'되고 있다. 즉 형식적으로는 존경을 받고 있지만, 일상적 차원에서 극단적으로 신성화된다고 볼 수는 없다.

그러나 아무리 형식적인 것에 불과하더라도 일본에서 자란 다른 재일 코리안의 눈에는 초상화가 이상하게 비치고 조선학교에 자녀를 입학시킬 때 최대의 저항이 된다. 초상화에 대한 비판은 학부모 등 내부

〈사진3〉 초상화가 있는 교실 풍경,
지금은 고급학교와 조선대학 교에서만 볼 수 있다.

에서도 항상 제기되어 왔지만 '북한이라는 국가'에 맹목적으로 충성하는 것을 자신의 권력기반으로 생각하고 있는 총련 중앙의 일부 사람은 그런 목소리에 귀를 기울이지 않는다고 내가 인터뷰한 어느 조선학교의 교장은 말했다.

그에 의하면 북한은 '9.17(2002년 9월 17일)' 이전부터 일본의 조선학교에 있는 '수령'과 '지도자'의 초상화를 전면적으로 내리도록 명령했다고 한다. 아마 이것은 고이즈미 수상과의 회담을 앞두고 '일본인 납치'를 인정하지 않을 수 없게 된 북한으로서는, '납치'를 인정한 뒤의 조선학교에 대한 '배려'이기도 하면서 동시에 총련과 조선학교는 북한에서 떨어져 독자적으로 길을 가야 한다는 메시지였는지도 모른다.

그러나 '조국'으로부터 '구체적 명령'이 있었음에도 불구하고 초상화가 내려진 것은 초급학교와·중급학교만이었고 고급학교와 조선대학

〈사진4〉 교실에서 초상화가 내려진 다음에 등장한 '유화'

에서는 내려지지 않았다. 초급·중급학교에서도 완전히 초상화를 철거한 것이 아닌 '근엄한 수령의 초상화'는 '친근한 수령의 모습이 들어있는 유화'로 바뀌었다. 나는 한 총련의 고위간부와 만났을 때 초상화에 대하여 조국에서의 구체적 '지시'가 있었음에도 불구하고 왜 그것에 따르지 않았느냐고 물어본 적이 있다. 그 간부는 그것은 조국의 은혜에 대한 '의리'라고 답했다. "우리는 의리가 두텁기 때문에 그쪽에서 그렇게 말해도 두세 번 사양하지 않으면 안 되는 것이다"라고 했다.

베네딕트는 『국화와 칼』에서 '의리'와 '은혜'를 일본 문화를 해석하는 주된 개념으로 제시한다(베네딕트, 2005). 그녀가 해석하는 '의리'란 세상을 위해 '본의 아니게(unwillingly) 해야 할 의무' 같은 것이다. 베네딕트의 '일본 문화론'은 '의리'와 '은혜' 같은 일본인조차 잘 설명하지 못하는(그럼에도 불구하고 일상적으로 사용하는) 개념에 주목했다는 점에서 전통적 인류학이 가진 장점이 잘 나타난 연구라고 할 수 있다. 수령의 초상화에 관련한 조선학교의 태도를 보면 확실히 북한이라는 나라의 상징성을 교육과정에 이용하고 있는 측면도 있지만, 앞서 베네딕트가 간파한 '보은'과 '의리'와 같은 일본 문화의 핵심적 가치가 총련계 재일코리안 문화 속에 일본 문화와의 습합의 형태로서 존재하고 있다는 것을 알 수 있다.

〈사진5〉 조선학교의 병설 유치반 어린이들이 만든 '테루테루보즈(てるてる坊主)'
소풍날 비가 오지 말라는 주술적 의미가 있는 일본의 풍습이다. 일본 문화에서의 분리를 최대의 목적으로 생각하는 민족학급에서는 절대로 실천되지 않는 교육내용이다.

〈사진6〉 조선학교의 새 교사 준공모임.
'홍백'의 장식은 일본에서 경사스런 날에 등장하는 일반적인 형식이다.

〈사진7〉 조국으로부터의 '은혜'는 항상 '총액'으로 그 크기가 제시된다.

조선학교의 교육과정에서 '정신적·상징적 지도자로서 수령님'의 존재는 교육현장의 요구 혹은 일본 사회에서 살아가기 위한 정치적 판단에 의해 조금씩 '현실화'되고 있는 것 같지만, "우리를 지원해 주는 조국에 감사하자"라는 담론은 여전히 조선학교의 공식적 교육과정을 결정하는 중요한 요소로서 건재하다.

이처럼 조선학교의 교육환경은 통일된 교육이념과 자체 제작한 공통교과서 사용, 자력으로 양성된 교원과 그들의 신념과 실천, 치마저고리 같은 민족적인 상징, '조국으로서의 북한'과의 일상화된 관계성 등의 요소로 구성되어 있다고 할 수 있다. 또 이런 환경은 조선학교 독자의 문화를 만들 토대로서의 역할을 하고 있다.

3) 조선학교 교육과정의 특징

(1) 지(知) : 우리말과 우리 역사

앞에서 살펴본 것처럼 총련이 공개하고 있는 조선학교의 공식 커리큘럼에는 "모든 재일동포의 자제들을 주체의 세계관 위에 지·덕·체를 겸비한 진정한 조선인으로 키울 것"을 조선학교의 교육목표로 제시하고 있다. 따라서 '지·덕·체'는 조선학교 커리큘럼의 큰 근간을 이루고 있다. 조선학교 교과과정에서 보이는 '지·덕·체'의 강조에서 북한이 내세우는 교육목표의 영향이 엿보인다. 북한은 헌법 제43조에 북한의 교육목표를 "국가는 사회주의 교육학의 원리를 구현하고 후세에 사회와 인민을 위해 투쟁하는 굳은 의지의 혁명가로서, 지·덕·체를 겸비한 공산주의적 새로운 인간으로 키운다"라고 규정하고 있다. 조선학교에서의 '지'란 모든 과목의 지식적인 학습을 의미하는데 그 중에서도 특히 '조선어'와 사상교육의 내용을 포함한 '조선역사'가 조선학교의 '지'의 핵심을 이루고 있다.

조선학교에서는 일본어 과목을 제외한 모든 수업이 조선어로 이루어지고 있다. 그것은 "말이 곧 민족"이라고 말한 김일성 수령의 교시와도 관련이 있지만, 자신의 언어를 빼앗겨서는 안된다는 식민지적 위기의식의 표출이라는 측면도 있다. 그러나 무엇보다 조선어는 조선학교 학생들에게 '조선인'으로서의 심리적 정당성을 확보시키는 조선학교 민족교육의 핵심적 부분이라고 할 수 있다.

조선학교에서는 유치원에서부터 조선어 교육을 시작한다. 유치원 단계에서는 조선어를 부분적으로 사용함에 따라 아이들이 조선어에 익숙해지게 하고 본격적인 조선어 교육은 초급학교에 들어가서부터이다. 집중적인 국어교육 이외에도 일본어 과목을 제외한 모든 수업이 조선어로 이루어지는 것도 한국계 민족학교와의 가장 큰 차이점이다. 그러나 이러한 환경 속에서도 아이들이 조선어로 자유롭게 자신의 의사표현이 가능하게 되는 것은 대개 초급학교 3, 4학년 전후부터이다.

〈사진8〉 J조선초급학교 초급부 1학년생의 국어 수업

조선어의 수업 중에 초급부의 과정에서 가장 힘을 쏟고 있는 부분은 발음이다. 조선어에 비해 표현할 수 있는 발음의 폭이 비교적 좁은 일본어의 음운체계에 익숙한 아이들에게 새로운 발음을 하게 하는 것은 매우 어렵다. 따라서 회화, 읽기, 쓰기와 함께 발음 및 발성훈련과 빠른 말훈련 등, 각각 전문적 부분의 연습을 별도로 하고 있다. 또 조선어는 학교의 공식적 영역을 지배하는 말이기도 하다. 조선학교에서 학생들은 학교 내의 일상 회화에서 조선어를 쓰도록 의무화되어 있는데, 사적 영역의 대화는 일본어를 사용하는 경향이 있다. 이러한 경향은 고급학교에 가면 더 강하게 나타나, 고교생들은 학교 안에서도 사적 대화는 대부분 일본어로 하게 되다 보니 조선어 회화능력은 오히려 중급학교의 학생이 더 잘하는 것처럼 보이는 경우가 종종 있다.

언어를 통해 조선인의 심리적 정당성을 확보할 수 있다면 '민족의 역사'를 아는 것은 조선인의 행동방식을 결정하는 힘이 된다. 특히 조선학교에 대한 차별과 도발, 폭력행위가 횡행하는 가운데 역사교육을 통해 학생들은 과거 식민지 시대의 경험이 단순한 '기억'이 아닌 계속되는 '현재진행형'이라는 인식을 갖게 된다. 이것은 또 '준거집단으로서의 일본인'을 부정하는 행동력의 근원이 된다. 이러한 역사 인식은 조선학교의 교육과정 속에서 여러가지 형태로 나타나고 있다. 예를 들어 일본어를 공부하는 데 있어서도, 관동대지진 당시의 조선인 학살에 관한 내용을 읽거나 하는 식이다. 과거의 잘못이 부정되고 왜곡되는 일본 사회 속에서 '민족의 역사'를 바르게 가르치는 것은 매우 중요하다고 조선학교는 생각하고 있다.

(2) 덕(德): 집단주의

조선학교의 교육과정에서의 '덕'이란 집단주의를 내면화하고 이에 따라 행동하는 것을 의미한다. 조선학교의 초급부 4학년 사회 교과서에는 집단주의 도덕관에 대해 다음과 같이 쓰여져 있다.

> 집단의 위력을 나타내기 위해서는 "개인은 전체를 위해, 전체는 개인을 위해"라는 집단주의 정신을 갖는 것이 매우 중요하다.

이러한 집단주의를 익히기 위해 조선학교에서는 '소년단'[18]이라는 수직적인 조직을 두고있다. 소년단은 초급부 4학년부터 중급부 3학년까지 6년간 조선학교 학생이라면 의무적으로 가입해야 한다. 초급부 4학년때 처음 소년단원이 된 조선학교 학생은 중학교를 졸업하기 이틀 전쯤에 '소년단 필단식'을 거쳐 소년단을 졸업하게 되지만 또 고급학교에 입학하면 '조선청년동맹(조청)'에 의무적으로 소속된다.

4학년이 되어 소년단이 되는 것은 조선학교에서 가장 큰 '통과의례'이기 때문에 소년단 입단식에는 지역의 총련간부와 어머니 회장, 교장

18) 이름은 '소년단'이지만 남자아이만 가입할 수 있는 것은 아니다.

이하의 모든 교원이 참가한다. 새로 소년단원이 되는 아이들의 학부모들도 참석해 어린이들의 목에 소년단원의 상징인 '빨간 넥타이(스카프)'를 처음 매는 것을 돕는다.

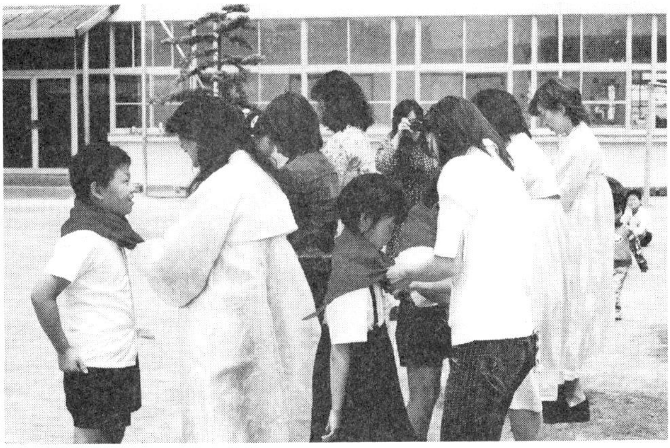

〈사진9〉 J조선초급학교의 소년단 입단식

조선학교의 소년단은 형식적으로는 북한의 소년단과 같다. 소년단의 구성을 보면 각 학교는 하나의 '단'이 되고 각 학급은 하나의 '분단'이 된다. 조직은 '단'과 '분단'이 각각의 위원으로 구성된다. 소년단의 간부는 단위원장, 단부위원장, 단학과학습위원, 단국어위원 등이 있지만 모든 단원들에게도 자신의 '임무분공(역할분담)'이 있다. 이렇게 구성원 개개인에게 역할분담을 시키는 것은 학생의 참가를 구조적으로 이루어지게 하는 것이고 각각의 부분이 전문적으로 분화하여 움직임으로써 전체가 잘 기능한다는 사회유기체론에 의거한 전체주의적인 조선학교의 집단주의의 일단을 나타내는 것이다.

조선학교의 집단주의의 흥미로운 점은 한 명의 개인이 세분화된 몇 가지 집단에 동시에 소속된다는 '집단소속의 중층적 구조'이다. 분조,

분단 (반), 학년, 단, 소조(부), 보통의 조선학교 학생이라면 이렇게 여러 집단에 동시에 소속되어 있게 되고, 세분화된 집단은 각각 다른 집단과 다른 특징을 찾아내어 스스로를 동일시하는 집단의식을 발달시킨다.

단위원회의 간부들은 '조선어 100% 생활화 운동' 등을 자주적으로 전개해야 한다. '조선어 100% 생활화운동'처럼 소년단 활동에는 보이지 않는 규율이 있다. 그것은 '모범의 논리'라는 것으로 단위원, 분단위원 등의 간부들, 그리고 각 책임자는 항상 다른 학생들의 '모범'이 될 것을 요구받는 논리이다. 또 그 '모범'은 다른 학생의 태도를 지적할 때의 논거가 된다. 게다가 이 논리는 조선학교 학생들에게 일본인에 대한 조선민족의 대표로서 '모범'을 보여주는 것에 대한 압력도 된다.

그런 '모범'을 보이기 위해서는 자기 희생이 따르지만 그것을 밀고 나가는 압력에는 전체주의적인 힘이 있다. 지젝에 의하면 전체주의적 주체는 자기 자신을 '역사'라는 타자의 의지를 실현하는 도구로 파악함으로써 자신 속에 존재하는 자아의 분열을 회피하는 대신 자신의 향락(enjoyment)을 소외시키는 과정을 거쳐 자기 자신을 "이데올로기의 숭고한 대상"으로 만들어가는 "도착적 주체"를 말한다(Zizek, 1989). 조선학교의 집단주의의 담론과 실천의 이야기에서 전체주의적 '숭고함'과 '비장감'이 감도는 것은 그 이야기의 중심에 언제나 "분조를 위해, 분단을 위해, 학교를 위해, 조직을 위해, 동포를 위해, 조국을 위해 희생을 두려워하지 않는 개인"이 존재하기 때문이다. 예를 들면, 낮은 급료에도 불구하고 밤낮없이 학교를 위해 자기를 희생하고 있는 조선학교 교원의 이야기는 조선학교의 집단주의적 윤리의 숭고한 모범이 되고 집단주의적 통제에 정통성을 주는 것이다. 그러나 집단을 위해 개인을 희생하는 것을 숭고한 것으로 생각하는 공동체 내부의 분위기는 실제로 강한 동료애로 나타나는 '현실'이기도 하다.

(3) 체(體)와 예(藝): 긍정적 아이덴티티의 생산장치

조선학교의 연중행사 가운데 가장 비중이 높은 것은 운동회와 예술공연이다. 조선학교의 운동회와 공연은 조선학교 교육의 주체인 학생, 교사, 학부모가 민족교육의 성과를 확인하는 장이다. 그래서 조선학교 운동회와 예술공연은 일본의 공립학교와는 비교도 안될 만큼 대규모로 열린다. 특히 예술공연은 단지 배운 재주를 남에게 보이는 '쇼'의 의미뿐만이 아니라 사회에서 그 존재가 무시되기 쉬운 소수자 집단이 스스로를 표현하여 사회에 존재를 어필하는 것으로 볼 수 있다. 아이덴티티의 형성과 타인의 시선의 관계를 생각할 때, 예술공연을 통해 멋진 자신의 모습을 타인에게 보이는 과정을 거쳐, 학생들은 조선인으로서의 아이덴티티의 긍정적 의미를 줄 수 있다. 이런 측면에서 조선학교의 교육과정에서의 '체(예)'는 긍정적 아이덴티티의 생산 장치로서 파악할 수 있다.

운동회와 예술공연에서 민족교육의 성과를 보이기 위해서는 일상적인 연습과 훈련이 필요하다. 그 때문에 '소조 활동'(클럽활동)은 조선학교의 교육과정 중에서 매우 큰 부분이다. 집단성이라는 '덕'과 함께 '체(예)'를 익히기 위해 조선학교에서는 소년단 기간(소4부터 중3까지)의 소조 활동이 의무화되어 있다.

각종 대회와 공연을 위한 소조의 연습은 대개 상당히 혹독하다. 특히 총련중앙이 개최하는 대회에서 우승하는 것은 모든 조선학교의 소조에게 최고의 명예와 긍지가 된다. 또 총련의 예술경연대회와 중앙축구대회는 전국 단위로 이루어지기 때문에 조선학교 학생들에게는 다른 조선학교의 동포들을 알게 되고 교류할 수 있는 절호의 기회이다. 그것이 또 조선인인 자신에게 자신감과 긍정적 아이덴티티를 형성할 수 있도록 한다.

조선학교 운동회에서 꼭 열리는 '행진'은 북한식 군사교육의 영향이라고 비판하는 소리도 있지만 부모님과 친척 앞에서 가슴을 펴고 당당히 걸어나가는 모습을 통해 학생들에게 '자랑스러운 조선인'으로서의 자신을 재발견하는 교육과정으로서 기능하고 있는 듯하다.

〈사진10〉 T조선중급학교 무용부의 연습광경

〈사진11〉 중앙예술경연대회의 심사광경

〈사진12〉 오사카조선고급학교 무용부의 행진
사열대 앞에서 몸을 115도로 젖히고 행진하는 것은 이 학교 무용부의 오랜 전통이다.

〈사진13〉 T조선중급학교의 예술공연
학생들로 구성된 풀 오케스트라와 전교생이 출연하는 대합창은 대단한 장관을 연출한다.

그런 의미에서 조선학교의 행진과 예술공연은 억압된 마이너리티들에게 자신을 표현할 기회를 주는 교육과정이라고 할 수 있다. 이를 통해 학생들은 자신을 한껏 표현하면서 자신이 받은 교육에 대한 긍정적 인식을 내면화하는 것이다.

4) 언어실천과 저항

유치원(반)부터 조선학교에 들어가는 아이도 있지만 대부분은 초급학교부터 조선학교에 다니게 된다. 초급학교에 입학한 아이들은 곧 본격적인 조선어 교육을 받게 된다. 앞에서 확인한 것처럼 조선학교의 조선어 교육은 매우 집중적으로 이루어진다.[19] 그러나 조선학교의 조선어 교육은 체계적인 교육 및 수업을 통해서만 이루어지는 것이 아니라 수업 외의 일상적인 실천과 참여를 통해 이루어지고 있다.

조선학교에서의 실천을 통한 조선어 교육(내면화)의 가장 특징적인 것이 '지적 사업'이라는 상호감시 시스템에 의한 일상적 조선어 실천으로의 강제이다. 이는 조선학교라는 공간 속에서 허락된 시간(일본어 수업) 이외의 모든 언어실천을 조선어로 하도록 공동체의 구성원 모두가 서로를 감시하는 것이다. 정반대의 경우이지만 다른 언어를 배척한다는 점에서는 일제강점기 말기, 식민지 조선의 '국민학교'에서 행해진 '국어(일본어)상용운동'을 생각하게 한다. 조선의 식민지시대에 일본에 의한 '국어상용운동'의 실천방법 중에는 "나는 조선어를 사용했습니다"라고 적힌 어깨띠를 준비하고 조선말을 쓴 학생에 걸게 하는 방법이 있었다. 어깨띠를 걸게 된 학생은 조선말을 쓴 다음의 학생을 찾을 때까지 어깨띠를 걸고 있어야 했다.

조선학교에서의 '우리말(조선어) 100%운동'은 어깨띠는 사용하지 않지만, 서로의 언어생활을 감시한다는 측면에서 식민지시대의 '국어상용운동'과 같은 구조를 갖고 있다. 물론 민족적 아이덴티티의 핵심을

19) 최근 일본의 영어교육계에서는 성공적인 '몰입교육(immersion education)'의 사례로서 조선학교의 조선어 교육을 바라보는 연구가 소개되고 있다. 대표적인 연구로서 湯川(2003), 柳美佐(2009)가 있다.

부정하고 멸시하기 위해 행해졌던 식민지시대의 '일본어 강제'와 민족적 아이덴티티를 지키기 위해서 오늘날 조선학교에서 행해지고 있는 '조선어 존중'의 정치적, 사회적 의미는 전혀 다르다.

〈사진14〉 '일본어 쓰레기통'

이 사진은 연구현장인 J조선초급학교에서 학생들이 소년단 활동을 통해서 자체적으로 만든 '일본어 쓰레기통'이다. 학생은 서로의 언어실천을 감시하고 대화 속에서 일본어의 사용을 지적한다. 지적을 받았을 때 사용한 일본어는 종이에 적어 '일본어 쓰레기통'에 버리는 것이다.

이렇게 '쓰레기통'에 모인 '일본어 쓰레기'는 그날 총화시간(반성회)에 적절한 조선어로서 재활용된다. 어학의 학습효과를 생각하면 분명 효율이 높은 방식이지만, 아이들은 자신이 학교 밖의 일상에서 사용하는 언어를 '쓰레기'로서 부정해야 하는 '곤란함'과 조우하게 된다. 여기에서 일상적 모국어로서의 일본어는 '쓰레기통에 버려야 할 나쁜 것'과 '가족, 친구와의 대화에 사용하는 좋은 것'으로 분열된다. 또한 이러한 일상언어의 가치 분열에 따라, 아이들의 인식과 실천의 세계와 가치도 양분된다. 그러나 갈라진 두 개의 세계 모두, 조선학교의 학생들의 일상적 실천이 이루어지는 생활세계(lebenswelt)이기 때문에 그 어느 한쪽을 완전히 부정할 수는 없다. 따라서 조선학교 학생들은 이 모순을 극복하는 것을 시도하는 것이 아니라 모순과 함께하는 길을 택한다. 그 길은 다름 아닌 '연기'를 하는 것이다.

조선학교 안에서 이루어지는 일상적 실천을 '연극적'으로 파악하게 되면, 학생들 간에 서로 심한 지적(고자질)을 하거나 반성회 때 서로를 비판하면서도 친한 친구 관계가 유지되는 '신기한 인간관계'와, 하교시에 조선 학교의 교문을 나서자마자 즉시 일본어 모드로 전환되는 것(대화의 내용은 유지된다) 등 언뜻 보기에 '기묘한' 그들의 행동을 이해할 수 있다. 설령 무대 위에서 서로 적을 연기한 배우이기 때문에 무대 뒤에서도 미워하는 연기를 계속해야 할 필요는 없기 때문이다. 그러나 '연극적'이라고 해도 조선학교에서의 일상적 실천이 진짜 연극과 다른 점은 삶의 실재성에 있다고 할 수 있다. 학생들은 조선학교 안에서 '연기'를 하면서 학습하고 인간 관계를 만들면서 웃고, 울고, 느끼고, 성장한다. 즉 조선학교는 무대 위의 가상세계가 아니라 손으로 만질 수 있는 '리얼리티'에 찬 삶의 공간이기도 하다. 그러므로 그 공간 안에서 '연극적'으로 학습된 조선어 능력도 실재성과 실용성을 갖추고 있는 것이다.

5) 두 개의 언어 세계와 '연기'

2003년 7월 7일 칠석날,[20] J조선초급학교는 소년단의 날이었기 때문에 1학년부터 6학년까지 전원이 강당에 모여서 칠석을 기념하는 행사를 하게 되었다. 행사에서 학생들은 칠석과 연관된 조선의 옛날이야기 '견우와 직녀'를 들었다. 2학년을 담당하고 있는 남자 선생님이 그림책을 손에 들고 이야기를 시작했다. 1, 2학년생도 있었기에 선생님은 군데군데 일본어를 섞어가면서 이야기를 해야만 했다. 일본어와 섞어

20) 일본의 소학교에서는 칠석을 기념해서 평소의 소원을 대나무에 거는 풍습이 있다. 조선학교에서 칠석을 기념하는 것도 일본 사회에 대한 거울 이미지로서의 실천의 하나라고 할 수 있다.

서 말하느라 혀가 꼬였는지 선생님은 이야기 속의 '견우'의 발음을 그만 '교뉴(巨乳)'라고 말해 버렸다. 순간 고학년 학생 몇 명과 다른 선생님들이 키득거렸다. 아이들이 웃자 이야기를 낭독하던 선생님의 얼굴이 빨개졌지만 저학년 아이들은 선생님과 선배들이 왜 웃는지 모르겠다는 어리둥절한 얼굴로 주위를 둘러보았다.

조선어 발음의 작은 실수로 전혀 다른 의미의 일본어로 의미가 미끄러진 것이다. 그 낙차가 크면 클수록 큰 웃음을 제공하고 그 자리의 긴장을 풀어주는 효과가 있다. 애절한 칠석 이야기의 주인공인 '견우'와 '거유(巨乳 : 일본어 발음은 교뉴, 가슴이 큰 여성을 의미하는 성적인 은어)' 사이에는 큰 차이가 있고, 또 그것을 발화한 주체가 젊은 남자 선생님이기에 모두가 웃은 것이다. 그러나 여기서 주목해야 할 점은 저학년들은 전혀 웃지 않았다는 것이다. 즉, 모어이며 인식어이기도 한 그들의 일본어에는 아직 '교뉴(거유)'라는 단어가 입력되지 않았던 것이다. 이러한 '농담적 상황'을 이해하기 위해서는 조선어 능력은 물론 일본어 능력도 빼놓을 수 없다는 사실을 저학년들은 보여주고 있었다. 그리고 한 가지 중요한 점은 이런 시니피앙(signifiant)의 우연한 유사성에 의한 의미의 '미끄러짐'의 벡터는 대부분 조선어에서 일본어로 전환할 때 일어난다는 점이다. 그것은 그들의 인식어가 일본어임을 다시 한 번 확인해준다.

'견우'의 사례는 의도하지 않은 실수에 의한 것이었지만 이런 '미끄러짐'을 의도적으로 사용하는 경우도 있다. 조선학교의 전형적인 '불량 학생'이었다고 자신의 고교 시절을 회상하는 한 '아버지(J초급학교의 학부형)'는 고급부 시절 '김일성 장군의 노래'를 제창할 때에 하던 어떤 '장난'에 대해 가르쳐 주었다.

장백산 줄기줄기 피어린 자욱
압록강 굽이굽이 피어린 자욱
오늘도 자유조선 꽃다발우에
력력히 비쳐주는 거룩한 자욱
아-, 그 이름도 그리운 우리의 장군
아-, 그 이름도 빛나는 김일성장군

만주벌 눈바람아 이야기하라
밀림의 긴긴 밤아 이야기하라
만고의 빨찌산이 누구인가를
절세의 애국자가 누구인가를
아-, 그 이름도 그리운 우리의 장군
아-, 그 이름도 빛나는 김일성장군
(이찬 작사, 김원균 작곡 〈김일성 장군의 노래〉 1절, 2절)

그에 따르면 우선 2행의 '굽이굽이'는 일본어의 "구비리구비리(ぐびりぐびり)"[21]로 미끄러져 앞의 압록강과 절묘하게 이어져 웃음을 유발하는 것이다. 여기서 이 노래의 '숭고함'은 꽤 상처받게 된다. 더 결정적인 것은 제2절 3행의 "만고(萬古)의 빨치산"이다. 그는 친구들과 "만고"에서 "고"에 각별히 힘을 넣어 노래를 불렀다고 했다. 이 부분에 힘을 넣어 발음함으로써 일본어 발음상 탁음 발음이 청음이 되면, 조선어로 "역사에 유례가 없을 만큼 뛰어난"이라는 시니피에와 이어져 있는 시니피앙은 일본어로 여성의 성기를 가리키는 단어로 '미끄러지고', 그 일본어의 시니피에가 다음의 조선어 가사로 이어지면 과거 만주에서 조선의 독립을 위해 용감하게 일본군과 싸운 절세의 영웅을 기리는 이

21) 일본어 '구비리구비리(ぐびりぐびり)'는 '술을 꿀꺽꿀꺽 마시는 모양'에 대한 의태어이다.

노래의 고귀함은 완전히 뒤집혀 버리는 것이다.[22]

그에 의하면 여학생들은 이런 이유에서 제2절을 부르는 것을 꺼리고 있었다고 한다. 또 일본어의 시니피에로 연결되어 그 가사를 입에 담는 것은 '불경죄'에 해당하기 때문에 '인용(citation)' 자체가 안 되고 따라서 총화 때도 비판의 대상이 되지 않았다고 한다. 이렇게 해서 조선학교의 억압적 상황 속에서 개인이 도망칠(exit) 수 있는 '비상구'가 만들어지는 것이다. 또 그 '비상구'가 원래 '쓰레기'였던 일본어에 의해 만들어지는 것은 한 가지 흥미로운 아이러니이지만, 이 에피소드는 조선학교의 언어실천이 가진 이중구조를 이해하는 데 중요한 힌트를 준다.

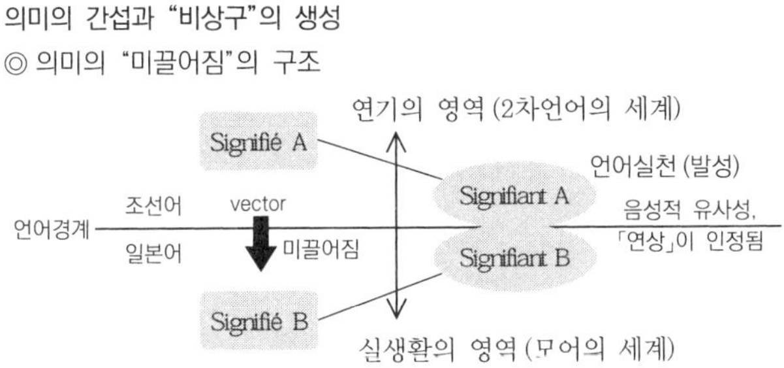

〈사진15〉 의미의 간섭과 '비상구'의 생성

이처럼 조선학교에서의 집단주의의 억압에 대한 개인의 저항은 '일본어'를 사용한 언어실천에 의해 이루어진다. 예를 들어 고급부에는 사상교육에 특히 열심인 태도를 보이고 있는 학생들을 '열성자(조선학교의 학생들 중의 핵심멤버)'라고 부르고 다른 학생들의 모범으로 삼기 위해

22) 그의 명예를 위해서 부언하자면 이 노래를 장난으로 부르기는 했지만, 조선학교의 수업 시간에 배운 지도자의 역사적 공헌에 대해서는 충분한 존경심과 칭찬의 마음을 품고 있었다.

'학습조'라는 비공식적인 간부양성 과정에 넣어 특별교육을 실시하지만 당연히 그들의 존재는 다른 '평범한 학생들'에게는 억압적 존재가 된다. 그런 그들을 가리키는 말은 어김없이 일본어이며, 구체적으로는 '새빨간(真っ赤か)', '빨간사람(赤い人)' 등이 있다. 또 싫어하는 선생님의 이름을 뒤에서는 일본어 읽기로 부르는 것도 그런 저항의 일종이다.

마치 폴 윌리스(윌리스, 1989)의 '해머타운의 사나이들'의 실천을 연상케하는 조선학교의 '비상구'는 반드시 일본어 실천에만 한정되어 있는 것은 아니다. 학교 밖의 억압적 상황 속에서는 '조선어'가 그 역할을 하는 경우도 있다. 지금은 보기 힘들지만 치마저고리를 입고 전철이나 버스를 타면 그것이 오사카라 해도 주위의 주목을 받는 것은 불가피하다.[23] 그때 그녀들은 일부러 다른 사람들이 들으라고 큰 소리로 조선어로 대화를 하면서 주위 일본인에 대한 '욕'이나 '악평'을 공연하게 하는 경우가 종종 있다. 그것은 단순한 장난이 아니라 '일본인'에 둘러싸여 있는 상황에서 '치마저고리를 입은 민족의 아이콘'이 되어버린 것에서 생기는 억압에 대한 자기방어적 실천이라고 할 수 있다.

이렇게 일본어와 조선어로 나뉜 두 세계를 오고 가면서, 조선학교의 학생들은, 조선어와 일본어라는 두 개의 언어에 의한 언어실천을 하고 있다. 그러한 실천은, 그 장면 장면에 있어서의 존재할 수 있는 각각의 억압에 대한 '비상구'를 만들어내는 실천이기도 하다. 그러한 조선학교 학생의 이중언어 실천의 특징을 가장 잘 나타내고 있는 것이 '통명'의 사용이다. 본질주의적이면서 동시에 원리주의적인 민족의식의 생성 장치와도 같이 보이는 조선학교에서 배우는 학생들이기 때문에, 통명

23) 치마저고리를 입고 일본 사회 속에 서는 것이 주는 억압을 이해해 보기 위해서 필자도 현장연구 기간을 중심으로 오사카시에서 약 3개월 정도를 한복을 입고 생활을 해보았다.

을 가질 리 만무하고, 만일 가지고 있다고 하여도 사용하지는 않을 것이라고 생각하는 사람들이 많겠지만, 실상은 그 예상을 완전히 벗어나는 경우가 많다.

조선학교의 학생들과 패밀리 레스토랑에 갔을 때의 일이다. 공교롭게 식당이 만석이었기 때문에 우리들은 조금 기다리기로 했다. 함께 간 여학생 하나가 대기 손님의 명부에 우리들을 대표해서 자신의 이름을 써 넣었다. 그러나 그 학생이 명단에 쓴 이름은 내가 평소 알고 있는 그 학생의 이름이 아니었다. 그 학생은 대기자 명단에 자신의 통명을 적었던 것이다. 나는 그 학생에게 이유를 물었다. 학생의 대답은 그것이 습관이라고 했다. 또한, "여기는 일본이기 때문에"라는 답변도 돌아왔다. 그 순간 머리를 세게 한 대 얻어맞은 듯한 충격과 함께 그 동안 보이지 않았던 것들이 순식간에 전부 연결되어 이해가 되었다.

"여기는 일본이기 때문에 일본 이름을 사용한다"는 논리를 뒤집으면, "여기는 조선학교이기 때문에 조선어를 사용해야 한다"가 된다. 그런 의미에서 조선학교의 학생들은, 두 언어에 의해 구성된 각각의 세계인 '무대' 위에서 대본(문화)에 맞춰서 일본어와 조선어로 두 언어 세계를 '연기' 하고 있는 것이다. 만약 그 무대에서 무엇인가의 압력에 의해 그들의 '연기'가 한계에 직면해도, 그들은 걱정하지 않는다. 각각 준비된 '비상구'를 이용해 탈출해, 또 하나의 자신의 세계로 가버리면 되기 때문이다.

5. 정체성의 정치에서 정체성의 관리로

조선학교의 교육과정의 특징은 크게 보아서 분리주의, 집단주의, 그리고 퍼포먼스라고 할 수 있다. 조선학교의 극단적인 분리주의는 일본 사회 안에서 일본인과 조선인 사이의 '민족적 내적 국경'을 관념적으로 구축하는 것에 그치지 않고, '학교'라는 물리적 '해방공간'을 확보한다. 이 공간 안에서 학생들은 '조선인 선생님'에 의해서 '조선말'을 사용하여 '조선사람'으로 교육되는 것이다. 조선학교의 학생들 중에는 어머니가 일본인인 학생들도 있지만, '학교'안에서는 그들의 실제 국적인 일본 국적은 부정된다. 공식적으로 조선학교에서 인정되는 국적은 '조선적'과 '한국 국적'뿐이다. 일본 국적이 인정되지 않기 때문에 사용되는 이름은 당연히 '본명(민족명)'이다.[24] 이렇게 분리된 공간 안에서 조선학교의 학생들은 일본 사회 속에서는 경험할 수 없는 '조선민족으로서의 삶'을 일상적으로 경험하게 된다. 이 같은 분리의 경험은 민족학급이나 본명선언에서 상징조작을 통해서 얻어지는 민족 구별의 경험보다 훨씬 구체적이고 또 일상적이다.

또한 분리된 공간 안에서 이루어지는 교육은 철저히 집단주의적이다. 북한식 교육의 영향도 있지만, "일본 사회 속에서 민족을 지킨다"는 일상화된 위기의식이 조선학교의 민족교육 내부의 공동체주의적 이데올로기를 강화시키기 때문이다. 조선학교의 시험기간 중에 흔히 볼 수 있는 '2인조학습'[25]은 조선학교 내에서의 공동체주의가 개인주의를 압도하는 전형적인 사례라고 하겠다.

24) 최근에는 조선학교 안에서 일본 국적의 학생에게 일본 이름을 사용하게 하는 사례가 부분적으로 관찰되고 있다. 이러한 대응도 조선학교의 유연성을 말해주는 사례라고 할 수 있다.

25) 성적이 뛰어난 학생이 성적이 떨어지는 학생과 조를 이루어서 그 학생의 부족한 부분을 가르쳐 주어 성적향상에 도움을 주는 조선학교의 제도를 말한다. 조선학교 현장에서는 "인조 학습"이라고 한다.

이처럼, 조선학교의 민족교육에는 두 가지 측면이 있다. '조선사람'으로서의 강한 자각과 조선어 능력은, 철저한 집단주의에 의해서 보증되기 때문에, 그것은 한 '개인'에게는 매우 억압적인 환경을 만드는 원인이 된다. 따라서 자유주의자의 입장에서 보자면, 조선학교는 학생을 억압하는 매우 비민주적인 권력기관으로 보일 것이다. 그러나 실제로 학교현장에 들어가서 천천히 관찰하게 되면, 겉으로 보이는 것이 전부는 아니라는 것을 곧 알게 된다. 낡은 건물이지만, 학생들과 교사들의 애정이 깃든 손길을 구석구석에서 느낄 수 있는 학교 건물, 친밀감 속에서 유지되는 교사의 권위, 친구에 대한 사랑, 학생들이 보이는 자발성, 틀에 박힌 듯이 보이지만 사실은 독창적인 발상, 학교와 동포사회에 대한 사랑과 자부심… 등이 보이게 된다. 이와 같은 이해를 통해서 학생들의 생활을 보게 되면, 전혀 새로운 의문이 들게 된다. 즉 교육현장에서 개인은 억압받고 무시되는 경향이 강하지만, 학생들 하나하나가 보이는 강한 개성과 활기는 과연 어디에서 비롯되는 것일까? 이 질문이야말로 이 연구를 관통하는 핵심적인 질문이었다고 해도 과언이 아니다.

이 의문에 대한 답은 아마도 표출되는 공식적 교육과정과 잠재적 교육과정 사이의 커다란 괴리와 그것의 불가사의한 결합에 있다고 하겠다. 즉 조선학교의 공식적 교육과정을 지배하는 것은 공동체주의적 담론이지만, 학생과 교사와 보호자들의 상호작용 속에서 형성되는 잠재적 교육과정에서는 '개인'에 대한 '비상구'[26]를 항상 열어놓고 있기

26) 이 글에서 사용하고 있는 '비상구'라는 개념은, 기본적으로 허슈먼(Hirschman, 1970)의 'exit(퇴출, 출구)' 개념을 응용한 것이다. 허슈먼은 경제학적 차원에서 소비자 행동에 관한 'Exit'와 'Voice'라는 매우 독특한 이론을 제시했다. 그에 의하면, '퇴출(출구, exit)'이란 소비자가 그 회사의 상품을 사는 것을 그만두거나, 조직의 멤버가 조직을

때문이다. 이러한 비상구는 이중언어에 의한 다중적 자아의 운용을 통한 실천과정에서 만들어지는 것이기 때문에, 높은 수준의 일본어 능력과 동시에 조선학교의 문화를 충분히 이해하지 못하면 쉽게 발견할 수 없다. 조선학교의 일상적 실천에서 발견되는 '비상구'는, 조선학교에서 이루어지는 소위 '사상교육'[27]을 받아들이는 학생들과 학부모들의 모순적인 태도 속에서도 존재한다.

〈사진16〉 조선학교의 행진에서 보는 집단주의 속의 개인

탈퇴하는 것이며, '발언(voice)'이란 소비자나 조직의 멤버가 그 조직 자체에 대하여 불만을 표명하는 것을 의미한다. 여기에서는, '조선학교의 안에서, 억압적 공동체주의로부터 개인이 실천하는 회피의 전략'이라고 하는 개념으로 사용했으며, 'exit'를 말 그대로 '비상구'라고 번역한 이유는, 조선학교의 일상생활에 있어서의 'exit'의 생성과 실천이, 수행적 언어실천(Austin, 1962) 속에서 매우 순식간에 이루어지고 있다는 것과, '비상구'를 통한 공간적 차원의 이동이 동시에 행하여지고 있는 것을 설명하기 위해서다.

27) 필자의 현장연구가 집중적으로 이루어지던 시점의 사상교육은 중학교 2학년부터 "조선 혁명역사"라는 과목으로 존재했지만, 현재는 고급부 과정에서만 본격적으로 이루어지고 있다.

조선학교 출신의 인류학자 소니아 량은 총련계 재일코리안에 대한 연구(Ryang, 1997)에서 조선학교의 이러한 사상교육이 북한의 개인숭배를 답습하고 있는 현실을 비판하지만, 실제로 조선학교의 교육현장에서 관찰해보면, 이러한 사상교육에 영향을 받는 학생들은 소수의 '열성자'에 불과하며, 대부분의 학생들은 '비상구'를 통해서 빠져나가는 것을 볼 수 있다. 다른 억압적인 교육내용들도 마찬가지이다. 이처럼 공동체주의와 자유주의의 불가사의한 공생을 가능하게 하는 것은, 학생들과 교사들의 이중적 현실인식에 있다.

량도 지적하고 있듯이, 조선어는 조선학교의 학생들과 교사들의 공적 생활을 지배하는 언어이며, 일본어는 모어이자 그들의 사적 영역에서 사용되는 언어이다. 이러한 공적 영역과 사적 영역의 구분은 '학교 안과 밖'이라는 물리적인 공간에 따라서 이루어지기도 하지만, 그때그때의 대면적 상황에 따라서 변화하기도 한다. 예를 들면 학교 안의 공간에서 이루어지는 선생님과 학생의 대화라 하더라도, 수업과 같은 공적 영역에서는 조선어가 사용되지만, 농담과 같은 사적인 상황에서는 부분적으로 일본어의 사용이 허용된다. 량은 조선학교와 총련계 재일코리안이 사용하는 조선어가, 사용되는 장면이 한정되어 있고, 그 활용이 구어적인 표현이 아닌 문어적 표현이며, 사용하는 표현이 한정되어 있는 '제한된 것(limited)' 이라고 비판한다. 이러한 비판에는, 아마도 그녀 자신이 조선학교에서 배울 때, '말이 곧 민족이다'라는 담론의 영향을 과도하게 받은 배경이 있으리라 생각되지만, 한국에서 태어나서 자라 한국어를 모어로 하는 필자가 보기에 조선학교의 조선어는 공적 영역의 문화를 구성하고 관리해나가는 측면에서는 전혀 문제없이 기능하고 있었다.

분리주의, 집단주의에 이어서 '퍼포먼스' 또한 조선학교를 이해하는

데 있어서 중요한 개념이다. 앞에서 살펴본 것처럼, 언어에 의해서 분리된 두 개의 세계가 공존하는 조선학교의 현장에서 2차습득언어인 조선어에 의해서 이루어지는 공적 영역의 활동들은 본질적으로 '연극적'이기 때문이다. 한 재일코리안 어린이가 부모님의 손에 이끌려 조선학교의 문을 들어서는 순간부터 그 아이의 공적 영역, 그리고 공적 자아(public self)는 조선어에 의해서 지배되고 관리되며, 그것에 맞춰서 연기를 하지 않으면 안된다. 고프만(Erving Goffman)의 설명을 통해서 보면, 행위주체로서 이 아이가 연기를 할 때 나타나는 결과는 자아의 이중성이다(Goffman, 1959). 즉 연기를 통해서 표현되는 자아와 연행의 주체로서 가지게 되는 정체성은, 이 아이의 자아를 공적 자아와 사적 자아로 양분하는 것이다. 그러나 배우이면서 동시에 관객이라는 상황 속에서, 학교라는 공적영역에서 공적 자아를 연기하기 위하여 다른 학생들과 같은 버전(version)의 인상조작(impression management)을 해야만 하는 조선학교의 특수한 상황을 고려하면, 이 아이의 사적 자아는, 사회학자 미드(Mead, 1934)의 개념을 빌리자면, 차라리 '사회적 자아(me)'에 가깝다. 이 경우 'I(미드가 말하는 주관적, 사적 자아)'가 속하는 세계는 조선학교라는 공적 영역을 벗어난 곳에 위치한다. 따라서 조선학교 학생들과 교사들이 공적 영역에서 주어진 역할의 가면을 벗을 수 있는 것은 '사적 영역', 즉 '일본 사회'라는 세계이다. 학교를 마치고 집으로 돌아가는 조선학교의 학생들의 대화가 교문을 벗어나자마자 일본어로 바뀌는 것은 바로 이러한 상황을 잘 설명해준다.

그러나 '조선인'이라는 공적 자아의 가면을 벗는 행위가 이처럼 집단적으로 이루어진다는 것은, 교문 밖의 세계 역시 조선학교의 학생들에게 있어서, 'I'가 표현될 수 있는, '사회적 통제가 미치지 않는 은밀한 장소'는 아니라는 것이다. 이것은 조선학교 학생들의 '이중적 현실인식

구조'를 이해하는 데에 매우 중요한 시점을 제공해 준다. 즉, 지금까지 설명해온 조선학교의 공적 영역과 사적 영역, 그리고 행위주체의 이중적 자아의 구조가 매우 중층적이라는 것과, 상황에 따라서 순간적으로 역전이 가능하다는 것이다.

조선학교의 학생들에게 있어서 조선학교라는 공적 영역의 생활은 가상(virtual reality)이 아니다. 그것은 사적 영역으로서 일본 사회라는 세계가 실재하는 것과 마찬가지이다. 따라서 조선학교의 학생이 자유롭게 왕래가 가능한 양쪽의 세계에서 각각의 퍼포먼스를 수행할 때 행위주체에게 생성되는 정체성(identities)의 정당성(legitimacy)은 '무대'의 실재에 의해서 보증된다. 이것은 조선학교 학생들의 당당한 통명 사용이라는 '이상한 현상'을 이해할 수 있게 한다.

앞에서 확인한 것처럼 조선학교의 학생들의 당당한 통명 사용에는 "다카츠키 무궁화 모임"의 연구에서 김태영이 소개한 '순자'가 통명을 사용하면서 느꼈던 '비굴한 조선사람'의 이미지는 존재하지 않는다.

<표2> 조선학교 학생과 교사의 언어실천과 다중적 자아의 존재양식

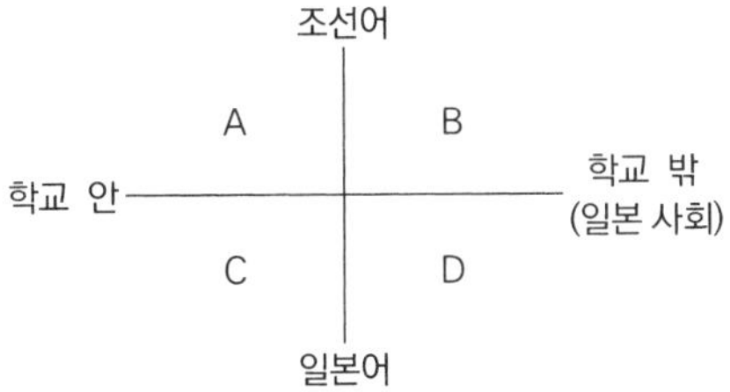

A : 학교 공간에서 조선어로 표현되는 자아
B : 일본 사회 속에서 조선어로 표현되는 자아
C : 학교 공간에서 일본어로 표현되는 자아
D : 일본 사회 속에서 일본어로 표현되는 자아

물론 조선학교 학생들이 통명을 사용하는 것은 김태영의 사례에서 순자가 '편의적으로 선택'한 전술이라는 면에서 맥락을 같이 한다. 그러나 순자가 감추려고 한 '조선인으로서의 자신'이 사회적인 맥락에서 사실은 실재하지 않는 가상적인 존재라는 것에 비하여, 조선학교 학생들이 통명을 사용하여 감추고 있는 '조선인으로서의 자신'은 학교공간으로 대표되는 '민족'이라는 '또 하나의 세계'에 실재하는 것이며, 그 세계에서 습득한 조선어 등의 문화적 요소들은 '조선인'이라는 또 하나의 자신에 대한 자신감의 내용물을 구성한다. 이러한 상황에서 조선학교 학생들에게 있어서 정체성은, 어떠한 노력을 기울여 지향해야 할 것이 아니라 그때그때의 상황에 따라서 관리해 나가는 것이 된다. 그렇다면 정체성의 정치를 넘어서 김태영이 찾고자 했었던 재일코리안의 "유연하고도 탄력적인 정체성의 가능성"은 오히려 이처럼, 조선학교의 실천현장에서 발견되는 것은 아닐까?

6. 결론 - 정체성을 횡단하는 주체의 가능성

"이름 때문에 울어본 적이 있습니까?"

이것은 1998년에 공개된 다큐멘터리영화 《본명선언》의 선전 카피이다. '본명선언'은 일본 아마가사키시(尼崎市)의 공립 고등학교에 다니는 재일코리안 3세 학생들의 '본명선언'이라는 실천을 취재한 한국의 다큐멘터리 영화이다(홍형숙, 1998). 이 영화에는 한 '양심적 일본인 교사'가 나온다. 영화에서 그 교사는 재일코리안 학생들에게 이렇게 말한다. "본명을 숨기고, 즉 너희들의 민족을 숨기고 통명(일본 이름)으로 일본인 행세를 하는 것은, 말하자면 거짓말을 하는 것이다. 그래도 좋은가?" 자신이 조선사람 이라는 것에 자부심을 가지라는 그 교사의 말과 열정에 감명을 받은 재일 코리안 학생들은 큰 결심을 하고 전교생이 모이는 집회에서 단상에 올라가, "내 이름은 ○○가 아니라 △△입니다. 앞으로 △△라고 불러주세요." 라고 자신의 본명을 선언한다. 영화에서 무사히 '선언'을 마치고 무대 뒤로 돌아온 학생은 엉엉, 아주 서럽게, 세상이 떠나가라 운다. 학생에게 본명선언을 할 용기를 불어넣어 준 그 교사는 서럽게 우는 학생을 안고 등을 부드럽게 쓰다듬으며 자랑스럽다는 듯 말한다. "자알했다"고.

왜 그 재일코리안 학생은 그토록 울지 않으면 안 되었을까? 무엇이 그토록 슬프고 서러웠을까? 재일코리안의 통명에는 어떤 슬픔과 어떤 양심의 가책이 숨겨져 있는 것일까? 이러한 질문에 대답하지 않고, 정체성의 정치를 초월하는 '개인적 실천'의 가능성을 찾는 것은 무의미한 일이다.

통명은 재일코리안라는 역사적, 사회적 존재 안에 자리하고 있는 후기식민지성(postcoloniality)의 상징이다. 이처럼 재일코리안에게 있어서 식민주의의 억압은 과거형이 아니라 현재진행형이다. 영화와는 조금 다르지만, 여기 구체적인 본명선언의 사례가 있다.

> 나는 지금까지 진짜 이름이 아니라 일본식의 이름인 통명을 사용해서 살아 왔습니다. 나는, 할아버지 할머니가 식민지 시대에 일본에 건너오신 재일한국인 3세이며, 오늘부터 진짜 이름, 즉 본명인 김유미를 사용해서 살아가겠습니다. [중략]
>
> 내 이야기를 듣는 사람들 중에는 "일부러 굳이 뭐하러 바꾸지?"라고 하는 사람이 있을지 모르겠지만, 나는 '김유미'라는 이름에 긍지를 가지고 있으며, (사람에게) 이름은 하나밖에 없는 것이 당연한 것입니다.

> 왜 일본인이 아닌 제가 일본식의 이름을 사용하지 않으면 안되는 걸까요?
> 미국사람에게는 미국식의 이름이, 중국 사람에게는 중국식의 이름이 당연한 것처럼, 저는 일본의 역사와 사회가 우리들 재일한국인에게 강요해 온 일본식 이름을 사용하지 않고 제 본명인 '김유미'를 사용해서 당당하게 살아가고 싶습니다. 저는 학교에서도 일상생활에서도 한국인답게, 당연하게 살아나가고 싶습니다. (朝鮮人教育研究協議会編 1995: 14)

그러나 재일코리안들이 일본에서 "당연하게 살아나가기"는 그렇게 간단한 일이 아니다. 《본명선언》은, 영화의 현장이 되었던 고등학교에서 과거에 본명선언을 했던 졸업생들에 대한 추적 인터뷰를 시도하지만, 결국 본인들의 거부로 인해 실패하는 대목에서 끝난다. 그것은 과거 본명선언을 했던 모두가 일본 이름으로 돌아가서 생활하고 있었기 때문이었다. 개중에는 학창시절에 본명선언을 했기 때문에 동창회에도 나가지 못하는 사람도 있었다. 자신의 민족적 출신을 알고 있는 사람과의 연줄을 확대하고 싶지 않은 것이 '숨은 조선사람(隠れ朝鮮人)'들의 속마음이기 때문이다.

재일코리안의 민족교육은 이와 같은 '불안'을 해소하기 위한 정체성의 정치이다. 그러나 그 중에는 《본명선언》 속 일본인 교사의 실천에서도 보이는 것처럼, '개인'에 대한 억압이 언제나 존재한다. 정체성의 정치에 내재하는 공동체주의의 억압에서 벗어나려는 '개인'의 실천은, '탈민족', '탈국가'와 같이 탈본질주의를 표방하는 것이었다. 그러나 이 같은 실천을 통해서 어느 정도의 개인적 변화를 기대할 수는 있지만, 현실세계에 존재하는 억압구조까지 변화시킬 수는 없다. 사회적, 역사적 존재로서 재일코리안에게 있어서 억압구조란, 식민주의의 연속성이라는 후기식민지성에 근거한다.

식민주의에 대항하는 방법론에 관한 견해 중에서, 수단으로서의 '폭력'을 제외한다면, 파농(Fanon, 1963)의 방법론에 동의할 수 있다. 즉, '민족문화'라고 하는 실재적인 것, 식민주의의 지배력에 대한 '민족국가'라고 하는 국가주의의 전략적인 이용이다. 그러나 아무리 '전략적'이라고 하여도, 이와 같은 민족주의와 국가주의의 동원에는 반드시 본질주의의 망령이 따라붙게 된다. 조선학교에서 볼 수 있는 민족과 국가 담론의 동원도 완전히 이러한 전략과 일치한다고 볼 수 있지만, 조선학교 안에서 그 구성원들에 의해 이루어지는 실천이 만들어내는 '이율배반의 공존 구조'에 의하여, 본질주의의 망령에 대한 공포는 기각된다고 할 수 있다.[28)]

조선학교의 현장에서 관찰되는 집단주의와 개인주의의 공존이나, 본질주의에 기초한 국가주의 담론과 탈국가주의, 탈민족주의적 실천의 공존과 같은, 언뜻 모순된 것처럼 보이는 여러 요소들이, 사실은 연극성과 이중적 언어실천에 의한 이중적 현실 인식에 의해 깔끔하게 통합되어 있다는 사실은 매우 중요하다. 이 같은 인식구조는 전략적으로 본질주의에 기댈 수밖에 없었던 정체성의 정치에 노정되어 있는 한계를 회피할 수 있는 정체성의 새로운 가능성을 열어준다. 즉, 정체성에 관한 전략들에 존재하는 본질주의를 회피하면서 개인적 차원으로 해체되는 것도 피할 수 있는 책임성(능동적 의도)있는 행위주체(agency)에 의한 정체성 관리능력의 가능성이다.

페미니즘 이론가 버틀러가 제시하는 '행위주체' 개념은, 구조 그 자체에서 해방의 출구를 보여주지 못하는 알뛰세르의 주체론에 변혁

28) 이런 점에서 조선학교 현장에서 발견되는 정체성 관리의 실천은 '초국가적(transnational)' 측면을 가지고 있다고 할 수 있다.

(subversion)의 가능성을 열어주고 있다(Butler, 1997). 그것은 호명(interpellation)에 의해서 일방적으로 주체화되어가는 종속적인 주체가 아니라, 호명하는 타자(Other)의 소리에 돌아보지 않으면서도 주체화될 수 있는 '저항'의 가능성이다. 즉, 소수자로서 재일코리안은 일본이라는 시스템 속에서 "거기 있는 조선인!(そこの朝鮮人!)"이라고 호명하는 목소리에 대하여 "예!" 하면서 돌아보는 것이 아니라, "아니요, 나는 자이니치(在日)인데요."라고 대답하는 정체성의 정치를 구사하거나, 혹은 '일본인으로서 패싱(passing)하는' 행위주체를 만들어 낸다.

이것은 재일코리안의 정체성의 존재방식에 관한 논의 중, 종래의 본질주의적 정체성을 극복하고 '유연하고도 탄력적인 정체성'의 가능성을 발견하려 하는 자유주의론자의 생각과도 일맥상통한다고 하겠다. 그러나 통명을 사용하며 일본인으로 패싱하고 있는 '숨은 조선인'들이라고 할지라도, 그들이 시스템 안에서 타인과 친밀한 인간관계(예를 들면 진실한 우정, 연애 등)를 추구하려고 할 때에는, 패싱하는 행위주체가 아니라, 시스템에 종속적인 '주체'의 정체를 자백하려고 하는 경향이 관찰된다는 사실은(徐京植, 2005), 그들이 본질적으로 억압적 구조에서 자유롭지 못하다는 것을 보여준다. 이것은 달리 표현하면, 일본이라는 국민국가의 영토 안에 우연히 태어나게 된 실존적 존재로서 '일본인'과 '재일코리안'은, 그 주어진 존재론적 소여(所與)가 다르다는 것이며, 자신이 놓여진 조건에 대한 반응으로서 재일코리안이 만들어내는 행위주체에는 '주체성(혹은, 책임성)'이 없다는 것을 의미하는 것이다.

후기식민주의 이론가 스피박은 행위주체(agency)라는 개념을 책임있는 이성이라는 원칙에서 나오는 것으로 이해한다(Spivak, 1996:294). 즉, 책임을 가지고 행동한다는 것은, 어떤 '의도'의 존재를 상정하지 않으면 안되는데, 그것은 당연히 주체의 '자유'라는 개념과 이어진다.

그러나 이 '자유'는 처음부터 자연스럽게 주어지는 것이 아니라, 마치 어학능력처럼, 개인이 끊임없는 참여와 실천을 통해서 획득하지 않으면 안되는 것이다. 따라서 조선학교 현장에서 확인할 수 있는 '정체성의 관리(identity management)'는, 단순한 '전략'을 넘어서, '키워진 능력'에 가까운 것이 된다. 그리고 그 능력은 조선학교라고 하는 현실공간의 실재성과 그곳에서 이루어지는 개인의 실천에 의해 자라나는 것이다.

구조(사회구조, 시스템)로부터 '완전한 자유'를 얻을 수 있는 '자유인' 같은 것은 존재하지 않는다. 이 점에 관해서는, 구조주의도, 포스트모더니즘도 동의하지 않을 수 없을 것이다. 그렇지만, 그 주어진 존재론적 소여에 따라, 주체가 가지는 '자유'에도 정도의 차이가 존재한다는 사실 또한 부정할 수 없는 '현실'이다. 그러나 재일코리안과 같이 피억압적이며 종속적인 주체라 하더라도, 구조를 내면화(주체화)하는 과정에서 억압적인 주체화 과정의 인용이나 패러디를 통해서 주체에 가해지는 힘의 관계를 흔들거나 전복(subversion)시킬 수 있다면, 구조에 완전히 복속되지 않는 주체의 존재방식을 만들어내는 것도 가능한 일일 것이다. 그렇기 때문에 조선학교의 문화에서 발견되는 일본 사회에 대한 경상(鏡像)의 존재는 그러한 주체화 과정의 패러디의 결과로 이해해야 할 것이다. 따라서 조선학교 현장에서 확인할 수 있는 정체성을 관리해나가는 '주체'의 능력은, 어떤 의미에서는 서커스 줄타기의 '기술'과 닮았다고 할 수도 있다. 왜냐하면, '줄 위'라는 현실의 패러디에서서, '중력'이라는 '구조'에 완전히 종속되지 않는 줄타기 연기자의 능력은, 연기자 개인에 의한 끊임없는 일상적 실천에 의해서 신체화된 것이기 때문이다.

분명히 정체성의 정치는 어떤 한계점에 도달했다. '정체성 개념의 종언'이 이야기되는 것은 그러한 맥락에서 이해할 수 있다. '해체'를 선언하는 포스트모던 철학의 등장 이후 '주체'에 통합되는 고정적 '정체성'이라는 개념은, 감히 누구도 단순하게 사용할 수 없게 되었다. 그러나 멀티태스킹과 다중적 상황에 대처하는 다중적 자아의 존재 방식이 일반화된 포스트모던 사회에서 '정체성'이라는 개념 자체는 유효기간이 지난 것(上野, 2005)이라는 논의에는 여전히 '정체성'을 절실하게 필요로 하는 존재에 대한 시각이 결여되어 있다고 할 수 있다. 그것은 진화주의적 세계관에 서서 차별구조를 재생산하는 것에 다름 아니다. 파농이 말하는 것처럼, 식민 모국의 언어에 의해 주체화될 수밖에 없는 '식민지적 주체'는 자아의 분열을 강요당하는 이원적 착란에 빠지는 것을 피할 수 없다(Fanon, 1963). 후기식민주의의 중층적 억압에 놓여있는 존재인 재일코리안. 그들은 아직 정체성과 주체의 개념을 버리고 싶어도 버릴 수가 없다. 정체성이라는 개념의 종언론(終焉論)은 동시에 '소수자라는 존재의 종언'을 환기시킨다. 그러나 '끝'이 이야기되는 가운데, 여전히 '억압의 구조'는 건재하다. 이러한 현실인식에 기초해서 재일코리안의 민족교육 현장을 들여다 볼 때, 우리는, 정체성을 본질화하지도 않으며, 그렇다고 해서 해체하지도 않으며, 마치 줄타기를 하듯이 멋지게 균형을 잡아가면서 이 세상(구조)을 건너가는 '정체성의 관리'라는 정체성의 새로운 가능성을 조선학교의 사례를 통해서 확인하게 된다.

이 글은 한국문화인류학회의 『한국문화인류학』 제51집에 실린 논문
「정체성의 정치에서 정체성의 관리로
-조선학교의 민족교육과 재일코리안의 정체성」을 수정·보완한 것임.

참고문헌

권준희, 「재일조선인 3세의 '민족' 정체성에 관한 연구 : 조선학교 출신 '조선적'을 중심으로」, 연세대학교 석사학위논문, 2002.

김명희, 「집합적 기억의 공간으로서 조선학교 교육」, 『아시아교육연구』 18, 2017.

김웅기, 「변혁을 맞이하고 있는 일본 공립학교 민족학급: 재일코리안 민족 교육의 새로운 방안」, 『일본학보』 110, 2017.

김인덕, 『식민지시기 재일조선인 운동연구』, 국학자료원, 1996.

______, 「재일조선인 민족교육과 東京朝鮮中學校의 설립 : 『도꾜조선중고 급학교10년사』를 중심으로」, 『숭실사학』 28, 2002.

김일성, 『재일조선인운동의 강화·발전을 위하여』, 조선노동당출판사, 1997.

박재홍, 「재일 조선학교 축구활동과 국민·민족 정체성」, 한양대학교 석사학위논문, 2011.

손애경, 「총련계 재일조선인 커뮤니티와 조선학교」, 서울대학교 석사학위 논문, 2006.

송기찬, 「민족교육과 재일동포 젊은 세대의 아이덴티티: 일본 오사카의 공립초등학교 민족학급의 사례를 중심으로」, 한양대학교 석사학위논문, 1998.

______, 「소수자로서의 한민족, 한민족 사회의 새로운 소수자 집단: 「젊은 세대」의 대두와 재일동포 민족교육의 새로운 전개」, 『민족학연구』 6, 2002.

오혜경, 「민족학급의 현황 및 민족성 형성에 대한 일고찰」, 『일본문화연구』 66, 2018.

윌리스 폴, 김찬호·김영훈 옮김, 『교육현장과 계급재생산』, 민맥, 1989.

이지연, 「다큐영화 〈우리학교〉를 통해 본 재일조선인 연구: 재일조선인의 정체성과 민족의 의미를 중심으로」, 『인문사회과학연구』 14, 2013.

정진성, 「재일동포 민족학교: 분단과 탈식민의 역사」, 『일본비평』 16, 2017.

정병호, 「재일 조선학교」, 『창작과 비평』 31, 2003.

조국사 편, 『수령님과 해외동포』, 구월서방, 1992.

지구촌동포연대, 『조선학교 이야기: 차별을 딛고 꿈꾸는 아이들』, 선인, 2014.

카지무라 히데키, 김인덕 옮김, 『재일조선인운동: 1945~1965』, 현음사, 1994.

홍리나, 「문화적 저항으로서의 재일동포 민족학급: 히가시오사카시 공립 소학교의 사례를 중심으로」, 한국학중앙연구원 석사학위논문, 2015.

アーヴィング·ゴッフマン, 浅野敏夫 訳, 『儀礼としての相互行為: 対面行動の社会学』 法政大学出版局, 2002.

アルチュセール·ルイ, 柳内隆·山本哲士 訳, 『アルチュセールの「イデオロギー」論』, 三交社, 1993.

上野千鶴子編, 『脱アイデンティティ』, 勁草書房, 2005.

ウリハッキョをつづる会, 『朝鮮学校ってどんなとこ?』, 社会評論社, 2001.
小沢有作, 『在日朝鮮人教育論－歴史篇』, 亜紀書房, 1973.
オースティン、J·L, 坂本百大 訳, 『言語と行為』, 大修館書店, 1978.
大阪府教育委員会, 『在日外国人生徒進路追跡調査報告書』, 大阪府, 2000.
姜徹, 『在日朝鮮·韓国人史総合年表』, 雄山閣, 2002.
梶村秀樹, 『梶村秀樹著作集第一巻 朝鮮史と日本人』, 明石書店, 1992.
梶村秀樹, 『梶村秀樹著作集第六巻 在日朝鮮人論』, 明石書店, 1993.
金光敏, 「公立学校の民族学級支援策と政府施策の不備－大阪市の事例から」, 『日本の民族差別－人種差別撤廃条約からみた課題』, 岡本雅享編 明石書店, 2005.
金兌恩, 「在日韓国·朝鮮人児童のアイデンティティとポジショナリティ－－京都市立小学校における「民族学級」を事例に」, 『京都社会学年報』 16, 2008.
______, 「多民族·多文化教育と新たな共同性の構築:大阪市立小中学校の「民族学級」を事例に」, 『ソシオロジ』 53, 2009.
金泰泳, 『アイデンティティ·ポリティクスを超えて－在日朝鮮人のエスニシティ』, 世界思想社, 1999.
金徳龍, 『朝鮮学校の戦後史－－1945－1972』, 社会評論社, 2002.
金漢一, 『朝鮮高校の青春－ボクたちが暴力的だったわけ』, 光文社, 2001.
ジジェク スラヴォイ, 松浦俊輔, 小野木明恵 訳, 『快楽の転移』, 青土社, 1996.
スピヴァク G·C, 上村忠男 訳, 『サバルタンは語ることができるか』, みすず書房, 1998.
______________, (鈴木聡ほか 訳, 『文化としての他者』, 紀伊国屋書店, 2000.
______________, 上村忠男ほか 訳, 『ポストコロニアル理性批判－消え去りゆく現在の歴史のために』, 月曜社, 2003.
スピヴァク G·C, S·ハレイシム編, 清水和子, 崎谷若菜 訳, 『ポスト植民地主義の思想』, 彩流社, 1992.
徐京植, 『ディアスポラ紀行－追放された者のまなざし』, 岩波新書, 2005.
宋基燦, 「分離主義教育空間の誕生－『朝鮮学校』の歴史」, 『京都社会学年報』 15, 2007.
宋基燦, 「「主体」としてのマイノリティーのアイデンティティ·マネジメント: 朝鮮学校の民族教育を通して見たアイデンティティの新しい可能性」, 京都大学 博士学位論文, 2009.
鄭暎恵, 「開かれた家族に向かって－複合的アイデンティティと自己決定権」, 『女性学年報』 15, 1994.
鄭大均, 『在日韓国人の終焉』, 文春新書, 2001.
朴三石, 『日本のなかの朝鮮学校』, 朝鮮青年社, 1997.
バトラー、 J, 竹村和子 訳, 『ジェンダー·トラブル－フェミニズムとアイデンティティの攪乱』, 青土社, 1999.
韓東賢, 『チマ·チョゴリ制服の民族誌－その誕生と朝鮮学校の女性たち』, 双風舎, 2006.
松田素二, 『日常人類学宣言!－生活世界の深層へ / から』, 世界思想社, 2009.
水野直樹, 『創氏改名－日本の朝鮮支配の中で』, 岩波新書, 2008.
三宅晶子, 『「心のノート」を考える』, 岩波ブックレット, 2003.
本橋哲也, 『ポストコロニアリズム』, 岩波新書, 2005.
ヤン·スン, 「イデオロギー的共同体再生産の技術的手段としての総聯の朝鮮語教育」, 二重言語学会編, 『在日コリアンの母国語教育』 10, 1993.
尹健次, 『異質との共存』, 岩波書店, 1987.
______, 「在日朝鮮人の内面的天皇制」, 『別冊文芸－天皇制』, 河出書房新社, 1990.
ラカン, ジャック, 宮本忠雄ほか 訳, 『エクリー·二·三』, 弘文堂, 1972~1981.
柳美佐, 「在日朝鮮学校における小学1年生へのL2朝鮮語指導の特徴」, 『母語·継承語·バイリンガル教育(MHB)研究』 5, 2009.
湯川笑子, 「L1教育からイマージョンへ: 朝鮮学園の継承語保持努力の事例から」, 『母語·継承語·バイリンガル教育(MHB)研究』 1, 2003.
民族教育ネットワーク·編, 『이름(イルム: なまえ)－もえるいのち·だれもが本名で暮らせる社会を』, みずのわ出版, 2002.
朝鮮人教育研究協議会編, 『在日朝鮮人高校生は今1』, 1995.
Austin, John. L, *How to Do Things with Words*, Clarendon Press, 1962.
Butler, Judith, *Subjects of Desire*, Columbia University Press, 1987.
Goffman, Erving, *The Presentation of Self in Everyday Life*, Double day, 1959.
Hall, Stuart, *"Introduction: Who Needs Identity?", in Stuart Hall and Paul du Gay(eds.), Questions of Cultural Identity*, SAGE Publications, 1997.
Hirschman, Albert O., *Exit, Voice, and Loyalty: Responses to Decline in Firms, Organizations, and States,* Harvard University Press, 1970.
Mead, George Herbert, *Mind Self and Society from the Standpoint of a Social Behaviorist(Edited by Charles W. Morris)*, The University of Chicago Press, 1934.
Ryang, Sonia, *North Koreans in Japan: Language, Ideology, and Identity, Boulder*, Westview Press, 1997.
____________, *"On the North Korean Homeland", Koreans in Japan: Critical Voices from the Margin*, Routledge, 2000a.
____________, *"The Politics of Legal Status: The Equation of Nationality with Ethnonational Identity", Koreans in Japan: Critical Voices from the*

Margin, London: Routledge, 2000b.
Wallerstein, Immanuel, *Unthinking Social Science*, Polity Press, 1991.
Young, Iris Marion, *Justice and the Politics of Difference*. Princeton University Press, 1990.
Zizek, Slavoj, *The Sublime Object of Ideology*, Verso, 1989.
김명준, 『우리학교 : 혹가이도 조선학교 아이들의 희망다큐』, 스튜디오 느림보, 2008.
홍형숙, 『본명선언』, 서울영상집단, 1998.

'정치'로 바라보는 일본 공립학교 내 재일코리안 민족교육

1970년대 민족학급 재흥(再興) 시기를 중심으로

김웅기

1. 들어가며

재일코리안 민족교육에 대한 한국 연구자들의 관심은 학교 유형에 따라 차이를 보인다. 한국학교에 대한 연구자들의 관심이 교육학적 접근에 치중되는 한편, 조선학교에 대해서는 사회학이나 인류학적 접근도 다수 찾아볼 수 있다. 한국학교가 일본의 수교국 대한민국의 재외교육기관으로 한일 양국에서 정규학교로 인가[1] 받은 점이 교육관계자나 이 분야 연구자들의 접근을 용이케 하는 한편으로 상대적으로 여타 분야 연구자들로부터 연구적 관심을 모으는 데 어려움이 있는 듯하다.

이와 대조적으로 조선학교에 대해서는 교육학적 접근에 관한 관심과 더불어 역사학이나 사회학, 인류학적 접근에 의한 연구성과도 적지

1) 한국 정부가 정식으로 인가한 일본 내 한국학교 네 곳(도쿄, 교토국제, 건국, 금강) 중, 도쿄한국학교는 일본 정규학교 인가가 없다는 점에서 예외적 존재로 조선학교와 마찬가지로 일본에서는 국제학교들이 갖는 법인격인 각종학교(그 외에 운전학원, 기술교육 등) 인가를 받고 있다. 이는 일본 공교육이 규정하는 커리큘럼 상의 제약에서 벗어나 자율적인 교과 운영을 가능케 하기 위한 목적으로 해석할 수 있다.

않게 확인된다. 일본 정부 및 사회와의 갈등적 관계로 인해 야기되는 제반 사회문제가 이 같은 관심을 유발한다는 것이 지극히 자연스러운 해석이 될 것이다. 아니면 일본과의 관계에서 공히 '제국'의 영향을 여전히 받는 타자화된 또 다른 '우리'에 대한 분단국가 특유의 관심에서 비롯된 친근감이라는, 다소 어색한 표현에 의한 설명도 가능할 것이다.

그렇다면 '통일'을 기조로 내거는 민족학급에 대해서는 어떨까?

재일코리안 최대 다수가 일본 공립학교를 다니고 있는 현실에도 불구하고 한국 연구자의 접근이 가장 드문 곳이 바로 민족학급이다. 일본 공교육기관에 접촉해야 하는 언어적, 심리적 장벽이 부담으로 작용하는 듯하다. 이와 더불어 일본 공교육이나 사회, 재일코리안사회 자체 그리고 일본 주류사회 간의 관계성에 대한 이해 등 다양한 분야에 걸친 이해와 이들 간의 연관성에 대한 파악이 전제되어야 한다.

게다가 민족학급 대부분이 오사카를 비롯한 간사이(關西) 지역에 편재해 있다는 특성에 따라 일본의 수도가 아닌 지역의 지역성(localty)에 대한 이해까지 요구받게 한다. 한국 연구자들의 접근이 드문 이유는 이 같은 민족학급을 둘러싼 여러 특성이 작용하는 듯하다.

특이한 현상으로 지적할 수 있는 것은 민족학급에 대한 한국 재외교육관계자들의 인식이다. 일본 소재 한 한국학교 운영에 관여한 경험이 있는 필자는 일부 민족학교 관계자가 민족학급을 가리키며 '빨갱이'라는 원색적 표현을 서슴지 않게 써가며 노골적인 적대심과 실패한 민족교육이라는 멸시 감정을 드러내는 장면을 심심치 않게 목격했다. 그런데 필자의 관심은 이 같은 인식의 옳으냐 그르냐를 따지는 일이 아니라 왜 그것이 뿌리내리게 되었는지에 있다.

앞서 필자는 민족학급의 기조가 '통일'에 있다고 언급했다.

본고의 논의는 이 사실이 출발점이 된다.

1970년대에 생겨난 민족학급의 특징이란 1972년 7.4남북공동선언을 계기로 재일코리안사회 내부의 자율적 '통일' 움직임에 따라 가동되기 시작했다는 점이다. 본고에서 논의하게 될 여러 '정치' 중 하나는 이를 둘러싸는 과정에 대한 검토가 될 것이다. 이때 재일코리안에 의한 재일코리안의 '통일'에 국민국가 대한민국이 어떻게 접근했는지에 관한 논의도 수반될 것이며, 한국 정부의 의도가 일본 여론의 반발로 인해 좌절되는 과정도 함께 언급하게 될 것이다.

한편, 민족학급을 갈망하고 탄생 계기를 마련했던 것은 이 같은 정치논리와 전혀 무관한 오사카시 니시나리구(西成区) 소재 나가하시소학교(長橋小学校)에서 학생회장 선거에 출마한 재일코리안 5학년 학생의 외침이었다. 본고는 그의 외침을 소재로 그 함의를 살펴봄으로써 지역운동으로서의 민족학급 설치 운동 과정을 검토하게 될 것이다.

그가 다니던 학교에서는 이미 부락해방교육이 추진되고 있었고 일본인 교사들이 활동의 주축이 되었다. 이들은 학교에서 추진되던 부락자녀들을 위한 보충학습에서 또 다른 피차별 계층인 재일코리안 학생들이 배제되는 모순을 직면하게 된다. 오사카에서도 유독 두 가지 피차별 계층이 지역이 많은 니시나리구의 지역성을 여실히 나타내는 대목이다. 그런데 이 같은 지역성은 동시에 무권리 상태의 재일코리안이 일본 주권자에 의한 부락해방운동의 막강한 협상력을 활용할 수 있는 여건을 마련하기도 했으며, 이에 따라 오사카시 교육당국은 민족학급 설치를 단숨에 인정하게 되었다.

앞서 언급한 일본인 교사들의 경험을 통해 얻은 문제의식은 1970년대부터 민족학급이 확산되고 협조 관계가 구축되는 데 크게 이바지하게 된다. 이처럼 사회운동으로서의 민족학급을 고찰해 보는 데 이들 일본인의 실천과 기여도 빼놓을 수 없다. 여타 재일코리안 민족교육보다 유독 민족학급이 일본 주류사회와의 관계성이라는 측면에 대한 고찰이 요구되는 이유는 여기에 있다.

나가하시소학교 학생의 외침을 무마할 수 없었던 것은 교육에 종사하는 이들 모두가 조선인 자녀들이 민족교육을 못 받게 된 원인이 일본 정부 시책에 있다는 것을 잘 알고 있었기 때문이다. 민족학급이 탄생 경위에 대해서도 마찬가지다.

민족학급의 뿌리는 1948년 한신교육투쟁(阪神教育闘争)에 있다. GHQ 점령 하의 일본 정부는 좌익운동과 연루된다는 이유를 들어 비상사태령을 내려 조선인학교[2] 폐쇄조치를 강행했고 조선인 학생들을 일본 학교로 편입시켰다.[3] 그러나 조선인 측의 거센 반발로 타협적으로 간사이(関西) 지역을 중심으로 1952년까지 일본 각지에 77개 민족학급이 13개 지자체 공립 소중학교 안에 개설되었다.[4] 양양일은 이들 민족학급을 각서(覺書)민족학급으로 분류한다.[5] 이때 조선인 측과 지자체 측이 교환

2) 조선인학교란 해방 직후 국어교습소를 시작으로 1948년 한신교육투쟁 때까지 운영되어온 조선인이 자율적으로 세우고 운영한 민족학교의 총칭이며, 오늘날 조총련이 운영하는 조선학교와는 구분된다.

3) 김웅기, 「민족학급」, 東京學藝大學 Korea研究室, 「재일동포 민족교육 실태 심화조사 및 정책방향 제시」, 2015 재외동포재단 조사연구용역 보고서, 2016, p.283.

4) 김광민, 「재일외국인 교육의 기원이 되는 재일조선인 교육」, 청암대학교 재일코리안연구소 국제학술대회, 2013.10.18, 『재일동포 민족교육 자료집』, pp.23~24. 오사카에서는 33개 민족학급, 36명의 민족강사가 채용되었다. イルムの会, 『金ソンセンニム: 濟州島を愛した民族教育に生きた在日一世』, 新幹社, 2011, pp.66~67.

5) 양양일은 민족학급을 개설된 경위에 따라 네 가지 유형으로 분류했다. ① 각서민족학급(1948년 한신교육투쟁의 결과 오사카부지사와 조선인 대표 간에 교환된 각서를 근거로 설치된 민족학급), ② 자주민족학급(나가하시소학교 학생들의 요구가 계기가 되어 확산한 민족학급. 나가하시형 또는 1972년형이라고 불리기도 한다), ③ 신형민족학급(1980년대 이후 민족교육촉진협의회(民族教育促進協議会, 민촉협)가 주축이 되어 민족교육권에 특화된 운동의 성과로 설치된 민족학급), ④ 사업민족학급(1990년대 후반부터 오늘날에 이르는 행정에 의한 교육사업으로서의 민족학급) 등이 그것이다. 梁陽日, 「大阪市公立

한 각서를 근거로 생겨난 민족학급이라는 뜻이다. 심지어 도쿄에서는 14개의 공립 조선인학교가, 그리고 도쿄, 가나가와, 아이치, 오사카, 효고 등지에서는 18개 공립 조선인분교[6]가 각기 생겨날 정도였다. 일제 강점을 겪은 조선인들이 민족교육을 얼마나 갈망했는지를 짐작케 해준다. 그러나 공립 조선인학교는 1966년까지 점차 폐쇄되거나 조총련계 조선학교로 인계되어 결국 모두 사라지고 말았다. 따라서 오늘날 재일코리안 자녀 대다수가 다니고 있는 일본 공교육 안에서 시행되고 있는 민족교육 형태란 민족학급이 유일하다.

본고는 이 같은 민족학급을 둘러싼 사회운동이 1972년 7.4남북공동성명이라는 재일코리안의 조국에서 일어난 정치적 사건을 계기로 재흥(再興) 되는 과정을 검토함으로써 재일코리안의 민족교육운동에서 어떠한 '정치'가 출현했는지와 이에 따라 어떤 영향을 받았는지를 검토할 것을 목적으로 한다. 본고는 사건의 진원지인 나가하시소학교의 사례에 주목하면서 이 학교가 위치하는 오사카 니시나리구의 지역성과 한국정치의 개입이라는 두 가지 요소를 중심으로 논의를 전개해 나갈 것이다.

본고의 구성은 다음과 같다. 2장에서는 본고 논의의 전제조건인 1970년대 이전 시기의 민족학급 쇠퇴상황을 살펴볼 것이다. 3장에서는 오사카, 특히 니시나리구에서 활발했던 부락해방운동과 민족학급 설치를 살방하는 새일코리안 측 간의 연계 과정을 검도해 볼 것이다.

学校における在日韓国·朝鮮人教育の課題と展望: 民族学級の教育運動を手がかりに」, 『Core Ethics』 第9号, 2013, pp.245~246.

6) マキー(藤原)智子, 「在日朝鮮人教育の歴史: 戦後日本の外国人政策と公教育」, 北海道大学博士論文, 2014, p.60. 공립 소·중학교의 조선인 분교 총 18개 중 도쿄에 1개, 가나가와 5개, 아이치 3개, 오사카 1개, 효고 8개가 설립되었다.

4장에서는 7.4남북공동성명이 민족학급 설치운동의 기폭제 역할을 했다는 점과 더불어, 이후 '통일'이 재일코리안 민족교육의 기조가 되었다는 점을 논의할 것이다. 그리고 5장에서는 이 시기에 민족학급의 방해세력으로 등장한 한국정치의 개입 논리와 그 한계에 대해 검토해 볼 것이다.

2. 한 세대만에 쇠퇴를 소멸 위기를 맞이한 민족학급

앞서 거론한 바와 같이 민족학급은 1948년 한신교육투쟁의 결과 조선인 측과 각 지자체 지사 간에서 교환된 각서가 근거가 된다. 오사카에서는 1949년 33개의 각서민족학급이 개설되었다가 1970년대 초에 이르러 11개[7]까지 감소했다. 이 시기의 크게 위축했던 요인으로는 첫째, 일본 공립학교 현장의 무관심과 차별, 둘째, 제도적 방치, 그리고 셋째, 조선학교 활성화 등 세 가지를 들 수 있다. 당시 일어난 학교 내 차별적 행태[8]는 1971년 오사카시립중학교장회가 제작한 「외국인자제의 실태와 문제점(外国人子弟の実態と問題点)」[9]에서 여실히 드러나 있다. 일본인 교사들의 재일코리안 자녀들에 대한 부정적 인식이 열거된

7) 大阪市民族講師会, 『長橋民族講師団25周年記念誌 민족학급(民族学級): 自分との出会い 友達との出会い』, 大阪市民族講師会, 1997, p.57.

8) 차별의 대상이 된 것은 민족강사도 마찬가지였다. 1950년대부터 민족강사를 지낸 김귀동은 이와 관련하여 "교직원회의에서 민족학급이 의제가 된 적이 없고, 아이들에게 민족학급에 오라고 얘기해 달라고 부탁하면, 우리는 담임을 맡고 있으니 못하겠다고 반박했다"라고 증언한 바 있다. 김광민, 「재일외국인 교육의 기원이 되는 재일조선인 교육」, p.25.

9) 大阪市立中学校長会, 「外国人子女教育の実態と問題点」, 『研究部の歩み』, 1971. (イルムの会, 『金ソンセンニム: 済州島を愛した民族教育に生きた在日一世』, p.116 재인용.)

책자 중에서 일부를 다음과 같이 인용한다.

> • 일반적으로 이기적, 타산적, 순간적, 충동적인 언동이 많고 정서적 불안정, 제멋대로인 행동, 행실이 나쁘며, 실천하지 않는 보여주기식 행동으로 나타난다.
>
> • 죄의식이 결여되고, 성적으로 조숙, 자기방어적이며 상황을 모면하기 위한 거짓말도 서슴치 않게 하며 같은 잘못이나 지적을 반복한다.

이 같은 부정적 인식은 진보성향이 짙은 일교조(日教組) 조합원들에게까지 공유되고 있었다. 일본인 교사들의 자주적 조직인 오사카시외국인교육연구협의회(大阪市外国人教育研究協議会, 오사카시외교)[10]가 펴낸 책자에는 "조선인 자녀들이 많은 학교에는 비행(非行) 대책에 사람과 돈이 필요하다," "조선인도 일본인도 똑같이 가르치면 차별이 아니다," "일본 학교니까 일본식 교육으로만 하면 된다," "조선인으로서의 교육을 원한다면 조선학교를 가야 한다"[11] 등 당시 교사들의 인식이 고스란히 기록되어 있다.

다음으로 제도적 방치란 민족강사들이 정년퇴임을 맞이하는 상황에서 교육당국이 후임자를 채용하지 않았던 점을 가리킨다. 한신교육투

---

10) 1972년 2월에 오사카시교육위원회의 연구위탁기관으로 발족했으며, 오사카시내 공립학교 교사들을 중심으로 1990년대 시점에서 약 18,000명의 회원이 있던 임의단체이다. 1980년대 후반까지는 재일코리안 자녀들이 논의의 중심에 있었다가 외국인 인구의 다국적화에 따라 점차 '뉴커머'를 포함하는 방향으로 변모되어 갔다. 杉谷依子, 「(五)大阪の外国人教育の取り組み: 副読本サラム一二巻の作成から実践へ」, 『日本で暮らす外国人の学習権: 国際化時代の社会教育』, 国土社, 1993, p.112.

11) 杉谷依子, 「大阪における在日外国人教育: 市外教のあゆみ」, 『市外教再発足十五周年記念誌(その一)』, 大阪市外国人教育研究協議会, 1986, p.30.

쟁 후 교육당국과 조선인 측이 교환한 각서를 근거로 설치된 민족학급, 즉 각서민족학급은 당시 채용된 민족강사가 퇴임할 때까지만 존속시키겠다는 것이었다. 민족강사의 정년퇴임은 곧 민족학급 폐쇄를 의미했던 것이다.

마지막으로 조선학교의 활성화가 민족학급 활동의 저해요소가 되었다는 점에 대해서는 의아하게 생각할 수도 있어 설명이 필요할 것이다. 당시 재일코리안 자녀들에게 관심을 가졌던 일교조(日教組) 교사들이 '민족학교 문 앞까지(民族学校の門まで)'라는 구호 아래 스스로의 역할을 민족학교인 조선학교로의 전학을 학생들에게 적극적으로 권유하는 데 있다고 여겼던 것이 그 배경이다.[12) 이에 따른 영향도 있고 해서 오사카부 내 조선학교 학생 수는 1953년 786명이었던 것이 1959년 2,302명, 1965년 2,961명으로 급속도로 늘어났다.[13)]

3. 니시나리구(西成区)의 지역성에 힘입은 민족학급 재흥(再興)

이 같은 상황에 제동이 걸린 데는 1971년 오사카시 내 니시나리구[14)]

---

12) 김웅기, 「민족학급」, 東京學藝大學 Korea研究室, 「재일동포 민족교육 실태 심화조사 및 정책방향 제시」, p.284.

13) 金光敏, 「多文化共生のための教育はどこから学ぶべきか: 公教育における在日朝鮮人民 族教育の起源」, 『抗路』第2号, 抗路社, 2016, p.99.

14) 오사카시 남서부에 위치하며 2022년 4월 1일 현재 105,243명이 거주하고 있으며, 이들 가운데 65세 이상의 고령자는 38.5%로 오사카시내 여타 지역에 비해 월등히 높은 수준이다. 大阪市, 「年齡別推計人口」, 2022.11~2023.3. https://www.city.osaka.lg.jp/toshikeikaku/page/0000015211.html (검색일: 2023.4.30.) 소득은 200만 엔 이하 세대가 59.4%로 역시 월등히 높은 지역이다. 大阪市, 「各区別 世帯の年間収入階級別世帯数 区内構成比率」, 2021. https://www.city.osaka.lg.jp/shimin/cmsfiles/

소재 나가하시소학교(長橋小学校)의 학생회장 선거에 5학년 남인(南仁)이 본명(本名)을 밝힌 채 출마하여 차별 시정을 호소했던 것이 계기가 되었다.[15] 당시 그가 쓴 작문에는 다음과 같은 내용이 적혀 있다.

> 일본인 학교에 있는 한, 조선인으로서의 요구를 해야 한다고 나는 생각한다. 하나는 '보충'[16]에 관한 것. 나가하시소학교에는 '보충'이라는 것이 있다. 그런데 조선인은 '보충'에 들어갈 수 없다. '부락'이나 조선인이라는 이유로 똑같이 차별받고 있는데도 왜 조선인만 들어가지 못하는 것일까. 조선인에게 '보충'을 들어갈 수 있도록 하라! 마찬가지로 조선인을 위한 교육을 지키는 모임을 만들어 주었으면 좋겠다.
>
> (중략)
>
> 우리말을 가르쳐 달라! 선생님들은 일본인이잖아. 일본인은 조선인에게 속죄해서 우리에게 우리말을 가르쳐 달라![17]

여기서 '보충'이라는 용어에 주의를 기울일 필요가 있다. 니시나리구는 일본 최대의 재일코리안 집주지역인 이쿠노구(生野区) 다음으로 큰 지역이며, 이쿠노와 달리 동화지역(同和地域) 즉 피차별부락(被差別部落)이 공존하는 지역이다. 특히 나가하시소학교는 구역 전체가 동화지역에 해당한다. 이 시기 민족학급의 재흥(再興)이 니시나리에서 시작된 요인으로는 부락해방운동이 활발했던 지역성 또는 정치성과의 연관성을 들 수 있다. 이하 경위를 살펴보기로 한다.

contents/0000180/180789/20.pdf (검색일: 2023.4.30.)

15) 中村一成, 『ルポ 思想としての朝鮮籍』, 岩波書店, 2017, p.131.

16) 보충수업이 뜻. 부락해방교육의 일환으로 부락민 자녀들의 학력 격차를 좁히고 간식을 제공함으로써 영양보충이 어려운 이들의 발육 도모를 목적으로 추진된 방과후수업을 가리킨다. 지방교육 당국이 일선 학교를 지정하여 예산을 지원했다.

17) 大阪市立長橋小学校, 『우리말を返せから20年』, 未刊行資料, 1992.

일본 정부는 부락차별을 시정하기 위해 1969년 동화대책법(同和對策法)을 제정했다. 각 지자체 단위로 예산이 책정되어 격차 해소를 위한 각종 사업이 전개되었다. 니시나리에서도 도로나 전기, 주거와 같은 생활 인프라 정비가 추진되었다. 교육영역에서는 성인을 대상으로 하는 식자(識字)교육이나 직업교육뿐만 아니라 세대를 막론한 인권교육, 자녀들을 대상으로 하는 교과 보충수업 등 일련의 부락해방교육이 활발하게 전개되었다. 특히 나가하시소학교는 동화교육추진연구지정교(同和教育推進研究指定校)로 지정되어 '보충' 즉 일반 교과목의 보충수업이 추진되고 있었다. 부락 자녀들에게 예산 조치로 특별취학장려금이나 간식이 지급되는 반면, 같은 지역에서 역시 차별받는 재일코리안 학생들은 그 대상에서 배제됐던 것이다.

차별 시정을 위한 보충수업에서 또 다른 차별을 야기하는 것에 대해 일본인 교사들은 모순을 느끼지 않을 수 없었다. 재일코리안 학생들에 대한 교사들의 기본방침은 어디까지나 민족학교로 전학시키는 데 있었으나, "조선인 선생님으로부터 우리말을 배우고 싶다"라는 학생들의 요구가 갈수록 거세지는 상황 속에서 1970년 3월, 1971년 7월, 1972년 2월 세 차례에 걸쳐 학부모들과 회동하기에 이르렀다.[18] 학부모들의 "(1948년 한신교육투쟁 당시) 조선인학교폐쇄령으로 일본 학교를 다니게 해 놓고 이번에는 쫓아낼 건가?" 등의 주장[19]은 설득력을 가질 수밖에 없었다.

결국 이들 면담 자리에서 민족학급 설치가 결정되는 일은 없었지만, 교사들은 이 과정을 통해 부락 학생들과 또 다른 교육적 수요가 존재한다는 점을 깨닫게 되었다. 일본인 교사들은 조선인으로서의 정체성

18) 大阪市立長橋小学校, 위의 글.

19) 中村一成, 「思想としての朝鮮籍: 第8回朴正惠(下)」, 『世界』 2016年 5月号, 2016, p.267.

회복을 위한 교육에서 본명 즉 민족명을 사용케 하는 일을 자신들의 책무로 여겼다.[20] 당시만 해도 조선인 학생들의 본명 사용률은 0%에 가까웠기 때문이다. 후에 나가하시소학교에서 민족강사로 일하게 된 박정혜(朴正惠)가 민족학급에서 우리말을 가르치는 일을 '우리말 되찾기'로 표현한 것도 남인 학생이 "조선인 선생님으로부터" 배우고 싶어 했다는 점과 궤를 같이한다고 볼 수 있다.[21] 민족학급의 역할이 "한국어 실력을 끌어올리기"가 아니라[22] "나는 어디서 온 누군가?"를 롤모델 역할을 담당하는 민족강사와 함께 배우며 고민해 나감으로써 자신을 확립해나가는 터전을 마련하는 데 있다는 것이다.

민족학교 설치를 열망하는 재일코리안들에게 지원의 손길을 내민 것은 니시나리에서 활발하게 활동해오던 부락해방운동의 당사자들이었다. 부락해방니시나리지구교육을지키는모임(部落解放西成地区教育を守る会, 이하, 지키는모임)이 조선인 학부모들과 연대하기 시작한 것이다.

1972년 3월 지키는모임이 개입하여 오사카시교육위원회와 행정교섭을 벌이자 교육위원회 측은 그동안 "조선인에게 의무교육의 규정이

20) 이때 사용되는 방식이 '본명선언'이다. 민족강사나 일본인 교사들이 재일코리안 학생들에게 본명(민족명)을 사용할 것을 권유 또는 설득하며, 본인이 받아들일 경우, 전교집회나 홈룸 시간 등에서 일본인교사 및 동료학생들 앞에서 자신의 본명을 밝히는 것이 일반적이다. 이 같은 방식은 부락해방운동의 '부락민선언'과 흡사하다. 재일코리안 중에 부락해방교육 교사를 거쳐 민족학급에서 일하게 된 경우를 종종 확인할 수 있고 민족학급과 부락해방운동 간의 연관성을 시인하는 민족강사도 적지 않다. 향후 세밀한 검토가 필요할 것으로 여겨지는 영역이다.

21) 박정혜는 이와 관련하여 "아이들과 함께 민족을 되찾는 것이다. 이것이 바로 (중략) '우리말을 돌려 달라'는 것. '우리말을 배우자'가 아니라 '우리말을 되찾겠다'는 마음으로 아이들이 우리말 또는 우리나라에 대해 공부하며, 그리고 자신의 민족의 마음을 되찾는 터전"이 민족학급이라고 해석한 바 있다. 朴正惠, 「戦後50年、今、民族学級講師として」, 『むくげ』 145号, 1996.5.23.

22) 朴正惠, 위의 글.

없으니 대책은 고려할 수 없다"라는 기존의 입장을 바꾸어 "니시나리 지역에 거주하는 재일조선인에게 동화대책(사업에 의한 지원)을 받을 권리를 인정하겠다"라는 약속을 단 한 번의 교섭으로 받아냈다. 이에 따라 지키는모임 안에 조선인부회를 별도로 구성케 하여 민족학급 관련 활동을 벌여나간다는 조건 아래 조선인이 부락해방동맹의 산하단체인 지키는모임에 가입하는 형태를 취함으로써 민족학급 설치를 인정하는 근거를 정비한 것이다. 이 일화로 당시 부락해방운동의 막강한 교섭력을 짐작할 수 있다.

이처럼 1970년대 나가하시소학교에서 출발한 민족학급의 재흥 즉 나가하시형, 자주형 또는 1972년형으로 불리는 민족학급[23]의 탄생과 그 후 다른 지역으로의 확산 과정에 있어서는 부락 해방운동과의 밀접한 연관성을 찾아볼 수 있다.[24] 여기에 재일코리안과 부락 주민 간의 연대를 가능케 한 니시나리의 지역성이 영향을 미치고 있다고 보는 것은 자주형 민족학급이 확산한 지역 중에 부락 지역이 많다는 점에서 설명이 가능할 것이다.

4. 조국의 '통일'이 계기를 마련한 자주형 민족학급의 탄생

오늘날 민족학급의 특징으로 들 수 있는 것은 재일코리안 이해당사

23) 민족학급이 유형에 대해서는 주석 5) 참조.

24) 그러나 오늘날 니시나리지역에서는 부락해방운동과의 연대의 흔적을 찾아볼 수 없는 상태다. 오늘날에 이르기까지 부락해방운동이 민족학급 활동과의 연관성을 유지하고 있는 오사카시내 타 지역의 양상과는 대조적이다. 이 부분에 대해서는 추후에 별도 연구가 필요할 것으로 보인다.

자들이 남북 그리고 이에 속하지 않은 중간층과 서로 갈등하면서도 공생하며, 사업 전개나 명칭 사용 등에서 정치적 중립에 대한 세밀한 배려[25]를 기울이고 있는 점이다. 이 같은 양상은 1970년대 자주민족학급 탄생과정에서 이미 드러나 있었다. 나가하시소학교 민족학급 탄생에 직접적으로 영향을 미친 계기가 1972년 7.4남북공동성명이라는, 분단된 조국 간의 정치적 화합이었기 때문이다. 여기서는 이처럼 조국 정세, 일본과 남북한 3자 간의 균형 찾기 등 여러 정치적 요소가 당시 자주민족학급의 설립과정 및 운영에 어떠한 영향을 미치고 있었는지에 대해 검토해 보고자 한다.

1972년 11월 나가하시소학교 민족학급 탄생에 앞서 이미 같은 해 5월부터 나가하시소학교 학생들이 교사들에게 클럽활동으로 조선문제연구부 개설을 요구하여 자율적으로 혹은 일본인 교사들의 지도 아래 활동을 시작한 상태였다. 남북공동성명이 발표된 1972년 7월 4일은 마침 조선장학회 관서본부 고문이던 조기형(曺基亨)이 나가하시소학교에 초청되어 수업을 하던 날이었다. 조선문제연구부 지도안에 '조선인 강사' 초청이 포함되어 있었던 데 따른 것이었다.[26]

조선장학회 인사가 초청된 배경에는 민단과 조총련이 첨예하게 대립하고 있는 상황에서 어느 한 측에 기울어진 인사를 초청하는 것이 부담스러웠기 때문인 것으로 보인다. 특히나 당시 재일코리안사회 상황이란 민단과 조총련의 세력 다툼이 그동안의 조총련 우세에서 민단 측으로 역전하기 시작 했던 시점이다. 1965년 한일 국교수립에 따라 한국국

25) 민족학급 현장에서는 오늘날까지 조국은 '우리나라,' 모국어는 '우리말,' 국가명을 적시 해야 할 때는 정치적 배려에 따라 '한국조선(조선한국)'이 사용되고 있다.

26) 大阪市立長橋小学校, 『우리말を返せから20年』.

적을 선택한 이들에 게 이른바 협정영주권이 부여됨에 따라 한국국적을 선택하는 이들이 속출했기 때문이다. 특히 오사카에서는 민단이 협정영주권 취득의 선제조건이었던 한국국적 취득을 독려하는 대대적 캠페인을 벌인 한편, 조총련은 이에 반대하여 기존의 조선적(朝鮮籍)을 그대로 고수하자며 각각 선전전(宣傳戰)을 벌이며 갈등이 계속되고 있었다. 이 때 유의해야 할 점은 조선적자에 대해서는 모두가 조총련 지지자가 아니라는 점이다. 남북 분단국가와 등거리를 유지하며, 통일된 한반도야말로 자신의 조국이라는 인식을 가진 이들도 존재하기 때문이다.

조선장학회는 민단과 조총련이 각기 3명씩 임원을 추천하여 파견하는 특유의 운영체계를 1957년부터 오늘날에 이르기까지 가동해 오고 있다. 여기에 3명의 일본인 임원도 함께 선발된다. 이 같은 임원 구성이 된 것은 한국, 북한, 일본 3자 간의 정치적 균형을 잡기 위해서다. 조선장학회는 조선총독부가 일본으로 유학한 조선인 학생을 관리하기 위해 설립된 기관으로 출발했으며 흥남비료공장 등 화학산업으로 식민지 조선에서 성공한 노구치(野口遵)가 1941년에 기부한 500만 엔(현재 가치로 약 50억 엔)[27] 등 막대한 자금으로 운영되고 있는 장학재단이다. 해방 후 남북 분단 상황에서 양측이 이 자산을 놓고 크게 다툼을 벌이다가 일본 문부성의 중재 등으로 1957년부터 앞서 언급한 한국, 북한, 일본의 3자 공동운영의 형태를 취하게 되었다. 따라서 재일코리안사회에서 조선장학회는 공신력이 있는 중립적 기관으로 인식되고 있다. 후술하듯이 나가하시소학교 민족학급 개설과 운영과정에서도 조선장학회가

27) 日本経済新聞, 2000年 3月 6日. 해방 후 재단법인 조선장학회가 되었고 도쿄 신주쿠에 소유하는 부동산(빌딩) 임대수입의 운영수익을 장학금 등 각종 사업에 사용하고 있다.

남북 중립의 공신력을 바탕으로 개입하게 된다.

이와 같은 배경을 가진 남북 중립의 조선장학회 인사가 학생들에게 강의하던 와중에 7.4남북공동성명이 발표되었다는 것은 재일코리안뿐만 아니라 당시 나가하시소학교 관계자, 더 나아가서는 일본사회에도 통일 기운을 확산시키기에 충분했다. 통일의 조짐은 그동안 민족학급 설치에 인색해 온 오사카시교육위원회의 인식마저 "남북조선의 통일 기운이 고조되고 있는 만큼 특별활동으로서의 민족교육은 바람직한 일로 생각한다"라고 표명할 정도로 변화시켰다.[28] 이때 조성된 '통일,' '중립'의 상징성은 자주민족학급을 시작으로 그 후 민족학급 활동에서도 '통일된 조국'을 기본이념으로 삼는 데 크게 영향을 미쳤다고 볼 수 있다.

1972년 8월 전년도에 발족한 재일조선인보호자간담회(在日朝鮮人保護者懇談会, 간담회)는 부락 자녀들을 대상으로 하는 보충학습과 다른 민족학급 설치를 위한 방향성을 내걸었다. 구체적으로는 "민족의식의 자각과 긍지를 갖도록 하는 지도를 조선인 강사에 의해 실현 시키다"라는 방침을 내걸었다.[29] 이에 근거하여 간담회 임원들은 앞서 언급한 대로 9월부터 3개월 동안 연속적으로 오사카시 교육위원회 측과 협상을 벌이게 된 것이다.

7.4남북공동성명은 일본 공교육 현장에서 재일코리안의 존재를 크게 부각하게 했으며 이들을 위한 교육의 필요성에 대한 문제의식을 제고했다고 할 수 있다. 개설 승인 논의가 진전되는 가운데 1972년 11월 2일 "학교와 아버지, 어머니, 조선장학회로 '7.4남북공동성명'을

28) 大阪市立長橋小学校, 『우리말を返せから20年』.

29) 中村一成, 「思想としての朝鮮籍: 第8回朴正惠(下)」, p.267.

기조로 하는 중립적 입장의 민족학급을 개설"할 것을 확인했다가 11월 11일 '민족교육을 지키는 모임(民族教育を守る会)'을 결성하기에 이르렀다. 이리하여 학교 측과 재일조선인보호자간담회, 조선장학회는 1972년 11월 2일 7.4남북공동성명을 기조로 하는 중립적 입장에서 민족학급을 나가하시소학교에 개설하는 데 합의했고 11월 21일 민족학급 개강식이 246명의 재일코리안 재학생들 가운데 151명의 참가로 열리게 되었다. 민족명을 숨기며 살아가는 이들이 대부분인 상황을 감안해 본다면 놀라운 일이었다.[30)]

정치적 중립은 교육을 담당하는 민족강사의 인선에서도 중시되었다. 인선은 남북 간의 균형을 잡기 위해 민단과 조선장학회가 맡았다.[31)] 남측에서는 김동훈(金東勳) 오사카외대 강사, 북측에서는 김중배(金仲培) 조선장학회 관서지부 총무부장을 초빙하기로 했다. 그러나 김중배는 조선장학회 업무 등으로 다망하다는 이유로 사퇴했고, 그의 후임으로 들어온 것이 조총련계 조선대학교 졸업 후 조선학교 교원을 지낸 경력이 있는 박정혜(朴正惠)였다. 이후 박정혜는 오랫동안 자주민족학급 강사들을 나가하시강사회(長橋講師会)를 구성하여 이끌었으며, 민단 오사카본부 문교부장 등을 역임했던 김용해(金容海)와 더불어 민족학급 현장의 상징적 인물이 되었다.

30) 위의 기사.

31) 북한은 일본과의 수교 관계가 없으므로 북한을 대변하는 조총련은 일본 행정상의 협상에서 교섭자로 나설 자격이 없다. 조선장학회가 북측 민족강사의 인선에 책임지게 된 것은 북한/조총련에 지시를 받아서가 아니라 어디까지나 중립적 입장에서 북한/조총련을 대신해서 북측 인선에 관여하게 되었다고 이해하는 것이 타당하다.

5. 재일코리안사회의 '통일'을 불허한 한국정치의 개입과 그 한계

이리하여 민족학급은 어렵사리 1972년 11월 29일에 개강했으나 12월 5일 주오사카한국총영사관과 민단이 "박정혜[32] 등 조선적(朝鮮籍)자[33]들이 대한민국 국민 자제들을 교육하다니 용납할 수 없다"며 오사카시교육위원회에 항의하자 조선장학회 측은 박정혜 등 민족강사를 철수시키기로 했다.[34] 이 같은 주장은 조선적자를 모조리 한국국적 취득을 거부하고 북한/조총련 지지자로 간주하는 한국 정부의 인식에 비롯된다.

나가하시소학교 측은 오사카시교육위원회가 주도하는 형태로 민족학급을 지속시킬 것을 주장했으나 총영사관과 민단 측의 거센 항의 앞에 소극적 태도로 일관하는 처지에 몰렸다. 일본인 교사들이 민족강사 대신 현장을 지키는 가운데 이 같은 사실을 알게 된 일본 언론이

---

32) 당시 밝혀지지 않았던 사실이지만 박정혜는 조총련 활동가의 아버지와 일본인 어머니 사이에서 태어난, 오늘날 더블(double)로 불리는 뿌리를 가지고 있다. 박정혜가 일본국적을 포기하고 조선적을 선택한 경위에 대해서는 中村一成, 『ルポ 思想としての朝鮮籍』, 2017, pp.125~128 참조.

33) 재일코리안들 가운데 한국국적을 선택하지 않은 이들은 일제강점기 '조선호적 편입자'임을 가리키는 조선적(朝鮮籍)으로 남아 있다. 1952년 샌프란시스코강화조약 발효에 따라 일본이 독립국의 지위를 회복하자마자 조선인들의 일본국적 이탈을 선언하여 모두가 국적이 아닌 지위로서의 조선적자(북한 국적이 아님)가 되었다. 그 후 한국을 선택하는 이에 대해서는 한국국적을 외국인등록 상 표기하게 되었으나, 1965년 한일국교 정상화에 따른 협정영주권 취득 길이 열릴 때까지 북한/조총련이 우세한 상황에서는 소수에 불과했다. 한국 정부는 일본과의 국교 정상화 이후 조선적으로 남아 있는 이들을 적대시하는 정책을 펼쳐왔으며 이 기조는 오늘날까지 유지되고 있다. 재외동포법상 조선적자는 대한민국의 재외동포로부터 오늘날까지 배제되고 있다.

34) 中村一成, 「思想としての朝鮮籍: 第8回朴正恵(下)」, 2016.

문제제기를 시작했다.[35] 이것이 도화선이 되어 조선학교 학생들과 부락해방운동의 협조를 유발하게 되었다. 이들이 학생들을 초청하는 서머캠프 등의 행사를 개최하는 등의 활동을 계속한 끝에 결국 1973년 9월 박정혜를 비롯한 조총련계 인사들이 민족학급 현장에 복귀하기에 이르렀다.

당시 한국 정부를 대변하는 민단 측 주장은 나가하시소학교 민족학급을 지원하는 오사카시외 교 기관지에 다음과 같이 크게 세 가지로 정리되어 있다.[36]

> ① 남북공동성명을 추진 기조로 하는 데 대해 일본인 측이 이를 어떻게 보든지 간에 이 문제는 우리 민족의 문제이며, 그것을 민족학급의 추진 기조로 삼기란 이해할 수 없다.
>
> ② 공립학교에서 배우는 우리 민족 자제(子弟)는 일한조약에 의거한 법적지위협정에 따라 재학하는 것이며, 한국 정부의 의향이 존중되어야 한다. 민족학급을 만들고자 하는 일본인 교사의 열의는 인정할 수 있어도 그 내용은 어디까지나 '충량(忠良)한 한국민 자제' 육성에 기여하는 것이어야 한다.
>
> ③ (조선) 장학회는 나가하시소학교 등이 말하는 것처럼 통일된 단체로 간주할 수 없다. 현재 강사단 중에 조선적 강사가 포함된 것은 납득할 수 없다. 한국 측이 추선(推選)한 강사로 교체하라.

이들 주장에서는 다섯 가지 정도의 정치적 함의를 읽어낼 수 있다.

35) 한 예로 「在日朝鮮人児童の民族学級: 先生なぜ來ない」, 『神戸新聞』, 1973年 2月 17日.
36) 大阪市外国人子弟教育研究協議会, 『市外教 臨時ニュース』, 1972年 2月 6日, p.1.

첫째, 민단 측 항의는 재일코리안사회의 열광과는 정반대로 한국 정부가 국내에서 통일에 관한 여론의 고조를 되려 억누르려 했던 데 비롯된다. 남북공동성명에도 불구하고 한국 국내에서는 일찍이 7월 7일 전군지위관회의를 개최[37]하여 군부의 기강을 잡는 한편, 13일에는 '북한간첩단' 혐의로 1970년에 사형판결을 받은 전 공화당 국회의원 김규남에 대해 형을 집행하는 등의 움직임을 근거로 들 수 있다.

둘째, 한국 정부는 통일 논의 가라앉히기를 재일코리안사회에서도 관철하려 했다. 1972년 11월 30일 민단 중앙이 대립 관계에 있던 민단 도쿄본부[38] 단장 정재준(鄭在俊) 등이 남북공동성명을 지지하여 조총련계 조직과 공동집회를 개최했다는 이유로 제명[39] 조치한 것도 이와 연관이 있는 것으로 해석된다. 이는 재일코리안끼리 자주적 '통일'을 도모하는 데 대한 통제 즉 재일코리안의 '통일'은 어디까지나 한국 정부의 승인과 주도하에서만 추진되어야 한다는 논리로 읽어낼 수 있다.[40]

---

37) アジア経済研究所, 「アジア動向年報重要日誌検索システム」에서 다음과 같은 내용을 확인할 수 있나. "全軍主要指揮官会議開く: 劉載興国防部長官は, 服務姿勢を確固として防衛態勢を強化するよう指示した。一方、盧載鉉陸軍参謀総長はこの会議に先立って陸軍各指揮官に対し, 南北声名の趣旨に逆行する一切の行動を禁止することを示達した." 1972年 7月 7日. https://d-arch.ide.go.jp/Doukou/AEKO1970.html(검색일: 2023.4.30.)

38) 이와 관련된 내용은 김효순, 『조국이 버린 사람들』, 서해문집, 2015 참조.

39) アジア経済研究所, 「アジア動向年報重要日誌検索システム」, "民団中央本部, 呉宇泳民団自主守護委員会首席代表委員, 鄭在俊民団東京本部団長らを, 南北共同声明を支持して朝総聯系組織と共同集会を開いたことなどを理由に除名処分." https://d-arch.ide.go.jp/Doukou/AEKO1970.html (검색일: 2023.4.30.)

40) 이 같은 한국/민단의 기조는 오늘날까지 유지되고 있다. 노무현 정부 시절 민단 하병옥(河丙鈺) 단장은 조총련과의 화해를 시도했으나, 민단 내부의 거센 반발을 이기지 못해 결국 단장직을 중도에 사퇴하게 되었다. 「한겨레」, 2006년 5월 22일. 하병옥은 민단 중앙관찰위원회에서 "적성단체와 내통하여 본 단에 중대한 손실을 초래한 자"에 해당한다 등의 이유로 민단에서 제명되었다. 『民団新聞』 2007年 6月 27日.

셋째, 한국 정부/민단의 인식에서는 민족학급을 다니는 자녀들을 '한국 정부의 의향을 존중'하는 '충량한 한국민(韓國民)'으로 교육하라고 주장한 것으로 알 수 있듯이 이들의 주장에서 민족학급의 역사성이나 재일코리안의 특수성, 동포 자녀교육의 당위성 등에 대한 배려란 전혀 찾아볼 수 없다. 오로지 북한과의 이념 경쟁에서 우위를 점하기 위한 정치적 자원 정도로밖에 인식되지 않았던 것을 알 수 있다.

넷째, 앞서 논한 바와 같이 재일코리안사회는 물론 일본 주류사회에서도 공신력이 담보된 중립적 조직으로서의 조선장학회의 정치적 중립성마저 부정했다는 점이다. 한국 측 입장은 북측 인사와의 접촉 자체를 허용하지 않았던 것이다.

그리고 다섯째, 조선적을 유지하는 민족강사의 참여에 반발했던 것은 이들을 모조리 반한/친북으로 간주하는 시각, 즉 '적이냐 내 편이냐' 식의 정치적 이분법적 사고에 비롯된 것이다. 재일코리안사회 내부에 정치적 다양성이 존재하는 사실을 오늘날에 이르기까지 외면하는 한국 정부의 재일코리안사회 인식 즉 '민단-조총련'이라는 이분법적 접근이 이때도 확인된다.[41] 확실히 박정혜만 본다면 그의 이력 상 조총련계 인사로 보는 것이 타당하나, 이 사실 자체를 민족학급이라는 일본 공교육 현장에서 트집 잡게 되면 남북통일의 대상을 거부한다는 비판이 일본 주류사회에서 제기될 수 있는 상황에 놓이게 된다. 그 대신 조선적을 유지하는 점을 들어 대한민국에 대한 반항으로 간주함으로써 이 점 때문에 거부한다는 논리를 펴려고 했던 것으로 해석할 수 있을 것이다.

41) 문재인 정부 시절 조선적자의 한국 입국문제에 전향적 자세를 취하기는 했으나, 이들의 정치적 다양성을 외면하고 어디까지나 통일의 대상 즉 북한/조총련과의 연관성이 짙은 이들로만 인지했던 것도 이와 궤를 같이한다.

이처럼 재일코리안사회에서 드러난 통일문제와 관련된 한국 정부의 행태는 역으로 재일코리안사회의 통일 논의에서 조총련계 인사들이 정당성 측면에서 우위에 서게 하는 요인으로 작용했다고 볼 수 있다. 이 점은 또한 오늘날 아무리 재일코리안사회에서 북한/조총련이 정치적으로 쇠퇴했다 할지라도 여전히 재일코리안 담론에서 우위에 서며 권익운동에서도 일정한 지분을 인정받는 배경으로 작용하기도 한다. 특히 자주민족학급 운영과정에서 나타난 한국 정부/민단의 행태는 아이러니하게도 민족교육운동 전반에서 오늘날에 이르기까지 재일코리안사회에서 북한/조총련 측에게 일정한 정당성과 지분을 가져다주는 역할을 했다고 할 수 있다. 한국/민단에 의한 오사카 교육당국에 대한 압력행사가 수교국이라는 이유로 행정 차원에서 효과를 발휘할수록 재일코리안사회와 일본 주류사회에서 민족교육 기회를 빼앗아갔다는 불신을 야기하는 구도다.

나가하시소학교 민족학급이 재개된 후 박정혜를 비롯한 자주민족학급 강사들은 나가하시강사단(長橋講師団)을 구성하여 현장을 지켰을 뿐만 아니라 여타 학교로 활동 범위를 확장해 나가기까지 했다. 이들의 성공요인으로는 정치적 중립성을 표방해 온 점을 들 수 있다. 또한, 이들 민족강사가 약 20년 동안 무급으로 활동해 온 점이 크게 영향을 미쳤다. 이 같은 업적에 비롯된 권위는 점차 민단 오사카본부도 외면할 수 없게 되었다. 1980년대 이후 민단 오사카본부는 여타 민족교육운동 단체들과 공동으로 나가하시강사단에 대한 급여 예산 책정을 위해 오사카 교육당국에 협상을 벌이게 된 것이다.[42)]

여기에는 민단 오사카본부 문교부장 보직을 김용해를 비롯한 민족강

42) イルムの会,『金ソンセンニム: 濟州島を愛した民族教育に生きた在日一世』, p.111.

사 출신자들이 줄곧 맡아온 것도 영향을 미쳤다.[43] 이처럼 민족학급의 존재는 오늘날까지 이어지고 있는 조국의 분단 논리를 초월한 '통일' 구도에 입각한 민족교육운동의 거점으로 기능해 왔다고 이해할 수 있다. 또한, 민족학급의 존재는 오사카 재일코리안사회가 여타 지역에서 찾아보기 어려운 정치적 특성 또는 지역성을 갖게 된 요인으로 작용해 왔다고도 할 수 있다.

6. 나가며

1970년대 초반까지만 해도 여타 일본 공립학교 내 민족교육기관들과 마찬가지로 소멸마저 우려되던 오사카의 민족학급이 나가하시소학교에서 시작된 자주민족학급 확산 움직임에 따라 다시 활성화되었다. 니시나리의 지역성에 따라 부락해방운동과 일본인 교사들의 도움을 받는 구도는 이후 여타 지역으로 확산해나가는 과정에서도 동일하게 출현했다.

한편, 국내에서도 재일코리안 최대 집주지역으로 널리 알려진 이쿠노구(生野区)나 인근 히가시오사카시(東大阪市) 등지는 니시나리의 움직임에 자극을 받은 사례다. 니시나리의 사례처럼 재일코리안 2세 학부모들이 3세 자녀들을 위한 민족교육 기회 마련을 위해 민족학급 설치를

43) 그러나 김용해와 같은 민족강사 출신자들은 한국 정부의 의심을 받은 존재가 되었다. 김용해는 조련(朝聯)계 조선인학교에서 일한 경력이나 민족강사로 일하는 과정에서 교제하게 된 조총련계 인사들과의 관계 등을 트집 잡혀 1974년 한국 입국 시에 정보당국으로부터 구속수사를 받은 적이 있다. 이 과정에서 그는 고문을 당했다고 한다. イルムの会, 위의 책, pp.187~207.

촉구했던 것이 기점이 되었다는 점에서는 마찬가지다. 그러나 이들 지역에서는 조국 통일이라는 조국 정치와는 무관하게 추진되었다는 점에서 차이가 있다. 그리고 지역주민들이 활동가나 민족강사가 되어 많게는 전체 학생 중 70%가 재일코리안인 학교에서도 민족학급 미설치 상태로 방치되던 이 지역 학교들의 문제를 학부모들도 가세하여 해결해 나갔다는 점에서도 확연한 차이를 보였다. 그뿐만 아니라 앞서 언급한 민족강사의 상징적 인물이자 민단 오사카본부에 문교부장으로 영입된 각서민족학급의 민족강사 김용해가 근무하는 학교가 이 지역에 위치하는 등, 민족학급의 현장 이해와 행정 당국과의 교섭 당사자성 양면을 갖춘 징검다리 역할을 수행할 수 있는 인적자원을 활용할 수 있었던 점도 유리하게 작용했다고 할 수 있다.

이후 니시나리와 이쿠노 두 개 지역에서 활성화된 서로 다른 민족학급 설치운동은 점차 이들 간의 통합이 진행되는 쪽으로 나아가게 된다. 그 과정에서 당면 과제로 대두된 것이 박정혜 등 자주민족학급의 민족강사들이 무급 상태로 현장을 지켜내고 있는 문제였다. 이념 차이를 떠나 이를 방치한다는 것은 결국 민족학급 자체의 쇠퇴와 직결되기 때문이다. 민단 차원에서도 조총련계를 포함한 민족강사들의 처우 개선을 오사카 교육당국에 호소하는 시도가 끊임없이 이루어진 것은 민단이 동포들의 민생을 돌본다는 민족단체로서의 명분을 지킴과 동시에 유일하게 일본 행정당국과의 교섭 당사자로서 나설 수 있는 단체로서 당위성을 확보하는 차원에서도 필수적인 일이었다. 이처럼 오사카의 재일코리안사회에서는 이념을 초월한 자녀교육 차원으로서의 민족학급 설치운동이라는 공통의 과제가 부상하게 되었다. 그 연장선상에 있는 것이 통합단체로서의 민족교육촉진협의회(民族教育促進協議会)의 발족이다. 그야말로 '통일'이다. 거기에 민단 오사카본부도 거기에 측면지원을 제공하는 구도가 형성되었다. 이 같은 과정이나 연대는 일본 여타 지역에서는 찾아볼 수 없는 현상이다. 재일코리안사회 차원에서 볼 때, 이 점 또한 지역성이다. 이것이 이념을 초월한 인적교류를 자연스레 유발할 수밖에 없는 구도를 형성케 한다는 점에 대해서는 새삼 논의할 필요도 없을 것이다.

이 같은 지역성에서 비롯된 사회구조나 인적교류를 트집 잡아 온 것이 여타 지역 민단 조직이다. 또한, 이를 확대해석하여 재일코리안 총체를 사상적으로 의심스러운 존재로서 정치적 희생양으로 이용해온 것이 한국 군사독재 시절의 권력이었다. 앞서 언급한 한국 재외교육기관 관계자들의 민족학급에 대한 원색적 비방은 당시 논리가 오늘날에 이르기까지 여전히 유효하다는 점 즉 한국사회에서 재일코리안이라는 존재를 여전히 불신의 시선으로 바라보는 인식이 오늘날에 이르기까지 굳건히 남아 있음을 증명해 준다.

2010년대 들어 민족학급의 곤경을 타개하기 위해 시작된 한 재일 민족교육 활동가에 의한 한국 국회 앞 1인시위가 의원들을 움직여 민족학급을 주된 지원 대상으로 하는 예산 조치가 시행되기 시작했다. 이 같은 지원이 오사카한국교육원을 집행부처로 가동하기 시작한 지가 이제 10년이 된다. 민족학급 75년 역사 중 10년이란 말이다. 본고가 다룬 민족학급과 모국 간의 쓰라린 역사가 야기한 불신이 오사카 재일코리안사회에 여전히 남아 있는 가운데 겸허하면서도 유연하고 창의적 접근으로 진정된 지원자로서 자리매김할 것을 필자는 바라마지 않는다. 이 성사 여부는 한국의 재외동포들 가운데 여전히 구 종주국의 영향을 강하게 받는 유일한 존재로서의 재일코리안의 특수성에 대한 세밀하고도 정확한 이해로부터 출발해야 할 것이다. 이와 관련하여 덧붙이자면 이 같은 재일코리안이 지닌 특수성에 대한 충분한 인지와 특수성에 대한 고려가 무마되는 형태로 갈수록 활발해진 재외동포정책 논의가 진행되고 있는 것이 매우 안타까울 따름이다.

이 글은 동국대학교 일본학연구소의 『일본학』 제48집에 실린 논문
「재일코리안 민족교육을 둘러싼 정치성
-1970년대 자주민족학급의 사례를 중심으로-」를 수정·보완한 것임.

참고문헌

김광민, 「재일외국인 교육의 기원이 되는 재일조선인 교육」, 청암대학교 재일코리안연구소 국제학술대회, 『재일동포 민족교육 자료집』, 2013.

김웅기, 「민족학급」, 東京學藝大學 Korea研究室, 「재일동포 민족교육 실태 심화조사 및 정 책방향 제시」, 2015 재외동포재단 조사연구용역 보고서, 2016.

김효순, 『조국이 버린 사람들』, 서해문집, 2015.

アジア経済研究所, 「アジア動向年報重要日誌検索システム」 https://d-arch.ide.go.jp/Doukou/AEKO1970.html(검색일: 2023.4.30.)

イルムの会, 『金ソンセンニム: 濟州島を愛し民族教育に生きた在日一世』, 新幹社, 2011.

マキー(藤原)智子, 「在日朝鮮人教育の歴史: 戦後日本の外国人政策と公教育」, 北海道大学博士論文, 2014.

金光敏, 「多文化共生のための教育はどこから学ぶべきか: 公教育における在日朝鮮人民族教 育の起源」, 『抗路』 第2巻, 抗路社, 2016.

大阪市教育委員会, 「府内民族学級·朝文研などの状況」, 2015.

________________, 「平成28年度大阪市民族学級状況」, 2016.

大阪市立長橋小学校, 『우리말を返せから20年』, 未刊行資料, 1992.

大阪市民族講師会, 『長橋民族講師団25周年記念誌 민족학급(民族学級): 自分との出会い, 友達との出会い』, 大阪市民族講師会, 1997.

梁陽日, 「大阪市公立学校における在日韓国·朝鮮人教育の課題と展望: 民族学級の教育運動 を手がかりに」, 『Core Ethics』 第9号, 2013.

朴正恵, 「戦後50年、今、民族学級講師として」, 『むくげ』 145号, 1996.5.23.

杉谷依子, 「(五)大阪の外国人教育の取り組み: 副読本サラム一二巻の作成から実践へ」, 『日本で暮らす外国人の学習権: 国際化時代の社会教育』, 国土社, 1993.
中村一成, 「思想としての朝鮮籍: 第8回朴正惠(下)」, 『世界』 2016年 5月号, 2016.
________, 『ルポ思想としての朝鮮籍』, 岩波書店, 2017.
『民団新聞』.
『市外教』.
『神戸新聞』.
『日本経済新聞』.
『한겨레』.

재일코리안 집중거주 지역의 민족학급

A초등학교를 중심으로

정성희

1. 들어가며

2006년 3월 7일, 일본 총무성은 '다문화공생 추진에 관한 연구회 보고서-지역 다문화공생 추진을 위하여(多文化共生の推進に関する研究会報告書ー地域における多文化共生の推進に向けてー)'를 작성하여, 다문화공생에 대해 "국적과 민족 등 서로 다른 사람들이 상호 문화적인 차이를 인정하고, 대등한 관계를 구축하고자 하며 지역사회의 구성원으로 더불어 살아가는 것"으로 정의하였다.[1] 더불어 그 후, 3월 말에는 '지역의 다문화공생 추진 플랜(地域における多文化共生推進プラン)'을 공개하여 각 지역에서 다문화공생에 관한 정책 및 플랜을 책정하였다. 그러나 여기서 중요시 다룬 부분은 일본어를 못하는 외국인이었다. 즉 일본 내 에스닉 그룹(ethnic group) 중 원주민으로 구분되는 홋카이도(北海道)의 아이누(Ainu) 민족이나 오키나와(沖縄)의 류큐 민족(琉球民族), 그리고 근

1) 総務省, 「多文化共生の推進に関する研究会報告書ー地域における多文化共生の推進に向けてー」, 2006. https://www.soumu.go.jp/kokusai/pdf/sonota_b5.pdf(검색일: 2023.10.27.)

대 이민자로 구분되는 재일코리안[2] 등은 그 정책 및 플랜 대상에서 제외된 것이다.[3] 이 일본 정부가 말하는 다문화공생이란, 의사소통이 안 통하는 외국인들을 우선시 했다는 것과, 구체적인 지원에 대해선 지역사회, 즉 대상자들의 생활권인 '지역'에서 자발적으로 지원하라는 것이다.

일본의 대도시 권역인 도쿄도(東京都)와 아이치현(愛知県), 그리고 오사카부(大阪府)에는 많은 재류외국인이 거주하고 있다. 그중 오사카부는 재일코리안 집중거주 지역 중 하나이다. 구체적인 숫자를 보면, 2022년 12월 말에 일본 전국 재류외국인 수는 307만 5,213명이다. 그중 한국국적 및 조선적인 사람이 약 43만 명이며, 그중 약 21%가 오사카부(大阪府)에 거주하고 있다.[4] 또한 오사카부 오사카시(大阪市)에 위치한 이쿠노구(生野区)의 인구는 126,093명이고, 그중 재류외국인은 총 28,104명이다. 국적별 재류외국인 인구는 한국 및 조선 18,865명, 베트남 3,188명, 중국 3,153명 순으로 나타나, 다른 국가의 국적을 가진

2) 재일코리안에 대한 명칭은 '재일조선인', '재일한국인', '자이니치(在日)', '올드커머(old comer) 등 다양하며, 그 정의와 범위도 연구마다 차이가 있다. 본고에서는 일본에 의한 식민지 지배의 영향으로 일본에 이주하여 정주한 한민족의 총체를 지칭하는 용어로서 '재일코리안'을 사용한다.

3) 다무라 타로는(田村太郎), 재일코리안 단체 대담에서 "이번에는 대상을 일본어로 의사소통할 수 없는 사람들로 대상을 한정하자는 것이어서, 재일코리안이나 원주민, 불법체류자의 문제는 대상에서 제외됐습니다. '재일코리안'의 과제도 넣어야 한다는 주장도 했지만, 이루어지지 않았습니다. 로직으로서는 지방자치단체로서는, 시책의 우선순위로서 어디까지나 일본어로 의사소통할 수 없는 사람들의 문제에 대해 신속하게 '제언'하고 싶다는 것이었습니다."고 이야기 한 바 있다.
コリアNGOセンター, 「コリアNGOセンター NEWS LETTER」第17号, 2008 참조.

4) 出入国在留管理庁, 「在留外国人統計(旧登録外国人統計)統計表(2022年12月)」, 2022. https://www.e-stat.go.jp/stat-search/files?page=1&layout=datalist&toukei=00250012&tstat=000001018034&cycle=1&year=20220&month=24101212&tclass1=000001060399(검색일: 2023.10.27.)

외국인에 비해 한국·조선 국적을 가진 인구수가 높다.[5] 그렇다면 오사카에 왜 이렇게 많은 재일코리안들이 살고 있는 걸까.

이 다수의 재일코리안이 오사카에 거주하기 시작한 것은 제1차 세계대전 이후인 것으로 알려졌다. 특히 1920년대 오사카는 '동양의 맨체스터(東洋のマンチェスター)'라고 불릴 정도로 거대 공업도시로 발전 중이었고, 일본의 식민지였던 조선에서 많은 노동자들이 살길을 찾아 건너왔다. 같은 시기인 1919년에 강줄기가 구불구불하여 수해가 잦았던 히라노강(平野川)의 개수 공사가 시작되었다. 이 공사는 1939년에 마무리됐고, 현장에는 많은 조선인 노동자가 종사하고 있었다. 더불어 1923년에 제주도와 오사카를 오가는 정기연락선인 '기미가요마루(君が代丸)'가 취항하여, 오사카로 건너온 제주도 사람들이 많았다. 해방 후 1947년 전후에는 제주도에 '제주 4.3사건'이 일어나자, 생존을 위해 목숨을 걸고 일본으로 도망쳐 온 조선인들이 많았다. 이러한 여러 가지 배경으로 조선인들은 오사카 및 이쿠노구에서 노동자로 일하며 자연스레 모여 살게 된 것이다. 이러한 흐름에서 오사카에는 일본의 주류사회에 소수자(minority)를 대상으로 한 활동들이 이루어지고 있고, '민족학급(民族学級)'도 그중에 하나로 볼 수 있다.

민족학급은 재일코리안 학생들이 일본 공립학교 내에서 본국의 역사·지리·문화·언어 등을 배울 수 있는 민족교육의 장이며, 2023년 현재 오사카, 교토(京都) 등 긴키(近畿) 지방으로 중심으로 이루어지고 있다. 그러나 최근, 재일코리안의 세대교체와 '다문화공생'으로 인해 초·중학교에 설치된 '민족학급'이 '국제클럽(国際クラブ)'과 같은 명칭으로 변

5) 大阪市,「住民基本台帳人口·外国人人口(令和5年度 9月末日)」 https://www.city.osaka.lg.jp/shimin/page/0000006893.html(검색일: 2023.10.27.)

경되기 시작하여, 이른바 ‘소멸 위기’에 놓여있다. 이 상황에 대해서 김웅기 또한 “2018년부터 유신당의 압력으로 오사카시 및 오사카부 교육위원회 측이 ‘민족학급’이라는 명칭 사용을 금지하여 ‘국제클럽’ 등으로 변경케 한 것은 외국인 인구의 다국적화에 빙자하여 재일코리안의 존재와 역사성을 희석하려는 의도가 깔려있었다고 할 수 있다[6)]” 고 언급한 바가 있으며, 민족학급은 위기를 맞이한 것이다.

2022년 현재 오사카부에는 초등학교 약 120개, 중학교 약 70개의 민족학급이 설치되어 있으나[7)] 김태영이 재일코리안 다수 거주지역에서 거주하는 재일코리안 아이들은 소수지역에서 거주하는 아이들보다 일본 사회에서 민족적 이질성을 느끼는 것이 적은 상황이고, 자신이 재일코리안이라는 것을 당연한 것으로 받아들일 수 있는 경향이 강하다고[8)] 언급한 바와 같이 민족학급 형성 과정과 실천은 지역마다, 즉 학교마다 다르다고 할 수 있다.

이에 따라 이 글은 오사카, 특히 재일코리안의 다수 거주 지역인 ‘이쿠노구’에 위치한 A초등학교의 민족학급 형성과 실천에 대해 자세히 들여다보고자 한다. 한 학교의 민족학급 활동에 주목하는, 그 지역 민족교육의 변천과 정착 과정을 입체적으로 살펴본다는 것이며, 공립학교 속 민족교육의 역할과 기능을 실증할 것이다. 더불어 이러한 과정을 통해 공립학교 속 민족교육의 의미와 역할을 확인할 수 있을 것이다.

6) 김웅기, 「재일코리안 민족교육에 대한 한국 민간 지원의 성과와 한계」, 『韓日民族問題研究』 제42호, 한일민족문제학회, 2022, p.88.

7) OK배정장학재단·코리아NGO센터, 「2020년도 재일동포 민족교육 지원사업 결과보고서」, pp.10-15.

8) 金泰泳, 「在日韓国·朝鮮人における地域社会と民族的アイデンティティ：点在地域の子どものアイデンティティ状況を中心として」, 『大阪大学教育学年報』 Vol.1, 大阪大学人間科学部教育学研究室, 1996, p.190.

2. 일본 공립학교 내 민족교육

1910년 8월, 일제에 의해 국권을 빼앗겨 식민지가 된 한반도에서 살던 조선인들이, 생존을 위해 급격히 일본으로 이주하기 시작했다. 1945년에 이르러 해방을 맞이한 이들은, 귀국을 염두하고 있었기에 자녀들의 민족교육이 가장 중요한 과제 중 하나였다. 재일코리안 1세들은 '돈이 있는 사람은 돈으로, 힘이 있는 사람을 힘으로, 지식이 있는 사람은 지식으로'라는 슬로건을 내걸고, 일본 전국 곳곳에 자신들의 민족교육을 실시하는 학교를 건설하였다.

그러나 1948년 1월, GHQ의 지령을 근거로 삼은 일본 정부가 '문부성학교교육국장통달(文部省学校教育局長通達)'을 공표하여 민족학교를 폐쇄 조치했다. 즉, 일본의 학교기본법이나 교육기본법을 따르지 않는 민족학교에 다니는 재일코리안의 자녀들이 일본 학교에 통학하도록 조치한 것이다. 이에 대한 반발심으로, 야마구치현(山口県)과 한신(阪神) 지역에서 '4.24 한신 교육투쟁'이라는 저항을 담은 반대 운동이 일어났다. 이후 계속해서 투쟁을 이어가며, 6월 4일 오사카에서 재일코리안 대표와 오사카부지사 사이에서 공립학교의 과외활동으로 언어·역사 등의 교육을 실시한다는 등의 내용이 포함된 각서(覚書)를 교환하였다. 이 각서는 12개의 항목이 있었고, 그 중 각서 제4항에는 "조선인 아동·학생이 재학하는 오사카부에 있는 공립중학교에서는 왼쪽 조건 아래의 과외 시간에 조선어, 조선의 역사, 문학, 문화 등에 대해 수업을 실시할 수 있다[9]"고 명시되어 있었다. 여기서 이야기하는 왼쪽 조건은

---

9) 民族教育ネットワーク, 『民族教育と共生社会 阪神教育闘争50周年集会の記録』, 東方出版, 1999, pp.81~82.

민족학급은 해당 공립학교 교장의 관리와 책임에 있어서 실시해야 된다는 점, 민족학급 수업을 희망하는 아동 학생이 1학급을 편성하기에 충분한 인원수이어야 하나 아동 학생이 적은 경우 해당 학교 교장과 상의하여 조선인 측에 의뢰한 교사가 수업을 진행할 것이라는 내용이다.

그 후, 1949년 10월에는 일본 정부가 전국에 있는 민족학교에 대해 '학교폐쇄령(学校閉鎖令)'을 발령하여 재일코리안 민족교육은 위기에 처했지만, 1949년 11월에 오사카부 교육위원회(大阪府教育委員会)의 임시교육위원회에서 '각서' 민족학급 설치를 인정하였다. 그 당시 '각서' 민족학급의 설치 배경에는 앞에서 살펴본 각서 제4항의 항목의 영향이 컸다. 이를 근거로 오사카부에서 36명의 민족강사(民族講師)를 임용했고, 오사카부 내 33교의 초·중학교에서 조선어나 조선의 역사 등을 배울 수 있는 방과 후 수업 즉 민족학급이 설치되었다.[10] 그때 각서를 바탕으로 민족학급이 설치되었기에 이때 설치된 민족학급은 '각서' 민족학급으로 부르기도 한다. 그러나 일본학교 안에서 일어나는 차별과 비협조 등에 견디지 못하고 그만두는 민족강사들이 적지 않았고, 오사카 교육 당국이 정년퇴임을 맞이한 민족강사들의 후임자를 채용하지 않아 1970년대 초에는 '각서' 민족학급은 10개 정도로 감소했다.

10) 이때 오사카시에는 新庄小学校·北鶴橋小学校·中川小学校·小路小学校·中浜小学校·大開小学校·北中道小学校·生野小学校·榎並小学校·東小橋小学校·加美南部小学校·巽第一小学校·巽第二小学校·加美小学校·矢田小学校·西今里中学校·田島中学校, 모리쿠치시(守口市)에는 三郷小学校·庭窪小学校·第二中学校, 후세시(布施市)에는 若江小学校·布施第七小学校, 기타카와치군(北河内郡)에는 南郷中学校, 야오시(八尾市)에는 八尾小学校·安中小学校, 사카이시(堺市)에는 五箇荘小学校·少林寺小学校·錦西小学校, 센보쿠시(泉北市)에는 八坂小学校, 이케다시(池田市)에는 池田小学校, 이즈미오츠시(泉大津市)에는 戒小学校, 기시와다시(岸和田市)에는 岸和田小学校, 가이츠카시(貝塚小学校)에 민족학급이 설치되었다.
朴正恵, 『この子らに民族の心を－大阪の学校文化と民族学級)』, 新幹社, 2008, p.25.

그런 가운데, 1971년 4월에 오사카시립중학교장회(大阪市立中学校長会)가 「연구부의 행보(研究部の歩み)」이라는 소책자를 발간했다. 이 책에는 '외국인자제교육의 실태와 문제점(外国人子弟教育の実態と問題点)'이라는 내용이 있었고, 다음은 그 일부이다.

> 1. 생활지도
>
> A. 관찰 지도의 관점에서
>
> 가정에서 받는 사회관, 도덕관의 영향은 매우 크지만, 사물을 바라보는 시각, 사고방식에 차이가 있고 자기현시성이 강하며, 학년이 올라갈 때마다 강하게 나타난다.
>
> 일반적으로 이기적, 타산적, 옹졸한 언동이 많으며, 그게 정서 불안정, 제멋대로, 추잡한 경향, 실행이 수반되지 않는 가식적 언동으로 나타난다.
>
> 죄의식이 없으며, 성조숙, 자기방어적이고 임시방편식의 거짓말도 태연하게 하고 같은 실수도 부주의도 되풀이한다.[11]

책자를 발행한 오사카시립중학교장회는 오사카시교육위원회(大阪市教育委員会)와 밀접한 연결이 있는 공적인 기관인 점과 이 책자는 시내의 중학교에 배포되는 점 등을 생각하면 「연구부의 행보」는 공문서라고도 할 수 있다. 더불어 「연구부의 행보」의 내용은 '오사카시외국인자제교육연구의회(大阪市外国人子弟教育研究議会)'가 가맹학교에 대해 실시한 설문조사의 내용을 정리한 것이었다. 즉, 설문조사에 답한 것은 학교 현장의 교사라는 것이다. 이러한 점을 고려했을 때 교장회뿐만

11) 稲富進, 『ちがいを豊かさに―多文化共生教育の明日を拓く』, 三一書房, 2008, pp.46-47.

아니라 교사들 또한 재일코리안에 대한 차별 의식이 잠재되어 있다는 사실을 확인할 수 있다. 아이들을 가르치는 입장인 교사가 재일코리안에 대한 편견을 가지고 있다는 것은 그들에게 충분한 지식이 없다는 것이다. 또한 교사가 지식이 없으면, 아이들에게 올바른 지식을 가르칠 수 없는 것이며, 이 상황을 바꿀 필요가 있었다. 이 사태를 무겁게 받아들인 일부 교사들은 재일코리안의 교육에 임하는 것은 일본인 교육자의 과제라고 생각하여 1971년 '공립학교에 재적하는 재일조선인 아동·학생의 교육을 생각하는 모임(公立学校に在籍する在日朝鮮人児童·生徒の教育を考える会)'이 결성하게 되었다.

더불어 1971년에는 니시나리구(西成区)에 위치한 나가하시 초등학교(長橋小学校)에서는 민족학급 개설의 소리가 높아지기 시작한다. 당시 나가하시 초등학교는 교구 전체가 동화 지구(同和地区)로 지정되어 있었고, 1970년대에 들어가 피차별 부락(被差別部落)의 아이들에게 '차별을 허용하지 않고, 차별에 지지 않으며, 부락 해방을 이끌어 갈 학력'을 기르기 위한 학력 보충의 대처가 방과 후에 행해지고 있었다. 또한 이 실천이 시작된 당초부터 저학력에 굳은 재일코리안 학생들이 보충학급에서 공부하고 싶다는 의견을 내고 있었다. 그러나 이 의견에 대해 목적이 다르다는 이유로 재일코리안 아이들을 제외하는 상황이었다.[12)]

---

12) 오사카시는 1969년에 발족한 '부락해방 니시나리지구 교육을 지키는 모임(部落解放西成地区教育を守る会)'의 운동에 참여하는 사람에 대해서, 동화대책을 강구하기로 했다. 보충학급에 관련하여, '부락해방 니시나리지구 교육을 지키는 모임'은 행정에 대해 동화대책의 교육을 요구하고, 의무교육보장의 원칙인 '학습권의 보장'을 위해서 싸우고 있으며, 보충학급의 대상은 '부락해방 니시나리지구 교육을 지키는 모임'에 참여하는 아이들이었다. 그 후, 1973년 3월 12일에 부락해방 니시나리지구 교육을 지키는 모임에 재일코리안도 가입할 수 있었다.
大阪市立長橋小学校, 『우리말を返せ一公立学校における民族教育の歩み一』, 大阪市立長橋小学校 民族学級20周年事業実行委員会, 1992, p.5.

같은 해 4월에는 오사카시 교육위원회가 전국에서 처음으로 '학교의 교육 지침(学校教育指針)'에 '외국인자제교육(外国人子弟教育) (재일조선인 자제교육(在日朝鮮人子弟教育))'이라는 표기로 재일코리안에 관한 교육지침을 명시하였다. 여기서는 외국인이라는 틀에서 밖에 파악되지 않았던 재일코리안 아이들을 처음으로 이들의 인권을 존중하는 등 민족 주체로 인정되었던 것이다.[13] 7월에는 '7.4남북공동선언'이 있었고, 통일의 기운이 고조되었다는 것도 뒷받침되고, 1972년 11월 21일, 나가하시 초등학교의 민족학급 개교식이 열렸다.

그러나 남북분단의 영향을 받은 혼란 때문에 12월에는 민족강사의 파견이 일시 중단되는 등 본격적으로 수업이 시작된 것은 1973년 9월부터였지만 민족강사의 예산 조치에 대해서는 실현되지 않고, 자원봉사인 상태로 지속되었다. 이후 민족학급은 오사카 시내에서 퍼져나가지만 '각서' 민족학급을 구별하는 의미로 이들 민족학급은 '72년형' 민족학급으로 불리기도 한다.

이것을 계기로 1970년대에 14개교, 1980년대에는 21개교에 민족학

---

13) 1974년에는 본명 사용에 관한 문장도 새롭게 추가되었다. 이 지침은 추후 '본명을 사용하고 부르는 운동(本名を呼び名のる運動)'의 기초가 되기도 하였다. 다음은 1975년도에 학교 교육 지침의 재일조선인자녀(주로 재일한국인·조선인의 아이들)교육의 항목이다. "가. 재일외국인 자녀의 인권을 존중하는 교육을 어떻게 진행하면 좋을까. 재일외국인 자녀가 민족적 자각과 자부심을 높일 수 있도록 본명을 사용하는 지도를 철저히 하고, 학교생활 전반에 과학적 인식을 바탕으로 지도하는 것이 필요하다. 나. 재일외국인 자녀의 진로지도의 충실을 도모하려면, 어떻게 해야 하는가. 진학·취업상의 차별을 극복하기 위해, 재일외국인 자녀가 장래를 스스로 선택할 수 있도록 지도하는 것이 중요하다. 다. 일본인 자녀에 대해, 국제 우호의 자질·태도를 육성하려면 어떻게 해야 할까. 일본인 자녀 가운데 민족적 편견과 차별의식을 배제하고 함께 배우는 재일외국인 자녀의 입장을 이해할 수 있는 집단을 육성하기 위해 노력하는 것이 중요하다." 日本の学校に在籍する朝鮮人児童生徒の教育を考える会資料センター, 『在日朝鮮人児童生徒の教育を考えるための資料 資料集VI』, 日本の学校に在籍する朝鮮人児童生徒の教育を考える会, 1975, p.21.

급이 개설되었다. 이처럼 '72년형' 민족학급이나 '지역 모임[14]' 등의 형태로 아이들의 배움의 장소는 조금씩 발전하고 있었다. 그러나 '각서' 민족학급은 1950년대 초반에 부임한 초대의 민족강사들이 1980년대에는 정년퇴직을 맞이하게 되었음에도, 오사카부는 그들의 퇴직 후에 들어올 후임 강사 임용 조치를 행하지 않은 상태였고, 그대로 이루어지지 않으면 '각서' 민족학급은 소멸해 버리는 긴박한 상황에 처해 있었다. 이에 따라, 1975년 9월에는 11명의 민족강사가 연명으로 오사카부와 오사카시의 교육위원회에 '요구서'를 제출해[15], 민족강사의 대우 개선은 전행됐지만, 후임 강사의 임용에 대해서는 아직 불투명한 상태였다.

이러한 흐름으로 1984년에 '민족학급의 존속을 요구하는 모임(民族学級の存続を求める会)'이 결성되어, 1978년에 결성됐던 '민족교육을 진행하는 모임(民族教育をすすめる会)'이나 교직원 운동 집단인 '공립학교에 재적하는 재일조선인 아동·학생의 교육을 생각하는 모임'이나 '오사카시교조(大阪市教組)', 또, 1984년의 〈재일한국·조선인 아동·학생에게 민족교육의 보장을 요구하는 심포지엄(在日韓国·朝鮮人児童·生徒に民族教育の保障を求めるシンポジウム)〉에 참가한 각 단체를 중심으로 만

14) 1980년대에는 여름방학 기간에 지역 단위로 재일코리안 아이들을 모아 실시하는 '하기학교(夏期学校)'나 '하기모임(夏の集い)' 등을 실시하였다. 이러한 지역 모임은 민족학급이 없는 지역에 거주하는 아이들에게 본국에 대해 배우고 또한 자신과 같은 재일코리안 친구와 만날 수 있는 장이었다.

15) 이 '요구서'에서는 다음과 같은 4개의 항목이 있었다. "1. 재일동포아동이 전교생의 10% 이상 재적하는 학교에는 민족학급을 설치하고 민족강사를 둘 것, 2. 중학교에도 민족학급을 설치할 것, 3. 현존하는 민족학급에 대하여 강사를 보충·증원하는 것과 동시에 학급운영비를 지급할 것, 4. 민족강사의 대우를 개선할 것".
民族教育促進協議会, 『すべての同胞に民族教育を: 民促協10年史』, 民族教育促進協議会, 1995, p.22.

들어진 '민족교육 촉진 협의회(民族教育促進協議会)[16]'가 더해져 민족학급의 제도화를 바탕으로 하는 운동이 확산되어 간다. 특히 민족교육촉진협의회는 "모든 동포의 자녀에게 민족교육을(すべての同胞の子どもに民族教育を)"이라는 슬로건을 들고 학부모와 교사, 민족강사의 서로 협력을 촉진하면서 행정을 향한 민족교육의 제도적 보장을 요구하는 운동을 전개하였다.

더불어 1988년 9월에는 오사카부 교육위원회가 '재일한국·조선인 문제에 관한 지도의 지침(在日韓国·朝鮮人問題に関する指導の指針)[17]'을 발표하였다. 이것은 오사카의 행정부에서 재일외국인교육을 추진한다는 것을 공식적으로 밝혔다는 점에서 중요한 성과이다. 이 지침에는 재일코리안에 대한 편견과 차별이 일본인 학생의 재일코리안에 대한 의식 형성이나 행동 양식에 영향을 미치는 동시에, 재일코리안 학생에게도 자신에게 자부심을 갖고 자각하기 어려운 상황을 만들어 온 것이

16) 1984년 일본 오사카에서 재일코리안 민족교육의 제도보장운동에 임하기 위한 협의체로 결성되었다. 2003년에 해산되기까지 재일코리안 민족교육의 발전을 위해서 민족학급의 설치요구운동, 재일코리안 아동 및 학생들의 학부모와의 연대, 다른 민족단체와의 협력 등 다양한 활동을 전개하였다.

17) 지침 내용은 다음과 같다. "1.모든 아동·학생에게 재일한국·조선인 아동·학생이 재적하고 있는 역사적 경위나 사회적 배경을 올바르게 인식시키는 것과 동시에, 한반도의 문화나 역사에 대한 이해를 깊게 하도록 노력할 것, 2. 재일한국·조선인 아동·학생이 본명을 사용하는 것은 본인의 정체성 확립에 관계되는 것이다. 학교에서는 모든 인간이 서로 차이를 인정하고 함께 사는 사회를 구축하는 것을 목표로 재일한국·조선인 아동·학생의 실태 파악에 노력하고 이들 아동·학생이 자신의 자랑과 자각을 높이고 실명을 사용할 수 있도록 지도에 노력할 것, 3. 재일한국·조선인 아동·학생이 장래의 진로를 스스로 선택해, 자기를 실현할 수 있도록, 진로지도의 충실을 도모하는 것과 동시에, 관계자 기관과의 제휴를 조밀히 해 적절한 지도에 노력할 것, 4. 재일한국·조선인 문제의 지도 추진을 도모하기 위해, 교직원 연수에 충실히 노력할 것"
大阪府, 「在日韓国·朝鮮人問題に関する指導の指針」, 1988.
https://www.pref.osaka.lg.jp/kotogakko/seishi/zainichi-sisin.html(검색일: 2023.10.27.)

밝혀지고, 구체적인 지도의 지침으로서, 한반도의 문화나 역사에 대한 이해를 깊게 하는 것, 또 학생이 실명을 사용할 수 있도록 지도에 노력하는 등의 항목이 있다. 이 4가지 항목에 '민족학급'이라는 용어는 없으나, 민족교육에 관해서 공적인 문서에서 처음 언급되었고, 또한 내용으로부터 민족학급의 존재가 인정되었다는 점은 공립학교 내 민족교육의 흐름에서 큰 분기점이라고도 할 수 있다.

이러한 민간단체의 운동과 행정부의 변화로 인해, 1980년대 후반부터는 오사카부에서 '각서' 민족학급의 후임 조치가 취해지고, 1990년대에는 오사카시에서 제도적인 보장이 부분적으로 이루어지기 시작했다. 그 배경에는 1991년 1월 10일에 '한일법적 지위협정에 근거한 협의 결과에 관한 각서(日韓法的地位協定に基づく協議の結果に関する覚書)'가 체결된 것도 있었다. 특히 이 각서에서 민족교육에 대해서는 "일본 사회에서 한국어 등 민족의 전통을 유지하고자 하는 재일한국인 사회의 희망을 이해하고, 현재 지방자치단체의 판단으로 인해 학교 과외에서 행해지고 있는 한국어나 한국 문화의 학습이 앞으로도 지장 없이 행해지도록 일본 정부가 배려한다[18)]"라는 내용이 있었다. 이는 정부가 민족교육의 유지, 그리고 민족학급의 설치를 인정했다는 것이다. 이로 인해 이 각서가 체결된 것으로 민족학급의 제도보장은 지방자치단체의 판단에 맡기는 형태가 되었다.

이처럼 1980년대부터 공립학교에서 민족교육 활동을 지지하고 그 제도화를 요구하는 운동이 계속되는 가운데, 1990년대에는 민족교육에 대해 한일 정부 차원에서도 배려하기로 합의되었다. 그 결과 민족학

18) 民族教育ネットワーク, 『民族教育と共生社会 阪神教育闘争50周年集会の記録』, pp.83–85.

급 설치학교는 증가하여 1990년대에만 해도 45개의 시립초중학교에 민족학급이 만들어졌고, 2022년 현재 오사카부는 초등학교 약 120개, 중학교 약 70개의 재일코리안 민족교육의 공간이 있다.

3. A초등학교의 민족학급 설치와 연대

3.1. 민족학급 설치 과정

1980년대 당시 이쿠노구는 전국에서 가장 많은 재일코리안 다수 거주지역임에도, 오랜 시간 동안 재일코리안 민족교육이 확산되지 못했다. 이것은 1989년 당시 '각서' 민족학급 이외에 민족학급이 있는 학교는 구내 28교 중 다츠미 초등학교(巽小学校)의 '민족학급', 다츠미 중학교(巽中学校)의 '우리문화클럽(ウリ文化クラブ)', 다시마 초등학교(田島小学校)의 '민족학급', 이쿠노 중학교(生野中学校)의 '한국·조선문화연구회(韓国·朝鮮文化研究会)' 4개 밖에 없었던 것으로, 이쿠노쿠에서는 민족학급이 거의 설치가 되지 않은 상황임이 확인된다.[19]

그렇다면 왜 재일코리안 다수 거주 지역인 이쿠노구에 민족학급이 거의 설치되어 있지 않았던 것일까. 이에 대해서는 크게 두 가지 이유를 들 수 있다. 첫 번째는 재일코리안 미혹론이고, 두 번째는 교육 행정의 태만이라고 할 수 있다. 1960년대, 재일코리안의 아이들이 이쿠노구나 히가시나리구(東成区)의 학교에 집중적으로 재적하고 있었다. 이로 인해 재일코리안 아이들이 한 학교에 집중되지 않게 입학 시에 학교

19) 民族教育促進協議会, 『すべての同胞に民族教育を: 民促協10年史』, p.35.

를 지정해 분산화를 도모하고자 시도한 적이 있다.[20] 이 시도는 실현되지 못 했으나 그 배경에는 지역 내 일본인 부모들과 해당 학교 교사들이 일본학교에 재일코리안 학생들이 많아지면 일본학교의 일본다움이 사라진다는 등 재일코리안에 대한 차별 의식이 잠재되어 있던 것이다.

A초등학교의 특징은, 민족학급이 설립되기 전인 1972년에 '외국인 학부모회(外国人保護者会)'가 발족되었다는 점이 있다. 외국인 학부모회의 활동 목적은 "1. 학부모 상호 간의 친목을 도모함과 함께 가정·학교·사회의 협력으로 아동의 건전한 육성을 도모한다, 2. 학부모, 그 아동이 민족의식을 굳게 가지고 가정, 사회생활 수준을 높이도록 노력한다, 3. 국제친선·선린우호에 힘쓴다, 4. A초등학교 학부모회의 발전에 적극적으로 협력한다[21]" 였다. 외국인 학부모회는 이 목적을 이루기 위해 재일코리안에 관한 영화 상영회나 강연회 등을 적극적으로 주최하여, 학부모와 지역 사람들의 재일코리안에 대한 지식 개선과 민족학급 설치에 대해 깊이 이해하려고 노력한 것이다. 외국인 학부모회는 학부모, 교사, 지역주민에게도 이러한 행사 참여를 호소했으나 학부모회 임원이나 교사들의 참여는 거의 없었다. 더불어 학교에서 외국인 학부모회에 대한 인식 또한 너무 낮았기에, 학교에 관한 회의를 할 때도 대관신청서를 제출하여 교장의 허가를 받아야만 학교 내에서 회의를 진행할 수 있는 상황이었다.[22] 이러한 배타적인 학교의 대응은 다음 글에서 확인할 수 있다.

---

20) 稲富進, 『ちがいを豊かさに―多文化共生教育の明日を拓く』, pp.52-53.

21) 呉満, 「在日韓国·朝鮮人児童と本名問題」, 『総合研究所報』, Vol.11, 1985, p.30.

22) 呉満, 「在日韓国·朝鮮人児童と本名問題」, p.36.

> 당시 (외국인 학부모회) 회비는 학교 운동회나 졸업 기념품 등으로 사라질 뿐이었다. 학교 측에서 비공식적으로 "연필이나 앨범은 고맙지만, 문자가 없는 것으로 해 달라는" 요청이 들어왔다고, 당시 외국인 학부모회 회장에게 들었을 때, 말문이 막혔던 것도, 이제는 그리운 추억이다.[23)]

인용문 내용을 보면, 학교 측이 외국인 학부모회, 그리고 재일코리안의 학생들의 존재를 감추고 싶어 하는 것과 또 그에 대해 제시한다. 문자가 없는 것을 희망한다는 것은 결국 외국인 학부모회가 아이들에게 지원하고 있다는 것이 밝혀지면 안 된다는 것이다. 일본 사회는 누구나 공평하게 받을 수 있는 교육이라는 측면에서도 재일코리안을 '투명 인간'으로 만들려고 했다. 그런데 이러한 인식은 학교뿐만 아니라 부모에게도 있었다는 것을 1984년 당시 '아사히신문(朝日新聞)' 기사에서 확인할 수 있다.

> 작년 가을의 일이다. 오사카시 외국인교육연구협의회(大阪市外国人教育研究協議会)가 주최한 어린이 민족음악회(こども民族音楽会)에 출연한 4학년이 '유토리의 시간(ゆとりの時間)'을 사용해 한국·조선의 노래를 연습하고 있었다. 이것에 대해 일본인 부모가 이의를 제기했다. 그 부모는 "왜, 정규 수업 시간에 외국 노래를"이라며 물었고, 키바나(木花) 교장은 "음악 교과서를 봐 주세요"라고 대답했다. '반딧불의 빛(蛍の光)'은 스코틀랜드의 민요였다. A초등학교는 재학생 517명. 그 중 70%를 한국·조선의 아이가 차지한다. 학부모회 임원은 회장 이하 6명 전원 일본인이다.[24)]

23) A小学校, 『民族学級10年のあゆみ』, A小学校, 1998, p.8.
24) 朝日新聞, 「異文化ぶつかる小学校」, 1984年 10月 27日.

이 글에서는 민족학급이 설치되기 전임에도 불구하고 학부모가 재일코리안에 대해 차별적인 감정을 가지고 있는 것을 확인할 수 있다. 일본인 부모 입장에서는 정규 수업 시간에 외국 노래 즉, 한국·조선의 노래를 부른다는 것은 있을 수 없는 일임을 설명한다. 즉 재일코리안이 많이 거주하는 이쿠노구조차 일본인 중에는 여전히 오래된 편견과 차별의식을 가진 사람들이 많았다. 이러한 상황에서 일본인 부모로써 민족학급이 생기면 더욱 더 일본학교의 미래가 없어진다는 우려가 있었던 것이고, 민족학급을 설치할 수 있는 상황이 아니었음을 확인할 수 있다.

또한 이러한 분위기는 교육 행정의 태만과 연결된다. 2장에서 본 바와 같이 교육 당국은 할 수 있으면 민족학급을 없애려 했던 입장이었기에 민족학급이 증가하는 것에 대해 환영했던 입장은 아니었다. 이것은 결국 학교에서 일어난 일들은 학교 현장에서 해결하기를 원했던 것이다. 1985년 당시 A초등학교는 외국인 재적률이 72%로 일본 공립초등학교 중 가장 높은 학교였고, 외국인 학부모회는 발족 당시부터 교장에게 민족학급의 개강을 요구하고 있었다. 그러나 역대 교장들은 교원채용시험에 합격한 사람이 필요하다며, 반대하지는 않으나 오사카부 교육위원회가 민족학급 설치에 관해 적극적이지 않아 어렵다는 등의 답변을 내놓았었다.[25] 이러한 측면에서 봤을 때 재일코리안 다수 거주지역에 오랫동안 민족학급이 형성되지 못했던 것은 '일본 사회의 차별'이라고 할 수 있을 것이다. 그렇다면 이러한 상황에서 A초등학교의 민족학급이 어떻게 형성되었는지 알아보자.

1985년 당시 A초등학교의 일본 교사들은, 교내에서 외국인 교육 추

25) A小学校, 『民族学級10年のあゆみ』, p.29.

진을 위해 타학교의 실천 기록을 참고하여, 외국인 교육을 실시하고 있었다. 또한 학교의 정규 시간인 클럽 활동으로 외국 문화 클럽을 신설하고, 거기서 한반도의 노래나 조리 실습 등을 실시하고 있었다. 또한 이런 활동에 대해 클럽용 교내 게시판을 마련하고, 지역 사람들에게 활동 내용을 소개하는 등 민족학급의 필요성을 호소하고 있었다.[26] 또한 민족교육 촉진 협의회도 이쿠노구에 있는 학교에 민족학급을 설치하고, 학교 교육 속에 자리 잡는 것은, 오사카 내의 민족학급 제도 보장을 실현하기 위해 중요한 과제 중 하나였고, 외국인 학부모회와 함께 끈기를 갖고, 학교·교육 당국·학부모회·지역주민들과 여러 번 토론을 나눴다.

> 지금도 그때 학부모가 한 말을 잊을 수 없습니다. "A초등학교의 학부모입니다"라고 나란히 일렬로 늘어선 어머니들이, 서명을 건네주고, "어떻게 하면 민족학급을 설치할 수 있습니까? 여기서 무릎을 꿇으면 (지금 생각해도 대단한 말) 만들어 줄 수 있습니까? 그렇게 해서 만들어진다면 하겠습니다.[27]

부모들의 민족학급 설치에 대한 간절한 부탁은 사람들의 마음을 흔들었다. 그리고 A초등학교의 교장을 비롯한 학교 관계자들이 민족학급 개설에 다다른 것을 깨달은 것이다. 1989년 6월 20일, 다양한 사람들의 노력으로 A초등학교에 민족학급이 문을 열었다. A초등학교에 설치된 민족학급은 민족의 문화·전통을 학습하는 교실이라는 의미의 '민족학급'이라는 명칭으로, "①한국·조선인 아동과 일본인 아동이 서로 인권

26) 위의 책, p.7.

27) A小学校, 『民族学級10年のあゆみ』, p.25.

을 존중하고 국제친선과 선린우호에 임한다 ②한국·조선인 아동의 "민족적 자각과 자긍심"을 높여, 본명을 부르고, 이름을 밝힐 수 있도록 육성한다 ③한국·조선의 자연과 문화를 배워, 민족의 존엄성을 존중하도록 육성한다 ④상대방의 입장을 존중하고 서로 신뢰할 수 있는 친구가 되기 위해 노력하는 것[28]"을 목적으로 하고 있었다. 또한 그 형태는 민족학급에 참가를 희망하는 아동 중 4·5·6학년을 대상으로 학년별로 방과 후 1시간씩 개강하며, 민족강사에 대해서는 매년 3명의 민족강사가 1991년까지 봉사활동으로 아이들을 가르치는 형태였다.

이와 같은 1970~80년대에는 재일코리안이 많이 거주하고 있어도, 지역주민과 부모, 그리고 학교 안에서는 여전히 오래된 편견과 차별의식을 가진 사람들이 많은 현상이 나타났다. 결국 일본 사회 안에 있는 배외주의적인 성향이 재일코리안 교육의 상징인 민족학급의 설치를 받아들일 수 없었다. 그러나 이러한 상황에도 불구하고 재일코리안 부모나 민간단체, 일부 교사들의 노력과 이해가 있었기에 민족학급 설치로 이어져 나아가 민족학급의 활성화로 이어간다.

3.2 민족학급의 활성화와 연대

A초등학교에서는 민족학급이 설치되어 3년이 지난 1991년에는 봉사활동으로 임했던 민족강사들이 위기에 처하게 됐다. 민족강사의 신분 보장이 안 되었고, 민족학급에서 사용하는 교재 등도 부족했기 때문이다. 외국인 학부모회는 이러한 상황을 타개하려고 '공비부담 민족강사 배치를 요구하는 요청서(公費負担の民族講師の配置を求める要望書)'를 작

28) 統一日報, 「民族学級開設 20日開講式」, 1989年 6月 17日.

성하여 서명을 모으기로 하였다. 외국인 학부모회는 민족학급 설치 활동을 통해서 공비부담 민족강사 배치는 학부모회와 교사들의 도움이 필요한 것을 알고 있었기 때문에 사전에 학부모회 임원들과 대화하는 자리를 마련하였다.

> 서명을 시작하기 전에 먼저 학교에 상담하러 가서, 학부모회의 임원들과 사전에 논의했습니다. 협조를 부탁했더니, 곧바로 좋은 대답을 못 받습니다. 답답한 분위기가 감도는 가운데 한 여성 임원이, "내가 외국에 살았다면, 역시 아이들에게 일본어와 일본 문화를 배우게 하고 싶다. 최대한 협조하고 싶다"라고 말씀하셨습니다. 그래서 단번에 분위기가 바뀌었고, 학부모회의 양해를 얻을 수 있었습니다. 그분께는 정말 감사드립니다.[29]

이 글에서는 민족학급이 학교에 설치된 이후 학부모회 임원들이 가지고 있었던 재일코리안과 재일코리안에 대한 인식이 개선되고, 서로 간의 이해가 증대하는 것을 나타내고 있다. 즉 재일코리안에게 차별적인 생각을 하고 있었던 학부모회 회원들이 국적은 다르지만 같은 부모라는 입장을 이해하고, 서로 조금씩 다가가고자 노력하는 모습을 엿볼 수 있다. 민족학급이 설치되면서 자신 그리고 아이들이 재일코리안 및 한반도의 문화에 대해 일상에서 접근하는 빈도가 확대하였기에 인식개선으로 이어진 것이다.

더불어 서명 활동을 시작한 후, 11월에는 A초등학교 교사들에게 지금 상황을 설명하는 자리를 만들고 싶다고 요청하였다. 그 자리에서 외국인 학부모회는 교사들에게 민족학급을 유지하고 싶지만, 지금처

29) A小学校, 『民族学級10年のあゆみ』, p.11.

럼 봉사활동으로 민족강사를 부탁하는 것은 어려졌다는 점, 공비 부담의 민족강사를 학교에 배치할 수 있도록 협조해달라고 요구하였다. 외국인 학무모회는 한 채 한 채 집을 둘러싸고 요청서의 서명을 모아 그 모습을 본 교사들도 서명하게 됐다. 1991년 11월 15일에는 오사카부 교육위원회에 약 800명이 서명을 한 외국인 학부모회 및 학부모회 회원들이 서명한 '공비부담 민족강사의 배치를 요구하는 요청서'가, 또한 학교 내의 교직원으로부터도 '공비부담 민족강사 배치를 요구하는 요청서'가 제출되었다. 이후, 여러 번 의논의 자리가 만들어졌고 이러한 결과 1992년부터 공비 부담에 의한 민족강사 한 명의 배치가 정해졌다. 이에 따라, 과외활동이지만 민족학급의 활동이 정식으로 A초등학교의 교육활동이 되었고, 민족강사도 A초등학교의 일원으로 자리매김하였다. 이러한 공비부담 민족강사 배치로 인한 부모의 기쁜 마음은 다음 자료에서 확인할 수 있다.

> 우리가 학교 다닐 때는 아무것도 없었습니다. 우리가 부모가 됐을 때, 이래서는 안 된다고 생각했습니다. 그런데 우리 자신도 한국·조선인에 대해 가르쳐줄 수 없습니다. 그래서 반드시 민족학급이 필요하다고 느꼈습니다.
>
> 선생님을 맞이할 수 있어서 매우 감격스럽습니다. 배운 것을 우리에 가르쳐주세요. 열심히 공부하고, 내년 발표회에서 감동시켜주세요.[30]

당시 재일코리안 2세가 대부분인 부모들은 1세와 달리 본국에 대한 지식 등이 없고, 차별과 싸우면서 자신의 정체성을 확립해 온 세대이

30) 統一日報, 「公費保障民族講師迎え開講」, 1992年 5月 13日.

다. 즉 부모들이 가르치고 싶어도 가르칠 수 없는 본국의 문화를 아들에게 알리고 싶었던 것이다. 그들은 자신들이 겪어 온 경험이 자식들에게 되풀이되지 않길 원했고, 또한 민족학급에 다니는 아이들을 통해 다시 본국과 만나 본국에 대해 배우고 싶은 마음, 아이들과 민족학급에 대한 기대를 확인할 수 있다.

더불어 1992년부터는 학년 담임이 민족학급에 관여하는 것이 교무분장상 명확하게 되면서 민족강사와 교사들의 관계도 깊어지기 시작한다. 즉 학년담임이 민족학급의 지도 및 보조를 실시하는 것, 학년·학급과 민족학급과의 연락 조정을 실시하는 것을 맡게 된 것이다. 이로 인해 평소에 민족학급 활동은 물론이고 민족학급 관련 행사 등도 민족강사와 함께 운영하게 되었다. 또한 지도계획·수업내용·교재 등에 대해서도 민족강사와 함께 연계하는 실천이 가능해지면서 민족학급 활동이 궤도에 오르게 된 것이다.

이러한 흐름에서 1994년에는 예전부터 외국인 학부모회가 요청했던 민족학급의 대상 학년 확대에 관해 임하게 되었다. 3학년 민족학급 개강에 대해서는 학교와 외국인 학부모회가 중심으로 진행하여 3학년의 민족학급은 교무주임이 지도보조·연락의 조정을 담당하는 것, 3학년의 민족학급을 지도하는 자원봉사자의 민족강사에 대한 사례를 외국인 학부모회의 회비로 계산하는 것 등이 확인되었다. 또한 학교의 모든 직원이 앞으로 임하는 과제로 민족강사의 상근화와 교원의 현원 유지 등이 확인되었다.[31] 이후, 1995년에는 3학년의 민족학급이 개강하였고, 1997년부터는 비상근이었던 민족강사가 상근할 수 있게 되었으며, 대상 학년 또한 전 학년으로 확대되었다.

31) A小学校, 『民族学級10年のあゆみ』, p.15.

민족학급의 운영이 안정화되면서 지역과의 관계도 변하기 시작하였다. A초등학교가 위치하는 이쿠노구에는 오사카코리아타운(大阪コリアタウン)이 있고, 약 100년의 역사가 있다. 여기서는 한국과 관련된 식품, 식당, 화장품 등 다양한 가게들이 있는데, A초등학교 민족학급에서는 1996년부터 우리말로 쇼핑하는 실습을 시작하여, 코리아타운에 나가 한국어를 사용하여 쇼핑하는 시간이 마련하였다. 또한 1994년부터, 여기서 '코리아타운 아시아 민족 마쓰리'를 시작으로 마쓰리가 개최되었는데 A초등학교 민족학급 고학년 학생들이 1997년에 열린 '공생의 거리 이쿠노 좋아요! 코리아타운 마쓰리'에 이쿠노구에 있는 다른 초등학교와 함께 합동으로 퍼레이드에 참여하였다. 퍼레이드는 코리아타운을 꽹과리·징·장고·북·소고 등의 악기를 매고 연주하면서 돌게 되는데, 민족의상을 입고 전통악기를 치면서 자신이 살던 지역을 돈다는 것은 자신이 재일코리안이라는 것을 세상에 밝히는 행위라고 할 수 있다. 이러한 경험을 코리아타운의 축제에서 경험한다는 것은 자신의 정체성에 대해 재일코리안 사회, 일본 사회에 보여주는 것이라고 할 수 있고, 지역 축제에 출연하는 것은 학생들이 지역과 밀접하게 관여하는 것이고, 지역과 민족학급을, 민족학급이 지역을 소중히 여긴다는 것을 보여준다.

더불어 이러한 지역과의 연결은 민족학급에만 있는 것은 아니다. A초등학교의 '외국인 교육 연간 지도 계획 일람표'에서는 학교 전체에서 자신의 지역을 배우는 시간을 실천하고 있는 모습을 확인할 수 있다. 1998년도 일람표를 살펴보면, '마을 탐험'이나 '우리 동네의 모습' 등, 이쿠노구나 오사카 코리아타운에 대해 배울 시간이 있는 것을 확인할 수 있다.[32] 또한 10년 후인 2008년도의 '외국인 교육 지도계획'에서는 2학년에는 '마을 탐험'이라는 주제로 마을 탐험으로 찾은 한국 및 조선의 옷이나 음식을 파는 가게나 자기 집에서의 생활 등을 알아보고 소개하는 시간이 있다. 또한 6학년에는 '코리아타운에 어서 와요'라는 주제로 자신들이 거주하는 동네에 관심을 가지고 소중히 여기고자 지역을 알아가는 시간이 마련되어 있다.[33] A초등학교에서는 1990년대부터 민족학급 이외 시간에도 학교 전체 학생을 대상으로 자신들이 살고 있는 지역에 대해서 배워가는 시간을 가짐으로써 지역과 재일코리안에 대한 인식을 자연스럽게 얻을 수 있도록 노력하는 모습을 확인할 수 있다.

여기서는 A초등학교의 민족학급 형성 과정과 활성화에 대해 알아봤다. A초등학교의 민족학급 설치와 활성화는 일본 사회에 재일코리안 인식과 밀접한 관계가 있다고 볼 수 있다. 즉 민족학급 설치에 대해서는 재일코리안에 대한 차별 의식이 있었다는 것이다. 그런데 그것이 민족학급 설치와 활성화를 통해 학교, 부모, 지역주민들이 재일코리안에게 조금씩 다가가 그것을 통해 부모, 교사, 지역사회가 하나가 되었다고 볼 수 있을 것이다.

4. 마치며

A초등학교가 위치한 이쿠노구는 현재는 한국 음식, 음악 등 한국 분위기를 느낄 수 있는 장소로 유명해졌고, 이쿠노코리아타운 방문으로 인해 많은 사람들의 방문 또한 늘어나고 있는 지역이다. 또한, 이 지역은 일제강점기 때 건너온 조선인들이 모여 가난 속에서 살아온

32) A小学校, 위의 책, p.80.

33) A小学校, 『民族学級20年のあゆみ』, A小学校, 2008, p.76.

곳이었다. 그러므로 일본 사회에서는 빈곤과 차별의 상징이기도 했다.

이쿠노쿠에 재일코리안이 다수 거주하고 있기에, A초등학교는 1972년에 '외국인 학부모회'를 발족하였고, 그때부터 민족학급 설치를 요구하고 있었음에도 불구하고 민족학급이 설치된 시기는 17년이나 지난 1989년이었다. 이것은 이쿠노라는 지역조차 재일코리안에 대한 차별이 있었고, 또한 이쿠노라는 지역이니까 민족학급 설치가 늦어졌으며, 거기에는 재일코리안 미혹론과 교육 행정의 태만이 있었던 것을 보여준다. 그러나 외국인 학부모회, 학부모회, 민간단체, 학교, 지역사회 등의 노력으로 인해 민족학급이 생겼고, 또 유지되어 왔다. 특히 민족학급이 설치된 이후 A초등학교의 경우 부모, 교사, 지역, 학교가 하나가 되고, 동등한 입장에서 함께 활동하며 민족학급을 지켜왔고, 민족학급은 부모, 교사, 지역과 학교를 연결하는 역할을 해왔다고 볼 수 있다.

일본에서 민족학급이 생긴 지 약 70년의 세월이 지났다. 한때 민족학급에서 배운 학생이 민족강사가 되고, 또 그 민족강사의 학생이 민족강사가 되어 아이들을 가르치고 있다. 그리고 아이들이 즐겁게 민족학급에 다니고 있는 현상이 있다. 그러나 다문화공생 사회를 외치기 시작했고, 이를 이유로 2018년부터 오사카시 및 오사카부 교육위원회 측이 민족학급이라는 명칭의 사용을 금지하는 등 민족학급은 소멸 및 변혁의 위기에 놓여있다고 할 수 있다. 물론 재일코리안 또한 세대교체나 국제결혼 증가 등으로 인해 그 형태가 다양해지고 있는 것도 사실이다. 그러나 A초등학교를 둘러싼 활동의 동향은 부모, 교사, 지역, 학교가 하나가 되어 협동 작업을 함으로써 서로가 변해가는 모습을 보여주고 있다. 이러한 관계는 앞으로 민족학급의 지속성을 생각할 때 중요한 시사점이 될 것이다.

민족학급이 지금까지 유지가 되어온 것은 다양한 사람들의 관심과 협조가 있었기 때문이다. 이에 따라 민족학급을 지속하기 위해서는 학교뿐만 아니라 부모, 지역 특성에 대해서도 파악할 필요가 있으며, 이러한 사례연구가 적극적으로 이루어질 필요가 있다.

이 글은 한림대학교 일본학연구소의『한림일본학(翰林日本學)』제43집에 실린 논문 「재일코리안 집중거주 지역의 민족학급 - A초등학교를 중심으로」를 수정·보완한 것임.

참고문헌

김웅기,「변혁을 맞이하고 있는 일본 공립학교 민족학급 - 재일코리안 민족교육의 새로운 방안 -」,『일본학보』, 제100호, 한국일본학회, 2017.

______,「재일코리안 민족교육을 둘러싼 정치성 - 1970년대 자주민족학급의 사례를 중심으로 -」,『일본학』, 제48집, 동국대학교 일본학연구소, 2019.

______,「재일코리안 민족교육에 대한 한국 민간 지원의 성과와 한계」,『韓日民族問題研究』, 제42호, 한일민족문제학회, 2022.

송기찬,「민족교육과 재일동포 젊은 세대의 아이덴티티 : 일본 오사카 공립초등학교 민족학급의 사례를 중심으로」, 한양대학교 일반대학원 석사학위논문, 1999.

OK배정장학재단·코리아NGO센터,「2020년도 재일동포 민족교육 지원사업 결과보고서」, 2021.

コリアNGOセンター,「コリアNGOセンター NEWS LETTER」第17号, 2008.

金泰泳,「在日韓国·朝鮮人における地域社会と民族的アイデンティティ : 点在地域の子どものアイデンティティ状況を中心として」,『大阪大学教育学年報』, Vol.1, 大阪大学人間科学部教育学研究室, 1996.

金兌恩,「なぜ、公教育における民族教育の場に注目するのか: 民族教育と多文化共生教育 : 京都·大阪·川崎」, 博英社, 2022.

大阪市立長橋小学校,『우리말を返せ一公立学校における民族教育の歩み一』, 大阪市立長橋小学校 民族学級20周年事業実行委員会, 1992.

稲富進,『ちがいを豊かさに一多文化共生教育の明日を拓く』, 三一書房, 2008.

梁陽日,「大阪市公立学校における在日韓国·朝鮮人教育の課題と展望 : 民族学級の教育運動を手がかりに」,『Core Ethics : コア·エシックス』, Vol.9, 立命館大学大学院先端総合学術研究科, 2013.

民族教育ネットワーク,『民族教育と共生社会 阪神教育闘争50周年集会の記録』, 東方出版, 1999.

民族教育促進協議会,『すべての同胞に民族教育を: 民促協10年史』, 民族教育促進協議会, 1995.

朴正恵,『この子らに民族の心を−大阪の学校文化と民族学級)』, 新幹社, 2008.

山本晃輔, 「インクルーシブな教育と葛藤:大阪の民族学級の事例から」, 『未来共創』, Vol.7, 大阪大学人間科学研究科付属未来共創センター, 2020.

呉満,「在日韓国·朝鮮人児童と本名問題」,『総合研究所報』, Vol.11, 1985

日本の学校に在籍する朝鮮人児童生徒の教育を考える会資料センター,『在日朝鮮人児童生徒の教育を考えるための資料 資料集Ⅵ』, 日本の学校に在籍する朝鮮人児童生徒の教育を考える会, 1975.

朝日新聞,「胸張って…「民族学級」開講」, 1972年11月22日.

________,「異文化ぶつかる小学校」, 1984年10月27日.

統一日報,「民族学級開設 20日開講式」, 1989年6月17日.

________,「公費保障民族講師迎え開講」, 1992年5月13日.

A小学校,『民族学級10年のあゆみ』, A小学校, 1998.

________,『民族学級20年のあゆみ』, A小学校, 2008.

大阪府,「在日韓国·朝鮮人問題に関する指導の指針」, 1988. https://www.pref.osaka.lg.jp/kotogakko/seishi/zainichi-sisin.html(검색일: 2023.10.27.)

大阪市,「住民基本台帳人口·外国人人口(令和5年度 9月末日」 https://www.city.osaka.lg.jp/shimin/page/0000006893.html(검색일: 2023.10.27.)

総務省, 「多文化共生の推進に関する研究会報告書ー地域における多文化共生の推進に向けてー」, 2006. https://www.soumu.go.jp/kokusai/pdf/sonota_b5.pdf (검색일: 2023.10.27.)

出入国在留管理庁,「在留外国人統計(旧登録外国人統計)統計表(2022年12月)」2022. https://www.e-stat.go.jp/stat-search/files?page=1&layout=datalist&toukei=00250012&tstat=000001018034&cycle=1&year=20220&month=24101212&tclass1=000001060399(검색일: 2023.10.27.)

민족교육에 있어서 집단 교육과 개인 교육

오사카 다문화 교육의 실천으로부터

야마모토 고스케

1. 집단교육과 개인교육 사이

오사카(大阪) 시내의 공립 소·중학교에는 많은 수의 민족학급(民族学級)이 설치되어 있다. 현재 109개교에 민족학급이 설치되어 있다. 여기에서는 조선반도(朝鮮半島)[1)]와 관계성이 있는 학생들이 재일조선인 민족강사(선생님)로부터 민족교육을 받을 수 있다.[2)]

민족교육이란 "모든 민족이 자결의 권리에 근거하여 문화적 발전을 자유롭게 추구할 권리이며, 민족적 마이너리티의 구성원 특히 그 아이

1) 본고에서는 '조선반도' '재일조선인'이라는 호칭을 사용하고 있다. 이러한 호칭은 현재 일본에서 생활하는 재일조선인의 사회운동·교육운동에 있어서도 논란이 있다. 여기에서 말하는 조선이란 일본에서 보았을 때 조선반도의 식민지 지배를 염두에 두고 재일조선인의 뿌리는 조선반도에 있다고 생각하는 것이고, 오사카의 민족교육 현장에서도 사용되고 있다. 따라서 현재 대한민국이나 조선민주주의인민공화국이라는 국가를 염두에 두고 사용하고 있는 것은 아니다.

2) 일본에서는 조선반도에 뿌리, 관계성을 가지고 있는 사람들을 재일조선인, 재일한국인, 재일코리안 등으로 부르고 있다. 역사적인 경위에 입각해서 하나의 조선반도를 전제로 한 재일조선인이라는 호칭을 사용한다. 그리고 본문에서는 외국에 관계성이 있는 아이를 외국인 아동·학생이라고 칭한다. 일본어에서 외국'인'이라고 하는 말은 국적을 상기시키지만, 그러한 의미에서는 사용하지 않는다.

들이 자기 문화를 향유하고 자기 언어를 사용하는 권리"를 보장하는 실천이다.[3] 일본이 비준하고 있는 국제인권규약 B규약에서도 "종족적, 종교적 혹은 언어적 소수민족이 존재하는 나라에서 해당 소수민족에 속하는 자는 그 집단의 다른 구성원과 함께 자기 문화를 향유하고, 자기 종교를 신앙하면서 실천하고 혹은 자기의 언어를 사용할 권리가 부정되지 않는다"고 정하고 있다.

이런 문맥에서 민족교육의 중요성을 이해할 수 있다. 일본에서 외국인에 대한 교육상황을 알지 못하면 모(母)문화 보유자의 손에 의해서 '외국인 아동·학생의 문화를 보장하는 실천'이 당연히 이루어지고 있다고까지 생각될지 모른다.

그러나 역사적으로 보면 외국인 학생의 문화적 배경이나 언어적 다양성은 일본 학교에서는 존중되지 않았다. 이는 오히려 개인의 핸디캡이나 극복해야 할 과제로 규정되어 왔으며, 배제의 대상이 되기도 했다.[4]

물론 외국인 학생을 대상으로 하는 교육이 각국의 독자적 문맥 속에서 성립되어 온 것은 말할 필요도 없다. 일본 국내에서도 도도부현(都道府県)에 따라 외국인에 대한 교육 상황에는 차이가 있다. 그렇기 때문에 외국인이 일상적으로 학교에 들어가 당사자인 아동·학생에게 각각의 문화나 언어를 전달하는 오사카 민족학급의 대응은 전국적으로 보면 예외적인 대응이라고 평가할 수 있다.

---

3) 山本晃輔·民族教育ネットワーク, 「大阪の民族教育ー民族教育ネットワーク20年の歩み」, 『未来共生リーディングス』 vol.14, 大阪大学未来戦略機構第五部門(未来共生イノベーター博士課程プログラム), 2019.

4) 그러한 양상은 '탈문화화교육(太田, 2000)'이나 '전통적인 동화압력(志水, 2003)'이라는 표현으로 지적되어왔다. 교육사회학에서 마이너리티 연구를 정리한 志水·堀家·山本(2014) 등을 개관하면 마이너리티에 대한 동화압력은 일본 학교에서 보편적으로 발견할 수 있다.

게다가 저출산이 가속화되는 일본 사회에 있어 이민 수용 논의는 주로 경제적 요인에서 과열되고 있다. 아울러 외국인 교육에 대한 주목도가 높아지는 상황 속에서 일본의 교육방침을 정하는 중교심(中教審)은 '개별에 최적화된 학습'을 슬로건으로 하여 다문화 교육의 필요성을 지적하고 있다. 개별 교육 수요를 생각할 때 외국인 아동·학생의 수요에 대해서도 고려한다고 하는 것이다. 이에 따라 필자는 일본사회의 외국인 교육이 드디어 본격화될 것이라고 생각하고 있다. 단, 그것은 새로운 '동화교육'이라는 형태를 동반하고 있다는 점에 경계가 필요하다.

새로운 동화교육을 생각할 때 그것이 또 하나 일본 교육의 변화로서 '인클루시브(inclusive) 교육'[5]에 의해서 견인되고 있다는 점을 확인해 둔다.

왜 인클루시브 교육이 외국인 교육과 연관성을 갖는가. 우선 일본에서 '인클루시브 교육'의 문맥은 약간 특수하다. 문부과학성(文部科学省)은 2012년에 초등·중등교육 분과회 보고 '공생 사회의 형성을 향한 인클루시브 교육 시스템 구축을 위한 특별 지원 교육 추진'을 정리하였다. 이것은 유엔에 의한 '장애인의 권리에 관한 조약 제24조'를 배경으로 한 것이다. 지금까지 일본에서 장애인 교육이란 '특별지원교육'이라는 용어에 신체 장애·지적 장애·정신 장애 등을 그 범주로 해 왔다.

5) 인클루시브 교육이란 유엔이 2006년에 작성한 「장애인의 권리에 관한 조약 (Convention on the Rights of Persons with Disabilities)」에서 제시된 장애인 교육의 방향성이다. 일본의 장애 아동·학생 교육은 장애인을 특별한 학교·학급에서 교육하는 것이 주류였다. 이러한 장애인 교육은 건강한 아동과 장애 아동의 생활 공간을 나누는 '분리 교육'이라는 용어로 비판받아왔다. 이에 대해 '인클루시브 교육'은 장애 유무에 상관없이 모든 아동·학생이 같은 교실에서 배우는 환경을 만드는 것을 목표로 한다. 인클루시브 교육의 실현을 위해서는 교사의 지도 방법도 준비되어야 하고 환경 정비도 필요하다. 이러한 포섭적인 교육에 관해서 필자는 긍정적인 입장을 취한다. 단, 형식적인 포섭적 교육은 또 다른 '배제'를 초래할 것으로 생각된다.

그리고 장애아동·학생을 학급 밖으로 내보내는 형태로 실시해왔다. 즉 '특수'한 지원이 필요하므로 개별 사정에 맞춘 교육을 실시한다고 하는 논리이다.[6)]

장애자를 분리한 교육을 당연시해온 일본에서 인클루시브 교육을 목표로 하는 방향성은 획기적이라고도 할 수 있다. 거기에서 지향한 것은 "인클루시브 교육 시스템에 있어서는 같은 장소에서 함께 배우는 것을 추구함과 동시에 개별 교육적 필요가 있는 유아 아동·학생에 대해서 자립과 사회참가를 염두에 두고, 그 시기에 교육적 필요에 가장 적확하게 대응하는 지도를 제공할 수 있는 다양하고 유연한 시스템을 정비하는 것이 중요하다. 소·중학교에서 통상적인 학급, 통급(通級)에 의한 지도[7)], 특별지원학급, 특별지원학교라고 하는 연속성이 있는 '다양한 배움의 장'을 준비해두는 것이 필요하다"는 주장에 입각한 것이었다.

지금까지의 논의를 정리해보자. 인클루시브 교육의 실현을 위해서는 개별 아동·학생의 사정을 파악하고, 대응 가능한 '합리적 배려(reasonable accommodation)'를 검토할 필요가 있다. 이러한 조류에 더하여 저출산이나 교육 요구의 다양화를 배경으로 '개별 최적의 배움'이 추진되고 있다. 즉 집단으로서의 교육을 실현할 뿐만 아니라 개인에 대한 교육을 동시에 달성한다고 하는 큰 전환점에 있는데, 그 '연결점'

6) 세계적으로 보면 특별지원교육(Special Needs Education)이나 장애인(Diabilities)이라는 말은 원래 폭넓은 대상자를 의미한다. 일본에서는 특별한 지원을 받는 즉 예산을 책정해야 하는 대상으로서 장애인만을 대상으로 삼아온 점에 그 특수성이 있다.

7) 통급(通級)이란 '통급지도교실'의 줄임말로 통급지도교실에서 배우는 것을 의미한다. 소·중학교에 다니는 비교적 장애 정도가 약한 아동이 한명 한명의 장애에 맞춘 개별 지도를 받는 교실을 말한다. 보통은 통상적인 학급의 교실에 적을 두고 있다. 그로 인해 교내의 행사 등 관여할 수 있는 활동에 관해서는 통상 학급에서 배우는 경우도 있다.

에 있어서 과제가 존재한다. 예를 들어 '자립과 사회참가'나 '연속성'은 외국인 아동·학생에 있어서 도대체 어떠한 것인가.

첫째, 외국인 아동·학생이 일본의 학교 교육에서 어려워하는 것은 어학일 것이다. 일본 학교에 쉽게 참여할 수 있도록 일본어 지도를 실시하는 것이나 친절한 지도에 유념하는 것은 중요한 일이다. 어학은 공부하면 익숙해진다고 '여겨지고 있고' 생활문화는 '익숙해지는' 것으로 이해되고 있다. 따라서 친절히 어학을 가르치고, 일본 생활에 익숙해지게 하는 것이 '인클루시브'가 된다. 여기에서 달성되는 것은 일본 사회에서의 자립과 사회참가이다. 실제로 위에서 기술한 일본의 '외국인 교육에 대한 주목'과 '인클루시브'의 방향성이란 일본어 교육과 일본 문화에 대한 적응이 주축이 되고 있다.

그러나 재일조선인에 의한 민족교육의 실천을 뒤돌아볼 때 '자립과 사회참가' '연속성'의 제2의 측면이 떠오른다. 그것은 출신이나 민족성에 관한 것이다. 여기에서 말하는 '인클루시브'란 가족이나 에스닉 커뮤니티(ethnic community)와의 연속성이다. 아이가 갖는 민족성을 함양하는 것이고, 부모로부터 계승되어야 하는 문화나 언어를 보장하는 실천이다.

당연한 것으로 생각될지 모르지만, 인클루시브한 교육은 교육하는 측과 교육받는 측의 관계성 없이 생각할 수 없다. 그렇다고 해도 '모든 요구'에 대응하는 것은 어렵다. 공교육이라는 큰 틀에서 볼 때 일종의 방향성이 정해져야 할 필요가 있다. 일본에서 생활하는 외국인 아동·학생에게 일본어 교육이 필요한 것은 말할 필요도 없다. '일본어 교육'의 필요성은 수요를 갖는 외국인 아동·학생으로부터도 마찬가지일 것이다. 그러나 개인이나 합리적 배려의 중요성이 강조되면 될수록, 외국인 아동·학생에 있어서 필요한 교육이란 '일본사회에의 적응'이 되어 민족교육은 배경화되어 버릴지 모른다.

본문의 목적을 여기에 밝혀두겠다. 위에서 기술한 바와 같이 과거의 역사를 읽을 때 민족적인 교육권 보장은 국제적으로 폭넓게 인정되고 있는 것임에도 불구하고 그 중요성이 일본에서 인정된 것은 최근의 일이다. 집단 교육이 아니라 개인 교육으로 전환하는 것은 지금까지의 답답한 일본의 교육 상황을 바꾸어가는 것이 될 것이다. 외국인 아동·학생의 요구도 일부 성취될 수 있을 것이다. 그러나 거기에서는 집단에 의해 배양되어 온 '무언가'를 잃어버릴 수 있다. 본 논문에서는 이 '잃어버릴 무언가'에 대해 민족교육 현장을 묘사함으로써 검토한다.

이하 2장에서는 민족학급의 역사를 개관하고 3장, 4장에서는 실제의 민족학급의 모습을 기술한다. 그런 다음 5장에서는 민족학급의 대응에서 보이기 시작한 집단과 개인의 틈에서 흔들리는 외국인 교육의 과제에 대해서 생각하려고 한다.

2. 오사카의 민족학급

재일조선인의 민족학급이란 일본사회로부터 받아온 박해, 차별과의 싸움을 의미하고, 교육적 포섭을 항상 다시 질문하는 것으로 이어졌다. 예를 들어 일본에 의한 조선반도 식민지배 기, 학교 현장에서는 조선 이름을 대는 것이 금지되었다. 해방 후에도 일본사회의 차별 속에서 '일본명(통명)'을 대는 일이 있었다. 그래서 교내에서 '본명(조선명)'을 밝히고 자기 입장을 나타내는 '본명을 부르고 밝히는 실천'이 모색되었다. 이 실천의 주된 목적은 주위 일본인이 조선인의 본명을 부르고, 당사자도 그 본명을 대는 것이다. 그리고 일본인과 재일조선인의 불평등한 관계를 학교 현장에서 재고한다는 의미에서 '다시 만나는' 실천이었다.[8)] 이러한 실천이 축적되어 1998년 오사카부(大阪府)의 취학 안내서에는 본명 사용을 추진하는 취지가 명기되었다.[9)]

그리고 오사카의 민족학급의 역사는 제2차 세계대전 후의 '싸움'에서 시작되었다. 제2차 세계대전 종결 후 일본에서 생활하는 재일조선인은 각지에 조선인에 의한 자주학교를 설립했다. 그 대부분은 일본에 의해서 빼앗긴 자신들의 민족성을 '회복하는 것'과 동시에 조선반도로의 귀국의 바람에서 비롯된 것이었다. 그러나 한국전쟁이 발발하자 그 영향은 일본 국내에도 미쳐 치안유지법(治安維持法)을 명목으로 재일조선인에 대한 압박이 강해져 갔다. 1948년 GHQ는 각지의 조선인학교에 대해서 폐쇄령을 내렸다. 이에 근거하여 문부성은 「조선인 설립학교의 취급에 대해서」라는 통달을 내려 '일본인과 마찬가지로 시정촌립(市町村立) 혹은 사립 소학교, 혹은 중학교에 취학시키지 않으면 안된다'는 것을 제시하였다. 조선인학교 폐쇄령에 대해서 민족교육을 지키려고 하는 사람들은 여기에 맞서 한신교육투쟁(阪神教育闘争)이라고 불리는 시위를 일으켰다.

오사카부에서는 한신교육투쟁의 사태 수습을 목적으로 1948년 6월 조선인 대표자와 부지사 사이에서 민족교육에 관한 「각서」가 정리되었

8) 稲富進, 『島人二世教師と在日朝鮮人教育』, 新幹社, 2013.

9) 조선반도를 식민지배하고 있던 대일본제국은 조선반도에서 조선인을 일본인으로 만들기 위해서 황민화 교육을 실시하였다. 이러한 식민지 정책의 역사와 교육의 관계는 전후 교육에 큰 반성을 초래했다. 그러나 이번 조사에서 종종 듣게 된 것은 젊은 일본인 교원에게 이러한 역사가 계승되고 있지 않다고 하는 점이다. 이 논문에서 언급하는 것이 거의 불가능하였지만, 현재 일본에서는 역사성이 없는 '인권 교육'이 쟁점의 하나가 될 것이다. 게다가 이러한 민족의 역사나 문화적 배경을 고려하는 학교 교육 현장의 실천은 오늘날에도 일부 지역의 교원이 실천하고 있는데 지나지 않는다.

다. 그러나 1949년에는 「조선학교 폐쇄령」에 의해 조선인학교의 폐쇄가 강제되었다. 조선인 아이들은 일본공립학교에 다니게 되었지만, 식민지배로부터의 해방에 고양된 조선인에 의한 운동은 끈질기게 계속되었다. 그리고 한정적이긴 하지만 공립학교 내에서의 민족교육이 인정되었다. 그 하나가 민족학급이다.

공립학교에 다니지 않을 수 없게 된 재일조선인 아이들을 위해서 앞의 「각서」를 근거로 한 민족교육이 개시되었다. 최대의 특징은 재일조선인 민족강사(民族講師)가 학교 현장에 들어가 민족교육을 실시하는 것이었다. 그러나 학교 현장에서 민족강사도 힘든 차별을 경험하는 등 민족교육은 순조롭게 발전해온 것은 아니었다.[10]

양양일(梁陽日)은 민족학급을 (1) '각서'민족학급, (2) 1972년 조선인 아동의 호소로 만들어진 '자주민족학급', (3) 보호자나 재일조선인 당사자의 볼런티어 활동에서 발전한 '신형 민족학급', (4) 교육위원회에 의한 공인사업으로서 '사업민족학급'으로 분류하고 있다.[11]

주목해야 할 것은 민족학급이 오사카부·오사카시에서 서서히 공적 지위를 획득한 것이다. 1988년 오사카부 교육위원회는 「재일 한국 조선인 문제에 관한 지도 지침」을 책정하고 민족교육을 명기하였다(오사카시에서는 2001년에 「재일외국인교육기본지침」을 책정). 오사카시는 1992년에 '오사카시립 학교 민족 클럽 기술지도자 초빙 사업'을 개시하여 '민족 클럽'을 설치했다. 게다가 1997년에 '민족 클럽 기술지도자 초빙 사업 총괄 기술 지도자 제도'를 발족하여 비상근직의 민족강사를 배치

10) 朴正恵, 『この子らに民族の心を一大阪の学校文化と民族教育』, 新幹社, 2008.

11) 梁陽日, 「大阪市公立学校における在日韓国·朝鮮人教育の課題と展望一民族学級の教育運動を手がかりに」, 『Core Ethics』 9巻, 立命館大学大学院先端総合学術研究科, 2013, pp.156~175.

했다. 이 초빙 사업은 2007년에 뉴커머(newcomer) 외국인에 대한 지원 사업과 통합하여 '국제이해교육추진사업'이 되고 비상근 촉탁 직원으로서 민족강사가 파견되었다. 2017년에는 민족학급·민족클럽·국제이해클럽이라는 명칭이 '국제클럽'으로 통합되었다. 민족강사도 공적으로는 '국제클럽 지도원'이라는 입장이다.

그러면 오늘날의 민족학급은 어떤 양상으로 존재하고 있을까. 필자는 민족교육을 지원하는 시민조직 '민족교육 네트워크'의 사무국에 근무하면서 민족학급을 계속해서 방문해왔다. 필자는 민족교육 네트워크 결성 20주년 기념잡지의 발행에 맞춰서 6개 학교(모두 오사카 시내의 소학교)의 공개 수업에 참석했는데, 이 글의 논지와 연관성이 있는 2개 학교(X교·Y교)에 대해서 소개하려고 한다.[12)]

3. '민족'이 일상적으로 있는 소학교 - X소학교

방과 후 종소리가 그치고 조금 지나자 아이들이 교실에 모인다. 자리에 앉지 않고 떠들고 있다. X소학교의 중심부에 위치한 민족학급 전용 교실에서 A선생님(민족학급 강사)이 수업을 준비한다. 한편에서 아이들이 왁자지껄 수다를 떨고 있다. A선생님과 민족학급을 총괄하는 B선생님(일본인 교원)이 차분한 목소리로 "자, 시작하자"고 말하자 아이들은

12) 본문에서는 두 개 학교 모두 학교명을 기호로 표기하였다. 그 배경에는 민족학급의 대응은 이미 서적이나 논문 등에서 소개되어 홈페이지 등에서도 파악할 수 있는 공적 대응이지만, 지역이나 보호자의 이의제기에 따라 학급을 만들 수 없는 경우도 있다. 본 논문은 인터넷에 공개되기 때문에 기호화했다. 그리고 제3절에서 묘사한 학급의 모습이나 제4절에서 묘사한 마당의 모습 등은 오사카의 민족학급에서는 자주 볼 수 있는 광경이다.

마지 못해 자리에 앉는다. "선생님 안녕하세요?"라고 인사. 옆의 짝과 얼굴을 마주 보고 "여러분 안녕하세요?".

인사와 점호를 끝내자 민족강사가 플래시 카드를 건다. 항상 하는 의식일 것이다. 아이들은 기다리고 있었다는 듯이 카드의 그림을 보고 조선어로 답한다. 아이들은 자연스럽게 수업에 집중한다. 다음은 모음 자음 보드를 사용한 발음 연습이다. 민족강사가 문자를 손으로 가리킨다. 그러자 "내 글자야!"라고 소리친다. 자기 이름에 쓰이는 글자인 것이다. "역시 다르네. 4학년 아이의 글자야!"라고 깔깔대며 웃는다. "자기 이름을 틀렸어!"라고 다른 아이가 지적한다. 아이들은 민족학급의 학생이면서 오사카의 아이이다.

민족강사가 일본 인기만화 캐릭터의 일러스트를 칠판에 붙인다. 4명이 한 팀이 되어서 우리말 카드(조선어 카드)를 조합해 캐릭터의 이름을 만든다. 교실 뒤편에서 아이들의 모습을 살펴보니 어휘력의 차이가 보인다. 필자는 영어 수업을 떠올렸다. "방해가 되면 어떡하지?" "틀리면 어떡하지?" 하고 고개를 떨구던 괴로운 기억. 그러나 민족학급의 아이들은 앞을 보고 있다. 그리고 서로가 서로를 가르친다. 그것은 아동의 힘만은 아니다. A선생님의 통솔력이 훌륭한 것이다. 누가 어느 정도 단어를 이해하고 있는가를 파악하고 있는 것이다. 상황을 보면서 힌트를 주는 모습이 눈에 띈다. 누구라도 답하게 할 수 있는 노하우가 있는 것이다. 고전하고 있는 팀에게는 "간바레!"라고 하는 목소리가 들려온다. "그거 우리말로 해보자!"고 A선생님이 말한다. "힘내세요!"라고 큰 소리로 응원한다.

교실 정면에는 큰 디스플레이가 설치되어 있고 거기에는 오선보가 표시되어 있다. 음악과 함께 우리말로 가사가 표시되어 있어 아이들이 눈과 귀로 따라할 수 있도록 되어 있다. "모처럼 손님이 와 계시니까

혹시 장구(민족음악) 칠 수 있는 사람!" 하고 A선생님이 말했다. 그러자 "저요! 저요!" 하고 손을 든 아이들 중에 지명을 받은 두 명이 장구 앞에 앉는다. 한 아이가 장구 앞에 앉아서는 "나 처음 해보는 거야!"라고 말한다. 모두가 웃음바다가 된다. "할 수 있어요" 하고 B선생님이 살짝 도와준다. 큰 노랫소리와 엇박자가 난 장구 소리가 교실에 울려퍼진다. 그러는 사이 수업시간은 눈 깜짝할 사이에 지나가 버린다. 아이들은 웃는 얼굴로 수업 종료 인사를 한다. "안녕히 가세요!" 아이들은 가방을 메고 교정으로 뛰어간다.

민족교실에는 많은 우리말 게시물, 장구, 그림책, 저고리(민족의상) 등이 있다. 한쪽에 세계지도가 있어 각국의 '고마워요'가 일러스트와 함께 게시되어 있다. 중국, 라오스, 베트남, 태국. X소학교에는 다양한 문화적 배경을 가지고 있는 아동들이 재적하고 있다. A선생님은 "마이너리티(minority) 아이라고 해도 자신과 관련이 있는 나라의 사정을 배웠으면 합니다."라고 말한다. 단, 현실적으로는 학년도 다양하고 인원수도 다양해서 보호자의 협력을 통해서 놀이나 식사에 대해서 배우는 시간을 토요일 참관이나 간담회 날에 마련해두고 있다. A선생님은 "저도 공부 중입니다." "해주고 싶은 것은 많지만 지금은 이것만으로도 벅찹니다."라고 말한다.

교내에서는 지금도 민족에 관한 과제가 산적해 있다. 텔레비전에 영향을 받은 재일조선인 아이가 재일중국인 아이에게 "너네 나라로 돌아가!"라고 발언한 일이 있었다. 곧바로 교장 선생님과 담임 선생님, A선생님이 피해 학생의 보호자와 연락을 취했다. 피해자가 된 아동의 보호자로부터 "사정은 알겠습니다. 제가 일본인 아이들에게 뿌리에 대한 이야기를 해도 되겠습니까?"라는 제안이 들어왔다. 그리고 "텔레비전에서 여러 뉴스를 들었겠지만, 너희들이 제대로 공부해서 가교가 되어주었으면 한다"고 말하는 보호자의 말에 아이들은 열심히 귀를 기울였다고 한다.

A선생님이 탐문 조사로 알게 된 것은 발언을 한 재일조선인 아동은 전날에 중국에 대해 부정적으로 전달하는 텔레비전 프로그램을 본 것이 생각나서 순식간에 말로 뱉어버렸다고 한다.

X소학교는 재일조선인이 많이 재적하고 있는 학교이다. 그가 속한 학급에서 조선이라는 뿌리는 마조리티(majority) 집단의 일부가 되는 경우가 있다. A선생님은 "사례만 놓고 볼 때 일본인 아동이 마이너리티에게 차별적 발언을 하는 일이 많다."는 전제하에 "어떤 속성을 가진 자라고 할지라도 마조리티에 속하는 자가 페이크 뉴스를 무비판적으로 받아들일 경우 마이너리티에 대한 차별적인 사건이 일어날 수 있다는 것을 실감했다"고 말한다.

일상적으로 차별을 받으며 살아온 그의 부모는 "하필 우리집 아이가 차별적인 발언을 하다니…"라며 쇼크를 받았다고 한다. 위와 같은 이야기를 듣고 있는데 문틈으로 일본인 아동이 얼굴을 내밀고 "선생님! 안녕히 계세요!"라고 인사를 건냈다. A선생님이 싱글벙글 웃으며 "그래, 조심해서 돌아가"라고 답한다. 이렇게 민족학급에서는 누구라도 얼굴을 내밀고 의사소통을 쉽게 할 수 있다.

A선생님과 B선생님은 조금 전의 차별적 발언에 대해서 열심히 토론을 거듭하였다. X소학교는 여러 민족을 접할 수 있는 장소임과 동시에 다양한 민족이 교차하는 장소이며 어떤 힘의 관계가 발생하는 장소이기도 하다. 그 힘의 관계는 자주 학교 밖의 미디어 등에 의해서 영향을 받게 된다. 필자는 차별적 행위 그 자체에 놀라움을 느끼면서도 그것과 동시에 만약 내 자신이 교단에 서있을 경우 '차별 발언'이 어떤 의미로 들렸을까 생각하게 되었다.

4. 포섭과 갈등 - Y소학교

Y소학교의 민족학급은 아동에 의한 본명 선언이 발단이 되었다. 이것은 학교에서만 대응하는 것이 아니라 지역사회 전체가 관여하지 않으면 안 된다. 그런 생각이 민족학급의 개설로 이어졌다. 연 1회 보호자와 지역주민이 어우러지는 마당(민족문화 교류회)이 개최된다. 체육관으로 안내를 받아 대기하고 있으니 아이들과 보호자가 속속 들어온다. 아이들과 보호자, 관계자를 합치면 60명 정도일까. 휴일이었지만 교원들도 많은 수가 참가하였다. 마당 전반은 세 그룹으로 나뉘어 운동회처럼 경기 방식으로 조선 문화를 체험한다. 체험이라고 해도 경기마다 득점이 정해져 있고 참가자는 진지하다.

이 마당의 의의에 대해서 C선생님은 "더블(ダブル)[13], 이른바 재일조선인과 일본인의 가정이 많습니다. 부모님들 중에는 자신의 뿌리나 민족을 접할 기회가 없었던 분도 있습니다. 조선 문화를 접한 적이 없는 분도 많습니다. 그래서 함께 놀거나 체험하는 것을 통해서 민족학급에 대한 이해가 증진될 수 있기를 바랍니다."라고 말한다. 민족학급을 지원해 온 지역주민(일본인)은 "인권입니다. 이 교실을 학교에서 지키는 것이 중요하지요. 지역에는 다양한 사람이 있기 때문이지요."라고 말한다.

마당의 후반은 저고리 체험과 악기 체험이다. 여사 아동은 저고리 체험, 남자 아동은 악기 체험이 많았다. 아이들은 장구를 치고 있지만

---

13) 일본에서는 국제 결혼가정의 자녀를 '하프(half)'라고 호칭해왔다. 그러나 이 단어에는 '절반'이라는 뉘앙스가 있어서 부정적 문맥에서 사용되는 경우도 있었다. 그래서 근래에는 두 개의 백 그라운드를 갖는다고 하는 '더블(double)'이라고 하는 말을 사용하게 되었다.

당황스러워하는 모습이 역력하다. 장구채를 사용하는 방법이 익숙하지 않다. 리듬이 흐트러져서 일체감이 없다. 필자는 평소 각종 행사에서 장구를 들을 기회가 많아서 느낀 것이지만 장구는 축적된 경험이 없으면 안 된다고 하는 것을 알고 있다. 분명 이곳에서 체험에 참가하고 있는 아이들은 아마도 민족학급에서 배우는 친구들의 배움의 축적을 느끼고 있을 것이다. 게다가 장구를 체험 중인 아이들은 모두 웃고 있다.

마당이 끝나고 민족학급에 대해 C선생님에게 물었다. 인터뷰에는 C선생님의 권유로 민족학급에 아이들을 다니게 하고 있는 보호자도 동석해 주었다. 보호자는 재일조선인 3세로 자신이 다닌 학교에 민족학급은 없었다. 일본 대학에 진학한 후에 자신이 주위와 잘 어울리지 못하는 것에서 민족교육의 필요성을 눈뜨게 되었다고 한다. 그래서 아이들에게는 민족학급에 다니게 하고 싶다고 생각했다. 당초에 "민족학급이 어떤 것인지 잘 몰랐다". 그러나 "Y소학교에 다니게 했더니 매우 좋은 분위기였기 때문에" 이후부터는 적극적으로 민족학급 활동에 관여하고 있다. 보호자의 이야기에 C선생님도 수긍한다. 교실은 보호자, 지역사회와의 연관성이 있으므로 시류에 흔들리지 않고 버틸 힘이 있다고 한다. "지역사회도 학교에 민족학급이 있는 것"을 당연하게 받아들이고 있다.

예를 들어 PTA회장도 민족학급을 활성화하기 위해서 분투하고 있다. "PTA회장이 오랫동안 인권 문제로서 관여해오고 계십니다. 오늘도 지역 관계자가 참석해주셨습니다". 이러한 노력의 결과 보호자들이 아이들을 민족학급에 보내기 쉬운 환경이 되었다고 할 수 있다.

C선생님은 민족강사 역사 20년의 비상근 촉탁이다. Y소학교는 11년째로 현직 교원보다도 학교를 잘 알고 있다. 당초에는 보호자가 연상인

경우가 많았다. 지금은 보호자가 연하인 경우가 대부분이다. 경험을 양식으로 삼아 보호자에게 밀착된 활동이 가능하게 되었다. 그래도 C선생님의 민족학급 이야기는 갈등도 포함하고 있었다.

"우리들 민족강사가 아이들에게 가르치고 싶은 것, 중요하게 여기는 것이 있습니다. 그러나 아이들이나 보호자가 원하는 것도 있습니다".

예를 들어 본명을 부르고 자기 이름을 밝히는 활동이라고 해도 보호자의 희망, 아이들의 희망 각각에 관심을 가질 필요가 있다. 민족학급은 '이름(본명)'을 되찾는 것을 하나의 목적으로 하고 있었다. 그러나 일본인을 결혼 상대로 하는 가족이 늘자 두 개의 이름을 가진 아이도 늘어났다. 무엇이 '본명'인지는 반드시 명확하지 않다.

"나는 정답 같은 것은 없다고 생각합니다. 지금 그런 토론을 많이 하고 있지요. 집집마다 상황이 다르고, 자라난 환경이나 주변 환경이 다릅니다. 본명을 대기 어려운 사회 상황은 아직도 뿌리 깊게 남아있습니다. 그러한 배경을 모른 채 '학교가 추진하고 있으므로 본명을'이라고 하는 설명만으로는 폭력적이라고 생각합니다. 보호자나 아이들과 제대로 마주하면서 왜 추진하고 싶은가를 제대로 설명할 수 없다면" "경우에 따라 다르다고 말하고 싶지 않지만, 절대 정답이 있다고는 생각하지 않습니다." "민족학급에 다니는 아이는 대부분의 아이가 일본에서 태어나 자라고 있으므로 일본어나 일본 생활 습관은 이해하고 있습니다. (그러므로 그다지 '곤란해하고 있는' 것으로는 보이지 않는다.) 역으로 모어나 모문화를 모르거나 접할 기회가 적은 아이들이 많고, 민족학급에서는 모국의 문화, 자신의 뿌리를 배워간다고 하는 입장도 있습니다. 일본에 온 지 얼마 안 된 아이들은 일본의 생활 습관이나 말을 몰라서 눈에 띄게 '곤란해 하고 있고', 그 아이들에게 일본어를 가르친다고 하는 것은 '알기 쉬운' 대응입니다. 그러나 모어나 모문화의 보장도 동등하게 중요하고, 자신의 뿌리나 문화를 중요시할 수 있는 것은 그 아이의 인권이라고 할까…본질적인 대응으로서 필요하다고 생각합니다". C선생님은 이것을 '획득할 수 있게 하는 대응과 잃지 않게 하는 대응'의 차이라고 말한다.

C선생님이 "다문화 아이들의 대응을 공유할 수 있게 될 때까지 더 생각하지 않고서야"라고 말하자 보호자가 "그렇죠. 플러스 알파만이 아니라 인간의 근원과 관련된다고 생각해요."라고 맞장구를 친다. "젊은 선생님도 관여하고 계십니다."라고 하자 "저 선생님 열심히 하고 계시지. 우리 딸도 그렇게 말하더라구요."하며 주거니 받거니 하기 시작한다. "올해부터 학교에서 배포한 교육위원회의 안내사항에도 '본명(뿌리를 나타내는 이름)'이 바뀌었어요."라고 C선생님이 말하자 "그렇죠, 본명이란게 뭐가 본명인지 어려워졌어요."라고 보호자가 대답한다. 민족강사에게는 '민족 보장'이라는 기치 하에 학교 안에서 분투하지 않으면 안되는 역사가 있었다. 그것은 과거에도 현재에도 바뀌지 않는다. 민족학급은 선인들의 노력에 의해서 성립되어 온 특별한 대응이다. 그러나 그 특별한 일이 Y학교에서는 '당연한 것'이 되고 있다.

5. 무엇을 잃어버리고 있는가

오늘날의 '외국인 교육'은 일본 교육에서 방류라고 하기 어려운 상황이다. 이러한 경위로 인해 학교 현장은 외국인 아동·학생을 배제하는 것이 아니라 포섭하는 움직임으로 가고 있다고 이해할 수 있다. 그러나 전부 반길 수만은 없다.

예를 들어 3장이나 4장에서 개관한 대응이 일본인 교사가 대다수를 차지하는 학교 현장에서 가능한 것인가. "너네 나라로 돌아가"라고 하는 아이의 말은 차별일까. 아니면 단지 험담인가.

3장에서 보았듯이 X소학교에서처럼 교내에서 민족차별로 이어지는 사건이 일어났을 때 민족학급을 설치한 학교에서는 일본인 교원과 민족강사가 대응한다. A선생님은 "일본인 교사의 대부분은 일본인 아이를 염두에 두고 있다. 그러므로 민족차별이라고 생각되는 단어가 '험담'으로 들린다"고 말한다. 학교 현장에서는 마조리티와 마이너리티라고 하는 입장이 유동적으로 교차한다. 일종의 언명에 대해서 일본인 교직원이나 일본인 아동·학생과는 다른 관점을 지적하고, 토론을 할 수 있는 것도 일상적으로 학교 현장에 참여하는 민족강사가 있기 때문이다. 조금 더 깊게 말하자면 일본의 학교 현장에 외국의 문화나 언어, 외국인의 인권 등 '무엇을·어떻게' 포섭할 것인가에 대해서 그 경계를 토론의 대상으로 삼을 수 있는 것도 교내에 민족강사가 재직하고 있고 민족학급이 있기 때문이다.

다시 민족학급으로 눈을 돌렸을 때, 그 대응은 끊임없는 갈등의 와중에 있다. 민족강사는 재일조선인 아동·학생에게 '민족'을 전달하려고 한다. 여기에서 말하는 '민족'교육이란 '일본의 제국주의와 식민지배로부터의 해방'에 근거하여 중첩되어 온 실천이기 때문에 종종 '민족을 되찾는다.'고 표현되어왔다. 거기에서는 명확한 '조선인'으로서의 민족교육이라는 의미부여가 가능했다.

그러나 민족을 전달한다고 하는 대응은 재일조선인 세대가 2세, 3세, 4세로 세대가 중첩되는 가운데 가족 형태가 다양화되어 감과 동시에 그 수요도 복잡해졌다. 부모 모두 재일조선인인 경우가 감소하고, 본명을 밝히는 것에 대해서도 '본명이란 무엇인가.' 하는 의문이 생긴다.

민족 억압에 대한 '자기결정 논리'는 민족교육 운동이 성취해온 것이다. 그러나, 민족교육의 현장에서는 '민족강사나 일본인 교사가 아이들이나 보호자의 '자기결정의 논리에 개입한다.'고 하는 상황을 초래하게 된다. 학교에서 민족강사나 일본인 교사가 '민족'을 전달하고 '본명을 밝히자'고 하는 문제 제기는 보호자나 아이들의 의향과 다른 경우도 있다. 교사와 아이들 사이에 존재하는 역학 관계를 생각하면, 때로는 그것이 강요가 되는 경우도 있을 것이다.

'자기결정의 논리'는 논쟁적이고, 그러한 갈등은 과거에도 묘사되어 왔다. 김태영(金泰泳)은 민족교육의 현장 조사를 통해서 "자신들의 지금까지의 교육실천은 '재일조선인' 아이들의 '민족적 아이덴티티'를 자명한 것으로 생각하고 그것은 결과적으로 '민족'이라는 틀만으로는 다 파악할 수 없는 아이들 하나하나의 개성을 억압하는 것이 되어온 것이 아닌가."하는 과제를 제시하고 있다.[14] 민족교육을 받은 경험이 있는 청년에 대한 인터뷰에서는 '이상적인 민족상'이 강하게 제시되어 그것이 아이덴티티 형성에 마이너스 영향을 주는 경우도 있다고 한다.[15]

이상을 정리하면 다음과 같다. 민족강사는 '민족' '뿌리'라고 하는 '집단적 측면'을 내세운다. 그러나 그것은 때로 재일조선인 아동·학생 하나하나의 '자기 결정의 논리'나 수요와 충돌하게 된다. 많은 일본인 교사는 "본인이 바라는 대로 하면 된다."고 하는 논리에 있어서 민족교육을 배경화해 간다. 그러면 세계화의 시대에 있어서 '민족'이란 이제 과거의 것이고, 다양한 개성의 육성을 표방하는 교육현장과 맞지 않는

14) 金泰泳, 『アイデンティティ·ポリティクスを越えて一在日朝鮮人のエスニシティ』, 世界思想社, 1999, p.135.

15) 梁陽日, 「在日韓国·朝鮮人のアイデンティティと多文化共生の教育一民族学級卒業生のナラティブ分析から」, 『Core Ethics』 6巻, 立命館大学大学院先端総合学術研究科, 2010, pp.245~256.

것일까.

여기에서 눈을 돌려서 뉴커머 외국인의 사례를 볼 때 필리핀계 젊은이를 조사한 누카가 미사코(額賀美紗子)·미우라 아키코(三浦綾希子)는 이중 문화와 이중 언어 자원을 갖는 젊은이일수록 자기 긍정감이 높고 학업 달성이 쉽다는 것을 밝히고 있다. 그리고 일본 학교에 다니는 필리핀계 아이들이 모국 문화를 획득하기 위해서는 양호한 가족 관계나 에스닉 커뮤니티와의 관계가 불가결하다고 한다.[16)]

반대로 베트남계 젊은이를 분석한 연구에서는 민족교육의 부재가 일본사회에의 과잉 적응을 초래하여 외국인이라는 것으로 인한 취직 차별을 자기 책임으로 받아들이는 것으로 보고되고 있다.[17)] 이는 "민족이나 외국인이라는 것은 개인이 결정하는 것으로 교사가 관여해서는 안된다."는 점을 당연시하지만 아이들의 에스닉 커뮤니티에 대한 관여를 희박하게 만들어버린다. 스스로 적극적으로 민족성을 숨기고 차별받고 있다는 자각조차 개인에게서 빼앗아 버린다는 것이다.

모든 연구가 강조하고 있는 것은 출신으로서의 '민족'이 바로 자기의 아이덴티티를 규정하는 것은 아니지만, 자기 '민족'에의 연결을 긍정적으로 받아들이고 '자원'으로서 활용하는 것의 중요성이다.

김태영도 또한 "'개성의 중시'를 강조한 결과 재일조선인 아동 학생끼리의 연결을 확산시키는 것은 일본사회에 현존하는 '시스템'을 온존

16) 額賀美紗子·三浦綾希子, 「フィリピン系ニューカマー第二世代の学業達成と分岐要因: エスニック·アイデンティティの形成過程に注目して」, 『和光大学現代人間学部紀要』 10巻, 和光大学現代人間学部, 2017, pp.123~140.

17) 山本晃輔, 「長田を生きるベトナムにルーツをもつ子どもたちの高校進学と就労」, 今井貴代子編, 「外国にルーツをもつ子どもと支援活動」, 『未来共生リーディングス』 vol.7, 大阪大学未来戦略機構第五部門(未来共生イノベーター博士課程プログラム), 2014.

시키는 것이 되지 않는가. 교사들도 또한 이러한 의문과 갈등의 한가운데에 서게 된다."는 것을 지적하고 있다.[18)]

분명히 에스닉 아이덴티티(ethnic identity)의 자기결정권은 민족운동이 비원으로서 삼아온 것이다. 그러나 집단적 의미를 잃은 '에스니시티'는 그 사회적 의미나 의의를 잃어버리게 된다. 뿌리가 있는 말이나 문화를 획득하는데 노력을 기울이기보다 필요성이 있을 법한 말(일본어나 영어), 문화를 획득하는 쪽이 어떤 '갈등'도 일으키지 않을 것이다.

그러나 이러한 개인주의를 가속화하는 것만으로는 집단성이 형성하는 문화적 자원을 잃어버리게 된다. 혹은 이렇게 말할 수 있을지 모른다. 강력한 마조리티 사회의 한 가운데서 그것을 받아들이는 것만으로 '갈등'은 생겨나지 않는다. 그러나 마이너리티로서의 속성을 받아들이는 것으로 발생하는 '갈등'은 선택의 여지, 아이덴티티에 대한 자유를 보장하는 것이 아닐까.

6. 민족교육의 갈등이 일본 교육현장에 초래하는 것

필자의 관심은 민족교육의 이론이라기보다는 그 실천 양상에 있다. 마지막으로 민족학급에 있어서 '갈등'과 마주하는 방식을 검토하고, 인클루시브한 외국인 교육을 목표로 하기 위한 기법을 추출해본다.

3절에서는 어학 능력에 차이가 있는 아동이 함께 배울 수 있는 수업이 전개되었다. 그러한 가운데 안심하고 민족을 접할 환경이 만들어지

18) 金泰泳, 『アイデンティティ·ポリティクスを越えて一在日朝鮮人のエスニシティ』, p.136.

고 있었다. 어학 능력에 관계없이 민족을 긍정적으로 접하는 공간을 형성하는 것이 가능한 것은 민족강사가 축적해온 탁월한 교육학이 존재하고 있기 때문일 것이다.

4절에서는 지역사회와의 연계를 통해서 누구나가 민족학급을 응원하고 있는 분위기가 만들어져 보호자도 안심하고 아이를 통급시키는 모습을 볼 수 있었다. 그리고 C선생님은 이름이라고 하는 아이덴티티에 관한 과제에 대해서도 아동이나 보호자와 함께 계속 고민하고 있었다.

민족교육을 주도해온 박정혜(朴正惠)는 "대상 아동의 변화에 동반하여 민족학급의 교육내용도 변화하고 있다."고 지적한 다음 "아이들은 가정 속에서 민족문화를 만날 기회"가 적어지고 있으며, "아이들이 민족적 뿌리를 공유하는 동료와 만나고, 서로 배우는 것"이 중요하다고 말한다.[19] 이러한 이야기에서 "민족을 가르친다."고 하는 직선적이지 않은 "갈등을 포함하는 포섭"을 발견하고 싶다.

오늘날의 민족학급의 양상은 즐거움을 통해서 민족을 "만나는 것"이다. 그것은 교육현장에 있어서 '갈등'의 해소를 의미하는 것은 아니다. 더욱이 마이너리티가 마조리티 사회의 아이덴티티를 형성하는 데에는 주위와의 차이를 받아들이지 않을 수 없기 때문에 갈등을 내포하고 있다. 글로벌리제이션에 동반되는 이문화 이해는 항상 갈등을 포함한다고 하는 것은 상식이라고도 할 수 있을 것이다.

따라서 민족강사가 하는 일을 필자는 다음과 같이 이해하려고 한다. 즉 민족강사의 교육 실천이란 일본에서 생활하는 다양한 뿌리를 갖는 사람들이 안게 되는 '갈등과 함께 사는 것'이고, 거기에 다가가는 것이다. 그 다가감이란 외국에 뿌리를 두는 아동·학생과 네이티브 문화를

19) 朴正惠, 『この子らに民族の心を一大阪の学校文化と民族教育』, pp.188~189.

갖는 교사와의 관계이며, 가족과의 관계이고 마조리티 사회에 속하는 일본인 아동·학생·교사·지역과의 관계를 만들어내는 것이다. 게다가 민족학급, 그리고 민족강사는 집단적 개념인 '민족'을 내세우는 것으로 '갈등'을 학교 현장에 불러들이는 것이라고도 할 수 있다.

원래 어떤 문화적 배경을 가지고 있는 아이라고 해도 일본인이라는 것을 전제로 하는 교육을 받고 일본인답게 되는 것이 지상명령이라고 한다면 민족적 차이는 왜소화되고 배척될 뿐이다. 이것이 집단성에 의한 억압이다. 조선반도에 뿌리를 둔 아이들은 마땅히 재일조선인으로서의 문화를 획득해야 한다고 하는 교육 역시 집단성에 의한 억압을 내포하고 있는 것처럼 보인다. 그러나 이러한 집단성을 포기하고 개인성에 주목하는 것만으로는 '민족'이라는 집단성이 배경화될 뿐이다.

따라서 중요한 것은 '집단인가 개인인가'라고 하는 대립이 아니라 '집단과 개인'의 균형이라고 하는 매우 상식적이라고까지 할 수 있는 환경을 만드는 것이다. 그리고 그 환경은 조화를 이루기 위한 갈등을 통해서 만들어질 수 있다. 물론 그것이 가능한 것은 집단과 개인의 관계를 계속 생각하는 '선생님'이 존재하고 있기 때문이다.

민족교육은 일본인·일본문화라고 하는 집단성에 민족이라고 하는 '갈등'을 집어넣는다. 혹은 개인의 요구에 민족이라고 하는 '갈등'을 집어넣는다. 그렇게 하는 것은 일견 온화한 수면에 파문을 일으킬지 모른다. 실제로 학교 현장에서는 '외국과 연결성을 갖는 아이들의 가능성을 최대화하는 데 '일본인'이 가르쳐도 되는가.' '자신들의 커리큘럼은 '누구'를 대상으로 하고 있는가.' 하는 질문을 하게 된다. 이러한 갈등을 민족학급이나 민족강사는 '일본인 교직원'과 함께 만들어내고 있는 것이다.[20]

오사카의 민족학급의 대응에서 배울 점은 '민족'에 주목하는 것의 중요성과 필요성이지만, 그것은 마조리티와 마이너리티가 교류하는 학교에서 발생하는 '갈등'을 피한다는 것은 아니다. 다양성과 개인이라고 하는 단수성(単数性)이 교차하는 학교에서 불가피하게 발생하는 '갈등'의 존재를 인정하고 그것과 함께 사는 것이다. 게다가 인클루시브한 교육 상황이 없기 때문에 그야말로 인클루시브한 교육이 강조되고 있다. 따라서 인클루시브한 교육은 '갈등'을 환영하게 되는 것이다.

단 그 과정은 험난함을 더할 것이다. 민족학급은 행정적인 지위를 획득한 한편 그 '담당자'만이 아니라 '지지자'를 필요로 해 왔다. 이러한 민족강사의 대응은 오사카에서도 '특별'하게 이루어지고 있고 '담당자'의 대부분은 비상근 촉탁 강사이다. 민족강사에 대한 대우가 부족한 것은 민족교육의 계승이라는 과제와 연결되어 있다.

그리고 3절에서 기술한 일본인 교직원과 민족강사의 연계는 모든 학교에서 실시되고 있는 것은 아니다. 일상적으로 마조리티에 속하면서 상대적으로 '갈등'이 보이지 않는 일본인 교사에 있어서 '갈등'을 피하는 것이 인클루시브 교육이라고 생각하기 쉽다. 게다가 '갈등'을 교육현장에 초래하는 민족강사나 민족학급의 존재는 '분리 교육'이라든지 '주입식 교육'처럼 보일지 모른다. 가장 걱정되는 것은 집단적인 가치가 해체됨으로서 오히려 마조리티로의 동화가 아주 자연스러운 것이 되는 것이다.

(번역 : 권연이)

---

20) 본 논문에서는 민족학급이 일본인 교사나 보호자, 지역사회로부터 지원을 받고 있는 점을 강조했지만, 인터뷰를 통해서 민족학급의 어려운 현실에 대해서도 들을 수 있었다. 학교에 대해서 "왜 일본 학교에서 외국의 사정을 가르치는가"라는 이의제기가 있다. 과외활동이라는 특성상 교장의 재량으로는 학급을 만들 수 없다는 것이다. 헤이트스피치의 만연이나 인터넷 댓글, 미디어에서 반복되는 조선반도에 대한 비판에 영향을 받은 아동·학생의 발언에 대한 대응 등, 문제는 다종다양하다.

이 글은 오사카대학 인간과학연구과의『미라이이쿄소(未来共創)』제7권에 실린 논문「インクルーシブな教育と葛藤－大阪の民族学級の事例から」를 수정·보완한 것임.

참고문헌

金泰泳,『アイデンティティ·ポリティクスを越えて一在日朝鮮人のエスニシティ』, 世界思想社, 1999.

稲富進,『島人二世教師と在日朝鮮人教育』, 新幹社, 2013.

梁陽日,「在日韓国·朝鮮人のアイデンティティと多文化共生の教育一民族学級卒業生のナラティブ分析から」,『Core Ethics』6巻, 立命館大学大学院先端総合学術研究科, 2010.

______,「大阪市公立学校における在日韓国·朝鮮人教育の課題と展望一民族学級の教育運動を手がかりに」,『Core Ethics』9巻, 立命館大学大学院先端総合学術研究科, 2013.

朴正惠,『この子らに民族の心を一大阪の学校文化と民族教育』, 新幹社, 2008.

山本晃輔,「長田を生きるベトナムにルーツをもつ子どもたちの高校進学と就労」, 今井貴代子編.「外国にルーツをもつ子どもと支援活動」,『未来共生リーディングス』vol.7, 大阪大学未来戦略機構第五部門(未来共生イノベーター博士課程プログラム), 2014.

_______, 民族教育ネットワーク2019,「大阪の民族教育一民族教育ネットワーク20年の歩み」,『未来共生リーディングス』vol.14, 大阪大学未来戦略機構第五部門(未来共生イノベーター博士課程プログラム), 2019.

岸田由美,「在日韓国·朝鮮人教育にみる「公」の境界とその移動」,『教育学研究』70巻, 日本教育学会, 2003.

額賀美紗子·三浦綾希子, 「フィリピン系ニューカマー第二世代の学業達成と分岐要因: エスニック·アイデンティティの形成過程に注目して」,『和光大学現代人間学部紀要』10巻, 和光大学現代人間学部, 2017.

志水宏吉,「マイノリティー問題ーニューカマーの子どもたちと学校教育」, 谷剛彦·志水宏吉編著,『学校臨床社会学ー「教育問題」をどう考えるか』, 放送大学教育振興会, 2003.

志水宏吉·高田一宏·堀家由妃代·山本晃輔, 「マイノリティと教育」, 『教育社会学研究』 95巻, 日本教育社会学会, 2014.
太田晴雄, 『ニューカマーの子どもと日本の学校』, 国際書院, 2000.

편자 _ 재일디아스포라의 생태학적 문화지형과 글로컬리티 연구팀

김환기(金煥基) 동국대학교 일본학연구소 소장

신승모(辛承模) 경성대학교 인문문화학부 조교수

유임하(柳壬夏) 한국체육대학교 교양과정부 교수

이승진(李丞鎭) 건국대학교 모빌리티인문학연구원 조교수

이승희(李升熙) 부산대학교 사학과 조교수

이영호(李榮鎬) 동국대학교 일본학연구소 전임연구원

이진원(李眞遠) 서울시립대학교 국제관계학과 교수

이한정(李漢正) 상명대학교 일본어권지역학전공 교수

정성희(鄭聖希) 동국대학교 일본학연구소 전문연구원

정수완(鄭秀婉) 동국대학교 영화영상학과 교수

필자 _

권오정(權五定) 류코쿠대학 국제문화학부 명예교수

김웅기(金雄基) 한림대학교 일본학연구소 HK교수

김인덕(金仁德) 청암대학교 간호학부 교수

박광현(朴光賢) 동국대학교 국어국문·문예창작학부 교수

송기찬(宋基燦) 리츠메이칸대학 영상학부 조교수

신승모(辛承模) 경성대학교 인문문화학부 조교수

신재민(申宰旼) 고려대학교 BK21 중일교육연구단 연구교수

야마모토 고스케(山本晃輔) 간사이코쿠사이대학 사회학부 준교수

윤송아(尹頌雅) 경희대학교 후마니타스칼리지 강사

이수경(李修京) 도쿄가쿠게이대학 인문사회과학계 교수

이영호(李榮鎬) 동국대학교 일본학연구소 전임연구원

이토 히로코(伊藤浩子) 경북대학교 사회과학연구원 전임연구원

정성희(鄭聖希) 동국대학교 일본학연구소 전문연구원

정진성(鄭鎭星) 서울대학교 사회학과 명예교수

재일디아스포라와 글로컬리즘 5 – 교육

2023년 12월 31일 초판 1쇄 펴냄

엮은이 동국대학교 일본학연구소
펴낸이 김흥국
펴낸곳 도서출판 보고사

책임편집 이경민
표지디자인 김규범

등록 1990년 12월 13일 제6-0429호
주소 경기도 파주시 회동길 337-15 보고사
전화 031-955-9797
팩스 02-922-6990
메일 bogosabooks@naver.com
http://www.bogosabooks.co.kr

ISBN 979-11-6587-665-4 94370
979-11-6587-660-9 (세트)

정가 37,000원

이 저서는 2020년 대한민국 교육부와 한국연구재단의 지원을 받아 수행된 연구임.
(NRF2020S1A5B8104182)